대중음악SOUND연구소 / 가슴네트워크 기획
대중음악 무크지 시리즈

대중음악

SOUND

all around music

vol.10 | 지역 음악씬의 현황과 전망

score

{ 커버스토리 }

지역 음악씬의 현황과 전망

서문

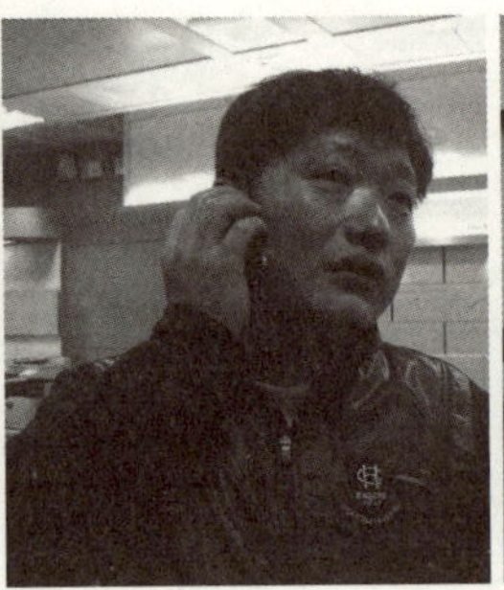

{ 특집 }

음악산업에서 음악마켓의 역할

서문

1. 음악마켓(Music Market)

2. 한국 음악마켓의 현황과 제언

3. 해외 음악관계자 인터뷰

{ 기획 }

기획1

한국음악산업학회 창립이 갖는 의미

{ 뉴스 }

뉴스1

뉴스2

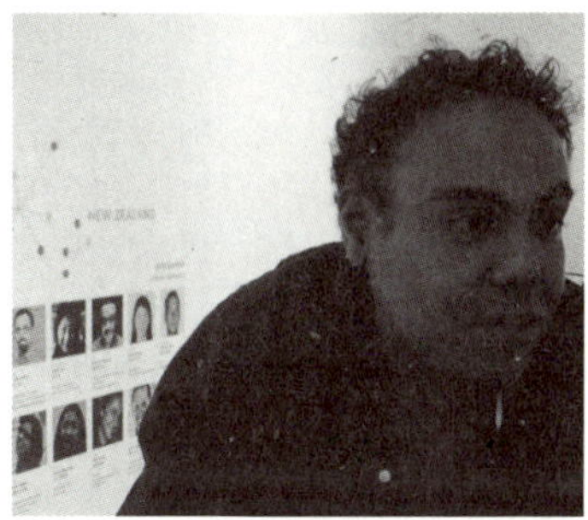

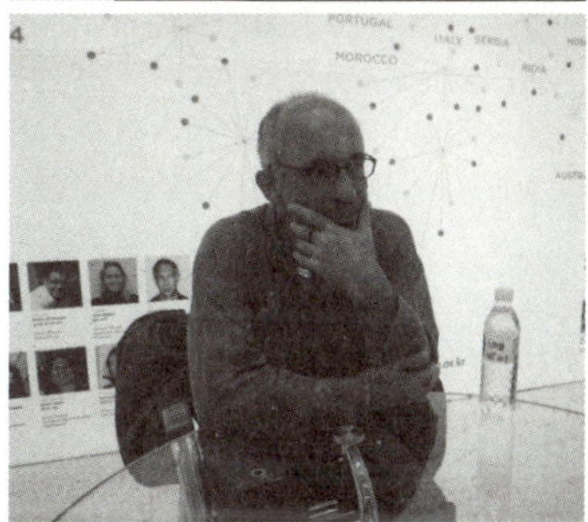

대중음악SOUND 10호,
음악도시, 음악마켓, 한국음악산업학회,
그리고 2015년의 새로운 과제

1.

이번 크리스마스에는 대중음악SOUND 10호 편집을 끝냈다. 갑자기 2002년 12월 31일 저녁 10시에 헬스클럽에 혼자 남아서 런닝머쉰 탄 후 1월 1일 새벽까지 웹진가슴 프로그래밍 리뉴얼한 생각이 난다. 이 때는 전직 프로그래머 경력을 살려서 직접 웹사이트 프로그래밍을 한 때였다. 지금 생각하면 그게 실수였다. 그 때는 '1인 제작 시스템'에 대한 환상 비슷한 것이 있었고, 그걸 자생력으로 알고 있었다. 만약 내가 프로그래밍을 할 줄 몰랐다면, 좀 더 나은(자생력을 가진) 운영 방향을 모색했었을 수도 있다. 웹진도 매체인데, 말 그대로 기획부터 제작까지 혼자 할 수 있다는 것은 누구의 도움 없이도 매체를 운영한다는 측면에서는 긍정적일 수는 있지만 또한 한계가 명백할 수 밖에 없다. 중요한 것은 단지 제작이 아니라 '지속적인 제작'이고, 최소한 자존감을 갖고 살 수 있는 수준이어야 하기 때문이다. 그 점에서 웹진가슴은 당시 매체 운영에 관심이 많았던 내게 자족감을 준 것 이상이 아니었는지도 모른다. 물론 당시 내가 했던 일들을 후회하거나 결과물을 폄하하는 것은 아니지만, 많은 아쉬움이 남는 것은 사실이다. 지금 같으면 운영 방향성을 좀 다르게 잡았을 것이고, 주변에 같이 할 수 있는 협력 대상부터 찾았을 것이다.

이번 대중음악SOUND 10호의 커버스토리인 '지역 음악씬의 현황과 전망' 부분에서도 '자생력' '지속성' 이런 부분을 중요하

광주광역시 음악인 좌담회

게 다루고, 이를 획득하기 위한 방안을 강구한다. 2014년 10월 21일(화)에 광주광역시에서 가진 관련 좌담회도 나름 의미가 있었다. 좌담회를 갖고 나서야 알게 된 사실도 있었기 때문이다. 역시 현장을 아는 것은 중요하다.

2.

2005~2006년에 광명시에서 광명음악밸리축제 예술총감독으로 일하면서 명확히 알았는데, 지자체장은 그 지역 사업 결정과 예산, 운영에 있어서 절대적인 영향력을 발휘한다는 점이다. 마음만 먹으면, 마치 그 지역의 '왕'과 같은 권력을 행사할 수도 있다. 내 경우, 타 지역의 축제기획자였기 때문에 광명 지역의 문화예술계에서 그리 좋아하지 않았지만, "대중음악과 음악축제 전문가만이 제대로 된 음악축제를 만들 수 있고, 그래야 성과가 난다"는 확신을 갖고 있었을 것으로 추정하는 당시 백재현 시장(현재 새정치민주연합 국회의원)은 2005년 4월에 있었던 공식적인 축제 설명회 자리에서 공무원사회와 지역예술계를 '정리'해 주었다. 말 그대로 지역에 내재되어 있던 의구심과 불만을 일거에 정리해 주면서, 축제총감독인 내게 엄청난 힘을 실어 준 것이다. 공무원사회를 경험해 보신 분들은 알겠지만, 지자체장이 책임을 지고 밀고 나가겠다는 선언을 하면서 해당 책임자에게 힘을 실어주면 모든 공무원들이 열심히 따른다. 당시 나는 지자체장은 당연히 그래야 한다는 생각을 갖고 있었는

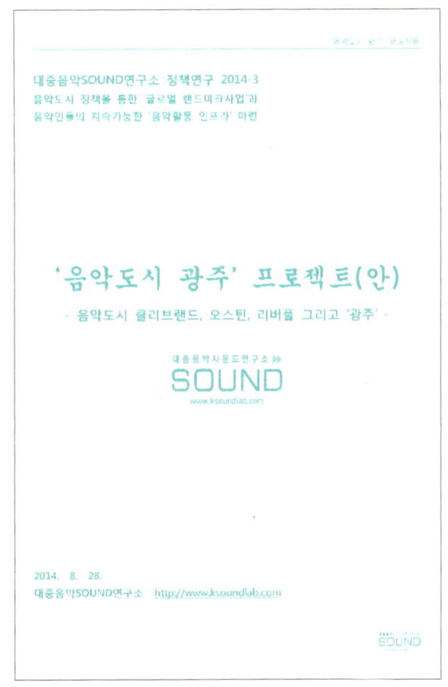

대중음악SOUND연구소 음악도시광주 프로젝트

데, 지나고 보니 나는 운 좋게도 아주 '이상적인' 시장을 만난 것이었다는 생각이 든다. 사실 그 이후 그런 지자체장을 만나지 못했다.

그러다가 2014년 6월 지방선거에서 광주광역시 시장으로 윤장현 선생이 당선된 것을 보았다. 새정치민주연합 공천으로 나와서 초반 고전을 이겨내고 힘겹게 당선된 것이다. 나는 속으로 쾌재를 불렀다. 2008년에 제3회 광주청소년음악페스티벌 총감독할 당시 윤장현 선생은 '축제 추진위원장'을 맡으셨고, 지역 시민사회 명망가로서 이름도 높았던 분이었다. 만나본 사람들은 알겠지만 좋은 인품을 갖고 있는 분이다. 당시 축제 진행하면서 정기적으로 그 분께 축제진행 보고를 했고, 그 와중에 유대감을 키웠다. 사실 광주광역시 시장을 안다는 것은 큰 기회였기 때문에, 예전부터 생각만 하고 있었던 '음악도시' 사업을 제안하기로 마음먹었다. 부산광역시와 부산국제영화제와의 관계, 그리고

그로 인한 '영상도시'의 탄생과 한국 영화산업 발전에 미친 영향을 생각한다면 '음악도시' 사업은 꼭 필요한 사업으로 여긴다. 개인적으로는 광명시의 '광명첨단음악밸리' 사업이 좌초된 것에 대한 아쉬움도 있었다.

그래서 대중음악SOUND연구소는 2014년 7~9월, 광주광역시에 '음악도시 광주' 프로젝트를 제안했다.("도시 브랜드 마케팅 방안으로서의 '음악도시' 사업") 도시 브랜드 마케팅 차원에서 지자체가 대중음악을 '정책사업'으로 받아들일 수 있는 방안에 관한 연구였다. 시장실에서 두 차례 걸쳐서 제안사업 브리핑을 했고, 반응이 나쁘지 않은 것 같아서 뭔가 이루어지지 않을까 하는 기대를 가졌던 것도 사실이다. 하지만 아쉽게도 이루어지지는 않았다. 개인적으로 의욕과 열정을 가지고 먼저 지자체에 제안했던 프로젝트였는데 몹시 실망스러웠다. 이 제안은 관이 개입되지 않은 순수한 민간연구소 차원의 제안이었다. 그런데 결과적으로 그 과정에서 많은 오해를 샀고, 팩트가 아닌 얘기가 돌기도 했다. 그래서 제안서이기는 하지만 이번호 커버스토리 마지막 장에 제안서 내용을 공개하기로 했다. 정확히 내용 파악하고, 오해를 한 사람들이 있다면 그 오해를 거둬줬으면 하는 바람 때문이다. 연구소 차원에서 충분히 제안할 수 있는 내용이라고 생각하는데, 이해관계가 걸리는 지역에서는 그렇게 생각하지 않았던 것 같다.

3.

2014년 10월 4일(토) 오후 1시 30분 울산문화예술회관에서는 울산 '에이팜' 컨퍼런스의 마지막 세션으로 대중음악SOUND연구소가 주관하는 특별 세션이 열렸다. 세션 주제는 "한국에서는 이상적인 '음악마켓'을 어떻게 만들 것인가?"이었는데, 현실적인 이슈로 국내외 참석자들의 많은 관심을 이끌어 냈다.

문화부에서도 2012년부터 해외 음악마켓에 국내 뮤지션들이 나가는 것을 지원하는 것이나 '뮤콘 서울'과 같은 음악마켓을 직접 진행하는 이유는 '음악산업 진흥'의 관점 때문이다. 하지만 문제는, 현재 한국의 해외 팝음악시장(국내에서 유통되는 해

©APaMM

외음악의 시장)이 매우 작다는 점이다. 이는 2010년 12월에 발행한 대중음악SOUND 창간호 특집에서도 지적했던 내용인데, 이 때문에 해외 음악관계자들이 국내 음악시장에 관심을 갖기 어렵다는 점이 치명적이다. 왜? 당연히 그들의 음악상품을 팔 시장의 규모가 너무 작기 때문이다. 우리는 국내 음악상품을 팔고 싶은 욕심만 있지 정작 해외 음악상품을 사는 것에 대한 생각은 미처 하지 못하고 있다. 음악마켓은 일방적인 판매가 아닌 '교환'의 개념을 갖고 있어야 성공할 수 있을 것이다. 왜 미국의 SXSW가 성공을 했겠는가? 거기는 음악상품을 팔고 싶어 하는 전세계 음악관계자들을 위해 '장'을 마련해줬기 때문이다. 이 시점에서 '음악마켓' 기획에 대한 생각을 현실적으로 해야 할 필요가 있지 않을까 한다.

4.

개인적으로 '음악마켓' 기획을 처음 시도했던 것은 2006년 광명음악밸리축제에서였다. 한국에서는 무척 빠르게 다양한 것들을 당시 축제 프로그램으로 시도했었는데, '음악산업 컨퍼런스'도 있었고, 'SXSW 참여 공모전'도 있었다. 결국 전자는 사정상 못하고, 후자는 했다. 이번 대중음악SOUND 10호 특집인 '음악산업에서 음악마켓의 역할' 서문인 "2006년 광명음악밸리축제, 2010년 인천펜타포트페스티벌에서의 음악마켓 추진 사례"에는 광명과 인천의 사례가 담겨 있다. 지나고 보니 아쉬운 순간들이 무척 많다.

2006광명음악밸리축제 SXSW 참가공모전 브로셔

5.

2015년 1월 27일(화) 오후 2시, 국회 도서관 대강당에서 한국음악산업학회 창립총회, 1차 학술대회를 진행한다. 한국음악산업학회와 유기홍 국회의원실이 공동주최를 하고, 대

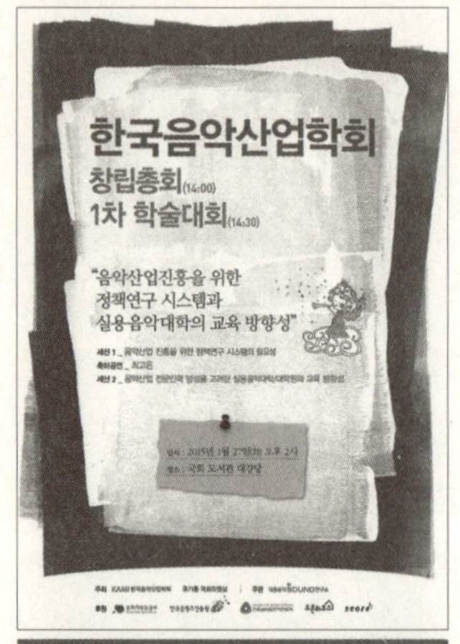

▲ 한국음악산업학회 창립 포스터
■ 대중음악SOUND 1호 커버스토리 Rookie Of The Year
▼ 대중음악SOUND 10호 표지

중음악SOUND연구소가 주관을 하는 구조다. 한국음악산업학회는 생각보다 할 일도 많고, 파워풀한 행보를 할 것 같은 느낌이 든다. 어느 정도 예상은 한 일이지만, 기획과 노력 여하에 따라서 전례 없는 결과물을 얻을 수도 있을 것으로 생각한다. 가장 강력한 포지셔닝은 음악산업에 관한 문화부와 국회의 파트너이지 않을까 한다. 학회의 정기적인 결과물로는 학술대회(연2회), 학회지(연2회)가 있고, 비정기 포럼은 기획하기 나름이다. 기획은 아는만큼 하는 것이기 때문에 그간의 경험을 녹여내는 작업을 할 생각이다. 음악산업계의 적극적인 참여도 요구된다. 한국음악산업학회 창립이 갖는 의미는 '음악산업, 음악정책, 음악사 연구의 본격적인 시작'으로 볼 수 있다.

6.

예전에는 연말이 되면 연례행사처럼 진행했던 것이 '올해의 음반'을 꼽는 일이었다. 1998년에는 '월간 서브'에서, 1999년에는 '웹진 가슴'에서, 2000~2001년에는 '인터넷음악방송국 쌈넷'에서, 2002~2006년에는 다시 '웹진 가슴'에서, 2007~2009년에는 '가슴네트워크'에서, 2010~2012년에는 '대중음악SOUND'에서(Rookie Of The Year 형태로). 정말 쉼 없이 진행했던 것이 이 작업이었다. 꼭 일로서 한 것이라기보다는 대중음악기획자로서의 기획을 하기 위한 '기본자료'가 필요해서 한 것이기도 하고, 그냥 그 자체가 흥미로워서 한 것이기도 하다. 심지어 2000~2008년에는 나만의 '올해의 노래' 컴필레이션을 만들기도 했고, 이 글을 쓰고 있는 지금 2001~2002년 컴필레이션을 듣고 있는 중이다. 나중에 내가 죽으면 누군가 1999년에 나온 '이 땅에서 음악을 한다는 것은' 부록음반까지 합해서 10장으로 '박준흠 애청곡 1999~2008 박스셋'을 만들어 주기를 희망한다.^^

그런데 2013년에는 처음으로 쉬었다. 쉬었던 이유는 특별한 것이 아니라 가슴네트워크는 웹진이 아니고, 대중음악SOUND에서는 그럴 겨를이 없었기 때문이다. 지나고 보니 이것도 중요한 기록인데, 2013년을 쉰 것이 좀 아쉽다. 그래서 조만간 2014년 발매 음반들을 정리하면서 반드시 '올해의 음반' 선정 작업을 하려고 한다. 그리고 시간이 더 되면 2009~2014년 '올해의 노래' 컴필레이션도 만들려고 한다.(하지만 이 글을 쓰고 있는 2014년 12월 31일까지도 하지를 못하고 있다. 2015년 1월에나 할 수 있지 않을까 한다.)

7.

드디어 대중음악SOUND 10호를 발행한다. 정말 '드디어'라고 말하고 싶다. 5년 동안 10권의 단행본을 만든 것이다. 혼자서라도 자축하고 싶다. 그간 여름방학, 겨울방학은 책을 편집하는데 활용했고, 힘든 만큼 책 나오면 항상 뿌듯했다. 그리고 노안이 급격하게 왔는데, 이게 책 만들면서 생긴 것 같은 생각도 든다. 그래도 행복하다. 왜냐? 내가 50~60대에도 잘 할 수 있으면서 '의미'도 있는 일을 찾았기 때문이다.

8.

2015년에 내가 시도하려는 일들은 다음과 같다. 과연 얼마나 할 수 있을지?

- 대중음악SOUND 계간지로 전환해서 발행
- 한국음악산업학회의 성공적인 런칭과 운영
- SOUND FESTIVAL 2015 주제를 '올해의 뮤지션'으로 정해서 알차게 거행
- SOUND ACADEMY 개설하여 Music Industry Access Platform 만드는 것
- SOUND FORUM 런칭하여 음악산업정책연구포럼 정례화
- SOUND NETWORK 학계를 포함한 국내외 음악관계자 관계망을 만드는 것 SOUND

박준흠 | 편집인, 대중음악SOUND연구소장

커버스토리

all around music

지역 음악씬의 현황과 전망

서문

음악산업 진흥 방안으로서 지역 음악씬의 자생성 확보 문제 (문화부 '음악창작소' 설립 도시를 중심으로)

_ 박준흠

1. 부산 음악씬 현황과 전망

음악을 포함한 청년문화로 대변되는 다양한 장르의 문화에 관심 _ 김혜린(생활기획공간 통 공동대표)

▶ 인터뷰

1) 김건우(대안문화행동 재미난복수 대표/ ZERO Festival 총감독)
2) 김종군(락인코리아 대표/ 부산선셋라이브 총진행/ 민락인디트레이닝센터 운영)
3) 노호성(부산문화관광축제조직위원회 사무차장)
4) 정세일(SKA WAKERs 보컬)

2. 광주 음악씬 현황과 전망

광주 포크, 민중가요 그리고 인디록 _ 남유진(클럽 네버마인드 대표)

3. 좌담회 "음악산업 진흥 방안으로서 지역 음악씬의 자생성 확보 문제" _ 박준흠(대중음악SOUND연구소장)

▶ 패널

김혜린(부산 생활기획공간 통 공동대표), 남유진(광주 클럽 네버마인드 대표), 류의남(뮤지션, 광주 진보연대 문예
위원장), 박일남(광주 클럽 부드러운직선 대표), 오영묵(광주사직국제포크음악제 총감독), 조덕진(광주 무등일보
아트플러스 편집장), 최명진(광주 무등산풍경소리 이사)

4. 지역 음악산업 발전을 위한 연구

광주광역시 제안 사례 : "도시 브랜드 마케팅 방안으로서의 '음악도시' 사업"

_ 박준흠(대중음악SOUND연구소장)

▶ 대중음악SOUND연구소 정책연구 2014-3

'음악도시 광주' 프로젝트(안) _ 음악도시 클리브랜드, 오스틴, 리버풀 그리고 광주

음악산업 진흥 방안으로서
지역 음악씬의 자생성 확보 문제
(문화부 '음악창작소' 설립 도시를 중심으로)

　대중음악SOUND는 한국 음악산업의 진흥을 위해서 그 '방법론'을 개발하는데 주력하고 있다. 여기서 지역 음악씬이 '자생성'을 갖는 문제는 음악산업 진흥을 위해서 굉장히 중요한 문제라고 생각하는 입장이다.

　일례로 뮤지션들이 지속적인 활동을 하려고 하면 음악수입이 필요한데, 현재 가장 중요한 부분은 공연일 것이다. 그리고 가장 확실한 방법은 '전국투어'를 통한 수익창출이라고 생각한다. 공연도 확실히 수익이 되려면 '장기공연' 형태여야 하는데, 그러려면 전국투어 공연이 필요하다. 그런데 문제는 지역 음악씬이 활성화되어 있지 못하다보니 '음악소비자'들의 숫자가 적고(지역 '음악소비자'들의 숫자가 적어서 지역 음악씬이 활성화되지 못하고), 그러다 보니 한국에서 활동하는 뮤지션들은 거의 전국투어를 통한 장기공연에 대해 엄두를 내지 못한다. 이런 상황에서 뮤지션들은 '지속적인 활동'을 할 수 있는 기반 마련이 어렵다.

　그래서 대중음악SOUND는 한국 음악산업 진흥 방안으로 오히려 '지역 음악씬 활성화'를 주목하고 있고, 문화부의 음악창작소 운영을 '지역 음악씬 활성화' 방안으로 접근한다면 매우 강력한 수단이 될 수 있을 것이다. 음악창작소는 당장 문화부의 예산이 투입되는 사업이다보니 그 중요성과 활용성이 더 크다고 생각한다.[1]

　이번호 대중음악SOUND 커버스토리 기획의 시작은 작년 12월 거슬러 올라간다. 그 때는 음악페스티벌을 새롭게 만드는 문제를 고민하고 있었는데, 방법으로 '실내공연장형 페스티벌'과 '전국 순회공연' 방식을 생각하고 있었다. 그 결과 나온 것이 올해 7월 18~19일에 서울 마포아트센터에서 진행한 SOUND FESTIVAL 2014(http://www.

---

[1]　물론 문화부 '음악창작소' 사업의 한계는 딱 1년간 10억원이 지원되는 사업이라서 지역에서는 그 기간 안에 사업을 계속적으로 유지할 수 있는 시스템을 만드는 것이 가장 중요하다.

soundfestival.kr)이었다. 진행 방안으로, "올해는 서울에서 작게 시작하고, 내년부터는
같은 축제 콘텐츠로 최소한 부산과 광주 정도까지는 순회공연을 하자. 그리고 그 이후로
는 제주, 대구, 울산, 대전, 인천 등도 순회를 하는 '전국투어형 실내 음악페스티벌'을 만
들어보자" 라는 생각을 했다. 물론 현실적으로 향후 이를 실천할 수 있을지는 미지수다.

이런 기획을 하게 된 이유는, 대중음악SOUND 편집방향성의 핵심인 '한국 음악산업
의 진흥을 위한 방법론 제안'을 책에서만 할 것이 아니라 현실세계에서 증명을 해보자
라는 취지 때문이다. 즉, '뮤지션의 지속적인 활동 방안으로서의 전국투어 공연 필요성'
을 환기시키고 싶었고, 이를 기획적으로 증명하고 싶은 욕구가 있었다. 하지만 현실적으
로 쉽지가 않은 기획인데, 알다시피 한국에는 '로컬 음악씬'만 있는데다가, 그게 자체적
으로도 '자생성'마저도 없기 때문이다. 즉, 현재 상황에서는 어떤 뮤지션이나 어떤 음악

기획물을 가지고도 지역의 경계를 넘나드는 기획을 해서 수익을 창출하기는 웬만해서
는 어렵다.[2] 역으로 이게 가능한 상황이 된다면, 지역 음악씬은 '자생성'을 획득했을 것
이고, 한국의 음악산업도 한층 나아졌을 것이다.

그래서 이번 대중음악SOUND에서 커버스토리로 다루는 "지역 음악씬의 현황과 전
망"은 '뮤지션이 지속적으로 활동 가능한 환경(문화부/지자체 정책 포함) 구축'과 이를 통
한 '한국 음악산업의 발전 방안'에 초점을 맞추려고 한다. 또한 좌담회에서는 '대중음악
의 종다양성 문제' 같은 기존의 관념적인 주제는 배제하고 가급적이면 '음악소비자 수와
음악소비 충실도 증대'와 같은 현실적인 문제들을 다루려고 한다.[3]

아래는 커버스토리의 '광주 좌담회' 진행 전에 패널들에게 논의사항으로 전달한 내용
이다.

■ 음악산업 진흥을 위한 정책적인 방향성 : '출구와 소비자 확보'의 문제 논의

1. 음악산업 진흥정책 수립 시의 주의점

- 중앙뿐만 아니라 지자체에서도 음악씬을 성장시키기 위한 진흥정책을 고려할 때의
  오류 중에 하나는 단순히 '생산' 쪽만 바라본다는 점임. 그래서 주로 창작지원 쪽에
  초점을 맞추면서 대중음악의 경우 음반제작비, 녹음시설, 공연기획 등을 지원하는
  방식을 주로 채택함. 게다가 관의 입장에서는 예산을 사용한 효과가 가장 극명하
  게 드러나면서 정산을 하기에 용이한 하드웨어(시설) 투자에 집중하는 경우가 많음.
- 하지만 소비처와 소비처의 크기에 따라서 생산이 결정될 수 밖에 없고, 아울러 '지
  속적인 소비'가 이뤄지지 않으면 역시 '지속적인 생산'은 불가능하다는 점을 생각한
  다면 음악씬을 성장시키기 위해서 진정 어떤 정책적인 고민을 해야 할 것인지는 다

---

[2] 공중파TV를 근거지로 해서 활동하는 아이돌뮤지션을 제외하고 전국적으로 활동이 가능한 뮤지션들이 과연 얼마나 될
까? 기껏해야 국민가수 반열에 오른 조용필과 같은 부류나 역시 공중파TV에 자주 출연해서 전국적인 인지도를 갖고 있
는 유희열, 윤도현, 이적, 이소라와 같은 부류가 다일 것이다.

[3] 개인적으로 생각할 때, 지나고 보니 그간 대중음악 담론을 만들려고 했던 분들이 설정했던 방향성 중에서 대표적으로 잘
못된 부분이 '대중음악의 종다양성 필요성'을 과도하게 역설한 부분이라고 생각한다. 물론 이는 문화예술 측면에서 매우
중요한 의제이기는 하지만, 음악산업정책 영역에서 볼 때는 우선순위 면에서 낮게 설정했어야 한다. 사실 음악소비자 입
장에서 보면, 개인이 '대중음악의 종다양성 문제' 실현에 일조해야 할 특별한 이유가 있을까? 즉, 이는 매체를 포함한 '유
통' 영역에서 다뤄야 하는 의제였음에도 불구하고, 이를 음악소비자들에게까지 캠페인을 펼치는 우를 범했다. 그래서 결
과적으로 보면, 그 의제는 실효성도 없었을 뿐만 아니라 오히려 음악산업정책을 수립할 때에도 헷갈리게 만든 측면이 있
었다. 정작 음악소비자들은 음악소비 자체에 흥미를 잃어가고 있는데도, "왜 음악소비에 흥미를 잃어가고 있는지?"를 분
석하지는 않고 단순히 다양한 음악생산에만 정책적인 초점을 맞추는 우를 범했기 때문이다.

시 따져봐야 할 문제임.

- 또한 대중음악처럼 '동세대 소비'의 특성을 갖는 경우, 단지 '창작지원' 방식 같은 전통적인 지원정책만으로는 상황을 근본적으로 바꾸지 못할 것임.

2. 그렇다면 음악시장 진흥 문제에서 가장 중요하게 여길 점은 '출구 확보' 전략임

- 즉, 다양한 경로를 통한 다수의 음악소비층 확보가 가장 중요하다는 말임. 음악생산 쪽만 생각해서는 답이 나오지 않음. 어찌 보면 시간은 걸리겠지만, '대중음악 감상과 토론'과 같은 문화예술교육 프로그램을 통해서 음악소비자를 양산하는 방법이 뮤지션들이 생존하는데 있어 장기적으로 더 중요할 수도 있음.

3. '출구 확보'를 얘기할 때 '다양한 경로' 쪽에만 초점을 맞추는 경우가 많은데, 이는 수단이지 목적은 아님

- 아무리 다양한 대중음악 전달 경로를 확보하더라도 실제로 음악소비자가 양산되지 않으면 소용이 없음. 일례로 인디음악만 하더라도, 많은 경로를 통해서 사람들에게 전달은 되고 있지만 실제로 '돈을 주고' 소비를 하는 경우는 적음. 이는 인디음악을 '소비의 대상'으로 보지 않는 것일 수도 있는데, 이제는 여기에 대한 심도 깊은 분석이 필요함.
- 문화콘텐츠 소비는 문화적인 맥락, 사회적인 맥락과도 연결되기 때문에 단순히 좋은 가수, 노래가 나온다고 음악시장이 커지지 않을 것임. 그렇다면 여기서 주목할 점은 '대중음악(음악산업) 담론 생산을 통한 음악산업 진흥' 부분임.

■ 지역음악씬 자생성을 위한 지역 음악정책의 바람직한 방향성은?

1. 지역 뮤지션들이 지속적으로 활동 가능하도록 산업적인 인프라를 구축함

- '출구 확보' 전략 마련. 다양한 경로를 통한 다수의 음악소비층 확보.

2. 자생적으로 돌아갈 수 있는 지역 음악씬 생성 (뮤지션, 기획자 귀향)

- 자생적인 지역 음악씬이 생긴다면 지역 뮤지션들과 음악기획자들이 굳이 서울로 가지 않아도 됨. 역으로 서울에서 다시 귀향하는 뮤지션들과 음악기획자들 발생 가능성.

3. 지역과 서울 음악씬 간의 교류 원활함 (시장 형성, 수입 증대)

– 서울에서 활동하는 뮤지션들조차도 서울을 벗어나서 활동하지 못하는 이유는 전국적인 홍보틀의 부재 때문임. 지역에서도 음악수입이 발생할 가능성이 증명되면 서울에서 활동하는 뮤지션들이 자발적으로 홍보를 하러 지역으로 올 것임.

■ 지역 음악씬 자생성 확보에서의 핵심 중 하나는 '지역 음악소비 시장'을 키우는 것. 아울러 외지에 배타적이지 않을 것

1. 외지 마케터가 지역으로 오지 않는 이유의 핵심은, 지역에서 사갈 상품이 없어서가 아니라 그들의 상품을 팔 수 있는 시장이 지역에 없어서일 것임

– 즉, 지역 음악상품을 팔려면, 반대로 외지 음악상품을 소비할 수 있는 시장이 있어야 함. 일례로 한국에서 열리는 음악마켓에 해외 음악관계자들이 잘 안 오는 이유는 그들의 음악을 팔 수 있는 음악시장이 한국에 없어서 임.[4]

2. 지역 음악씬 자생성을 논할 때는 음악산업적인 접근이 필요함

– 관련 정책도 문화예술 활성화, 문화교류 차원이 아니라 '음악 비즈니스' 차원으로 접근해야 함.

■ 지역 음악씬 자생성 확보를 위해 '중요 지역사업'을 활용하는 방안은?

1. 문화부/광주시 광주아시아문화중심도시 사업에서의 핵심 콘텐츠로 '대중음악' 활용 방안은?

– 대중음악은 '예술'이자 '산업'의 영역이므로 기존 아시아문화중심도시 사업(예술 영역)과 차별화된 콘텐츠이고, '독보성'을 가진 콘텐츠로 전세계적인 관심을 받는 것이 가능함.

----

4   현재 한국의 해외 팝음악시장(국내에서 유통되는 해외음악의 시장)은 매우 작다. 이 때문에 해외 음악관계자들이 국내 음악시장에 관심을 갖기 어렵다. 왜? 당연히 그들의 음악상품을 팔 시장의 규모가 너무 작기 때문이다. 영화의 경우 헐리우드 영화 신작들이 나왔을 때 영화배우, 영화감독들이 한국에 자주 오는 이유는 아시아에서 매우 큰 영화시장을 갖고 있기 때문이다. (헐리우드 영화 점유율 50%, 천만관객이 드는 영화시장 등)

- 개인적인 생각으로, 현재 문화부/광주시가 아시아문화중심도시사업을 바라보는 데 있어 가장 큰 오류는 콘텐츠 설계의 기조는 '예술'(비산업 영역)로 해놓고, 문화콘텐츠산업을 통해 얻을 수 있는 성과를 바라는 점임. 냉정하게 얘기해서 현재 '아시아문화전당' 콘텐츠 설계에서 산업적으로 접근 가능한 것은 '관광산업' 밖에 없어 보임.

- 현실적으로 '콘텐츠 설계'에 맞는 성과만 얻는 것을 인정해야 함. 일례로 전세계 음악시장의 장르적인 측면에서 1% 정도를 차지하는 월드뮤직이나 재즈 장르로 음악축제를 하겠다면 처음부터 '국제교류'로 접근해야지 '산업'으로 접근하면 안 됨.

- 그렇기 때문에, 만약 아시아문화중심도시 사업을 문화콘텐츠산업 측면에서 접근해서 지역경제 활성화를 강하게 바란다면 대중음악과 같이 예술이면서 산업인 영역을 중점적으로 포함시켜야 함.[5]

- '광주아시아문화전당' 콘텐츠로 대중음악을 다룬다면 '글로벌 뮤직 네트워크'라는 '음악산업' 관점에서 다루는 것이 필요함. 즉, 아시아 뮤직마켓에서의 허브 기능을 생각할 필요가 있음.

2. 부산광역시의 문화정책에서 부산영화제에 이어서 '대중음악 랜드마크 사업'을 도입하는 방안은?

- 현재 부산시는 부산영화제로 '도시브랜드마케팅'이 원활하게 되었음.[6] 이를 바탕으로 '대중음악 랜드마크 사업'(일례로 전문화된 음악축제, 음악마켓, 음악박물관, 대중음악 명예의전당 등)을 시작했을 때 가장 성공할 확률이 큰 도시는 부산시임. 당장에 부산영화제와 같은 시기에 대중음악 랜드마크 사업을 붙여서 하는 방안도 있고, 영화제와 음악축제를 같이 묶어서 기획하는 것은 전세계적인 경향임.(SXSW, Canadian Music Week 등)

- 이를 통해 부산지역 음악씬이 활성화되는 것이 가능해 보이고, 이는 한국 음악시장에도 긍정적인 결과를 초래할 것으로 예상됨.

------

5 광주아시아음악중심도시에서 '대중음악' 콘텐츠의 명확한 역할 부분에 대한 논의도 필요하다. 사실 2015년 9월에 정식 오픈할 예정인 '광주아시아문화전당'을 활성화할 수 있는 콘텐츠로 아시아/한국/광주 음악콘텐츠가 있지만 이 부분에 대한 구체적인 논의도 없었다. 사람들에게 가장 친숙한 콘텐츠는 '대중음악'이란 점을 다시 한번 상기할 필요가 있고, '한국 대중음악 100년' 콘텐츠는 무한한 활용 가치가 있다. (단, 연예콘텐츠 관점이 아닌 품격 있는 예술콘텐츠 관점이 필요함)

6 10월초 광주MBC 여론조사에 의하면 광역시들 중 가장 매력 있는 도시 1위로 부산광역시가 선호도 50%가 넘는 압도적 1위를 차지했다.(울산광역시가 꼴지, 광주광역시는 마지막에서 2등.) 이는 부산영화제로 인한 영향이 큰 것으로 생각된다. 그리고 광주시 입장에서 놀라운 점은 사람들이 광주시를 예향으로 생각하지 않는다는 점이다. 즉, 아직까지도 남도문화예술이나 아시아문화중심도시에 대한 브랜드가 없다는 점이다.

■ 도시브랜드 마케팅 차원으로 '음악도시' 정책 수립 문제

- 한국에서는 2004~2006년에 광명시에서 '광명첨단음악밸리사업'을 시행하였으나 계획수립의 미비와 지자체장의 변경으로 사업이 중단됨.
- 지자체에서 도시브랜드마케팅 차원으로 특정 '아이템'을 선정할 때 꼭 해당 지자체의 역사성에만 골몰할 필요는 없음. 오히려 사업성공 가능성이 가장 큰 부분에 주목하는 것도 한 방안임. 일례로 1996년에 부산영화제가 열리기 전까지는 부산에 영화 관련 인프라가 없었음.
- 이에 광주나 부산에서도 현재 무주공산 영역인 '음악도시'(대중음악으로 도시 브랜드 마케팅) 사업을 시도해볼 필요가 있음.

■ 지역 음악씬의 진흥, 무엇부터 할 수 있을 것인가? : '음악창작소'[7] 활용

1. 음악창작소의 명확한 미션 설정 문제

- 단지 다양한 음악이 창작되는 환경 구축이 아닌, 음악창작자들이 계속적으로 '재생산 하는 구조'를 만드는 것이 중요함.[8]

2. 지자체의 음악산업 정책 하에서 '음악창작소' 사업 진행

- 음악창작소 사업을 할 때도 단순히 사업 하나을 진행할 것이 아니라 '음악산업진흥' 관련 마스터플랜을 세우고 도시마케팅 차원에서 '음악산업'을 활용하는 방안이 있을 것임.

7　문화부는 음악산업 인프라를 만들기 위해 2013년부터 정책사업으로 '음악창작소' 사업을 시행했다.(서울시 마포구에 1곳 지정) 2014년에는 '음악창작소' 사업을 지역으로 확대하여 부산과 광주를 각기 선정하였고, 각각 10억원의 국비를 지원하기로 했다. 연예기획사의 아이돌뮤지션 메이킹 시스템이 한국 음악산업 전반을 지배하는 현실에서 문화부의 '음악창작소' 사업은 다양한 장르의 음악을 하는 뮤지션들의 창작과 활동 기반을 마련한다는 취지의 '대중음악 인프라' 사업이라는 데 그 의미가 있다.

8　음악창작소 사업진행에서 우려되는 점은, "지역 뮤지션들의 창작과 활동 기반을 마련한다는 취지의 '음악산업 인프라' 사업" 임에도 불구하고 또 다시 녹음실과 같은 H/W 만드는 데 예산을 투입하고, '음악소비자 양산'을 통한 음악생산자의 지속적인 활동 방안 마련으로서의 프로그램이 아닌 단순 뮤지션 지원프로그램(예를 들면 음반제작지원, 실용음악교육 등)으로 운영될 가능성이 보인다는 점이다. 그리고 지역의 음악업계와 상생을 하는 관점이 부족하고 주관기관에서 일방적으로 사업을 하려는 느낌도 지울 수 없다. 이는 사업의 관점이 '음악산업 진흥'에 맞춰지면서 음악마케팅(음악소비 진작)에 역점을 둬야 함에도 불구하고 기존의 단발적인 '문화예술 지원' 방식으로 접근하기 때문에 생기는 오류일 것이다.

3. 음악창작소 사업을 전담할 기관 문제

– 현재 부산과 광주의 음악창작소는 각 지역 산업진흥원이 사업을 담당하고 있음.

– 장기적으로(문화부 지원 이후에도) 음악창작소를 통한 지역 뮤지션들의 지속적인 활동 지원과 한국 대중음악 해외진출 지원 등과 같은 문제를 추진하려면 지역마다 독립적인 '음악산업진흥 콘트롤타워'를 설립해서 진행하는 방안을 공론화 할 필요성이 있음.[9] SOUND

박준흠 | 편집인, 대중음악SOUND연구소장

----

[9] '음악산업진흥센터' 설립 전단계로 음악창작소를 프로그램인 아닌 '진흥기관' 성격으로 보는 방안도 있다. 향후 이를 음악산업진흥센터로 확대 발전시키는 것이 가능할 것이다.

부산 음악씬 현황과 전망

음악을 포함한 청년문화로 대변되는
다양한 장르의 문화에 관심

부산의 특이점이라고 하면, 2011년 '부산 청년문화생태계 구축을 통한 문화활성화 프로젝트 _ 회춘프로젝트'를 시작으로 '청년문화'라는 논의가 지속되고 있다는 점이다. 이 프로젝트는 부산문화재단의 2011년 지역문화예술기획지원사업의 공모에 선정되어 진행한 프로젝트이다. 7월부터 10월까지 부산대학교 인근의 곳곳에서 11개 프로그램이 진행되었고, 이 프로젝트에 참가한 인원이 500명 가까이 된다고 하니 굉장한 프로젝트였다. 이 프로젝트 이후에 '청년문화'라는 고유명사가 탄생하게 되었고, 2013년 5월에는 '부산광역시 청년문화 육성 및 지원에 관한 조례'가 만들어졌고, 2014년 3월에는 '2014 청년문화 육성·지원 추진 전략'이 위의 조례에 근거해서 만들어졌다. 즉 부산은 음악을 포함한 청년문화로 대변되는 다양한 장르의 문화에 관심을 가지고 있는 것은 사실인 듯하다.

인터뷰

김건우(대안문화행동 재미난복수 대표/ ZERO Festival 총감독)
김종군(락인코리아 대표/부산선셋라이브 총진행/민락인디트레이닝센터 운영)
노호성(부산문화관광축제조직위원회 사무차장)
정세일(SKA WAKERs 보컬)

김혜린 | 생활기획공간 통 공동대표, 대중음악SOUND연구원

부산에서 생활기획공간 '통'을 친구들과 함께 운영하고 있으며, 공연기획을 중심으로 한 문화기획자로 활동 중이다. 음악으로 세상이 신명나기를 바라며, 이것이 중앙에 집중된 다양한 콘텐츠들을 넘어서 지역에서도 자연스럽게 자리잡기를 위해 힘쓰고 있다. (rapindrum@gmail.com)

부산은 '음악생태계'라고 이야기할 수 있는 음악생태계라는 것이 없는 도시이다. 소수의 뮤지션들이 활동하고 있고, 이들은 대부분 비전업 뮤지션이다. 음악을 하기 위해 혹은 음악도 하고 싶기에 일을 해야만 하는 것이다. 그렇다고 이들이 수도권 혹은 홍대를 지향하는 것은 아니다. 수도권은 거대 미디어의 존재와 홍대라는 인디씬의 거점이 있다는 것이 부산과의 차이점이지만, 이것이 부산에 없다고 해서 서울보다 못하다는 결론이 도출되지 않는다는 것이, 그들의 이야기이다. 그래서 이번 장에서는 정확하게 구분되지 않는 부산의 음악생태계를 알아보기 위해서 음악을 포함하여 다양한 장르의 활동을 모두 담아내는 관련 조직과 단체 그리고 기획자들의 이야기를 진행한다.

또한 부산의 특이점이라고 하면, 2011년 '부산 청년문화생태계 구축을 통한 문화활성화 프로젝트 _ 회춘프로젝트'를 시작으로 '청년문화'라는 논의가 지속되고 있다는 점이다. 이 프로젝트는 부산문화재단의 2011년 지역문화예술기획지원사업의 공모에 선정되어 진행한 프로젝트이다. 7월부터 10월까지 부산대학교 인근의 곳곳에서 11개 프로그램이 진행되었고, 이 프로젝트에 참가한 인원이 500명 가까이 된다고 하니 굉장한 프로젝트였다. 이 프로젝트 이후에 '청년문화'라는 고유명사가 탄생하게 되었고, 2013년 5월에는 '부산광역시 청년문화 육성 및 지원에 관한 조례'가 만들어졌고, 2014년 3월에는 '2014 청년문화 육성·지원 추진 전략'이 위의 조례에 근거해서 만들어졌다. 즉 부산은 음악을 포함한 청년문화로 대변되는 다양한 장르의 문화에 관심을 가지고 있는 것은 사실인 듯하다. 그러나 이러한 관심이 어떤 방식으로 지원이 이루어지고 진행이 되는지는 좀 더 지켜봐야할 듯하다.

1. 관련 조직 현황

(1) 부산문화재단(www.bscf.or.kr)

부산문화재단은 문화예술을 통해 부산시민의 삶을 풍요롭게 하고 부산을 창의와 품격을 갖춘 문화도시로 변화시킨다는 미션을 가지고 지난 2009년 1월에 설립했다. 지역문화예술에 대한 지원, 창작기반 조성과 시민을 위한 문화서비스 확대 등을 위해 노력하고 있다. 부산문화재단은 문예창작, 학예진흥의 지원을 통하여 지역문화예술을 활성

화하고, 지역문화의 정체성 확립을 목적으로 한다. 또 문화창작기반을 조성하고 시민들의 문화향유 기회를 확대하여 부산을 창의와 품격을 갖춘 세계적인 문화도시로 만드는데 기여하는 것이 목표이다.

부산문화재단의 주요 사업은 다음과 같다. 지역 문화예술발전을 위한 중점사업 / 예술창작활동 지원을 통한 기초예술 진흥 / 문화예술향유 기회 확대 / 문화예술창작 기반 구축 / 문화예술교육 활성화 / 국제문화교류 추진 / 위탁운영 및 대외협력사업.

부산문화재단 기획홍보팀 조정윤팀장에 따르면, "부산문화재단은 부산의 대중음악씬의 활성화를 위해서 사상인디스테이션, 민락인디트레이닝센터 등을 운영 중에 있고, 이 공간을 통해 지역에서 음악활동을 하는 이들에게 지원을 할 수 있게 할 것이고, 더 나아가서 대중음악씬을 청년문화와 연결해서 청년문화의 활성화를 위해 지원을 아끼지 않을 것이다"고 했다. 즉 부산문화재단은 '청년문화'를 위한 지원책을 고민하고 이를 바탕으로 대중음악인들에 대한 지원도 함께 이루어질 수 있도록 방안을 마련 중인 것이다.

아래는 부산문화재단에서 자체 운영하는 혹은 위탁 운영하는 공간들에 대한 소개이다.

감만창의문화촌(gamman.busanartspace.or.kr)

2013년 11월 20일 개관한 이 공간은 문화를 통한 도시재생 사업을 목적으로 조성된

감만창의문화촌

홍티아트센터

문화예술 창작공간이다. 지역민들을 위한 문화예술시설과 복지시설이 함께 조성된 복합커뮤니티 공간으로 생활문화예술 체험 프로그램을 중심으로 진행하고 있다. 폐교를 활용하여 복합문화창작공간으로 재탄생한 것이다. 주요프로그램으로 '지구를 사랑한 예술가'라는 타이틀 아래 봉제인형 만들기, 나무로 만든 우리집 등을 주제로 주민대상 프로그램을 진행하고 있고, '연극놀이, 나의 달콤한 인생', '나는 감독이다 충무로보다 감만동' 등의 연극/영화 프로그램도 진행하고 있다. 부산문화재단의 업무공간이면서, 다양한 프로그램들이 진행되는 복합문화공간으로 만들어지고 있는 중이다.

홍티아트센터(hongti.busanartspace.or.kr)

2013년 10월 30일 개관한 이 공간은 설치미술 전문 창작공간으로서 국내외 작가들에게 문호를 적극 개방하여 작가와 레지던시 창작공간 네트워크를 통해 창작지원은 물론, 지역문화커뮤니티를 형성하고 있다. 지역의 문화예술 창작기반 구축을 위한 〈예술인 창작공간 조성지원사업〉의 일환으로 사하구 무지개공단 내 옛 홍티포구에 조성되었다. 지상 3층의 철근 콘크리트 구조에 전시실, 공동작업실, 창작스튜디오, 작가연구실, 커뮤니티홀 등으로 구성된 홍티아트센터는 앞으로 5년간 부산문화재단이 위탁운영을 맡아 예술인 창작지원과 지역민의 문화예술향유 활성화를 위한 복합문화공간으로 운영될 예정이다. 현재 공개공모를 통해 선정된 입주작가들이 각자의 작업 및 전시 등의 프로그램이 진행되고 있다.

사상인디스테이션(www.catssasang.com)

2013년 7월 12일 개관한 이 공간은 부산 강동권 창조도시 조성사업의 일환으로 조성

사상인디스테이션

민락인디트레이닝센터와 로고

된 컨테이너아트터미널이다. 부산의 역동성을 상징하는 컨테이너 27개로 이루어진 복합문화시설로 지상3층의 건물 2개동으로 구성되어 있고, 그 내부에는 다목적 홀과 전시실, 스튜디오, 다문화센터, 레지던스, 사무실로 채워져 있다. "젊음이 넘쳐나는 청년인디 문화의 중심지로, 서부산의 랜드마크로 자리매김하고 다양한 청년인디공연과 예술프로그램으로 시민의 문화향유에 기여하겠다는 목표 아래 운영되고 있는 공간이다.

민락인디트레이닝센터(www.indiecenter.or.kr, cafe.daum.net/minrakic)

2013년 7월 12일 개관한 이 공간은 부산의 인디문화 활성화 및 젊은 예술가 발굴과 다양한 인디공연 및 전시가 개최되는 부산 청년문화의 활성화를 위한 공간이다. 현재 부산문화재단에서 락인코리아에 위탁운영을 하고 있으며, 입주단체를 선정하여 이들에게 합주실을 제공하고 활동에 도움을 줄 수 있는 다양한 프로그램들을 진행하고 있다.

(2) 부산문화관광축제조직위원회(www.festival.busan.kr)

부산시 산하 기관으로, 1997년 부산축제문화진흥회로 시작했다. 부산시가 주도하는 축제를 운영하는 기관이다. 설립초기에는 부산바다축제를 중심으로 진행하다가, 2000년 이름을 현재의 명칭으로 변경하면서 좀 더 활동의 범위가 넓어지고 다양해졌다. 그리고 2002년에는 월드컵, 아시안게임의 국제행사에 부대행사를 진행하고, 2005년 APEC의 다양한 이벤트 행사를 만들었다. 현재는 4개의 중점사업이 있고, 때에 따라 다른 축제들도 진행하고 있다. 다음은 부산문화관광축제조직위원회의 중심이 되는 축제들에 대한 간단한 소개이다.

부산항축제(www.busanportfestival.kr)

2008년에 시작한 부산항축제는, 세계5대항구인 부산의 항구들을 교육/체험을 할 수 있는 프로그램으로 구성된 축제이다. 5월에 부산시 영도구에서 열린다. 부산항축제의 특색이 가장 잘 드러나는 프로그램으로 부산항투어가 있다. 이는 배를 타고 북항을 직접 둘러볼 수 있으며, 승선체험은 평상시에 보기 힘든 대형 해군함정, 해경함정 등 다양한 선박을 한눈에 볼 수 있다. 부산항 퍼레이드는 역동적인 춤과 음악이 한데 어우러진 퍼레이드를 연출하며, 부산항 스탬프 투어는 국립해양박물관 등 행사장 내 시설물을 전시, 체험할 수 있도록 했다.

부산바다축제(www.seafestival.co.kr)

대한민국 대표 여름축제로 자리매김한 부산바다축제는 1996년에 시작한 축제조직위에서 가장 오래된 축제이다. 2013년 제15회 바다축제는 '축제의 바다 속으로'를 슬로건으로 8월 1일부터 8월 9일까지 부산 5개 해수욕장에서 개최했다. 해운대해수욕장에서는 부산바다축제의 대표 체험이벤트인 '물의 난장'과 '비키니 페스티벌'이 열려 해운대해수욕장에서부터 구남로 일대까지 물과 음악 그리고 젊음의 거리축제로 변신했다. 그리고 한여름밤 해변에서 즐기는 꿈과 환상의 매직쇼 '부산국제매직페스티벌', 역동적인 힙합 배틀대회 '부산국제힙합페스티벌', 정열적이고 다이내믹한 리듬의 살사댄스공연, 그리고 뮤지컬 갈라 콘서트 '열린바다 열린음악회'가 진행되었다. 광안대교와 카페거리로 유명한 광안리해수욕장에서는 2040세대가 함께 즐기는 감미로운 음악회 '말랑말랑 뮤직 페스티벌'과, 국내 실력파 재즈뮤지션들이 참가하는 재즈 라이브 콘서트, 그리고 전국 유일의 해변 DJ 콘테스트가 펼쳐진다. 우리나라 제1호 해수욕장인 송도해수욕장에

부산국제록페스티벌 공연 모습과 포스터

서는 '현인가요제'가, 송정해수욕장에서는 '송정해변축제', 다대포해수욕장에서는 '7080 가족사랑 콘서트'가 진행되었다. 부산바다축제는 각 해수욕장마다 특색 있는 이벤트와 공연을 펼쳐 부산을 찾은 누구나 즐길 수 있는 축제로 진행되고 있다.

부산국제록페스티벌(www.rockfestival.co.kr)

2000년에 시작한 부산국제록페스티벌은 전국에서 처음 시작한 국제록페스티벌로, 2014년 15회를 맞는다. 8월초 삼락생태공원에서 진행되는 이 축제는 3일 동안 국내외의 밴드들이 무대에서 향연을 펼친다. 광안리해수욕장, 다대포해수욕장을 거쳐 지금의 삼락생태공원에 자리를 잡았으며, 다양한 부대시설과 프로그램들이 함께 진행된다. 부산바다축제기간에 맞추어서 진행되고, 이 행사는 무료이다.

부산불꽃축제(festival.busan.kr/KOR/Fireworks)

2005년 APEC 정상회담의 프로그램으로 진행했던 불꽃축제가 이후 지속적으로 이루어져서 2014년 10회를 맞는 부산의 중심 축제로 진행되고 있다. 광안리해수욕장에서

부산불꽃축제

또따또가

광안대교를 바라보며 진행되고, 부산에서 가장 많은 예산이 투입되고, 가장 많은 사람이 구경하는 축제이다.

해맞이부산축제(www.festival.busan.kr/KOR/Sun)

매년 12월 31일에서 1월1일까지 진행되는 축제로, 용두산공원과 해운대해수욕장에서 새해맞이를 함께 한다는 의미로 타종식과 일출을 함께 보는 프로그램으로 구성된다. 기존에 진행되던 타종식과 새해 첫 일출을 보기위해 해운대해수욕장으로 모이는 사람들에게 다양한 참여프로그램을 제공하는 축제로 진행된다.

(3) 원도심 창작공간 또따또가(tttg.kr)

2010년에 만들어진 이 공간은 다양한 예술인들이 작업을 할 수 있도록 부산시가 부산의 원도심인 중앙동과 동광동에 작업공간으로 27개소 60개실을 예술가들에게 지원하면서 시작되었다. '또따또가'란 관용, 배려, 문화적 다양성을 의미하는 프랑스어 똘레랑스(tolerance)와 따로 활동하지만 또 같이 활동한다는 의미와 거리나 지역을 나타내는 한자 가(街)를 합성하여 우리말로 표현한 것이다. 집필공간과 독립영화인 공간에서부터 시민영상 교육 공간, 클래식 뮤직 갤러리, 공예작가숍, 소극장, 음악 동호인을 위한 공간 등으로 구성되어 있고, 다양한 분야의 작가들이 작업하고, 다양한 프로그램이 운영되고 있다.

(4) 금정구

부산시 금정구는 부산대학교가 위치하고 있고, 소위 청년문화라 불리는 많이 단체가 거점으로 활동을 하고 있는 지역이다. 위에서 언급했다시피 '회춘프로젝트'가 종료한 이후 금정예술공연지원센터와 서동예술창작공간이 만들어졌고, 2012년 12월 지식경제부로부터 '문화예술교육특구'로 지정되었다. 특구 지정 이후, 2016년까지 21개의 특화사업을 위한 예산 293억이 투입된다. 창의도시 특화사업으로 금정산성 문화 테마유원지 조성, 금정산성 민속주 축제 개최, 부산 청년문화프로젝트 운영, 금정 국제청년문화박람회 개최, 부산대학로 스마트거리 운영, 서동문화예술시장 프로젝트 사업 등이 있고, 글로벌 인재육성사업으로 스마일 테마도서관 운영, 범어사 문화스쿨 운영, 금정구 평생학습관 운영, 푸른숲교육센터 운영, 다문화이주여성 일자리 창출과 국제문화학습, 지역대학 평생교육 지원·운영 등이 있다. 현재 부산시에서 청년문화의 거점지역이다.

금정예술공연지원센터(blog.naver.com/gasgas2014)

금정예술공연지원센터(Geumjeong Art Spot)는 2012년 부산대학교 정문 인근에 만들어진 공간이다. 금정구 내의 다양한 예술단체의 교류를 지원하여 장르결합, 단체 간 협력 등을 통해 창조적인 예술 생산이 이루어지도록 네트워크 및 환경을 구축하는 것을 목적으로 탄생했다. 다양한 예술 생산 활동이 활발하게 이루어지도록 공간, 장비와 정보를 제공하고, 민간과 구행정의 원활한 소통의 창구역할을 한다. 또한 청년예술가들과 주민들이 만날 수 있는 프로그램을 기획하고, 예술 단체의 자립과 주민의 다양한 문화 경험 환경을 조성하는 역할을 하고 있다. 최근 다양한 프로그램을 진행하고 있으며, 문화기획자들의 강연, 영화상영, 공연 등의 행사가 지속적으로 진행되고 있다.

금정예술공연지원센터

서동예술창작공간

서동예술창작공간(www.seodongartspace.com)

서동예술창작공간은 금정예술공연지원센터와 함께 만들어졌고, 금정구에서도 문화소외지역이라 할 수 있는 서동에 위치해 있다. 금정구민과 함께하는 문화공간을 지향한다는 서동예술창작공간은 서동시장 중심에 위치하고 있어 전통시장 활성화와 일상과 문화가 접목된 생활예술을 지향한다. 1층은 갤러리, 북까페, 작은 도서관, 강의실로 구성되어 있으며, 2층은 창작실, 다목적실, 사무실로 구성 되어 있습니다. 건물 앞 길게 뻗은 테라스에는 야외무대와 주민들이 쉴 수 있는 공간이 있다. 금정예술공연지원센터와 달리, 이 공간은 지역민들을 위한 강의가 비중이 높은 편이다. 그러나 이 강의는 지역의 예술가들이 강사로 참여한다.

(5) 북구

　　부산시 창조문화도시본부의 강동권 창조도시 조성 사업으로 다양한 지원책이 만들어지고 있다. 이는 북구, 사상구, 사하구를 아울러서 강동권이라는 이름 아래, 산업기능 쇠퇴와 노후 불량주택 등 다양한 지역적 과제들이 중첩한 지역을 선정하여, 강서첨단국제산업물류도시 배후기능 및 첨단 도시형공업 기능을 통한 지역공동체 복원·활성화를 위해 진행하는 사업이다. 이 사업의 일환으로 북구에 조성한 창조문화활력센터는 열악한 북구의 청(소)년들의 문화거점 사업으로 진행되었다.

북구창조문화활력센터 STREET624(www.street624.com)

　　STREET624는 다양한 문화예술공연 및 교육으로 지역문화발전과 문화콘텐츠개발을 통하여 지역에 새로운 바람을 일으키는 공간이다. 2013년 11월 개관하였고, 시민과 젊은 예술인들의 문화와 창작활동을 위한 복합문화공간 조성 및 시민들에게 다양한 인적 지식교류의 기회를 제공하고 활력 있는 문화활동 지원을 목적으로 만들어졌다. 지하 1층, 지상 4층의 규모로 리모델링해 창작실, 아트카페, 전시장, 공연장 등을 갖췄다. 지역 문화공간으로서 연극, 콘서트, 각종 문화행사를 개최하는 소극장과 예술, 인문학, 지역커뮤니티 등을 배울 수 있고 함께 나눌 수 있는 강의실, 쉬어 갈 수 있는 아트카페, 스트릿댄스를 배울 수 있는 킬라몽키즈 댄스아카데미를 운영하고 있다.

STREET624

2. 단체/기획사

(1) 대안문화행동 재미난복수

ZERO FESTIVAL 포스터

대안문화행동 재미난복수는 비영리 문화운동 단체로, 서비컬쳐를 중심으로 활동하고 있다. 재미난복수는 2003년 부산대학교 인근에서 문화활동을 하던 이들이 모여서 만든 문화단체이다. 부산대 거리 앞에서 인디밴드, 거리 미술가, 핸드메이드 작가들과 함께 문화를 표출할 수 있는 거점, 많은 사람들이 올 수 있는 거리를 만들고자 탄생했다. 다양한 팀들과 연합해서 '재미난복수'라는 이름의 거리축제를 2003년에 진행했는데, 그것이 현재의 단체 이름이 되었다. 최초의 거리축제 시도 이후 한달에 한번씩 이 축제를 진행했다. 이 축제는 공연을 비롯한, 스트릿댄스, 디자인, 영상, 미술 등 복합적인 요소가 모두 담긴 축제였다. 이후 다양한 콘텐츠를 창작할 수 있는 공간의 필요성에 의해 인디스페이스 AGIT를 2008년에 만들게 되었다. 당시 부산에는 서브컬쳐 아티스트들이 활동하고 창작할 수 있는 공간이 거의 없었다. 거리라는 비일상의 공간을 벗어나 일상적으로 창작할 수 있는 기반이 되는 시설로서의 AGIT를 운영했다. 그러나 최근 B House로 거점을 옮기면서 AGIT에서의 활동

재미난복수

이 일단락되었다.(agit.or.kr, www.facebook.com/agit7436)

　재미난복수의 주요 사업으로는 레지던스프로그램과 제로페스티벌을 들 수 있다. 레지던스 프로그램은 국내외 서브컬쳐 관련 아티스트들이 부산에 머물면서 그들의 작업을 진행하고, 이를 부산에서 발표하는 프로젝트이다. 올해에도 진행하고 있으며, 매년 컨셉을 달리하여 다양한 아티스트들이 부산을 방문하는 계기를 만들고 있다. 제로페스티벌은 2011년 부산독립예술제를 시작으로 2012년에 이름을 바꾸어 제로페스티벌로 진행하고 있다. 서브컬쳐를 중심으로 한 축제로, 공연, 전시, 포럼 등의 프로그램으로 진행하고 있다. 작년의 경우, 9월에 5일 동안 진행하였고, 부산대학교 정문 앞 거리를 거점으로 하여 야외공연을, 4개의 실내공연장에서도 공연을 진행했다. 그리고 영화상영회와 장전동 곳곳에서의 전시, 서브컬쳐에 대한 포럼까지 진행한 축제였다. 올해 역시 9월에 제로페스티벌은 진행될 예정이고, 부산의 대표축제로 거듭날 것이다.(blog.naver.com/zerofestival, www.facebook.com/zerofest)

(2) 프리덤콘서트(cafe.daum.net/inFREEDOM, blog.naver.com/fdconcert)

　2003년에 부산에서 만들어진 공연기획업체이다. 모두가 자유롭고 편하게 공연할 수 있고, 관객에게는 최고의 퀄리티의 다양한 공연을 기획, 제작하기 위해 만들어졌다. 국내공연과 해외공연을 진행하며, 행사 및 시스템, 영상 및 디자인 관련 작업도 진행한다. 부산에서 시작해서 서울에 지사를 둘 정도로 활발하게 공연을 진행하는 업체로 부산에서는 인지도가 높은 편이다. 부산에서 잘 볼 수 없는 서울을 중심으로 활동하는 밴드들의 공연을 부산에 유치하며 그 인지도를 쌓아가고 있다. 2013년에만 전국에서 14개의 뮤지션, 30개의 공연을 진행했으며, 올해에도 그 활동을 이어나가고 있다. 소규모 클럽공연부터 대규모 공연까지 규모와 관계없이 공연을 진행하고 있다.

공연기획 락매니아

(3) 공연기획 락매니아(blog.naver.com/ksn488)

2002년에 부산에서 만들어진 락음악 전문 기획 업체이다. 공연을 즐겨보는 매니아에서 공연을 하고자 이 일을 시작했다고 김성남실장은 말한다. 인디밴드들의 솔직함과 음악에 대한 열정에 반해서 이 일을 십년 넘게 계속하고 있다. 부산에서 락공연을 진행함에 있어 기획, 홍보, 마케팅이 체계적으로 도입될 수 있도록 기획의 방향을 잡았다. 락매니아의 가장 큰 사업은 지역 인디밴드를 주축으로 부산인디록페스티벌을 진행하는 것이다. 국내 최초, 최장수 인디페스티벌인 부산인디록페스티벌은 2000년에 시작되었고, 이후 2003년부터 락매니아에서 진행해오고 있다. 2003년 제2회 부산인디록페스티벌 공연부터 아무런 지원도 없이, 개인 사비로 부산 인디밴드와 음향업체 알파사운드, 악기업체 블루노트의 지원 아래 현재까지도 이어지고 있다. 부산인디록페스티벌은 언더문화와 부산 락 음악의 저변을 확대하고, 획일화 되어 가는 공연문화의 새로운 지점을 찾고, 록 음악을 즐기는 10대와 20대의 매니아층을 모으며, 침체되어 가는 라이브클럽과 획일화되어 가는 음악주류에 대한 경계심 고취하고, 인디(언더)문화의 체계적인 공연문화 정착시키며, 수도권에 집중된 락 공연에 대한 지방공연의 새로운 출발점으로서의 역할을 목적으로 진행하고 있다.(cafe.daum.net/busanindie)

(4) 기타

　부산에서 활동하는 많은 밴드들은 자체적으로 공연을 기획해서 진행하기도 한다. 삼김시대, 특별시부산, 루츠락레게, 사우스펑크리그 등의 브랜드가 있다. '삼김시대'는 부산에서 활동하는 김일두, 김태춘과 서울에서 활동하는 김대중이 모여서 만든 브랜드로, 부산에서도 공연을 함께 진행한다. 이들은 EBS 스페이스 공감에 동명타이틀로 방송이 나가면서 더 알려졌는데, 이 공연 역시 그들이 자체적으로 기획해서 진행하고 있다.

　'특별시부산'은 부산에서 활동하는 밴드들이 모여서 컴필레이션앨범을 2013년 9월에 출시하였다. 이를 시작으로 해서 부산 그리고 서울에서도 공연을 진행했으며, 과거 갈매기공화국이라 불리었던 부산의 밴드들의 명성을 되찾고자 만들어졌다. 이 음반과 공연은 고양이레이블(Cat Label)에서 제작하고 기획한 것으로, 고양이레이블 역시 밴드 관계자이다.

　'루츠락레게'는 밴드 스카웨이커스가 진행하는 레게, 스카음악의 공연이다. 스카웨이커스를 중심으로, 킹스턴루디스카, 넘버원코리아, 윈디시티, 사우스카니발 등의 전국의 스카레게밴드들이 출연한 공연으로, 역시 자체적으로 기획하고 진행하고 있다.

　'사우스펑크리그'는 2013년에 생긴 레이블인 사우스레코드에서 진행하는 펑크락 공연으로 부산의 펑크밴드들이 거의 모두 출연하는 부산 펑크락계의 축제이다. 이 공연 역시 사우스레코드를 만든 밴드 옐로로코의 멤버가 주도적으로 기획하고 진행하는 공연이다. 이렇듯이 부산에서 활동하는 대부분의 뮤지션들은 본인들의 공연을 자체적으로 기획하고 진행하며, 이를 일상적인 활동으로 생각하고 있다.

3. 공연장

(1) 시/구 운영 공연시설

① 부산시민회관
－ 위치 : 부산 동구 자성로 133번길 16
－ 수용인원 : 대극장 1606석, 소극장 407석

– 특징 : 부산시설공단에서 운영하는 공립극장으로, 대극장의 대중음악 공연에는 대
관이 어렵고, 음향시설이 그리 좋은 편은 아니다. 소극장은 연극공연에 적합하다.

② 부산문화회관

– 위치 : 부산 남구 유엔평화로76번길 1
– 수용인원 : 대극장 1,403석, 중극장 767석, 소극장 212석
– 특징 : 소극장에서 운영하던 '하늘아래그콘서트'라는 인디음악 연속 공연이 있었으
나 중단되었다. '하늘아래그콘서트'와 같은 방식의 음악공연을 소극장에서 진행하
기에 좋고, 대극장과 중극장은 순수예술 쪽의 공연에 적합하다.

③ 해운대문화회관

– 위치 : 부산 해운대구 양운로 97
– 수용인원 : 해운홀495석, 고운홀110석
– 특징 : 부산시 해운대구에서 운영하는 구단위 문화회관. 다양한 공연들이 많이 열
리고 있고, 지역주민들의 행사에도 용이한 장점이 있다.

④ 동래문화회관

– 위치 : 부산 동래구 문화로 80
– 수용인원 : 대극장 524석, 소극장 202석
– 특징 : 부산시 동래구에서 운영하는 구단위 문화회관. 위치가 좋지 않아 많은 공연
들이 이루어지고 있지는 않다. 하지만 내부 시설은 괜찮은 편이다.

⑤ 금정문화회관

– 위치 : 부산 금정구 체육공원로 7
– 수용인원 : 대공연장868석, 소공연장330석
– 특징 : 부산시 금정구에서 운영하는 구단위 문화회관. 대중음악 공연 대관이 용이
하지 않다.

⑥ 을숙도문화회관

– 위치 : 부산 사하구 낙동남로1233번길 25
– 수용인원 : 대공연장 708석, 소공연장 242석

– 특징 : 부산시 사하구에서 운영하는 구단위 문화회관. 을숙도공원 안에 위치하고
있어서 도심과의 거리가 꽤나 먼 것이 단점이지만, 지역주민들을 중심으로 많은 공
연이 이루어지고 있다.

⑦ 사상인디스테이션

– 위치 : 부산 사상구 광장로 83
– 수용인원 : 다목적홀 약 스탠딩 300석
– 특징 : 부산문화재단에서 운영하는 문화공간. 청년문화 활성화를 기치로 다양한
행사들이 진행되고 있다. 음악전문공연장으로서의 기능은 떨어지나, 다양한 형태
의 행사를 시도하기에는 용이한 장점이 있다. 고정 좌석이 있는 것이 아니라서 공
간을 구성하기에는 괜찮은 편이다.

(2) 민간 운영 공연시설

① 벡스코

– 위치 : 부산 해운대구 APEC로 55
– 공간 : 제1, 2 전시장, 컨벤션홀, 오디토리움
– 특징 : 유명 대중가수들이 지역공연을 할 때 이용하는 장소로, 개방된 공간과 이동
식 좌석이 있기에 조정이 가능하다. 기본적으로 2000석 이상의 공연을 할 때 주로
사용되고, 대관료가 비싼편이다.

② 부산KBS홀

– 위치 : 부산 수영구 수영로 429
– 수용인원 : 3332석
– 특징 : 부산KBS에서 운영하는 콘서트홀. 유명 대중가수들의 공연이 주를 이루고
있다. 벡스코가 생기기 이전에는 전국투어의 부산 공연에는 이 홀을 대부분 사용
하였다.

③ 부산MBC삼주아트홀

– 위치 : 부산 수영구 감포로8번길 69

– 수용인원 : 761석

– 특징 : 부산MBC에서 운영하는 공연장. 최근 운영주체가 바뀌면서 마술공연을 장기로 진행하였다. 리모델링 이후에 내부 장비의 질이 향상되었고, 중소규모의 공연을 하기에 적합한 공연장이다.

④ 드림홀(구 OZ홀)

– 위치 : 부산시 부산진구 부전동 467-1, 영동프라자 B1

– 수용인원 : 약 스탠딩 400석

– 특징 : 부산에서 클럽이 아닌 대중음악전용극장으로 처음 탄생한 민간극장. 최근 운영주체가 바뀌었고, 인디밴드들의 공연을 하기에 적합한 장점이 있다.

⑤ LIG 아트홀 부산

– 위치 : 부산 동구 자성로133번길 15

– 수용인원 : 고정좌석 147석(최대 305석, 스탠딩 가능함)

– 특징 : LIG에서 운영하는 아트홀. 다양한 실험적인 공연이 많이 진행되고 있어서 주목할만하다. 그러나 기획공연 이외에 대관공연은 거의 진행되지 않아서 극장을 이용하기에는 어려운 점이 있다.

⑥ 부산카톨릭센터 소극장

– 위치 : 부산 중구 중구로 71

– 수용인원 : 200석

– 특징 : 민간공연장으로 2000년대 초중반에 많은 공연들이 이루어졌다. 이후에 다른 공연장들이 많이 탄생하면서 횟수가 줄어들었고, 현재 영화상영과 병행하여 공연이 이루어지고 있다.

⑦ 인터플레이

– 위치 : 부산광역시 금정구 장전3동 417-3 번지

– 수용인원 : 약 스탠딩 150석

– 특징 : 2001년 시작된 부산대학교 일대에서 가장 유명한 클럽. 많은 서울 뮤지션들의 공연이 이곳에서 이루어지고 있다.

⑧ 무몽크

- 위치 : 금정구 장전3동 416-1 지하1층
- 수용인원 : 약 스탠딩 80석
- 특징 : 부산대학교 앞 클럽의 쌍두마차. 인터플레이에 비해서 장소는 협소하나, 메탈, 하드락 등의 기획공연을 연속적으로 진행하고, 지역의 뮤지션들이 선호하는 클럽이다.

⑨ 몽크

- 위치 : 부산 남구 대연3동 58-34 태양빌딩 지하1층
- 수용인원 : 약 좌석 40석
- 특징 : 1992년 부산대 앞에서 시작해서 경성대 앞으로 이전해서 계속 되는 부산의 가장 오래된 재즈클럽. 음료/알콜을 판매하고, 거의 매일 공연이 있고, 재즈마니아라면 이곳을 주목할 필요가 있다.

⑩ 바이닐언더그라운드

- 위치 : 부산 남구 수영로322번길 32 지하1층
- 수용인원 : 약 스탠딩 150석
- 특징 : 경성대 앞의 라이브클럽. 다양한 공연들이 진행되고, 주말이면 많은 외국인들이 이곳을 찾아 파티를 벌이는 명소로 유명하다.

⑪ 리얼라이즈

- 위치 : 부산 남구 용소로 7번길 37 5층
- 수용인원 : 약 스탠딩 80석
- 특징 : 밴드 과메기의 멤버가 운영하는 곳으로 부산 메탈씬의 다양한 공연들을 유치해서 진행을 하고 있다. **SOUND**

김건우(대안문화행동 재미난복수 대표/ ZERO Festival 총감독)

(공연하고 싶으면) "나한테 전화하라고 해!"

일시 2014년 4월 28일(월) 오후 9시
장소 부산 온천동 모처
정리/글 김혜린
사진 김건우
주소 부산광역시 동래구 온천1동 금강로335번길 10–1

활동에 대한 소개

'대안문화행동 재미난복수'(이하 재복)는 2003년에 시작했으며, 재복에서 만든 공간이 '인디스페이스 아지트'(이하 아지트)인데, 아지트 대표를 맡고 있습니다. 주요활동으로는 거리축제를 만들다가 지금은 아지트의 공간들을 활용한 사업에 조금 더 중심이 있습니다. 아지트에 있는 공간으로는 갤러리, 레코딩 스튜디오, 합주실, 게스트 하우스가 있기 때문에 그 공간들을 활용한 사업들을 진행 중이고, 가장 두드러지는 활동은 레지던스 프로그램입니다. 더불어 2000년대에는 한 달에 한 번씩 거리축제를 만들다가 2011년부터 일 년에 한 번씩 ZERO Festival이라는 이름으로 축제를 만들고 있습니다. 그리고 축제컨설팅 작업도 많이 하구요.

지금의 활동이 대중문화인가

저의 주요 장르는 대중문화가 아닙니다. 저의 기획은 흔히 말하는 대중음악이나 대중축제와는 다릅니다. 주로 다루는 콘텐츠가 인디나 언더, 비주류문화에서 활동하는 예술가들과 작업을 하고 있습니다. 마니아적인 문화에서 출발했고, 이를 기반으로 활동을 하고 있기 때문에 일반적인 대중문화와는 다릅니다. 대중음악이라는 것이 대중들이 좋아하는 것을 통칭하는 것인데, 이 정의에 대해서 동의하지 않아요. 대중들이 취향을 강요받는 그런 느낌이거든요.

재복의 탄생

고등학생 때 반에서 록음악을 듣는 친구들과 어울리면서 음악에 관심을 가지게 되었습니다. 1998년 즈음 서면 클럽 625에 처음 갔었지요. 그때 봤던 밴드들에 대한 인상이 아직도 강하게 남아 있어요. 이때 당시가 부산에서는 라이브클럽들의 붐이 한창일 때였죠. 인디라는 것이 90년대 중후반에 만들어졌지만, 80년대에 언더그라운드가 있었잖아요. 인디와 언더그라운드 사이에는 시기나 장르를 떠나 성향 자체의 차이도 컸던 것 같

아요. 여기서 음악적인 교류가 활발했거나 세대가 이어지는 것이 아니라 단절에서 다시 시작하는 느낌이었어요.

2000년대로 넘어오면서 다양한 인디 베이스의 활동들이 나타나기 시작 했는데 90년대 말 인디밴드 음악을 찾아서 듣고, 거리에서 그림을 그리고, 춤을 추고 노래하는 사람들이 모여서 활동하기 시작 했어요. 시각예술은 파인아트, 화이트큐브의 틀 안에 갇혀있는 것이 아니라 방법적인, 공간적인 대안을 찾는 활동들이 많았고. 공연예술도 극장이나 콘서트홀의 높은 문턱에 문을 두드리는 것보다는 라이브 클럽이나 거리에서 '노는' 친구들이 모이기 시작했죠. 그래서 재복에서는 축제와 공연을 당시에 활동하던 팀들을 중심으로 해서 만들기 시작했어요. 당시에는 그런 소스들이 많이 보였고, 좋다고 생각을 했었습니다. 서울팀들의 공연을 많이 봤지만, 그때의 부산팀들이 지금보다 훨씬 더 부산스러운 색깔을 많이 가지고 있었던 것 같아요. 서울팀과는 확연한 차이가 나는 무언가가 있었다는 것이죠. 음악 하는 친구들도

고집스럽게 자신의 색깔을 만들어 가는 노력들이 있었어요. 부산에는 유행을 따라가기보다는 자기가 하고 싶은 음악에 집중해서 활동을 했던 친구들이 많았던 것 같네요.

2000년대 초반까지만 해도 인디밴드들끼리 연합을 만들어서 함께 축제기획도 하고, 그 사이에서 재복도 만들어지고, 'new trend rising'이라는 축제도 만들고 그랬어요. 이러한 인디들의 교류 속에서 '부산인디락페스티벌'도 시작을 하게 되는데, 이때는 분위기가 좋았지요. 뭔가 계속 진행될 것 같고, 활동하는 팀들도 지금보다 많았지요. 지금은 15년 정도가 되었는데, 오히려 힘이 빠진 느낌이고, 물론 생겨나고 있는 밴드들도 많이 있겠지만 눈에 보이는 친구들보다는 떠나는 친구들이 훨씬 더 많은 것 같아요.

부산의 공연산업이라고 볼 때, 콘텐츠가 있고 그것을 보여줄 수 있는 공연장이 있고, 그것을 이야기할 수 있는 기획자가 있고, 유통구조가 있어야 하는데, 가장 중요한 콘텐츠 자체가 사라지고 있는 실정이라 그런 것들이 많이 아쉽죠. 꽤 오래 버렸던 것 같기도 해요. 그 전에도 서울에 올라갔다가 크게 상황이 다르지는 않으니까, 다시 부산으로 내려오는 친구들도 많은데 다시 내려왔을 때는 음악을 더 이상 하지 않는 친구들이 많아요. 부산에서 음악을 하다가 시장이 없으니까 서울로 갔다가, 서울에서도 극소수의 사람들이 음악을 하면서 살아남을 수 있는데, 그 구조에서 잘 견뎌내질 못하죠. 왜냐하면 어쩔 수 없는 구조니까요.

인디밴드가 누구나 들어도 인디밴드라고 인정할 정도의 실력을 갖춘 팀이 실제로 한 5% 될까요? 소수의 사람들이 음악을 하면서 자신들의 생계, 약간의 수입을 관철시킬 수 있을 수준이기 때문에 그것은 서울이나 부산이나 비슷하다고 생각을 해요. 그러면 좌절을 하게 되고 음악으로 먹고 살기 힘들다. 그러다 보면 또 나이가 들어가는 거죠. 그렇게 다시 부산에 내려왔을 때는 음악을 하지 않고 취업을 하게 되는 구조가 되는 것이죠. 그런 모습을 10여년 보아왔기 때문에 아쉬움이 들고, 부산의 공연산업은 아직 향유자들도 적은 편이고요. 서울과 부산의 인구차이도 있으니까 그런 것 같아요.

서울은 예를 들어 홍대 앞은 사람들이 그런 문화에 대한 기대가 있는 거죠. 이전에는 색깔을 만들 수 있는 동네도 없었고, 데크 역할을 할 수 있는 공연장도 없었지요. 공연을 하면서 공연장을 유지시키는 것도 수지타산이 안 맞았고요. 미래를 보고 더 나아지겠지 하는 생각으로는 안 되는 건, 지금 상황이 힘든 것이기 때문이죠. 그래서 공공재원의 투입이나 다른 시선이 필요하다고 생각해요.

부산 공연/축제산업의 특징

부산의 특징이라고 볼 수 있는 건 없어요. 부산만의 특징이라고 보지 않고, 어떤 권력구조에 따라 생겨나는 것이라고 봐요. 이는 수도권과 비수도권의 차이로 나타나는 것 이구요. 권력구조와 인구의 차이가 각 지역별로 어떠한 현상들을 낳는 것 이구요. 그래서 단순하게 서울과 부산을 비교해서 어떤 특징을 도출해낼 수는 없어요. 지역별

로 문화적 역량 혹은 색깔은 별로 없다고 생각해요. 외부에서 부산의 색깔 이런 것들을 요청을 하는데, 이건 외부에서 만들어진 이미지이죠. 부산하면 갈매기와 파도소리가 생각나니깐, 이를 컨셉으로 공연을 만들어보자는 것은 말이 되지 않는 것이죠.

부산은 수도권에 비해 인구가 작고, 주요한 행정기관도 없고, 중앙기구의 눈치를 볼 수밖에 없지요. 지자체라고 하지만, 눈치를 보고 중앙에서 예산을 받아 집행하는 기관들이 있고, 그 밑에 또 다른 기관들이 있는 것이 한계죠. 또한 적은 향유자와 공연시설에 대한 열악한 인지도도 있지요. 공연시설은 허가를 받는 것부터가 너무 힘들어요. 그래서 거기에 좌절하는 사람도 많고요. 이러한 부분들은 대부분의 지역에서 가지는 한계라고 생각해요. 즉 수도권과 비수도권의 차이가 있고, 얼마나 많은 향유자가 있는지의 차이, 행정기관에서 이런 문화에 대해서 얼마나 인지를 하고 서포터를 해줄 수 있는 가에 대한 차이가 지역의 공연산업의 특징으로 이어지는데, 이러한 부분이 수도권에는 좀 나은 편이고 각 지역에서는 비교적 더 열악하다고 보는 거죠.

굳이 다른 지역과의 차이를 생각해보면, 서울보다는 콘텐츠가 적고, 광주보다는 조금 많죠. 부산이 인구가 많으니까. 대구나 대전보다는 조금 더 낫지만, 서울에 비해서는 확연하게 떨어지는 게 현실 아닐까요.

정리해보면, 부산만의 특징은 없고, 수도권과 비수도권의 차이가 있을 뿐이다. 그리고 나머지 지역들 간의 차이는 인구수와 행정기관의 의지 혹은 권력구조에 따른 것이다. 예로 90년대 말에 부

산대 앞의 라이브클럽들에 대한 신문기사가 난 적이 있었어요. 이 기사는 부산대 앞의 클럽문화가 신선하다는 식의 긍정적인 기사였어요. 그러나 이 기사로 인하여 전문공연시설에 대한 허가 문제에 대한 민원이 발생했어요. 그래서 3~4개의 라이브클럽이 폐업을 해버린 사례가 있어요. 오히려 우리동네 이런 것도 있다고 자랑은 못할망정 문 닫게 해버린 사례로 남아있는 것이죠. 이러한 민원의 경우 행정기관의 사소한 조치로도 클럽문화를 지킬 수 있었을 것이라는 예상을 할 수 있지 않은가요.

사람들의 절대적인 수가 많아지면, 정보량이 비례해서 많아진다고 봐요. 그렇게 되면 시장의 형성이 이루어지는 것이죠. 절대적인 인구수가 많다는 것에서, 이러한 문화를 향유하고자 하는 사람의 수도 다른 지역에서 비해서 많아지는 것이죠. 이 사람들의 공연의 수요자가 되는 것이고 자연스럽게 시장이 만들어지면서 공급과 수요에서 어느 정도의 균형이 만들어지는 게 아닐까요.

물론 해외사례는 그렇지 않아요. 일본의 경우, 작은 마을에서 인디씬들이 탄탄한 경우도 많죠. 이 것은 산업구조를 봐야하는 것이죠. 지금 이야기하는 대중문화라는 것은 인디 쪽에 가까운데, 그 랬을 때 한국에 이 문화가 언제 들어왔으며 어떻게 유포가 되었는지를 살펴보면 된다고 봐요.

80년대에 록음악이 국내로 들어오면서, 이 문화가 대학 안에서 유포되지 못했던 거죠. 그 당시에 대학가는 미제의 정신을 몰아내자는 분위기가 있었기 때문인데요. 그래서 대학생들이 이러한 문화를 거부했죠. 록음악의 주된 관객층이 대학생들이었는데, 그런 생각을 가지고 있었던 거죠. 즉 시대상황을 보면, 독재타도, 미제타도 등의 문화가 만연해있었다는 점이 락문화가 확산되기 힘들었던 이유 중 하나라고 생각해요.

그리고 90년대로 넘어오니 밑천이 없는 거죠. 쌓여진 콘텐츠가 없고, 얘네들은 아버지 없는 애들이 되어버린 거죠. 그냥 미국, 일본 통해서, 빽판 듣고 자란 애들이죠. 사람들의 호응은 얻지 못하구요. 힙합 같은 경우도 마찬가지이고. 그러니까 걔네들은 가르쳐주는 스승 없이 음악을 하기 시작한 거죠. 그래서 이런 문화를 이해할 수 있는 주변의 인식들이 자리 잡고 있지 않았다는 거죠. 한국의 산업화과정을 다른 나라들과 비교해보면, 미국이나 유럽에는 히피문화가 있었잖아요. 이 히피들이 새로운 문화를 사람들에게 전달하는 역할을 했었던 건데요. 우리나라의 경우 급격하게 바뀌는 사회구조 속에서 완충제역할을 할 수 있는 계층들과 시대문화 이런 것이 생략된 채로 진행되어 버린 거죠. 늘 정치적 이슈(독재타도, 미제국주의 반대 등)가 가장 주요한 사건들이었기 때문에, 문화를 이야기한다는 것 자체로 사치라고 보는 시각들이 있었어요. 여러 가지 먹어보고 이 맛도 있고 저 맛도 있고 그걸 아는 시기가 필요한 건데, 선택할 수 있는 취향을 형성할 수 있는 그런 시기 말이죠. 한국사회에서는 그게 없었던 거죠. 그게 있어야 지역의 색깔을 만들어내는 데 상당

한 영향을 미쳤을 거라는 거죠. 일본 같은 경우는 작은 마을의 경우에도 그게 있는 것이 그러한 과도기 과정을 거쳤기 때문인 거죠.

부산 공연/축제산업의 규모

부산은 서울을 제외하고 다른 지역에 비하면, 많은 편이긴 하지요. 아직까지 한국은 어떤 문화적인 특색으로 지역의 브랜드를 만들 역량이 부족해요. 규모면에서 인구대비 예술가의 비율이 낮아요. 1인당 국민소득이 비슷한 나라들과 비교하면 예술가집단 그 중에서도 음악인들의 비중이 작다고 생각해요. 대학에서 실용음악과가 제도권 안

에서 생겨나기 시작했으니 이정도 수준을 유지하는 것은 아닐까 싶기도 해요. 그래도 되게 작지.

부산 대중음악전문공연장의 필요성

공연장은 역할이 두 가지라고 생각하는데, 하나는 정말 많은 인프라들을 잡아주는 역할과 인큐베이팅 기능이 있었다고 생각해요. 과거 클럽 625같은 공간은 인큐베이팅 하는 역할을 했다고 보는데, 거기서 공연을 보고 음악을 하고 싶다고 생각하고 그리고 그 안에서 경쟁을 하고. 실력도 많이 향상이 되었던 거고. 공연장은 또 다른 콘텐츠를 만들 수 있는 장이 되어야 한다고 생각해요.

이런 맥락에서 공연장은 더 많이 필요하다고 생각 해요. 건물이 필요한 것이 아니죠.

그렇다면 공연장을 만들 주체는 누구?

각자 스스로 만들어야 하지요. 지금 제도권에서 그런 공간들을 많이 만들잖아요. 이게 지역문화산업에 도움이 될까요? 나는 분명히 공적자금이 투여되면, 많은 사람들이 쉽게 이용할 수 있는 공공재로서의 역할을 해야 한다고 생각하는데요. 현실만 놓고 보면 오히려 반대라고 생각해요. 그런 것들이 있을 때 독립적으로 있어왔던 공간들이 타격들은 아닌데, 힘이 빠져요. 실제로 공연 횟수도 줄어들고, 음악 하는 친구들도 큰 자본 들여 가지고 좋은 데서 공연하고 싶은 거지요. 라이브클럽 운영하시는 분들은 '관주도의 그런 공연장들, 그런 거 하나 안 하나 우리는 힘들게 해왔는데, 뭐 신경 쓸 것 있겠어.'라는 마음들이 있어요.
그런데 장기적으로 봤을 때 좋은 영향을 끼치는 것 같지는 않아요. 그런 공연장이나 시설들이. 정부의 지원금은 잘 쓰면 좋다고 생각해요. 그런데 그게 가능해질까하는 의문도 드는 거죠. 내가 생각하는 문화는 저항문화에 가깝고, 소수문화잖아요. 자기들 마음대로 했던 거죠. 사실 그런 돈하고 색깔이 안 맞는 것도 사실이죠.

이번에 공연장을 만든 이유

(올 봄에 재미난복수는 장전동에 지하 50평대의 공연장을 만들었다. 지금은 현재 내부 공사 중이고, 올 여름 본격적으로 공연장으로서의 기능을 할 것이다.)
인큐베이팅 할 수 있는 역할을 하고 싶었어요. 아지트의 경우 공연을 할 수 있을만한 공간이 부족했던 것은 사실 이니깐요. 부산에 업스테어(upstair, 부산대학교 인근에 있던 어쿠스틱공연을 위한 공연장, 2013년에 폐업)는 그나마 편하게 어쿠스틱 공연을 할 수 있는 공간이었는데, 그것도 없어졌죠. 뮤지션들 사이에서 그런 얘기들을 해요. '이제 우리 공연 어디서 하노.' 물론 부대 앞만 하더라도 '무 몽크'나 '인터 플레이'등 밴드컨셉에 딱 맞는 공간들이 있긴 하지만 한계가 좀 있지요. 좀 더 다양하게 바꿀 수도 있고 아예 비어있는 공간이 필요한 건데요. 뮤지션들이 자기 마음대로 할 수 있는 공간이 없어요. 왜냐면 실제로 클럽 대관을 한다면, 렌탈비도 생각을 해야 하고 여러 가지 돈 들어가야 할 데가 많잖아요. 무대의 실험들이 나올 수 있는 상황이 아닌 거죠. 다양한 콘텐츠들이 선보일 수 있는 계기가 생기지를 않는다는 거죠. 우리 같은 경우는 그런 것들을 인큐베이팅 시켜야한다고 생각을 했고, 그래서 공간이 필요하게 된 거죠.

관련 미디어의 활용 정도? 새로운 미디어의 필요?

새로운 미디어, 작년부터 여러 가지 목표가 있었는데, 큰 것 중에 하나는 방송국을 만드는 목표가 있었어요. 지금은 약간 물거품이 되었는데요. 그게 진짜 중요하다고 생각해요. 자기 마음대로 할 수 있는 방송채널을 가지고 있고, 이것을 원하는 사람들도 분명히 존재하거든요. 이 방송국은 인터넷을 기반으로 하구요. 지역에 구애받지 않고 접속이 가능하니, 다양한 지역의 사람들과의 접점도 만들 수 있는 거죠. 꼭 필요한 작업이라고 생각합니다.

인터넷 방송의 한계? 대중적이지 않다. 홍보의 효과가 낮다.

새로운 콘텐츠 개발도 중요하지만, 새로운 관객층 개발도 중요하거든요. 관심이 있는 친구들도 몰라서 못 오는 경우가 많아요. 계속 오는 애들만 오게 되는 구조가 되는 건데, 어떤 방법으로 관객층을 넓힐 수 있을지는 잘 모르겠어요. 그래도 인터넷을 활용하면 관심 있는 친구들은 좀 더 찾아보고 알아볼 수 있지 않을까 싶어요. 일단 관심 있는 친구들부터 정확한 정보를 제공해주는 것이

첫 번째 과제인 거죠.

공공재원, 지원금 등에 대한 생각

공공재원은 인적구조를 만드는 데 투자를 해야 한다고 생각합니다. 좁힐 수 없는 간극들이 있잖아요. 예를 들어 미디어의 문제, 인건비 부족, 운영비 부족 등, 이것도 자본과 사회의 문제로 비롯되는 것이죠. 이러한 문제들을 차례차례 해결해나가야 한다고 생각하는데, 공공재원에는 이러한 현실이 반영되어 있지 않죠.

미디어의 경우 홍보와 직접적으로 연관이 되는 것인데요. 기존에 있는 것으로 활용할 수 있는 방안으로, 지역방송에 일정시간들을 할애해서 방송의 사회 환원 차원에서 지역의 문화에 대한 광고를 할 수 있는 기회를 주는 방법이 있지 않을까요. 이런 제도가 있으면 지역의 문화활동의 홍보에 큰 도움이 될 것 같아요.

인건비 부분은 지속 가능하고 생산적인 인적구조를 만들어야 한다는 거죠. 모든 지원금이나 예산들이 요구하는 것이 세금계산서인데요. 즉 뭘 짓거나, 소모품 이외에는 집행이 안되게 되어 있는 거죠. 공간이 매력적이면 알아서 사람이 찾아오는데 공간을 매력적이게 만드는 것은 사람이거든요. 사람에 대한 인건비가 마련되지 않으니까, 계속해서 딴 데로 나돌아야 되는 거지요. 우리가 기업처럼 이윤을 목적으로 한다면 가능하겠지만, 문화는 이윤을 목적으로 하지 않아도 된다고 보거든요. 예술이 돈하고 연결된 것만은 아니잖아요. 기존의 대중문화와 다르게 바라보는 게 그런 건데요. 이 사람들이 살아가는 삶, 문화의 가치

이런 것들이 화폐가치로 환원시키지 않더라도 존중해줄 수 있는 사회적 시선이 필요하다고 생각해요. 지금의 상황은 안 그렇죠. 하나의 반증인 것 같아요. 어떻게 기득권들이 예술에 대해서 생각을 할까. 예술=가치창출이 가능한 돈, 이러면 이런 데만 투자를 하는 거죠. 아티스트들을 초청해서 재료를 산다. 개런티를 준다. 이런 것들은 가능하다는 거지. 이거 말고 공간을 매력적으로 만들기 위한 사람들의 인건비는 제한이 되는 거죠. 예술이라는 것을 어떻게 바라보는가에 대한 반증이라는 거죠.

부산의 (인적)인프라라는? 뮤지션의 경우, 그리고 다른 파트들은?

뮤지션들 같은 경우, 다양한 것들을 시도하는 친구들이 많았으나, 부산에서는 통하지 않아요. 그래서 서울로 다 떠나니까 이러한 시도들조차도 없어지는 거죠. 물론 내가 아는 친구들 안에 한해서 그럴 수도 있는데. 되게 특이한 거 하는 친구들이 많았어요. 그런 친구들도 다 서울 갔잖아요. 서울에는 그런 음악을 듣는 씬이라도 좀 있으니까.

문화는 사람이 만드는 거죠. 부산에서 왜 돈을 벌 수 없는 구조인가 하면, 부산에도 엄청 많은 공연/축제가 있어요. 왜 지역기업이나 규모가 작은 팀들이 살아남지 못하냐면 큰 규모의 기획을 한다면 단체의 법적구조가 있어야 합니다. 그거 없이는 입찰을 받을 수가 없어요. 입찰규제가 굉장히 까다롭죠. 새로 시작을 하려는 팀들은 할 수가 없는 거죠. 이 입찰에서 시작해서 다 연결되는데, 하드웨어팀, 공연자 등의 다른 모든 파트까지

요. 큰 규모의 행사를 하나 받으면, 다른 파트는 전부 하청에 하청이 되는 거죠. 조명, 무대를 멋지게 하고 싶지요. 근데 이 팀들은 하청으로 들어간다는 말이죠. 그럼 투자를 못해요. 재생산이 안되는 구조를 지금 가지고 있다는 거예요. 그렇게 되면 이 행사를 통해 만들어진 이익은 큰 기업들로 들어간다는 거죠. 그리고 이 기업들은 서울에 대부분 있거든요. 지역의 행사이지만 지역에 남는 것은 아무것도 없다는 말이죠.

그리고 '국제'가 들어가는 대부분의 행사들은 서울에서 모든 팀을 다 꾸려서 내려온다는 거죠. 만약에 지역에 있는 단체에서 그런 행사를 진행한다고 하면, 입찰할 당시에 제시되었던 예산서와는 다른 집행이 이루어진다는 거죠. 그렇다면 이 행사에 관여한 대부분의 사람들과 팀들은 현상유지밖에 안 되는 거죠. 그러니까 장비에 대한 투자를 하거나, 공연자에 대한 투자를 하는 일이 이루어질 수 없는 거죠. 잠깐 알바나 좀 하자는 생각이 반복이 되는 거잖아요. 지속성도 안 생기고 후배양성도 안 되는 현상이 계속 이어지고 있는 거죠. 즉 재투자가 전혀 이루어지지 않고 있다는 이야기에요.

전국투어공연 활성화를 위해서

나한테 전화하라고 해. 전부 다 바꿔야 해요. 실력 있는 뮤지션이야 하고, 인지도도 있어야 하고. 이것만 있으면 전국투어는 되는 거죠. 지금의 현실에서는 실력은 있지만 인지도 없는 친구들은 전국투어를 할 수 없다는 것이에요. 실력도 있고 인지도도 있는 친구들은 지금 당장 전국투어를 할

수는 있지만 돈은 못 벌어요. 그러나 현상유지는 가능할 것이에요.

대중의 취향이라고 하는 것은 길들여지는 거잖아요. 길들여지는 것에 미디어의 영향은 엄청나다고 생각하구요. 이 말은 소비자들이 있어야 한다는 거죠. 소비자들을 만들 수 있는 루트가 너무 없어서 문제인거죠. 유투브가 그런 역할을 하고 있다고 보는데. 이것도 찾아듣는 친구들의 숫자가 너무 작아요. 일반적으로 TV만 틀고 보는 친구들은 어떻게 할 것인가에 대한 고민도 함께 해야 한다고 봐요. 기존 미디어들에도 할당제를 실시하면 어떨까요. 다양한 것들을 방송할 수 있게끔 규제를 하는 거죠. 그렇게 되면 어느 정도 대중의 취

향을 변화시킬 수 있는 계기가 되지 않을까 하는 거죠.

사람들이 더 자발적으로 찾아서 듣고 취향을 만들 수 있도록 노력해야 해요. 그것이 안 되니까 장치들이 필요한 거죠. 미디어를 열어두어야 하고. 이게 그 노동시장의 구조와 다른바가 없다고 생각해요. 지금 고등학교를 졸업하고, 대학 졸업하고 취업을 하고, 비정규직으로 취직을 하고. 그렇다보니까, 노동시장의 유연화, 비정규직의 양산. 그런 사회에 살고 있는 우리들이 어떤 취향을 찾기 위해서 애쓸 시간이나 있냐는 거죠. 한국사회는 이렇게 바삐 돌아가는 틈바구니에서 여유가 거의 없다는 거죠. 대중들이 무식하다는 것이 아

니라. 그런 구조 속에서 다른 시간을 내어가지고 '나의 취향은 뭘까?' 라고 탐구하고 생각할 시간이 절대적으로 부족하다는 것이죠. 삶의 여유가 없다는 것이 가장 근본적인 이유겠죠.

여유가 찾아지면 교육, 노동구조도 바꾸고, 산업, 경제, 정치 다 바꾸어야 하겠지요. 그래서 우리가 할 수 있는 것부터 해야 한다고 생각합니다. 서울의 '자립음악생산조합' 같은 경우도 비슷한 시기인 것 같아요. 그들 간의 네트워크가 있잖아요. 어디를 갈 데 정보가 있는 거죠. 여기를 가면 어떻게 할 수 있다 이런 정보가 자기들의 공유재산인거지. 이러한 방식으로 각자가 할 수 있는 방법으로 이야기하고 활동을 지속해나가는 것이 지금 해야 할 일인 거죠. 지금은 그렇게 모델들을 만들어가야 한다고 생각합니다.

즉 소규모의 단단한 네트워크와 단단한 콘텐츠를 제작하는 게 지금 해야 하는 일이라는 거죠. 단단한 콘텐츠 제작이라는 것이 개인만의 역량으로 되는 것은 아니거든요. 음반을 만들고 싶으면 세션도 있어야 하고 장비도 있어야 하고 홍보마케팅 인력도 있어야 하고. 다 갖추어져 있지 않으니 스스로 하고 도움을 구할 수밖에 없는 건데, 이러한 것들을 시스템화 시켜서 각개전투가 아닌 함께 할 수 있는 기반을 만들어야 한다고 생각해요. 정보를 교류할 수 있는 플랫폼을 구축하는 것도 중요한 일이구요.

하나의 새로운 시장을 개척하는 것이 더 빠르다고 생각해요. 그게 새로운 관객층이 될 수도 있고, 다른 나라여도 상관없다고 보이구요. 앨범을 만들었는데 이거를 어디에 팔수 있는 루트를 만드는 거죠. 다양한 음악에 관심을 보이는 친구들을 모아서 네트워크를 만들어놓으면 자기들끼리만 사고팔고해도 음반의 수익을 낼 수 있다고 보는 거죠. 홍콩/대만/일본에 이런 친구들이 많아지면, 이 네트워크를 통해서 소비층을 넓힐 수 있는 거죠. 지속적인 교류를 통해서 더 넓어질 수 있도록 하는 거구요.

지난 동남아여행에서 각 도시마다 공연을 계속 진행을 했었는데, 이게 공간에서 만들어진 네트워크 때문에 가능했던 거예요. 적극적인 홍보를 하고 수익을 남기는 일은 못했지만, 그래도 공연은 진행할 수 있는 거죠. 기반은 있다는 거죠. 네트워크 안에서 이러한 것을 해낼 수 있는 친구들이 있다면 홍보를 통한 수익창출도 해결할 수 있을 거예요. 그러면 좋은 뮤지션 발굴해서 인큐베이팅 하고 새로운 관객 찾아내고 또 새로운 시장을 만들어갈 수 있을 것 같다는 생각이 드네요.

SOUND

김종군(락인코리아 대표/부산선셋라이브 총진행/민락인디트레이닝센터 운영)

"판 만들어놓고, 펼쳐놓고, 손 딱 떼고 음악만 하고 싶어요."

일시 2014년 4월 8일(화) 오전 11시
장소 부산대학교 정문 앞 노스커피
정리/글 김혜린
사진 김종군
주소 부산광역시 부산진구 양정동 363−31번지 송호빌딩 3층

활동에 대한 소개

2000년에 라이브클럽들에 대한 단속으로 폐업이 잦았어요. 어떤 기자분이 라이브클럽에 관한 기사를 쓰는 바람에, 그게 화두가 되면서 그런 일이 벌어졌다고 들었습니다. 부산대 인근에서는 여러 곳이 문을 닫거나 무대를 없앴고, 한 달에 한번씩은 영업정지를 당하고 그랬었지요. 한 달에 열흘 정도밖에 영업을 못할 정도로 상황이 악화된 곳도 있어요. 월세도 못 내고, 영업도 못하는 사례가 빈번 했구요.

그 때는 밴드활동을 하고 있었는데 공연할 데가 없었어요. 하단, 양정, 부산대, 서면 등지를 왔다 갔다하면서 공연을 했었죠. 그런데 공연할 기회가 많이 없으니까 모여서 단체를 만들었어요. 까페를 만들고, 부산, 경남권에 공연할 사람 모이자고 해서 만든 게 락인코리아에요. 그 때부터 공연기획이라기 보다는 밴드하는 친구들이랑 야외공연과 클럽공연을 만들었죠. 2003년에 시작한 클럽투어가 있죠. 그 때는 클럽이 합법화되었는데, 공간을 그대로 방치하고 있으니까, 클럽투어를 하자고 한 거죠. 부산대를 중심으로 인터플레이하고, 서면 625까지 해서 부산을 한바퀴 도는 걸로 해서는 각지의 클럽을 돌아다니는 여행을 하자는 컨셉으로 진행을 했었죠.

2002년 말에 U2스튜디오 이재형대표와 함께 'RIP2002' 컴필레이션 앨범을 만들었습니다. 앨범 발매를 시작으로 클럽투어공연을 했었죠. 그러다가 다시 흩어지고 하는 식이 계속 되었죠. 2005년에 클럽투어가 재개되었구요. 서면에 클럽 625가 없어지면서, 부산대쪽에 4~5군데만 해서 진행을 했었죠. 그 때 부산대 정문공연도 같이 진행했었어요. 제가 학원을 하고 있으니까, 거기서 돈을 벌면, 클럽투어 한다고 다 쓰고 그랬죠. 그렇게 해서 시작한 게 락인코리아죠.

락인코리아를 비영리단체로 만든 이유가, 축제조직위에서 클럽투어에 지원해준 적이 있어요. 지원을 받으려면 단체가 있어야 한다고, 그래서 만들었죠. 락인코리아는 공연하는 사람들이 공연을 만드는 단체이죠. 출신들이 거의 다 음악 하다가 같이 하게 된거죠. 그 뒤로는 공연기획을 했죠. 일

요. 차 팔고, 기타 팔고 그러는 거죠. 그렇게 오다가 선셋크루들이 자발적으로 조금씩 부담을 하고, 음향은 그냥 들어오죠. 알파사운드는 선셋크루니까요. 다른 파트도 마찬가지이구요. 한국종합렌탈, 셋업악기 등도 있구요. 부산을 기반으로 음악 관련 일에 종사하는 사람들이 모여서 일년에 한번 의미 있는 행사를 만들어보자는 취지로 진행하기 때문에, 이에 동의하는 분들의 참여가 많죠.

선셋라이브의 티켓 가격이 너무 싸다.

티켓가격을 높여서 되는 건 아니고, 많이 와야 하는 건데요. 작년에는 많이 온 편이에요. 근데 제작비가 많이 들었죠. 제작비가 많이 들면 많이 오긴 오는데, 제작비가 충당되지는 않아요.

본이랑 교류를 시작하면서, 선셋라이브도 진행하게 된 거죠. 부산에서 진행한지 올해로 8년째 이구요. 선셋라이브 1~2회는 다른 분이 하셨어요. 같이 교류하던 분이 처음에 진행을 하셨는데, 그게 2년하고 와해가 되었어요. 2007년에 알파사운드하고 뜻이 맞아가지고, 같이 뭔가를 만들자는 이야기가 나왔죠. 기획자들이랑 밴드들이 즐길 수 있는 축제를 만들자 해서는, 그러고 있었는데 일본에서 연락이 와서 3회 때부터 진행을 하게 되었죠. 그때부터 지금까지 비슷한 생각을 가진 팀들이 합류해서는 지금까지 왔죠.

선셋라이브는 어차피 갈 사람은 가는 행사

목표는 그거에요. 갈 사람이 가는 그런 행사를 만들어서 그들에게 부담을 지어주는 게 아니고, 안 올 사람들 오게 하는 거죠. 제일 큰 컨셉 중 하나죠. 클럽투어도 마찬가지에요. 반 이상이 처음 오는 사람들인 거죠. 춤추는 곳인가 하고 오는 거죠. 목표는 그거에요. 기존에 오는 친구들은 오라고 안 해도 오거든요. 그 친구들을 잡는 게 목표가 아니고, 새로운 마니아층을 만드는 게 목표죠. 힘들죠. 제일 힘든 부분이 관객이죠. 어떤 기자분의 이야기가 기억에 남는데요. 지방에 관객개발에 대한 주제의 결론은 답이 없다, 였어요. 답이 없는 게 답이니까. 그걸 깨보려고 계속 하는 거죠.

선셋라이브의 페이는?

선셋크루(스태프) 같은 경우는 다 자기 돈 내요. 제가 책임을 지구요. 돈이 많아서 그러는 건 아니구요즘 사회분위기를 보면, 대통령까지도 문화융성 하잖아요. 호불호를 다 떠나서 관심이 있으니까 기회가 생기지 않을까 하는 거죠. 구청도 그렇고 재단도 그렇고, 밴드들 자체도 없었잖아요. 지금은 그래도 들으려고 하니까 많이 좋아진 거죠.

부산에서 공연을 한다는 것?

예전에 비해서 나아진 거죠. 그나마 주변사람들이 관심을 가져주니까요. 예전에는 돈도 안 되는데 왜 하는지 모르겠다는 식이었는데, 지금은 가능성은 있다고 생각하고 관심을 가져주는 거죠. 이 가능성은 돈도 있고, 행사도 있고요. 민락인디트레이닝센터 같은 경우도 포스터/앨범에 지원을 해주는 프로그램이 있거든요. 그 돈이 100만원이라고 하면, 4인조밴드의 경우 25만원씩을 만들어야 하는 건데, 이 25만원을 벌려면 전단지를 나눠어도 일주일은 나눠야지 생기는 돈이에요. 나아졌다는 부분이 이거죠.

또 다른 게 있을까요?

계속하면 길이 있는 것 같다는 희망이 보이니까, 밑에서 조금씩 올라오는 거죠. 재미있는 게 2000년대 초반에 했던 팀들이 지금까지 하고 있어요. 그 중간 시기에 올라온 팀은 거의 없어요. 그 전에 2000년대 초반에 '블루호텔' 앨범 낼 때, 오디션만 60팀이 왔어요. 이중에 추려서 10팀이 음반에 참여한 거에요. 많이 없어진 거죠. 새로운 팀이 안 올라오다가, 최근에는 새로운 팀들이 계속 나타나고 있는 거죠. 20살, 이런 애들이 팀을 만들어서 활동을 시작했다는 거죠. 그 전에는 행사 있으면 팀을 만들어서 행사만 하고 그랬는데, 지금은 팀을 만들어서 활동을 한다는 거죠. 중간에 생기는 분들은 다 서울 가려고 했죠. 최근 들어서 이런 분위기가 없어졌죠. 작년까지만 해도 서울로 가려고 했었죠. 장미여관 앨범을 봤을 때가 재작년이었는데, 친구가 앨범을 50장 사가지고 들고 다니면서 팔았죠. 그렇게 하다가 올라갔어요. 나비맛도 올라가고, 21스캇도 올라갔죠. 부산에서 너무 기회가 없으니까, 올라가면 기회가 올 수 있으니까요. 올 초에 청년음악연대라는 단체가 만들어졌어요. 활동을 시작하고 싶은데 방법을 모르는 많은 밴드들이 참여했고 활동을 한참 쉬었다가 다시 만든 밴드도 있습니다. 생각보다 많은 밴드들이 모여서 저도 사실 놀랐어요. 대부분 처음 들어보는 밴드들인데 각자 열심히 하고 있더라구요. 상당히 고무적이라고 생각하고 있습니다. 공연할 공연장도 많아졌잖아요. 많이 없어졌다가 조금씩 다시 생기는 거죠. 사상인디스테이션도 그렇고, 금사락, 오즈홀(현 드림홀)도 그렇고요. 부산대는 그대로지만, 다른 지역에서 조금씩 나타난다는 게, 조금은 나아진 거죠.

일본 같은 경우 인디씬이 잘 되어 있고, 단계가 있어요. 부러웠던 게, 솔트레인 같은 공간을 채우면 몽크 같은 데에 가는 거죠. 솔트레인에 평일에 하는 팀들은 5~10명 오잖아요. 그럼 이거 채워서 주말로 가는 거죠. 그리고는 몽크에서 평일에 서는 거죠. 30명오고, 그럼 주말로 가서 100명 오고, 그럼 오즈홀에서 200명이 오면 대관비 내는 과정이 일본에는 있더라구요. 이러한 과정을 거치는 게, 좋은 거죠. 단계를 만들어줘야 해요.

또, 부산은 일본과 태국, 말레이시아 등 아시아
지역과의 교류가 용이한 지리적 이점이 있기 때문
에 이를 잘 살려서 활용하는 게 경쟁력이 될 수
있어요. 2005년부터 일본, 태국, 중국 등과 교류
를 해오고 있는데, 부산밴드들이 해외공연에 많
이 출연했어요. 반대로 부산에서도 교류 공연이
나 축제에 출연을 많이 했구요. 리얼라이즈레이블
이나 싸우스레이블 같은 지역레이블 단위로 일본,
태국, 말레이시아, 필리핀 등 밴드 공연교류가 현
재에도 빈번히 이루어지고 있지요.
20대 초반에 애들이 나왔다고 하면, 이 친구들이
랑 언체인드랑 동급으로 볼꺼냐, 그런 생각도 해
야죠. 제일 문제는 위에 있는 팀들이 관객이 없
다는 게 문제지만, 단계가 생기면 밟고 올라갈 수
있는 거죠. 여기 있으면 우리팀이나 언체인드나
똑같다. 그러면 서울로 가버리는 거죠. 그게 문제
이죠. 그런 걸 생각을 많이 하고 있죠. 생태계를
만들어 주는게 자연스럽게 흘러갈 수 있는 방법
이죠.

민락인디트레이닝센터

작년 민락인디트레이닝센터에 들어가면서 했던
가장 큰 슬로건이, 잘 되는 팀을 더 키우자 였어
요. 행정조직에서는 항상 새로운 걸 요구하잖아
요. 이런 식이면 인디를 쓰면 안 되는 거죠. 인디
는 자연발생이기 때문에, 잘되는 걸 보면 자연스
럽게 올라오게 되어 있거든요. 굳이 밑에서 끌어
올리는 게 중요한 게 아니라고 생각해요. 그렇게
컨셉을 잡고 밀어붙였어요. 그래서 올해는 음반
을 내고, 지원을 하고, 노출도 많이 시키는 것으

로 방향을 잡았어요. 그 단계가 되기 위해서는 앨
범도 내고 활동도 해야 하니까, 그걸 보고 조금씩
올라오는 친구들이 있어요.

민락인디트레이닝센터의 입주단체는?

입주단체는 공개모집을 해요. 서류심사를 하지
요. 활동을 많이 하는 팀들을 받아요. 부산에서
거리공연도 하고, 클럽공연도 하고, 음반을 만든
다고 하는, 활동을 많이 하는 팀들 위주로 뽑아
요. 힙합과 댄스팀, 창작극단도 있고. 그렇게 해서
지금까지 3기를 뽑았고. 자체적으로 만든 음반이
5장 정도 되요.
작년에 신인발굴 프로그램을 진행했는데, 3팀 중
에 1팀 살아남았어요. 락인코리아가 위탁받기 전
에 어느 정도 방향이 정해져 있어서 진행을 하긴
했는데, 올해는 좀 방향을 달리 잡아서 진행하려
구요. 입주단체를 1년에 2번씩 받고 있으니까, 음
반제작하면 프레싱비용이라도 지원을 할 수 있게
만들어야죠. 이번에는 매닉시브라고 메탈팀이 하
고 있어요. 지금 부산에서는 전국적으로 가장 인
지도 있는 팀이죠. 20살짜리 여자보컬인데, 깜짝
놀라요. 예전에 피아 나왔을 때의 느낌이랑도 비
슷 하구요. 하루에 합주연습을 7~8시간해요. 그
런 팀들이 있기 때문에 올해는 가능성이 있어요.

요즘 주목 할 만한 팀

웬만하면 공연은 보러가거든요. 과매기, 메닉시
브, 령교밴드, 아메리카노밴드, 이런 팀들이 잘해
요. 페스티벌 무대에 서도 될 정도죠. 언체인드,

헤르츠나 기존 활동하는 팀들도 있지만, 중간 팀들도 많이 있어요. 최근 앨범을 발매하거나 발매 예정인 로우필즈, 스카웨이커스, 언체인드의 새로운 앨범도 기대하고 있습니다.

부산 공연/축제산업의 특징

부산이 예전부터 축제가 많은 도시이기 때문에 무료공연에 사람들이 너무 익숙해져 있어요. 그러다 보니 유료공연과 축제는 안 보러 간다는 거죠. 예로부터 공연기획자들이 부산은 무조건 망한다는 인식이 있거든요. 서울에서 천만원 벌면 여기서는 천만원 까먹어요. 그 정도로 안 좋거든요. 해운대 가서 보고, 광안리, 송도 가서 보는 건데, 돈 내고 보라하면 안보는 거예요.

올해에는 생각을 바꿨어요. 축제와 야외행사를 없앨 수는 없으니 이용을 하자고 생각했죠. 버스킹을 되게 많이 하잖아요. 부산처럼 버스킹을 많이 하는 데가 없어요. 홍대도 많이 하기는 하지만, 부산이 제일 많아요. 버스킹팀이 100팀이 있으면 5~10팀 빼고는 실력이 떨어져요. 대부분 본인들의 음악보다는 기존가수들의 인기곡들만 따라 부르는 경우가 많죠. 클럽에서 활동하는 밴드들이 버스킹을 나가면 좋겠는데, 20~30% 밖에 못나가는 거 같아요. 홍보를 할 때 인터넷만 이용하잖아요. 그렇게 하지 말고, 다들 실력이 되니 사람들이 좋아하는 곡들 편곡 좀 해가지고 거리로 나가서는 버스킹 하고 앨범도 팔고, 전단지 들고 가서 클럽 공연 홍보를 하라고 해요. 기존의 버스커들 중에서도 클럽 공연을 하고 싶어 하는 팀도 있어요. 그런 팀들은 클럽공연이랑 연결시

켜주기도 하구요. 이미 벌어진 판이면 그것을 기반으로 할 수 있는 뭔가를 하자고 생각을 한거죠. 버스커들을 공연장으로 유도하는 거죠. 쟤네들 잘하는 데 어디서 공연하지라는 의문을 갖게 만드는 거죠. 저는 개인적으로 클럽이 살아야 인디씬이 산다고 생각하거든요. 관객 10~20명 가지고 지금의 클럽이 살 수가 없거든요.

부산의 특징이 버스커들이 많다는 것

어디든지 나가서 날만 풀리면 공연을 할 수 있다는 것과 이러한 콘텐츠를 활용해서 공연장으로 올 수 있게 만드는 것이 장점이죠. 이것을 특징으로 잡고 작년 말부터 버스커들과 행사/클럽들과 연결해주고 있죠. 올해 유채꽃축제를 했는데, 여기에 공연팀으로 소개를 해주고, 잘하는 팀들이랑 버스커들이랑 연결해서 공연도 하게 하는 거죠. 여기는 일정 개런티가 있으니까요. 그럼 앨범을 만들 수도 있고, 공연을 많이 하는 게 중요한 거죠. 인지도도 쌓고, 그렇게 되면 관객들도 많이 들어오게 되는 거구요.

어쿠스틱 세트에 2~30만원 개런티의 공연은 많거든요. 일단은 기본적으로 그리로 먼저 들어가자는 거죠. 그럼 일단 거기 서고, 알리고, 더 큰 무대에 또 설 수 있는 기회를 가질 수 있는 거죠. 예전에 부산락페할 때 부산팀들 안 세우냐고 항의메일도 보내고 그랬는데, 물론 지금은 프로그래머를 하고 있지만, 초반에는 시에서 관여할 때는 그런 얘기 많이 했어요. 그렇게 되니 떼쓰는 거 밖에 안 되더라구요. 차근차근 밴드들 프로필 만들고, 유투브나 사진 같은 자료들도 모아서 계속

소개하는 일을 했어요. 지금은 부산락페 때도 락 프린지페스티벌이라고 해서 부산락페 기간 동안 참가하고 싶은 밴드나 버스커들이 연주할 수 있는 조그만 무대도 운영하고 있습니다. 처음에는 부산팀들만 참가신청을 했는데 작년에는 서울이나 대구 같은 곳에서도 참가를 했어요. 요지는 뭐냐면 거리공연을 할 수 있는 공간이나 환경이 잘되어 있다는 거고, 그걸 최대한 활용할 수 있다면 좋다고 생각을 해요.

버스킹 장소는?

해운대와 광안리 바닷가는 기본적으로 굉장히 많구요. 지금 많이 하는 데가, 동래 메가마트 쪽에, 겨울에도 많이 해요. 버스커들은 사람들 많이 있는 데 가거든요. 요즘 거기가 핫하잖아요. 버스킹은 가는 것이잖아요. 의외로 서면은 그렇게 많이 안하고. 부산진구가 좀 딱딱한 거 같아요. 그런데 부산시민공원하고 송상현공원이 생기잖아요. 그 쪽에 많이 갈 거 같아요. 특히 송상현공원은요. 서면이랑 가까우니까요. 점점 할 장소가 많아지고 있는 거죠.

부산 공연/축제산업의 규모

전국에서 두 번째 맞아요. 그만큼 전국이 다 안되어있다는 거죠. 서울은 너무 크고, 우리는 서울이랑 비교를 하니까, 너무 작은 느낌이 있는 거죠. 2등만 쭉 있는 그런 느낌이랄까요. 근데 다른 지역은 좀 더 심해요. 대구도 열악한데, 수성아트홀 같은 곳은 예산이 많아서 다른 지역보다 괜찮

다고 하는데 밴드들이 주로 공연하는 일반 라이브클럽은 열악하죠. 클럽도 3~4개 밖에 없구요. 서울에서 가까운 대전도 라이브클럽은 많이 없어요. 재즈씬은 좀 있고, 학원은 많은데, 기반은 거의 없죠. 제주도도 축제는 많은데, 기반은 없고, 광주도 마찬가지이고, 그나마 한군데 정도의 스팟이 있는 거 같아요. 광주의 난장프로그램이나, 클럽 곡스 등이 있는 거구요. 몇 군데 정도씩은 있는 거죠. 대부분의 지역이요. 최근에는 그래도 지방의 라이브클럽이나 밴드들의 활동이 점점 많아지고 있는 추세인거 같아요. 그나마 부산이 있어 보이겠죠. 실제 내부로 들어가면 힘들죠. 빛 좋은 개살구? 빛 안 좋은 개살구? 뭘까요?

부산 대중음악전문공연장의 필요성?

누가 오느냐가 중요하죠. 전국투어를 할 정도의 수준이면 가능하지 않을까 싶은데요. 어반자카파가 엠비씨 롯데아트홀(900석)을 겨우 채우는 수준인데 어떤 팀이 가능할까요? 이만원짜리 공연도 공짜로 보러갈래 해도 안가는 애들이 자기 돈 꺼내어서 어반자카파 공연(오만오천원)은 보러간다는 거죠. 관객들이 선호도가 있다는 건데, 지방관객들이 좀 더 심해요. 어중간한 사람들이 내려오면 객석 채우는 건 힘든 일이에요.

500~1000석 규모의 공연장은 지금도 많잖아요. 해운대문화회관, 엠비씨아트홀, 엘아이지아트홀, 이런 쪽에서 생각은 가지고 있는 것 같아요. 관계자들이랑 이야기를 나누면 부산팀들과 함께 하고 싶은 그런 생각이 있다는 거죠. 그런 정도를 활용하는 게 좋지 않을까요. 새로운 공연장을 만드는

산 실정에는 그게 더 맞지 않을까요. 대표적인 예로 부산문화회관에서 진행한, '하늘아래그콘서트'죠. 관객이 많았던 공연도 있었지만 그렇지 않은 경우도 많았어요. 관객들이 오면 좋은데, 실제로 안 그렇죠. 표가 안 팔리면 아무래도 객석을 채워야 하니 초대를 할 수 밖에 없죠. 사람이 없는 것 보다는 있는 게 낫죠. 방향 자체가 처음이랑 좀 많이 틀어져서는 지금은 없어진 것 같아요.

부산팀의 전국투어 공연은? 오프닝 혹은 게스트로?

전국적으로 이름난 메이저급 밴드들이 공연 할 때는, 보통 그 팀만 공연을 해요. 게스트나 오프닝에 지역팀들 세워달라고 하면 잘 안 해줘요. 그걸 귀찮아하는 것 같아요. 그렇게 되면 협의를 해야 해요. 단독공연을 하는데, 오프닝으로 부산팀을 부르고 싶다 그렇게 이야기하면 거기에 대해서 또 다른 과정이 필요한 거죠. 전화 몇 통화하면 되는데, 귀찮아해요. 조율도 있고, 세팅도 해야 하니까요. 메인밴드 입장에서는 손해 본다고 생각할 수가 있어요. 이런 부분 때문에 조율이 필요한 건데, 선뜻 이렇게 잘 안 해요. 굳이 왜 그렇게 해야 하니라고 생각하는 사람이 더 많아요. 그게 인식이 바뀌어야 하는 부분이죠. 그런데 하려는 사람

것은 매력적이지 않네요. 객석을 채울 수도 없거니와 운영도 힘든 거죠.

4만원에 700석 팔았으면, 괜찮은 거죠. 근데 보통은 안 그래요. 차라리 서울에서 소규모 200석짜리 공연을 한 달에 한번정도 진행하는 소극장 정기공연이 괜찮아요. 어쩌다 한번 하는 공연보다 지속적으로 하는 공연이 더 좋아요. 사람들이 기다릴 수가 있으니까, 약간 작더라도 미어터져서 다음에 보더라도 그게 더 좋을 수 있는 거죠. 부

도 있어요. 조금씩 바뀌고 있어요.

지난 클럽 투어할 때, 부산에서 극장을 가지고 운영하는 팀이 왔더라구요. 확신을 못하는 거죠. 부산팀들이 아마추어다라는 생각을 가지고 있고, 밴드는 시끄럽다는 선입견도 있고. 데리고 왔을 때 확신이 없으니까 오프닝을 못 세우는 거죠. 예를 들어서, 모던락 공연할 때 앞에서 메탈공연을 해버리면 분위기가 이상해지는 거죠. 비슷한 분위기의 팀을 불렀는데, 실력에서 떨어지면 안 되니까 확신이 없는 거죠. 몇 명한테 이야기를 해봤는데, 꼭 왜 그렇게 해야하는지 모르는 거죠.

지금 이 상태에서 제일 효과적인 게 케이블이에요. 옛날 유선티비죠. 예를 들어 부산인디락페스티벌을 CJ에서 찍었다면, 채널이 350번에 있다고 하면, 사람들이 많이 안 보지만, 일주일에 2번씩 몇 달을 틀면 효과가 있는 거죠. 옛날에 가끔 있었어요. 중앙유선에서 몽크에서 한 공연을 2팀 정도 찍고, 이게 방송에 반복적으로 나가는 거죠. 옛날에 카톨릭센터에서 했던 수요락 프로그램으로 저희팀도 방송촬영을 했었는데, 찍고 나면 한 달이고 두달이고 뒤에 연락이 와요. 대중들에게 노출이 되는 거죠. 그런데 어느 순간부터 안 하더라구요. 근데 그걸 할 수 있는 게 중요하죠. 노출이 많이 되니까요. 라디오보다는 티비에 얼굴 한 번 나오는 게 더 효과적이죠. 케이블은 지속적으로 보내니까요. 티비 틀다가도 잠깐 볼 수 있으니까 좋은 거 같아요. 난장이라던지, 올댓뮤직이나

이런 방송들이 좀 더 있어서 출연하고 싶은 팀들이 할 수 있으면 좋겠네요.

유투브를 활용하는 게 제일 낫지 않을까요. 기본적으로는 케이블이 하고, 전문잡지를 많이 볼 수 있게 하는 거죠. 부산인디즈라는 소식지를 만들었는데, 지금은 조금 더 확대해서 공연소식을 실으면서 좀 더 다른 소식도 담을 수 있는 방향으로 하고 있어요. 종이로 만들어서 지역의 공간들에 비치하고 시민들에게 전달되는 게 더 효과적인 것 같아요. 웹으로는 더 이상 홍보가 안 되니까요. 지금은 그냥 열심히 만드는 거예요. 최대한 열심히 하고 지원은 받을 수 있게 알아보는 거죠. 아까 얘기했던 거리공연도 수단이 될 수 있기 때문에, 자기가 홍보해야할 꺼리가 있으면 가져가서 최대한 알리는 거죠.

제가 요즘 활동이 많은 이유가, 자본이 있는 곳이 있을 것이고 만들어야 하는 사람(뮤지션)이 있을 거잖아요. 저는 중간자구요. 밴드들이나 뮤지션들 발굴해서 중간에 붙여주는 역할이 없었거든요. 하는 쪽에서는 왜이래 사람이 없을까 하고 만드는 쪽에서는 왜이래 공연이 없을까 하거든요. 그래서 중간에서 붙여주는 역할을 계속하죠. 제가 하는 역할 중에 제일 큰 역할이 그거라고 생각해요. 기획을 하는 사람들도 발굴을 해가지고, 그 친구들도 와서 해봐라 독려도 하고, 그걸 제가 하고 있는 거죠.

공공재원/지원금에 대해

일단 공연이나 활동에 지원을 하는 것은 환영할 만한 일이라 생각해요. 하지만 계속 지원을 받을 수는 없으니까 잘 활용해서 차후로는 자생적인 방안을 마련해야하는 할꺼구요. 인건비, 하드웨어비 있는데, 기획비가 없어요. 기획자들은 무료 봉사해야하는 실정이잖아요. 그거는 바꿔야 하는 거죠. 안 그러면 일을 못하니까. 암암리에 사람들을 이상하게 만들어버리는 제도지요. 진짜 열심히 일하고 사기꾼이 되어버리는 경우도 종종 봤어요. 의도치 않게 말이죠.

지금의 일 중에 제일 중요한 것은?

개인적으로는 음악이고, 밴드죠. 필이라는 밴드가 다시 결성되어서 준비하고 있고, 밴드 토다도 다음 주에 울산에서 방송이 있거든요. 학원하면서 공간이 있으니까 스튜디오도 하고, 학생들 가르치면서 보람도 많이 느낍니다.

공연기획 쪽은 큰 그림 보고 가는 거예요. 제가 음악활동을 하려고 서울에 가봤는데, 싫고 삭막하고 저랑은 잘 안 맞더라구요. 그래도 한 번씩은 가요. 친구들 만나기도 하고 공연도 하러 갑니다. 일본으로 치면 도쿄 못지않게 후쿠오카에서도 음악 하는게 재미있어야죠. 부산을 한국에서 가장 음악하기 좋은 도시로 만들고 싶어요. 그런 환경에서 저도 공연하고 싶네요.

부산에서 활동하는 사람들

제가 할 수 있는 일만 하는 거죠. 옛날에는 악기 렌탈도 했거든요. 하다가보니 전문적으로 하는 팀들이 생겨났어요. 그래서 그 팀에 넘기고, 장비 사서 음향하면 되는데, 알파도 있잖아요. 그럼 그 팀 쓰면 되는 거고, 가끔씩 장비 들고 나가는 경우도 있지만, 그거는 최대한 그 쪽을 이끌어 줘야지 굴러가잖아요. 기획 같은 경우는 제가 안하면 밴드들 중에 찾아야죠. 저는 목표가 이렇게 판 만들어놓고, 펼쳐놓고, 손 딱 떼고 음악만 하고 싶어요.

전국에서 다섯 손가락 안에 꼽히는 악기렌탈팀 블루노트가 부산팀이잖아요. 알파사운드 같은 경우, 서울에 사무실도 있고, 행사도 많이 하잖아요. 국제행사 다 치고, 해외까지 진행하니까요. 조명 같은 경우도 수준이 되게 높은 걸로 알고 있어요. 한국종합렌탈이라는 회사도 전국적인 인지도가 있구요. 그런데 기획이 없어요. 부산을 거점으로 전국적으로 활동하는 프리덤이라는 기획사 이외에 거의 없어요. 이유는 돈이 안 되니까. 제가 알기로는 예전에 한빛기획이라는 큰 기획사가 있었어요. 크게 말아먹고 없어졌죠. 대충 그런 쪽에 계시는 분들이 알고 보니 재단이나 그런데 아직까지 일을 하고 계시더라구요. 예전에는 자기 돈 써가면서 일을 하다가 지금은 재단으로 들어가서 월급 받으면서 일을 하고 계시더라구요. 기획자들은 돈이 안 나오니까 일을 할 수가 없는 거죠. 자칫하면 일하고 자기 돈을 써야하는 상황이거든요. 그러니까 아무래도 안하죠. 예전에는 이런 모험을 하다가 기획사들이 많이 생겼다 없어졌다가 했습니다.

서울 같은 경우는 많은 이유가, 인프라도 많고, 클럽 DRUG 같은 경우도 크라잉넛 크면서 그걸

로 장사를 다 한 거죠. 그게 남는 거죠. 해외에서
도 그렇게 했었고. 부산은 층 자체가 얇은 것도 있
고. 그게 좀 많아져야 한다고 생각을 하죠. 그걸
하고 있는 데가 잘 없어요. 프리텀에서 지금까지
여러번 시도를 했었고 최근에는 오즈홀의 지상호
대표가 령교밴드를 그렇게 키우려고 하거든요. 그
런 시도를 하고 있는 데가 그쪽밖에 없어요. 다른
데는 각개로 움직이고 있잖아요.

부산에는 밴드들이 거리공연이나 행사들은 가요.
20~30만원 받으니까 가는 거죠. 클럽 사장님들
이 주말에 공연 좀 하자 그러면은, 출연료를 물어
보고 안하는 팀들도 있어요. 클럽들도 자기돈 쓰
거나 유지정도 되는 건데. 그 사장님들도 돈 벌려
고 하는 사람은 거의 없거든요. 인터플레이도 공
연 없을 때는 문을 안 열잖아요. 몽크 사장님도
음악이 좋아서 나오시는 거니까요. 그런 상황인
데도 밴드들이 클럽 공연을 하지 않는 것이 심각
하다라는 비판이 많아서는 모이게 되었어요. 기
획자나 이런 쪽으로 해서는 거리공연이나 행사들
이 많이 있다는 거죠. 기획자가 밴드들한테 최대
한 지원을 하는 거죠. 밴드들한테 프로필 달라고
하면 만들어야 하는 거죠. 그걸로 어필을 하고 동
영상도 보여주고. 그리고 밀어주는 거죠. 클럽이
나 공연장부터 채우는 게 중요하니, 그걸 하는 팀
들에게 우선적으로 지원을 하겠다. 규모가 큰 공
연이나 축제, 방송출연 같은 경우도 추천을 할 수

있거든요. 1년 동안 가만히 있다가 큰 공연에 개런티 준다고 하면 가는 그런 팀들 말고, 지속적으로 하는 팀들에게 기회를 주어야 한다는 거지요. 이런 일들을 개별적으로 하다가 모여서 한번 시작을 해보자 해서는 이런 모임이 만들어진 것이죠. 제일 문제는 관객이 오지 않으니, 홍보를 어떻게 할것이냐에 대해 논의를 했죠. 힘을 하나로 모아서 홍보 창구에 사용할 킬러콘텐츠 하나를 만들자고 의견이 모여서 한창 준비 중입니다.

정보지 '부산인디즈'에 대한 소개

락인코리아에서 부산인디즈로 지금까지 만들었고, 현재는 페이스북 페이지를 통해 부산공연정보를 지속적으로 소개하고 있습니다. 지금 준비하는 정보지는 '부산공연정보 판'이고, 공연기획자협의회의 회원들이 힘을 모아서 제작하고 있습니다. 클럽, 밴드, 공연, 음반에 관한 정보는 기본적으로 두고, 공연하는 팀들에 대한 인터뷰를 한다던지, 이승환이나 이런 가수들까지 다 실어서 사람들이 관심을 가질 수 있는 대중음악 정보지 정도로 생각하고 있어요. 분량은 일단 24페이지 정도가 될거구요. 내년까지는 한번 해보고 그리고 이후에는 다른 방법들을 모색해보려구요. 공연문화를 중심으로 다루고, 공연 보러 갈까 할 때 이 정보지 하나로 해결할 수 있게 하는 거죠. 락음악하고 힙합하고 이런 쪽으로 시작을 하려고 해요.

전국투어공연 활성화를 위한 제언

투어버스라고 있어요. 아직 시작한 건 아닌데, 부산에 오즈홀하고, 서울에 700석 규모의 라이브홀하고, 대전이랑 이렇게 엮어서는, 날짜를 잡아서 대전에서 팀들을 태우고 부산으로 오는 거예요. 서울에서도 오고, 그럼 부산에서 공연을 하는 거죠. 같은 방식으로 대전으로 가고, 서울로 가는 거죠. 공연장과 밴드들이랑 이야기만 잘 되면, 5개의 팀이 있으면 그 중에서 사람들 끌 수 있는 팀으로 2~3개 정도 들어가고, 지역의 팀들이 나머지를 채우는 식으로 해서 이 투어버스가 진행되는 거죠. 지금 부산에서 다른 분이 준비 중이신 걸로 아는데요. 이런 방식으로 진행하는 것도 좋겠다 싶어요.

부산팀들이 전국투어를 할 수 있는 방안

각자가 하는 거죠. 돌릴 필요가 없다고 생각해요. 부산팀들 서울로 공연 많이 가잖아요. 자기들끼리의 씬이 있거든요. 하고 싶다 그러면 충분히 갈 수 있는 공연장은 많아요. 지금은 가고 싶다 그러면 다 갈 수 있죠. 수익은 안 남죠. 자기돈 쓰면서 가야되죠.

언제쯤 되면 공연을 해서 수익이 남는 때가 올까요?

유명한 팀들은 한번 공연하면 몇 백은 남겠죠. 규모가 큰 것은 더 남는 것도 있구요. 대략 계산해보면, 44,000원 해서 400장 팔면, 1600만원이잖아요. 대관료 주고 기획비 주고 해도 남아요. 투어를 하나씩만 다녀도, 대구, 대전, 부산 찍고 해서 다섯 군데를 돌아봐요. 투어로 한 달에 얼마간은 벌수 있어요. 요즘에는 그런 팀들이 많아졌죠. 축제 할 때는 곤란해요. 개런티가 다 올라서는. 콘서트가 잘 되는 팀이 있고 안 되는 팀이 있지만, 미디어에 노출되면 관심을 가지게 되고 관객들이 많아지는 거죠. 지금 콘서트 잘되는 팀들은 라디오에 다 나가죠.

지역에 사는 사람들도 부산팀에게 관심을 안 가지는 게 사실이니까요. 그러니까 부산팀들도 노출을 많이 시켜야 하는 것이지요. 음악이 나쁘지는 않으니까요. 관심을 안 가지는 게 문제이지 대중적인 코드가 없는 건 아니니까요. 최근에는 부산문화재단, 축제조직위원회 같은 단체들도 지역 예술인들에게 관심을 보이고 있고, 신문, 라디오, TV에서도 밴드들에 대한 관심을 많이 보이고 있어요. 실제로 출연도 제법 하고 있구요. 뒤란(울산), 난장(광주), 올댓뮤직(춘천) 같은 음악전문프로그램이 부산에서도 만들어질 수도 있고, 그 이후에 대중들의 관심을 받게 되겠죠. 이런 좋은 분위기를 계속 이어갈 수 있다면 단순하게 공연수익을 떠나 음악하기 좋은 도시가 되리라 기대하고 있습니다. **SOUND**

노호성(부산문화관광축제조직위원회 사무차장)

"보여주고 싶은걸 보여주지 말고, 보고 싶은 걸 보여줘라. 하고 싶은 말 하지 말고, 듣고 싶은 말을 해라."

일시 2014년 4월 2일(수) 오후 9시

장소 부산 온천동 쌀나무

정리/글 김혜린

사진 노호성

주소 부산광역시 연제구 월드컵대로 344(거제동 1299) 아시아드주경기장 (사)부산문화관광축제조직위원회

활동내용에 대한 소개

원래는 레크리에이션 이벤트를 하던 사람이고, 그러면서 공연에 관여하게 되었고 물론 그전에 극단 자갈치를 하면서 공연을 하던 사람이었습니다.

공연을 우연하게 기획하게 된 계기는, 2002년에 미선이효순이 사건의 촛불집회 사회를 보고, 2004년도에 탄핵집회 사회를 보다가, 이정열(가수, '그대 고운 내 사랑')씨와 친해지게 되어가지고, 이정렬+추가열+고한우 3인3색 콘서트를 민주공원에서 진행한 적이 있어요. 티켓팅을 2회, 그 때 당시 대교눈높이 사원연수강사였는데, 한회는 대교 선생님들이 사고, 나머지 한회는 판매를 하고, 그렇게 공연을 진행한 게, 처음 공연을 진행했던 기억이네요.

그 전에는 공연이라기보다는 행사/이벤트에 가까운 일들을 했었고, 2006년도에 부산문화관광축제조직위원회(이하 축제조직위) 입사하면서, 부산국제락페스티벌(이하 부산락페)을 담당하면서, 공연기획이라는 것을 하게 되었죠. 기존의 기획사들이랑 다른 것은 무료행사라는 점이죠. 무료행사를 어떻게 하면 사람들이 많이 오게 할 것인가가 고민의 주안점이었죠. 부산락페가 워낙 열악해서, 어떻게 하면 좋아질 수 있을까. 다대포에 계속 있는 건 아닌 것 같고, 장소를 옮기는 것에서부터 시작해서, 후지락페스티벌 등과 비교해서 나아질 수 있는 점이 고민의 지점이었죠. 성과라고 하면, 삼락으로 옮기면서 다양한 부대시설, 여러 가지 무대도 실험적으로 해봤죠.

처음 부산락페는 서울에서 기획자가 내려와서 다 하고 있더라구요. 이 사람이 밴드 순서부터 계약까지 전부 다하고 있는 거였죠. 축제조직위 기획자는 해외공연팀 비행기 티켓팅 해주고, 케이터링하는 일이 전부더라구요. 그래서 서울기획자 위주로 돌아가는 시스템을 버리고, 부산에서 프로그래머를 만들어서 진행하게 되었죠. 다대포에서 답이 없다 판단하고 삼락으로 이전했구요. 만평이라는 공간이 있었고, 민원도 덜하니, 본격적으로 공연을 진행할 수 있게 되었죠. 그러면서 프로그램 하는 친구들하고 모여서 재미난 것 만들어보자 해서, 후쿠오카에서 진행하는 선셋라이브

를 차용해서, 유료행사로 페스티벌을 여름에 진행하죠. 관람객보다 출연진이 더 많기는 하지만 재미있게 하고 있어요. 부산에 있는 음향, 조명, 무대업체들이 다 스탭으로 참여해서 공연을 만들고 있지요. 이러한 과정으로 공연을 만들고 있고요. 공연보다는 페스티벌을 하는 것이라고 생각해요. 작년에 부산락페를 후배에게 넘기고, 부산바다축제를 하는데, 이 축제는 특성상, 개막식도 방송국이 하고 다른 업체들이 들어와서 하는 행사들이 많기 때문에 기획자의 역할이 너무 작아요. 그래서 작년에는 말랑말랑뮤직페스티벌을 기획했죠. 20~40대 여성들을 타겟으로 하는 음악축제로 만들었어요. 광안리 백사장에 원탁테이블을 깔고, 말랑말랑한 도너츠를 제공하고, 이한철이 사회를 보고, 제이래빗, 옥상달빛, 가을방학, 바드, 스윗소로우, 십센치 등의 진짜 말랑말랑한 음악을 들을 수 있는 공연으로 만들어서는 완전 적중했죠. 올해는 지역방송사랑 신문사가 그걸 하겠다고 하는데, 축제조직위에서 진행할 생각입니다. 발라드하고 다른, 인디 어쿠스틱만 중심으로 하는 공연이죠. 이런 음악을 좋아하는 사람들이 많으니, 사람들이 몰렸던 거죠. 대박쳤다는 사례로, 이틀을 했는데 첫날에 비가 왔어요. 근데 사람들이 가지를 않고 앉아서 다 봤어요. 물론 기본 팬층이 두터운 팀들이기는 하지만요. 기획자가 그리고 있던 그림이 현실로 나타났을 때가 가장 좋잖아요. 무대가 있고 앞에 원탁이 있고, 테이블에 사람들이 앉아서 맥주랑 커피를 마시면서 공연을 보는 상상이 그대로 현실로 이루어진 거죠. 그래서 올해는 무대를 횟집을 안보고 광안대교를 배경으로 해서 진행할 생각입니다. 무대만 만들어서 옆으로 조명을 세우고, 배경은 광안대교가 되는 거죠. 딱 부산에서만 잡을 수 있는 무대를 만들 겁니다.

제 기획은 대중음악이 위주죠. 록은 대중음악인데, 미디어가 싫어한다는 게 한계에요. 근데 대중들이 싫어하는 것은 아니거든요. 그러니까 서울에 많은 페스티벌들이 생겨나고 그러는 거죠. 사실은 록음악을 잘 몰랐고, 부산락페 하면서 록음악 들었다고 보면 되요. 공연은 공연기획자가 만든다고 생각했으니까, 록커가 록ㄴ페스티벌을 만들 수 없고. 축구선수가 월드컵을 만들 수 없듯이. 어쨌든 그렇게 생각하고 덤볐는데, 재미있는 사례가 많았죠.

축제를 만들라고 만든 조직이죠. 축제조직위가 만들어지기 이전에 바다축제가 만들어졌는데, 기획사가 사기친 사례도 있고 해서 시행착오가 많았죠. 부산시에서 축제를 하고 나면 남는 게 없다는 거였죠. 그래서 부산시에서 축제만 전문적으로 하는 조직을 만들자고 해서는, 한국예술인총연합을 중심으로 만들어졌죠. 처음에는 바다축제만 하는 조직이었는데, 조선통신사축제도 추가되어서 진행되고 있었죠. 조직구성의 변화로 현 사무처장이 들어오게 되어서 지금의 조직이 되었죠. 별도의 조직위가 있지 않은 부산시에서 준비하는 축제를 진행합니다. 봄에는 부산항축제, 부산이 세계5대 항구니까, 항만산업이 중요하니, 어린이, 청소년들이 교육을 받을 수 있는 축제로 진행하죠. 국립해양박물관에서 아이들이 체험하고 교육받아서 도장을 받아오면 기념품도 주고, 부산항을 배타고 돌아볼 수 있는 프로그램은 굉장히 인기가 많죠. 여름에는 부산국제락페스티벌, 부산바다축제, 가을에는 불꽃축제, 겨울에는 해맞이축제를 진행하죠.

이 중에 담당하는 건, 바다축제랑 불꽃축제구요. 올해는 유채꽃축제를 하긴 했는데, 축제조직위에서 계속 할지는 미지수에요. 그리고 부산시에서 특별한 일이 있을 때, APEC, 아시안게임 등의 이런 것들은 축제

조직위에서 진행을 합니다. 이중에서는 불꽃축제가 제일 인기가 있지요. APEC 때 불꽃축제를 했었는데, 인기가 있었거든요. 그래서 축제조직위에서 지속적으로 진행을 하자고 해서는 하게 되었죠.

축제조직위는 사단법인이고 시장이 위원장이고, 직원들 월급은 모든 행사의 집행수수료를 얼마간 떼어내서, 불꽃축제, 바다축제 등 진행하는 축제들에서 축제조직위의 운영비와 인건비를 만들어내죠.

축제조직위에 있어서 좋은 점은 민간기획사의 경우, 억 단위의 행사를 받으려면 로비가 엄청 필요한데, 축제조직위에서는 이러한 것이 없다는 점이죠. 본인이 좀 더 힘쓰면 더 좋은 콘텐츠가 나올 수 있다는 메리트를 가지고 있죠.

곧 합동감사가 있는데, 전국에 이러한 조직이 없으니까 감사하는 쪽에서는 이해가 되질 않죠. 법령이 뭐냐, 무슨 근거로 그걸 주고 있느냐는 감사원에서 질의가 있어요. 서울문화재단 같은 경우는 하이서울페스티벌을 진행하잖아요. 근데 이걸

계속 진행을 한다 안한다고 하는 말이 많아요. 축제조직위를 부산문화재단에 넣지 않은 이유가 문화재단의 본연의 업무가 안 된다는 거죠. 예술가들 지원하는 것이 문화재단의 본연의 업무인데, 시장이나 이런 사람들은 축제에만 관심이 있잖아요. 그럼 문화재단은 축제가 주요업무가 되어버리는 거죠. 이거는 문화계의 전반적인 시장을 봤을 때 역효과가 나는 거죠. 그래서 축제조직위가 어딘가의 산하기관이 된다고 하면 관광공사 쪽으로 하는 게 낫다고 봐요. 왜냐하면 축제는 관광과 직결이 되기 때문이죠. 아직은 문화산업이 아니거든요. 스페인의 토마토축제나 브라질의 삼바축제는 문화산업으로 볼 수 있을까요. 관광산업으로 봐야하는 것이라고 개인적으로 생각하고 있지요. 그런데 이러한 논의는 현재 없고, 축제조직위는 독립적인 재단이지만, 부산시 산하 기관이니 관변조직이고, 시 하청조직이죠. 광고주가 시장이구요.

왜 축제조직위의 행사가 무료?

부산시에다가 유료화로 가야한다고 주장하고 있어요. 특히 부산락페와 일부의 바다축제 프로그램은 말이죠. 축제예산에서 모자라는 부분을 협찬으로 메우고도 모자라면 자체적으로 해결해야 하거든요. 이렇게 되면 직원들 성과급이 없어요. 그래서 아쉽죠. 유료화로 가려는데, 관조직의 벽이 너무 높아서는 힘들죠. 인천시는 펜타포트에 기금을 내요. 협찬도 받고. 근데 입장료가 있잖아요. 그런 방식은 본받아야하는 거죠. 지자체 선거 이후에 지자체장들이 선거를 해야잖아요. 그러니까 선거운동을 그런 식으로 하는 거죠. 초대권을 뿌리면서. 부산국제영화제의 개막식 3초 만에 매진되지만, 시에는 티켓이 남아있어요. 불꽃축제 VIP석이(지금은 없지만) 협찬사들을 위해서 만들었는데, 부산시의회, 부산시, 언론사에서 전화 와서 달라고 하니깐, 안줄 수가 없잖아요. 공무원들이 눈치 보니까. 티켓을 사는 놈이 바보가 되어버리는 거죠. 얼마 전에 부산시민회관에 뮤지컬 '노트르담파리'를 티켓을 사서 보러갔는데, 나오면서 시 관계자들이랑 마주쳤어요. 그 사람들이 나를 바보 취급하더라구요. 이런 문화가 있으니까 유료화로 갈려면 아직 많은 산을 넘어야 하는 거죠. 그래도 유료화를 지속적으로 시도하고 있어요. 올해 말랑말랑뮤직페스티벌을 유료화하려고 생각 중입니다. 그나마 생각 있는 공무원들은 공감이 있어요. 전세계에서 불꽃축제를 공짜로 보는 데는 부산밖에 없어요. 전망이 좋은 좌석들은 다 판매하고 있어요. 전면 유료화가 아닌, 메인 중앙 좌석만 유료화해서, 돈 많은 사람들은 돈 내고 보라는 거죠. 그렇다고 시민들이 볼 수 있는 기회를 뺐는 건 아니니깐요. 일본 오마가리 불꽃축제는 중앙에 합판 한 장을 깔아놓고 40만원에 팔아요. 여기에는 6명이 앉아서 볼 수 있게 만들어놓고, 공짜로 볼 수 있는 공간도 열어놓구요. 유료화가 되어도 불꽃축제는 가능성이 있다고 봅니다. 시민들이 낼 수 있는 세금을 최소화해야죠.

유료화가 되면 판매전략이 있나요?

불꽃축제는 이런 전략이 필요 없다고 봐요. 사람이 너무 많아서 문제가 되면 되었지, 없어서 고민할 일은 없는 거 같아요. 말랑말랑뮤직페스티벌은 점차적으로 티켓 가격을 상승시킬 필요가 있죠. 출연하는 뮤지션들의 개별 공연을 보려면 5만원 정도가 필요한데, 이 페스티벌은 처음에는 1만원에 원프리 음료로 진행하는 거죠. 물론 저항이 있을 수는 있어요. 시민들의 세금으로 하는 건데, 왜 또 돈 받아 라는 문제제기가 있을 수 있지요. 그러나 세금보다 더 많은 돈을 써서 만들고 있고, 저렴한 가격으로 진행한다면 이 정도는 극복할 수 있지 않을까 싶어요.

티켓 가격이 어느 정도까지 올라갈 수 있을 거라고 생각하는지?

부산의 지금 상황에서 3만원 이상 올린다는 것은 무리라고 봅니다. 저항하는 세력들이 걱정되기도 하고, 그들과의 타협점에서 이정도이면 되지 않을까 하는 거죠. 축제 한 회당 러닝타임이 3시간 30분 정도 되니, 3만원 정도까지는 가능하지 않을까 하는 거죠.

부산 공연/축제산업의 특징?

예산이 너무 없다는 거죠. 울산 남구 고래축제의 예산이 어마어마하죠. 함평나비축제도 정말 크죠. 부산시에서 진행하는 것인데, 기초자치단체보다 예산이 작죠. 그러니 부산 구단위 행사는 총예산 2억을 넘을 수가 없는 거죠. 그러면서 문화를 도모한다는 게 앞뒤가 안맞는 거죠. 선거는 있고 축제는 해야겠고 하니 이런 문제가 생기는 거죠. 공연시장은 인프라가 없죠. 뮤지컬 'singing in the rain'을 진행할 수 있는 공연장이 부산에는 없는 거죠. 뮤지컬 '미스사이공'은 비행기를 날릴 수 있는 공연장이 없어서 공연을 할 수 없었던 예로 있죠. 인프라가 없는데, 그나마 영화의 전당 생겨서는 약간의 극복이 되고 있는 것처럼 보이죠.

그런데 인구/크기 대비 공연장의 양이 너무 적어요. 공연 관련 팀이 있어야 인프라가 생길 수 있다고 다들 그러는데, 저는 반대로 생각하거든요. 인프라가 있으면 예술단은 생길 수밖에 없을 거라고 생각해요. 지금 국립국악원이 있으니깐 국악공연을 거기서 하잖아요. 있으니까 하는 거죠. 지역 크기에 비해서 인프라가 너무 작은 거죠. 지역이 노령화되면서 젊은이들에 관련된 행사들이 울산/대구는 가도 부산은 안 오는 거죠. 예로 조용필콘서트도 성공에 대한 확신이 없다보니, 이리저리 재다가 결국 마지막에 했잖아요.

전문적인 기획사를 양성해나갈 시장이 없고, 관련단체의 수가 부족해요. 기획사들이 자체제작 안하잖아요. 서울에 있는 공연 중에 어떤 것을 가져올까 고민하는데서 그치는 거죠. 영화의 전당에서 뮤지컬 '친구'를 했잖아요. 그런데 공연횟수를 못 채우고 망하고 올라갔어요. 잘못된 스토리텔링이 많죠. '부산의 문화가 뭐있습니까'라는 질문에서 중앙동40계단, 달동네, 감천문화마을 등을 드는데, 과연 그것이 부산의 특화된 문화인가라는 의문이 드는 거죠. 이러한 것들은 전쟁을 겪은 동네에서는 다 있었던 문화잖아요. 이게 특화가 될 수 있을까요. 전형적인 소멸성 콘텐츠죠. 그 예로 얼마 전에 복원한 영도다리가 있죠. 그 스토리텔링을 가진 사람들은 20년 안에 다 죽겠죠. 이 다리를 프로포즈 공간으로 만들어서 여기를 특화된 장소로 만드는 것이 더 낫지 않을까요. 영도다리가 유명 했던게 옛날에 다리가 들릴 때 여기서 만나자고 했던 분들의 추억이 있기 때문이죠. 그렇다면 이 다리를 새로운 만남의 명소로 만들어서 사람들에게 새로운 스토리를 넣어야 하는 것인데, 지금 '굳세어라 금순아' 노래 틀면서 다리를 들었다 내렸다하는 게 얼마나 가겠냐 싶은 거죠. 이런 소멸성 콘텐츠를 가지고 대표콘텐츠라고 하면 부산이 노후화 되었다는 것을 보여주는 거죠.

대형공연은 부산에서 진행하기 좋죠. 코엑스를 제외하고는 벡스코가 규모가 되니까요. 공연전시산업을 진행하기에는 벡스코가 좋은데, 시장이 안 되니까 안내려온다는 거죠. 소공연장을 키우지 않으면 대공연장이 생기지 않는다는 것이죠. 오즈홀이 생긴 것이 좋은거죠. 작은 공연장이 활력 있게 돌아가야지, 여기서 공연한 사람들이 커

가지고 대형공연장에서 공연을 할 수 있는 게 필요 한거고, 이러한 계단이 필요한 거죠. 그런데 시민들의 눈은 미디어에 맞추어져 있으니 한계는 뚜렷하지만 해볼 필요는 있는 거죠. 소소한 공연들이 많고, 이들의 공연으로 300석을 채울 수 있는 뮤지션들을 키워야죠. 부산락페에 지역아티스트 세우고 노출도 빈번하게 이루어지면, 이를 통해서 점차 커질 수 있는 구조가 만들어질 거라고 봐요. 그래도 규모면에서는 전국에서 부산은 2등은 되지 않을까 싶은데요. 방송문화는 부산이 2등이 아닌 게 맞아요. 춘천 올댓뮤직, 광주 난장, 울산 뒤란이 있잖아요. 부산지역방송사에서는 그거 안 해요. 돈이 안 되는 거죠. 다른 지역에는 후원해 주는 기업이 있는데, 부산에는 없는 거죠. 인디문화들이 부산만큼 자생적으로 가고 있는 동네가 있을까요. 인디문화가 문화의 근간이기도 하고, 역사성을 가진 극단들이 오래 살아남는 동네가 부산이잖아요. 극단 새벽, 극단 자갈치, 극단 일터, 극단 동녘. 생명력을 20년 이상 가져가고 있잖아요. 전국적으로 많이 없는데, 하고자 하는 사람들이 부산에는 있는 거죠. 의지를 가지고, 예술적 성취를 가지기 위해서 끝까지 하는 거죠. 재미난복수 같은 경우도 10년을 가져가고 있잖아요. 이런 활동은 몇몇의 힘으로 되는 게 아니잖아요. 해보자는 사람들이 있으니 되는 거죠. 이런 상황을 보면 가능성이 있다고 봐야죠. 이러한 상황은 정치적인 맥락과 맞닿아 있잖아요. 부산은 보수적인 도시고, 이런 활동하는 친구들은 진보적이라고 판단해서 제도권에 넣어주지는 않고, 문화는 키워야겠고, 이래저래 갈팡질팡하는 거죠.

부산 대중음악전문공연장의 필요성?

필요하다고 생각합니다. 여기에 대한 대안이 LIG 아트홀이 될 거라고 생각했으나, 대관사업을 안하거든요. 편법을 써서 자기주최 행사인 것처럼 해서 대관을 하죠. 서울에서도 제일 부러운 게 LIG가 만든 공연장이거든요. '회장님도 티켓 사서 들어오십니다.' 그 마케팅은 인상적이잖아요. 부산에서 '시장님 티켓 사서 들어오세요' 하면 뺨맞을 걸요. 시의 권력이 바뀌어야 한다고 생각하는 이유 중 하나가, 부산은 문정수시장을 끝내고 난 다음부터 행정의 관료들이 시장을 했었어요. 허남식이 10년, 안상영 8년, 그러면서 권력의 중심이 저리로 가니 힘들어지는 거죠. 허남식시장 같은 경우에는 문화파트에 경력이 없는 사람입니다. 그

런 관료들 중심으로 진행이 무사히 되겠어요. 문화콘텐츠의 어느 장르에 집중을 하는 것이 좋은 것인가에 대해서 기본적인 고민이 없는 사람들이 지금의 관료들이라는 거죠. 시민들이 자유롭게 이용할 수 있는 700석 이상의 공연장을 시가 만들어야지 않겠어요. 지역의 기업들이 기부체납해서 만드는 것이 좋겠지만, 이런 여력이 있는 기업이 있을까요. 시에서 1-2개 정도 만들어내는 것이 중요해요. 2개만 있으면 충분할 것 같은데요. 일년 내내 대관을 할 수 있다면 더 좋겠죠.

사직실내체육관, 벡스코, 케이비에스, 오디토리움 1300석씩 있잖아요. 연말 대형가수들의 공연을 치를 수 있는 공간은 있다는 거죠. 근데 700~800석 규모의 뮤지션들이 공연할 수 있는

곳이 없어요. 일단 하나는 만들어보고, 시장성이 있다면 좀 더 확대해나가는 것이 좋지 않을까요. 객석은 700석이지만, 무대전환이 10막은 가능한, 뮤지컬도 가능한 공연장이었으면 좋겠네요. 지역의 연출가가 막 전환이 10막이 되는 공연장을 가지고 고민하는 것은 공연을 준비하는 사람들의 입장에서 수준이 달라지겠죠.

락페스티벌이 전국적으로 펜타포트락페스티벌이랑 부산락페, 두 개만 있을 때에는 전국지에 부산락페가 항상 나왔어요. 지산, 슈퍼소닉, 그린플러그드가 생기고, 부산은 지방행사가 되어버렸죠. 중앙지 기자들이 손쉽게 정보를 구할 수 있는 데가 서울이죠. 그렇게 되니 부산은 지방이 되어버리는 거죠. 전국 최초의 락페스티벌임에도 불구하고 그렇게 되었죠. 그런데 2007년 제주도에 가서 보니, 지역의 DJ가 스타인거죠. 제주도는 지역문화가 만들어지는 거죠. 지역아나운서가 스타가 되고, 지역뮤지션들이 공연을 하면 사람들이 몰려와요. 대구는 뮤지컬 시장이 잘 되잖아요. 이렇게 지역에서 미는 상품이 있으면 될 것 같아요. 부산은 기조, 특색이 없다는 거죠. 흉내는 내고 싶으니 이것저것 하기는 하는데, 메리트가 없다는 거죠. 지역에서 특화할 수 있는 상품을 문화재단이 해야한다고 생각을 합니다. 그걸 선도하지 못하니까 안타깝죠. 부산이 너무 영화에 매몰되고 있는 건 아닌가 싶어요. 바다축제 할 때 맥주회사의 협찬행사를 하나했어요. 바다축제는 협찬이 없으면 행사를 할 수가 없어요. 맥주회사에 협찬 받았다고 난리가 나더라고요. 다중들이 이용하는 해수욕장에서 맥주광고를 했다고, 기자가 와서 인터뷰하고 그랬죠.

왜 굳이 중앙지에 타야할까요. 이건 현실가능성 없어요. 지역에서 잘 커가지고 중앙에서 내려올 수 있게 하는 것이 더 낫지 않을까요. 서울에서 할 수 없는 것, 나비를 잡는다거나, 은어를 잡는다거나, 머드축제를 한다면 중앙지가 가겠지요. 근데 부산이 서울과 다르게 특화될 수 있는 거는 바다를 끼고 있다는 거 말고는 똑같은데, 중앙언론이 관심을 가질 이유가 없는 거죠. 그렇다고 중앙이 잘하고 있다는 것은 아니지만, 특화된 양질의 콘텐츠를 만들어야 해요. 이거 아니면 답이 없어요. 부산국제영화제가 왜 관심을 받겠어요. 서울에서 따라할 수 없는, 대형화된 축제라는 거죠. 그리고 아시아중심 영화제라는 컨셉을 가지고 가기 때문이죠. 중앙에서 관심을 가질 수밖에 없는 거죠. 비슷한 예가 코메디페스티벌인데, 서울에서 안 한거니까 이틀 동안 다 사람들로 채워지는 거죠. 특색을 가지지 않으면 중앙이 관심을 가질 이유가 없다는 거죠.

음악으로 부산과 정서가 맞는 게 밴드음악이라고 생각해요. 이거는 가능성이 있어요. 예를 들면, 부산의 하드한 느낌을 가지고 공연하다 먹힌 피아라는 밴드도 있고, 일본, 러시아, 미국문화 혼재하는 그런 분위기가 있어서 다양한 팀들이 만들

어졌는데, 에브리싱글데이, 느끼한 장미여관, 노브레인 이성욱은 진해 출신이고. 밴드음악을 특화시켜서 콘텐츠를 만들면 가능성이 있다고 생각하는 거죠. 이건 부산락페의 특색과 같다고 생각하는데, 부산락페는 대중성이 가장 큰 모토에요. 록음악 모르는 애들이 와서 록음악 듣고, 밴드도 만들고, 공연도 하고, 서울도 가고 그러라는 거죠. 부산에서는 키워줄 자신이 없잖아요. 그래서 부산에서 잘 커서 서울로 가고, 성공하면 돌아오라는 거죠. 공연으로. 시민들이 좋아해요, 부산출신팀들을. 그렇게 하면 좋지 않을까요. 부산락페가 예산이 좀 있으면 일년 단위로 프로그램을 만들고 싶어요. 지역에 있는 밴드들 경연대회 한번 하고, 여기서 1등한 팀은 부산락페 오프닝밴드로 세우는 거죠. 상반기에는 경연하고 여름에 락페 하면서 무대 세우고. 록음악 관련된 뮤지컬이 있으면 하반기에 하는 거죠. 실현가능성은 없지만, 상상은 해봤어요.

중앙미디어에 대항할만한 지역민에게 노출될 수 있는 미디어는 무엇일까?

접근이 가장 쉬운 건, 지역 언론을 이용하는 것이죠. 제주도처럼, 지역만의 방송국. 지역방송국에서 스타가 나와야 하고, 활용할 수 있는 콘텐츠가 있어야 해요. 그렇게 잘 키우면 중앙에서 사갈 거라고 생각해요.

시민들이 직접 할 수 있는 뉴미디어를 이용하는 게 가장 전략적인 방법이 아닐까요. 그런데 축제 조직위는 홍보에 크게 관심이 없어요. 사람들이 너무 많이 오니까 그런 건데요. 그래도 홍보에 대해서 끈을 놓지 않는 이유는 해외관광객들이 올 수 있게 하려고 그런 거죠. 홍보기조는 지역홍보는 하지 않고, 해외홍보를 중심으로 하자는 거죠. 부산락페는 홍보를 SNS로 하고 각 대학게시판에 글 올리고, 기획단을 만들고, 포스터 공모전하죠. 전국의 대학생들을 자극을 하는 것으로 홍보를 하죠. 홍보 대신에 특화된 컨셉을 만드는 거죠. 부산불꽃축제는 사랑테마로 프로포즈하기 가장 좋은 곳이라는 특색을 가지고, 해맞이축제는 용을 띄우는 행사를 하는 거죠. 장소가 용두산공원 이니까요. 매년 1월 1일에는 부산 용두산공원에 가면 용이 뜬다는 걸 인식시켜주는 거죠.

부산에서 활동하는 사람들

공연제작은 인프라와 맥을 같이 하죠. 영화의 전당에 기획팀 뽑을 때는 저도 응시를 했었죠. 면접 실화인데요. '공연장에서 일해본 적이 없는데, 이거 하겠어요?'라는 질문이 있었어요. 그래서 이렇게 대답했죠. '부산에서 이런 거 뽑아봤습니까. 공연장이 없기도 했지만, 뽑더라도 지역사람 안 뽑지 않습니까. 록 페스티벌 했던 사람입니다. 야외에서 하는 공연이 어려운가 공연장 공연이 어려운가요.' 라고. 지역에서 공연기획을 할 수 있는 사람을 지역

이 키우지 못했거든요. 영화의 전당이 공개모집을 하면서 사람을 키워야지요.

영화의 전당에 서승우팀장은 열심히 하고 있으니, 그런 사람 있으면 참 좋은 일이고, 김성남씨는 자기 돈 들여서 부산인디락페스티벌 매년 진행하고 있고, 경성대 몽크 사장님도 있고, 오즈홀 사장도 있고. 이런 사람들이 계속하고 있다는 게 중요하죠. 그런 진정성을 가진 기획자들이 부산에 있다는 거죠. 이 사람들이 지역문화를 고민하고 있죠. 다행스럽게도 그 기획자들이 지역의 인프라와 친하다는 거죠. 알파사운드 박태종실장이 부산락페에 들어오면, 뮤지션들과의 소통이 원활해져서는 리허설 시간이 단축되는 거죠. 트윈스조명, 매직음향 등등 양질의 기술력을 가진 팀들이 있어요. 그래서 공연 이야기도 하고 모임도 가지고 하거든요. 이런 부분은 참 좋아요. 그분들이 훨씬 더 잘되었으면 좋겠어요.

지원금은 안 받았으면 좋겠어요. 거기서 찾아올 때까지 기다렸으면 좋겠어요. 지원을 받으면 제약이 많으니까요. 기획자와 하드웨어의 네트워크는 잘 되어 있다고 보는 거죠. 홍보는 부산은 수준이 매우 낮죠. 가진 게 없으니깐 그렇겠죠. 하지만 그 나름대로 네트워크가 있거든요. 까페나 블로그가 잘 되어 있어요. 부산락페 때 보면 커뮤니티에서 만나서 하는 거 보면 참 잘해요. 부

산은 팬심이 좋아서 팬들이 알아서 만들어서 오기 때문에 기특한 거죠. 크라잉넛이 그러더라고, 부산락페가 커가는 것이 보인다고. 그리고 자기가 키운다고 생각하는 사람들이 많을 거예요. 이것이 부산락페가 가지는 홍보의 힘인 거죠. 같이 키워가고 있다는 느낌이라는 것이 말이죠.

전국투어공연 활성화를 위한 제언

대형공연의 경우, 공연시장의 문제가 있어요. 사기꾼도 많은 거 같고. 대형공연을 진행하면서 지역에는 기여를 못하거든요. 음향조명 다 짜가지고 내려오기 때문이죠. 그냥 서울에서 진행한 공연을 지역기획자한테 그대로 파는 형식인거죠. 그렇게 되면 공연비, 홍보비, 이익금을 정리해서 티켓팅을 하면 티켓가격이 올라가는 거죠. 그렇게 되면 사람들이 안 오는 거죠. 그런데 이러한 공연들은 시기도 연말로 몰려있다는 거죠. 관객들의 입장에서는 돈은 한정되어 있고 가고 싶은 데는 많은 거죠. 뚜렷한 팬층이 없는 공연은 망하는 거죠.

이런 문제는 시장구조를 바꿔야지 해결이 되요. 나훈아의 경우, 2회 공연을 진행하면 1회는 나훈아가, 1회는 기획사가 수익을 가져가는 거죠. 뮤지션들부터 어느 정도 선을 책정해두고, 돈을 벌겠다는 목표를 가지고 하면 전국투어가 망할지도 몰라요. 전국투어를 하는 것에 의미를 두고, 최소한의 금액을 만들어낼 생각을 하고, 지역에 있는 기획사를 키운다고 생각하면 좋을 것 같아요. 최소한의 개런티만 확보를 하고, 수익금은 나눠 가지는 거죠. 이런 구조가 된다면 전국투어는 잘 될 거 같아요.

그리고 시기적인 문제가 있죠. 누구나 연말, 신년에 하고 싶어해요. 이 시기를 분산해야하지요. 음반시장이 죽었으니 공연시장밖에 없는 거죠. 축제들이 늘어나는 것도 음원을 통해 얻을 수 있는 수익이 없다는 반증 아니겠어요. 그래서 공연을 다니면서 수입을 얻고, 미디어에 의존하게 되는거죠. 예전과 다르게 기획사 시스템이기 때문에 소속밴드가 되는 거죠. 개런티가 상승하는 거예요. 이렇게 되면 더 이상 부를 수가 없어요. 개런티가 올라가니 출연할 수 있는 곳도 한정되어 지고, 그렇다면 시장가격을 조정을 해야 하는 거죠.

지역에서 활동하는 밴드는 연합이 필요해요. 지역 활동하는 밴드들도 타 지역에 팬들이 있어요. 그러니까 모여서 공연을 돌아야 해요. 각 지역마다 네트워크가 생기면, 이 네트워크를 주축으로 해서 각 지역마다 공연을 할 수 있게 하는 방법이 있다. 그것이 아니라면 지역밴드가 전국투어하는 것은 장미여관, YB 등의 게스트로 돌 수 있는 거 밖에 없는 거죠. 즉 구심점이 되는 단체를 하나 만들어서 이러한 것들을 이끌 수밖에 없는 거죠. 가장 쉬운 예는 전국의 실용음악과 교수들이 학회를 만들어서, 지역의 음악하는 애들 모아서 구심점이 되어서 돌리면 되지 않을까 싶네요.

이번에 클럽투어 했잖아요. 김종군이 큰 역할을 했지요. 그런데 너무 가혹하잖아요. 한달에 몇십 만원도 못 버는 밴드들 와서 공짜로 공연해라고 하는 건. 콘텐츠진흥원에서 한류 이런거 하지 말고, 밴드음악활성화로 콘텐츠 육성을 하겠다고 하면, 전국의 밴드들 뽑아서 전국투어 시켜주고 음반 만들어주고 이런 것을 하면 좋지 않을까요. 지금 축제로 사람들이 몰려가고 있는 것이 보이죠. 작년에 울트라뮤직페스티벌하고 월드디제이페스티벌, 그랜드민트페스티벌, 그린플러그드가 흑자가 난 걸로 아는데, 그 나머지는 얼마 지나지 않아서 망할 수밖에 없는 것이죠. 그럴거면 콘텐츠진흥원에서 이런 거 해야죠. 또 다른 방법으로, 서울에서 하는 페스티벌들을 전국으로 돌면서 하는 거죠. 서울에서도 적자 나는거 다른 지역에서 적자 나는 거랑 똑같잖아요. 연합을 만들어서 전국을 함께 돕시다. 좀 더 나아가면 그 지역출신의 잘나가는 팀들이 게스트로 나와서는 모객 좀 해주면 가능성 있지 않을까요.

우리나라 페스티벌의 경우, 주제가 있는 축제가 없는 게 한계에요. 저항/평화/사랑/자유 등의 특유의 정신을 가지고 있는 페스티벌이 있었으면 좋겠어요. 컨셉이 없다면 출연진 섭외 싸움만 하다가 끝나는 거 아닐까요. **SOUND**

Inter View 4

정세일(SKA WAKERs 보컬)

"지역에서도 잘 하면 되지 않을까요?"

일시 2014년 6월 6일(금) 오후 3시 30분
장소 생활기획공간 통
정리/글 김혜린
사진 정세일

활동 내용

2007년 WAKE UP 결성.

이래저래 하다보니, 지금까지 하고 있네요.

2012년 동명타이틀의 EP 출시

2013년 〈Music Is Our Weapon〉 싱글 출시

2014년 6월 말, 정규 1집 나올 예정.

부산에서 공연을 한다는 것

서울에 비해서 관객이 작은 편이에요. 서울은 인구가 많으니까, 그런 거 같기도 하네요. 부산은 다른 지역에 비해서는 그래도 괜찮은 편이니까요. 할만한 거 같은데요. 부산이라서 뭔가 힘들다기보다는, 다른 지역들도 다 힘든 상황이죠. 서울을

가는 건 안 좋은 것 같다는 생각이 들어서요. (왜요?) 문화의 중앙집중화를 심화시키는 데 일조하는 것 같아서요. 지역에서도 뭔가 잘 하면 되지 않을까요. 어차피 요새는 어디를 가도 하루 안에 왔다갔다하니까 크게 어려움은 없는 거 같아요. 홍대씬에서 활동하는 사람들도 다 서울에 살지는 않을 거잖아요. 경기도에 사는 사람도 있을 테고, 우리는 좀 더 멀리 사는 사람들인 거죠. 그들도 다른 지역에서 공연을 할 것이구요. 우리도 마찬가지이구요. 어디로 공연을 가던지 그건 마찬가지 아니겠어요.

부산 공연/축제산업의 특징

다른 지역의 공연 축제를 많이 본 적이 없어서 뭐라고 단정지어 말하기는 그렇지만요. 서울에는 밴드들도 많고, 유명한 팀도 있고, 관객들도 꽤 많이 있고 하니, 잘 돌아가는 것 같아요. 그리고 홍보가 잘되는 편이잖아요.

(왜?) 온라인/오프라인/방송 등이 많으니까. 레이블이나 기획하는 분들도 서울에 몰려 있으니까요. 많은 인프라와 사람들이 수도권에 집중되어 있으니 잘 돌아가는 편이라고 보여져요.

그런데 서울공연이라고 다 잘되는 건 아닌 거 같아요. 이건 아마 기획의 문제인 것 같아요. 서울공연도 관객이 늘 많이 들지는 않아요. 그래도 평균치로 따져보면 서울이 부산보다 많은 편이지요. 서울에는 레이블도 많고, 관계자들이 많으니까, 상대적으로 정보를 얻는다던지, 방송에 출연한다던지 하는 기회가 많은 거예요. 자본주의 사회에서, 자본이 가지는 능력치가 있는데, 기획을 잘한다

고 해도 자본의 능력이 더해지면 더 나을 거잖아요. 그런데 이 자본도 서울에 다 있는 것 같아요.

부산 대중음악전문공연장의 필요성

밴드들이 공연을 준비할 때, 기획에 맞게 대관도 하고 진행을 하면 되는데, 이런 공연장이 생기면 엉뚱한 기준이 되지는 않을까요. 공연장을 새로 만들어서는 쓸데가 없지 않을까 싶은 생각이 드는데요. 밴드들도 스스로 기획을 할 수 있어야 해요. 기획을 하면서 거기에 알맞은 대관을 해야지요. 그저 하나 만들었다고 이 공간만 활용한다는 건 말이 되지 않아요.

그리고 관주도의 공간들이 실효성이 있을까요. 지금까지의 사례만 보아도 그렇게 잘 활용되고 있다고는 보이지 않아요. 버스커들을 위한 공연장은 필요 없어요. 그들은 거리 태생이고, 그 다음 단계는 그들의 몫이에요. 스트릿댄스를 위한 전용극장도 필요없어요. 차라리 버스커들을 위한 거리, 스트릿댄스를 위한 거리를 조성하는게 훨씬 더 나은 거 아닐까요. 최대한 지금 있는 공간들을 활용해요. 공연장을 또 짓는 건 아무래도 쓸 데 없는 것 같아요.

관련 미디어의 활용 정도?
새로운 미디어의 필요?

방송을 잘 활용해야해요. 지역에 있더라도 이러한 부분을 활용할 수 있는 방도를 찾는 것이 중요하지 않을까요. 지금의 저희들 음반은 유통업체를 통해서, 전국 레코드샵에 깔리고, 온라인 음

원 출시를 해요. 이 유통사에서 일정부분의 홍보
도 함께 진행을 하구요. 그리고 공연을 통해서 스
스로 홍보하고, SNS를 활용하죠. 공연을 하면서
음반을 팔고 이름을 알리면 될 것 같아요. 새로운
미디어에는 크게 관심이 없어요.

한번 시도해보는 거죠. 어떻게 될지는 알 수 없어
요. **SOUND**

전국투어공연 활성화를 위한 제언

전국투어는 한번 해보고 싶었어요. 그런데 이번에
앨범이 나온 김에 진행을 하는 거죠. 서울, 부산,
대구, 광주 일정을 잡았구요. 모든 기획은 밴드 내
부에서 자체적으로 해결하고, 예산도 물론이구
요. 6월 말에 앨범이 나오면 바로 그 주, 주말부터
시작해서 4개 도시를 돌 예정입니다. 그냥 이렇게

2

광주 음악씬 현황과 전망

광주 포크, 민중가요 그리고 인디록

지역에 하나의 음악씬-로컬씬을 만들어 내려면 아이들이 일상 속에서 제도적이든 비제도적이든 자연스럽게 음악을 듣고 공연을 보고 자라는 환경이 조성되어야 한다. 그리고 기량을 키워서 뮤지션으로 성장하고, 한편으론 이를 지켜주는 관객으로 성장하여야 한다. 그러한 문화예술 환경 하에서 음반들을 제작하고 유통하는 레이블이 형성되어야 하고, 라이브클럽을 통해 선보이고 경쟁하며 공연장이나 축제를 통해 소비하는 공연시장이 자리매김하여야 한다.

남유진 | 광주독립음악발전연대, 클럽 네버마인드 대표

문화예술·공연 기획자로 서울을 벗어난 지역 인디음악 및 독립문화의 자생성을 확보하기 위해 노력해 오고 있으며, 광주인디뮤직페스티벌, 대안공간 독립영화제, 광인 컴필레이션 음반 제작 등 다양한 활동을 하며 살아가고 있다.
anarchidreamer@hanmail.net

1. 지역 음악씬(Local Scenes, Local Sounds)

"지역 음악씬의 현황과 전망"이란 막연한 글 제목을 두고 새삼 잊고 지냈었던 '음악씬'에 대한 — "무엇을 '음악씬'이라고 불러야하나. '지역씬'이란 것이 한국에 있긴 하는가?" — 고민을 해보았다. 그러다가 수년 전 한 문화예술 활동가 포럼에서 발표했던 글을 찾아내었다.

[1]"지역에 하나의 음악씬—로컬씬을 만들어 내려면 아이들이 일상 속에서 제도적이든 비제도적이든 자연스럽게 음악을 듣고 공연을 보고 자라는 환경이 조성되어야 한다. 그리고 기량을 키워서 뮤지션으로 성장하고, 한편으론 이를 지켜주는 관객으로 성장하여야 한다. 그러한 문화예술 환경 하에서 음반들을 제작하고 유통하는 레이블이 형성되어야 하고, 라이브클럽을 통해 선보이고 경쟁하며 공연장이나 축제를 통해 소비하는 공연시장이 자리매김하여야한다."

그때 썼던 글을 보면 '음악씬'이란 음악적 교육, 생산, 소비, 유통이 지역성을 띠고 하나의 순환 생태계로 자리매김한 모양새를 나름 '음악씬'이라고 생각하고 부른 듯하다.

그리고 다시 오래 전 책장 속에 묵혀두고 있던 [2]ROY SHUKER 著 '대중음악사전'을 찾아보니 "4. 지역화된 씬이나 사운드의 개념. 특정한 지리적 장소 — 주로 도시나 지방 — 는 어떤 사운드와 동일시된다. (중략) 씬의 개념이 이러한 용법과 어느 정도 비슷하다" 라고 쓰여 있다. 우리가 흔히 써온 '맨체스터 사운드', '시애틀 사운드', '내쉬빌 사운드', '시부야계 사운드' 라고 칭하는 음악들, 이제는 '홍대 사운드(?)'라고 칭할 때도 사용하는 '음악씬'의 개념이 이와 유사하다.

이런 관점에서 보면 '지역씬'이란 특정 지역의 뮤지션들과 그 음악적 스타일이 연관되어 여기에 지역성이 결합된 담론이 형성되고 그 시기가 구분되어지는 경우 사용하는 말이다. 지역(또는 장소)과 사운드를 연결하는 이런 인식은 과거 서울(실제 이들은 한국 대중음악의 중심이었기에 지역씬이라고 칭하는 것은 나름 어패가 있다)에서도 있었는데 '명동파', '무교동파', '신촌파'라고 불리는 호칭들이 그것이다. 지역에서도 이러한 호칭과 개념 짓기

---

1   2008 문화예술활동가포럼 — 지역문화예술활동의 새로운 길찾기 : 광주 인디 10년 中. 남유진
2   ROY SHUKER는 뉴질랜드 웰링턴의 빅토리아 대학교 영어·영화·연극·미디어 연구 대학원에서 미디어 연구 분야를 가르치고 있다. ≪대중음악사전≫(1999, 한나래, p280)이 있다.

('광주 포크', '부산 메탈')는 있었다고 하지만 이러한 로컬 사운드(지역씬)에 관한 논의는 그다지 활발하지 않은 것으로 보인다.

하여튼 음악과 지역(또는 장소)를 연관시켜 온 것은 오랫동안 이어져온 대중음악 담론의 한 방법론이며, 그 안에서 여러 가지 음악적 유사한 경향과 관련 요소들을 찾아내어 왔다는 것을 알 수 있다.

이러한 지역 음악씬을 특징짓는 경향과 관련 요소에는 여러 가지가 있겠지만 그중 몇 가지를 광주라는 지역성과 연결하여 이 글에서 찾아보려 한다. 짧은 글에서 '광주 음악씬'의 모든 현황을 살펴보는 것은 무리가 있고 자신도 없는바 지역의 자생적인 음악 콘텐츠들을 생산하고 유통, 소비하는 현장들을 중심으로 살펴보고자 한다.

2. 광주 음악씬 역사와 현황

[3]"대중음악 공연·축제는 그 자체로 지역 음악씬의 토대가 자리매김 할 수 있는 계기이고 또 이를 드러내는 좋은 마당이다. 축제는 그 자체로 음악씬 전체에 많은 기능과 역할(음악적 저변 확대와 교류, 음악·공연산업의 성장, 지역 경제 활성화 등)을 담당하는데, 그 역할 중의 하나는 신진뮤지션의 소개 발굴, 프로모션이라고 할 수 있다. 음악축제에서 지역 신진뮤지션의 소개, 프로모션은 지역 음악씬이 그 색깔과 스타일을 선보이며 그들만의 씬의 자생성을 확보해 나가는데 기여한다."

지역 음악씬 구축에 기여하고 밑거름이 되어온 대중음악 공연·축제를 살펴보기에 앞서 광주라는 지역이 정치 사회적으로 어떻게 자리매김하고, 어떤 음악들이 생성되어 왔는지 먼저 살펴보자. 이는 앞에서 언급한 것처럼 음악씬을 지역성과 함께 규정지을 때 그 특징과 스타일, 음악적 정서를 파악하는 효율적인 방법이 될 수 있다. 한국 대중음악 역사에서 서구 대중음악 – 팝, 포크, 록 – 의 본격적인 유입은 1970년대 이후로 볼 수 있는데, 이 시기 '광주 음악'의 흐름을 살펴보는 것은 '광주 음악씬'의 현재와 그 안에서

---

3   2008. 남유진. 광주인디뮤직페스티벌 홍보자료 中

일어나는 공연문화를 파악하는데 도움이 되리라 본다.

(1) 광주 포크

서구의 포크 문화가 유입된 70년대 광주에서도 본격적인 통기타 음악이 시작되었는데, 광주MBC '별이 빛나는 밤에' 프로를 통해 데뷔한 소위 지역 1세대 포크뮤지션 이장순, 국소남이 그 시작이다. 소위 [4]'별밤 사단'이라 불리는 이들은 충장로를 중심으로 한 전문음악다방, 뮤직홀, 제과점, 레스토랑, 극장식 생맥주홀 등지에서 활발한 공연활동을 이어갔다. 이러한 통기타 음악의 흐름은 이후 정용주, 정오차, 박문옥, 최우남, 김종률 등 2세대 포크뮤지션들로 이어졌고, [5]소리모아트리오의 〈저녁무렵〉, [6]김정식, 박해종, 김용숙의 〈약속〉, [7]김종률의 〈영랑과 강진〉, [8]정오차의 〈바윗돌〉 등이 연이어 대학가요제 수상의 영예를 안는다. 이후 1980년대 [9]하성관의 〈빙빙빙〉, [10]김원중의 〈바위섬〉 등이 전국적인 반향을 일으키며 광주 포크의 전성기를 만들어냈고, 이들의 활동은 충장로를 넘어 광주천 건너 사직공원 통기타거리로 확장되어 80년대 중반 창작음악단체인 [11]꼬두메의 결성으로까지 이어진다.

(2) 광주 민중가요

광주 포크 음악의 흐름이 이와 같다면 1980년대를 지나는 광주음악의 또 다른 한 축은 '민중가요'이다. 1980년 5·18광주민중항쟁이라는 현대사의 큰 시련을 관통하게 되는 광주는 이후 포크음악의 정치화와 '민중가요운동'의 급성장을 경험한다. 앞서 언급한 김

----

4 광주 MBC 심야 라디오방송프로, DJ 소수옥과 이장순, 국소남 등을 중심으로 일명 '별밤 시대'를 열었다. (광주포크 30년, 국소남 – 2008 광주청소년음악페스티벌 홍보자료 中)

5 1977. 제1회 MBC 대학가요제 동상

6 1978. 제2회 MBC 대학가요제 은상

7 1979. 제3회 MBC 대학가요제 은상

8 1981. 제5회 MBC 대학가요제 대상

9 1980. 제3회 전일방송 대학가요제 대상

10 1984. 배창희 곡, 김원중 노래

11 1985. 한보리, 오영묵, 기현수, 이미랑, 이인숙, 국순철 등을 중심으로 한 창작대중음악그룹. 많은 음반과 포엠 콘서트 등 크고 작은 공연으로 광주 포크문화에 발자취를 남겼다.

원중의 〈바위섬〉, 정오차의 〈바윗돌〉 등은 80년 이후 고립된 광주의 현실을 알리는 노래였고, 잘 알려진 김종률의 [12]〈임을 위한 행진곡〉은 한국 저항음악의 상징, 민주화 운동의 성가라 할 수 있다. 이후 [13]김경주의 〈노래2-죽창가〉, [14]박종화의 〈지리산〉, [15]정세현의 〈광주출전가〉 등 노래운동의 대표적인 음악들이 대학가는 물론이고 종교계, 노동계 등 많은 노래운동 집단들을 통해 만들어지고 거리에서 배포되어 울려 퍼져 나간다. [16]노래패 '친구', [17]전남대학교 '횃소리', [18]조선대학교 '함성', [19]남총련 노래단 '한반도'에까지 이어지는 이러한 광주민중가요 운동의 한 흐름은 '5월 광주'로 대변되는 광주의 시대정신과 맞물려 우리가 광주음악을 이야기 할 때 절대 빼놓을 수 없는 지역적 음악 정서가 되었다.

(3) 광주 록? 그리고 광주 인디

위에 언급한 '광주 포크', '광주 민중가요'가 장소적으로 사직공원 통기타 거리, 대학가 시위현장을 중심으로 그 활동이 이루어졌다면, '광주 록', '광주 인디'는 타 지역과 마찬가지로 라이브클럽을 중심으로 그 활동 면면을 살펴볼 수 있다. 광주에서는 1990년대 중반부터 몇몇 음악감상실에 록 마니아들이 집결하여 공연이 시작되었고, 2000년 라이브클럽 [20]곡스'가 생겨나면서 '광주 인디'의 시작을 알렸다. 부산이나 인천, 대전 등에 비해 광주 록, 광주 메탈이라는 말들은 조금 생소한데 아직 이 부분에 대한 지역적 논의와 음반 등 자료가 부족하고, [21]제프, [22]리멤버, [23]프러시안블루, 스틸, [24]어비스 등

---

12 1981. 곡 김종률 , 가사 백기완/황석영, 노래극 '넋풀이 – 빛의 결혼식'에 삽입되어 시민군 대변인 윤상원과 노동운동가 박기순의 영혼결혼식에 헌정된 곡

13 1987. 노래패 친구 [타는 목마름으로] 中 – 김경주 곡, 김남주 詩.

14 1989. 1집 [분노] – 〈지리산〉, 〈파랑새〉, 〈바쳐야한다〉 등이 실려 있다. 이후 [고난의 행군], [갈 길은 간다](1992), [지금](2011) 에 이르기까지 많은 민중가요를 작곡하고 또 불러오고 있다.

15 범능스님. 1980년대 노래패 '친구'를 창단하고 '우리소리연구회'(1990)를 결성, 〈광주출전가〉, 〈혁명광주〉, 〈꽃아꽃아〉 등 많은 노래를 남겼다.

16 '광주민중문화운동협의회' 산하의 노래패로 광주 노래운동의 선도자적 역할을 하였다. 이전의 '광주기독교민중문화선교원'의 맥을 이으며 '우리소리연구회'에 이르기까지 전통음악적 요소들을 민중가요에 접목하는 작업들을 하였다. [의연한 산하](1986), [타는 목마름으로](1987), [청산이 소리쳐 부르거든](1988), [임을 위한 행진곡](1989) 등 발표

17 1988. 전남대학교 동아리연합회 노래패

18 1988. 조선대학교 동아리연합회 노래패

19 1996. 광주전남지역 노래학생연합, [한반도](1998), [조국](1999), [항전](2000), [우리 촛불이 되어요](2003), [이제 우리](2006) 등 발표

20 대표 이준희, 2000~2008.

1990년대 등장한 광주 록밴드들이 대중적으로 두드러진 성과를 내지 못했기 때문이라 생각한다.

하지만 이들 언더그라운드 밴드들과 대학 스쿨밴드들을 통한 록 공연활동이 활발하였는데, 언더그라운드 밴드들은 당시 음악감상실이었던 [25]'백스테이지', '치코', '메탈리카' 등과 YWCA 강당, 남도문화예술회관, 학생회관 등 중소 공연장에서 공연을 가졌으며 관객동원에도 성공한 사례들이 많았다. 그리고 지금까지 남아있는 전남대학교 '맥킨토시', '로터스', '바이슨', 조선대학교 '스캠프스', '목신의 오후', '나라야', '진', 보건대학교 '여우비' 등 많은 스쿨밴드들은 학내 대강당을 통하여 공연활동을 하였고, 1990년대 후반 이후 '광주 인디'를 이루어내는 주요 인자들이 언더그라운드 밴드와 스쿨밴드에서 배출된 것으로 보아 이들의 활동을 짐작해볼 수 있다.

이후 [26]1세대 광주 인디라고 할 수 있는 [27]허키클럽, [28]낙장불입, [29]노네임, [30]코마밴드, [31]프레디하우스, [32]이븐플로우, 굴, [33]훌리건, [34]동맥경화 등 많은 인디밴드들이 라이브클럽 '곡스'를 통해 활동하고 그 실력을 쌓았으며, 2002년 라이브클럽 '네버마인드'가 생겨나면서

---

21 제프: 1995~1998. M: 문양훈, 송태식, 박정진, 차성혁, 김태곤

22 리멤버: 1996~1997. M: 박준형, 김승현, 이송재, 정병호, 보컬 박준형은 이후 홍대 클럽 롤링스톤스 대표를 맡기도 한다.

23 프러시안블루: 1996~. M: 송태식, 박진덕, 박진규, 김용희 / 이현섭. 〈MBC라디오ROCK음악제. 1996〉, 〈Indie Power. 2002〉, 〈Prussian Blue. 2006〉, 밴드 해체 후 이현섭은 [노바소닉] 보컬을 맡는다. 박진규/박진덕은 현재 [스윗치밴드]에서 활동한다.

24 어비스: 1997~. 〈Hard Core. 2001〉, 〈History of Revolution. 2010〉, 〈Black Label #53. 2013〉

25 음악감상실 '백스테이지(대표 심용진. 1994~2007)'와 '메탈리카'(대표 한만영. 1996~2002)에서는 라이브공연도 함께 이루어졌다. '치코'는 1997년 '제프'의 공연 당시 민원신고가 발생해 영업정지로 문을 닫는다.

26 1세대와 2세대를 구분하는 건 뚜렷한 기준이 있기보다 네버마인드가 생긴 2002년 전후로 클럽 활동 밴드가 교체된 경우가 많아서 그 시점을 잡았다. 3세대 밴드들은 2010년 전후로 유난히 신생 밴드들이 생겨나기 시작하였고 밴드 자체 레코딩이 활성화되기 시작한 시점이다.

27 허키클럽: 1999~2003. M :김현수, 이창현, 이현희, 김민선, 문종민 / Ex-M: 최봉균, 윤한영 : 해체 후 김민선은 바닐라 유니티, 윤한영은 Crow, 김현수는 그루브캠프, 이창현은 보이스앤노이즈 등에서 활동. 〈Solitude. 2002〉, 〈Indie Power. 2003〉, 〈라이브클럽페스트 Vol.1〉

28 낙장불입: 1999~2003. M:조해성, 오현정, 강상희, 이시호. 〈unbelievable match. 2001〉

29 노네임: 1997~1999. M:엄대현, 박재홍, 이호영, 최승원, 해체 후 이호영은 [815밴드], [김바다밴드] 등에서 활동, 최승원은 [에브리싱글데이.1999],[스윗치밴드.2012]에서 활동

30 코마밴드: 2000~. M:최정호, 오치경, 장원석, 이경운, 정재훈. 〈Courage of Mania. 2003〉

31 프레디하우스: 2000~. M:윤성민, 정현우, 이성한, 이성연 / Ex-M: 이동규, 임동희, 이기보. 〈Cruel Fest. 2004〉, 〈Eternity. 2006〉

32 이븐플로우: 1998~2002. 이후 팀명 [수시아블루 ~2008]로 변경. M:문희열, 유상재 / Ex-M: 최승민, 신혁민, 장경진, 최우석

33 훌리건: 2000~. M:김유석, 김경수, 오혜석, 위수철. 〈Hooligan party. 2001〉, 〈Overlap. 2004〉, 〈Bad Girl. 2005〉, 〈Hello Monday. 2006〉, 〈My Sweetie. 2008〉

34 동맥경화: 2000~. M:양동욱, 양동철, 손보려, 임환철, 전성민 / Ex-M: 문민주(前,디스코트럭), 이우열, 김재철. 정한솔. 〈Sickroom. 2003〉

[35]머쉬룸, 모모, [36]윈디캣, [37]베티애스, [38]도프, 브링잇, [39]스테이씨, [40]모투, [41]순이네담벼락, [42]레모니마카로니, [43]수트케이스, [44]우물안개구리, [45]인저드블로섬, [46]더티라콘, [47]상식이밴드 등의 2세대 인디뮤지션들이 '광주 인디'의 본격적인 성장을 이끌었다. 이중 몇몇 밴드는 홍대 앞으로 진출하여 전국적인 팬덤을 얻기도 하였고, 잦은 밴드활동 중단과 멤버 교체를 겪는 경우들이 있지만 대다수가 광주 인디씬의 안팎에서 변함없이 활동하고 있다.

음악적으로는 초창기 '광주 인디'가 장르적으로 메탈, 코어, 펑크와 얼터너티브 등 강렬한 하드록에 편중되었다면, 이제는 모던록, 팝, 포크, 일렉트로이카, 힙합, 사이키델릭, 펑크 등 다양한 장르로 디스코그라피가 풍부해졌고, 2010년 이후 달토끼, S.N.C, spThe#, 매치포인트, 몽키피콰르텟, 김과리, 에반게일스타, 루버스틱, 폴리모프, AV 등 3세대 인디뮤지션이라 칭할 수 있는 신생 인디뮤지션들이 대거 등장함에 따라 '광주 인디씬'의 변화와 진화는 여전히 진행 중이라고 할 수 있다.

지금까지 '광주 음악'을 짧게나마 살펴본 것은 아래 소개하는 광주 대중음악 공연·축제의 태생을 이해하고 '광주 음악씬'의 내용적 측면을 살피는데 도움이 되리라 생각하기 때문이다.

'사직골'을 중심으로 이어져온 '광주 포크'는 '무등산풍경소리' 공연을 통해 대중들에게

---

35 머쉬룸: 2001~. M:이영일, / Ex-M: 김희진

36 윈디캣: 2001~. M:오영석. 김혜림 / Ex-M: 최수진, 김태승, 허승욱. 2010EBS'헬로루키'선정, 〈아무도 모른다. 2010〉, 〈Windycats. 2014〉, 김태승은 현재 [김과리]로 활동 중

37 베티애스: 2003~. M:지홍범, 정용우, 서부진/ Ex-M: Matheus Jenkins. 〈The Greatest Hits. 2010〉, 〈Mudeung Mount Bomber. 2013〉

38 도프: 2003~2006. M:김현승, 이진곤, 장승욱, 김경일. / Ex-M: 박경환. 김현승은 [팡팡밴드난반댈세/ 루버스틱]에서 2013까지 활동

39 스테이시: 2005~2010. M:손성훈, 서정훈, 여운호/ Ex-M: 박소현, 박정현, 임성엽, 임태성, 문요한, 김영호, 김현승, 이진곤, 배홍범. 이후 밴드명 [팡팡밴드난반댈세. 2010. → 現..루버스틱. 2013]으로 변화. 〈나는 달린다. 2011〉, 〈Club N.M. 2014〉, 문요한은 [브로큰발렌타인]에서 활동(2012~2014).

40 모투: 2005~. M:김형석, 양유열, 심문보, 양상열. 〈M.O.T.U. 2007〉, 〈사랑은 돌아온다. 2009〉, 2011년 밴드명 [투스테이]로 변경, 〈서바이벌 TOP밴드. 2011〉

41 순이네담벼락: 2005~. M:성종훈, 백수훈, 최동일, 천승윤 / Ex-M: 박시은 〈정저지가. 2009〉, 〈그해 여름날 / 한개의 달 한 개의 마음. 2011〉, 성종훈은 2013 [윤제]로 솔로 활동 병행

42 레모니마카로니: 2005~. M:윤창훈, 노웅대, 정윤주, 이율현 / Ex-M: 조지웅, 김대환, 김민혁. 2012년 밴드명 [살랑]으로 변경. 〈우리가 만나서. 2012〉, 〈JB.st 55-2. 2014〉, 김민혁은 2011년 이후 [전기뱀장어]로 활동

43 수트케이스: 2008~2009. M:정한솔, 이대웅, 조현진. 〈Hot Tracker. 2009〉, 이대웅/조현진은 솔로로 활동

44 우물안개구리: 2008~. M:성민걸, 김지혜, 이성우 / Ex-M: 최주성. 〈노는게 제일 좋아. 2012〉, 〈너에게 닿기를. 2014〉

45 인저드블로섬: 2006~.M: 강상구, 김승호, 윤건, 이진곤 〈The injured blossom. 2008〉

46 더티라콘: 2008~, M: 이승준, 양홍준, 주소정, 김성훈/ Ex-M: 성바울, 손경수, 허승욱, 이성훈, 〈서민. 2013〉

47 상식이밴드: 2009~. M: 이진우, 조인호, 최정식, 김현강, 천기백, 윤형호 / Ex-M: 박상희. 타 인디밴드들과 달리 남총련 노래패 출신, 록밴드를 기반으로 사회성 있는 노래들을 부름.

꾸준히 그 음악을 선보였고, '광주 민중가요'는 '전국오월창작가요제'로, '광주 인디'는 '광주인디뮤직페스티벌'로 그 자리를 매김하고 있다. 물론 현재 광주의 대표적인 음악콘텐츠로 '광주월드뮤직페스티벌'과 올해 시작된 '광주사직국제포크뮤직페스티벌'을 꼽을 수도 있겠지만, 전자는 광주의 어떤 '지역성'을 담보하고 있다고 보기 힘들고, 후자는 아직 그 첫 행사가 마무리 되지 않아 위 논의에서 제외 하였다.

3. 대중음악 공연/축제 현황

무등산풍경소리

- 날짜 : 매월 중순

- 장소 : 무등산 증심사 앞마당

- 주최/주관 : (사)무등산풍경소리

- 홈페이지 : http://cafe.naver.com/pgsori.cafe

- 내용 : 생명과 환경을 주제로 한 포크음악공연

포크싱어송라이터, 음유시인들의 천국, 2002년 시작된 무등산풍경소리는 매월 증심사 앞 마당에서 정기공연을 펼치고 공연의 사회적 이슈에 따라 장소를 옮겨가기도 한다.

지난 8월 23일 진도 '팽목항에서 띄우는 편지' 공연까지 무려 123회에 이르는 공연을 진행해 왔다. 광주 포크음악의 생산이 과거 사직골에서 이루어져 금남로 거리에서 이루어졌다면, 현재 이들이 그 음악을 선보이는 자리는 증심사 앞 '무등산풍경소리' 공연이 되었다고 해도 과언이 아니다. 이장순, 정용주, 박문옥, 김원중, 범능스님, 한보리 등 1970~80년대의 광주 포크음악의 역사가 이곳을 통해 전해졌고, 꼬두메, 김근영, 김영훈, 임웅, 인디언수니, 박상선 등 현재 세대 포크뮤지션까지 그 흐름을 함께 지켜나가고 있다. 광주 뮤지션뿐만 아니라 정태춘, 박은옥, 이정선, 서유석, 안치환, 하림, 김두수, 손병희, 박강수, 사이, 꽃다지 등 포크 음악의 거장에서부터 신진 포크뮤지션들에 이르기까지 광주 포크음악은 이 공연을 통해 많은 국내 포크뮤지션들과 교류하고 소통하고 있다. 또한 내벗소리예술단, 얼쑤 등 광주의 여러 문화예술단체들이 다양한 형식으로 공연에 참여해오고 있으며 광주정신이라는 공동체정신으로 시대와 환경, 생명을 테마로 한 다양한 메시지를 던지고 있다.

광주인디뮤직페스티벌 --

- 날짜 : 9월 말~10월 초
- 장소 : 전남대학교 대강당, 컬쳐클럽 네버마인드
- 주최/주관 : 광주독립음악발전연대 네버마인드
- 홈페이지 : http://cafe.daum.net/clubnm
- 내용 : 빛의 나라에 노래의 씨앗을 뿌려라! 광주인디뮤지션들의 음악한마당

2004년에 시작된 광주인디뮤직페스티벌은 라이브클럽 네버마인드와 밴드, 팬들의 모금활동으로 시작된 음악축제로 지역 인디음악의 자생성 확보를 가장 큰 가치로 내걸고 있다. 지난 2013년까지 10회를 진행한 약칭 '광인뮤페'는 1회 중외공원 야외공연장, 2회 전남대 후문광장 등 야외공연으로 치러진 적이 있지만 예산상 이유로 2008년까지는 전남대학교 대강당, 2009년 이후로는 클럽 네버마인드로 그 운신의 폭을 좁혀왔다. 2~3일간 20에서 30여개의 공연팀이 참여하는 축제로 '우리동네 막동이', '변방의 노래', '빛의 공화국', '무경계뮤직환타지', '연말 광주인디뮤직어워드' 등의 프로그램으로 구성되고, 광주 뮤지션들은 사전에 'LET'S INDIE' 라는 오디션 경쟁을 통해 무대에 오른다. 갤럭시식스프레스, 구남과여라이딩스텔라, 국카스텐, 연영석, 소울트레인, 스키조, 이상은, 이한철, 오부라더스, 크라잉넛, 한희정, 허클베리핀, 3호선버터플라이 등 국내의 실력파 인디뮤지션들과 부산, 전주, 대구 등 지역 인디뮤지션들이 함께 무대에 오른다. 또 [LET'S INDIE 2006], [광인 2011] 등 광주 인디뮤지션들의 컴필레이션 음반을 발매하기

도 하였고, 소액이나마 축제의 자생성을 위해 유료 음악축제를 실현하려는 움직임을 가져왔다. 축제를 주관해온 네버마인드는 지난 해 10회 행사를 마치고 2014년 휴식기를 가지며 재정비를 하기로 하였다.

전국오월창작가요제

- 날짜 : 5월 중
- 장소 : 전남대학교 운동장 등
- 주최 : 광주광역시
- 주관 : (사)오월음악
- 내용 : 제2의 임을 위한 행진곡을 찾아라.

2011년 시작되어 4회째를 맞은 '전국오월창작가요제'는 1980년대부터 금남로 집회현장에서 이뤄져온 오월음악제를 계승하고 있다. 대중음악축제로서보다는 창작곡 경연대회가 주된 내용으로 타 경연대회와 다르게 '민주, 인권, 평화, 공동체' 등 5 ·18광주민중항쟁의 의미와 정체성을 담아내려하고 있다. 이로 인해 창작곡 심사기준도 차별성을 담보하고 있다. 2014년 창작곡 응모주제를 보면 '시대와 호흡하는 젊은 정신, 편견을 거부하는 자유정신, 부조리에 맞서는 저항정신, 더불어 살아가는 공동체정신'등 오월광주의 시대정신을 심사기준에 적용하고 있다. 음원심사와 라이브심사를 통과한 최종 10개 팀이 본 행사에 참여하고 축하뮤지션들의 공연이 함께 한다. 2014년 조선대 해오름관에서 열린 올해 행사에는 노래그룹 '한줌의 소리'의 '평화의 먼길'이 대상을 수상하였고 안치환과 자유, 스컬 등의 축하공연이 이어졌다. 2014년에는 전국에서 445팀이 참가 신청을 할 정도로 그 수가 대폭 늘었으며 해가 갈수록 광주의 대표적인 창작음악 경연대회로 자리를 잡아가고 있다.

광주월드뮤직페스티벌

- 날짜 : 8월 말
- 장소 : 아시아문화전당 야외광장
- 주최 : 문화체육관광부, 아시아문화중심도시추진단
- 주관 : 아시아문화개발원
- 홈페이지 : http://www.gjwmf.com
- 내용 : 아시아문화중심도시 광주 조성 사업의 일환으로 2010년 개최되어 올해 5회째가 되었다. 2015년 국립아시아문화전당 개관과 더불어 광주를 대표하는 브랜드 공연으로 육성할 목표를 가지고 있다.

2014년 8월 29일부터 30일까지 이틀간 이루어진 올해 공연은 쿠바 출신 여성 싱어송라이터 마이라 안드라데(Mayra Andrade), 인도 출신의 타블라 연주자이자 DJ, TV 및 영화음악작곡가인 카쉬케일(Karsh Kale), 프랑스의 블루스아티스트 니나 반 혼, 콩고의 주피터 앤 오쾌스 인터내셔널(Jupiteer&Okwess International), 한국의 이상은, 킹스턴루디스카, 마푸키키 등이 참여하였다. 또 특별프로그램으로 편성된 '한-아프리카 프로젝트'에는 남아프리카공화국 이스턴 케이프출신의 싱어 봉게지웨 마반들라(Bongeziwe Mabandla), 모잠비크의 전통악기인 팀빌라(Timbila) 연주자 맞추미 장고(Matchume Zango), 한국을 대표하는 전통타악주자 장재효, 그리고 대금 연주자 이아람이 참여했다. 입장료는 무료이다.

광주사직국제포크음악제

- 날짜 : 8월 말
- 장소 : 사직공원 테니스장 및 인근
- 주최 : 문화체육관광부, 광주광역시
- 주관 : 광주정보문화산업진흥원
- 홈페이지 : http://gswff.gitct.or.kr
- 내용 : 아시아문화중심도시 광주 조성 사업의 일환으로 2014년 새롭게 런칭한 페스티벌

광주 포크음악의 정체성을 기반으로 구도심 사직공원의 랜드마킹 작업의 일환이기도 하다. 주 프로그램으로는 '포크레전드', '포크아티스트', '뉴페이스', '광주아티스트', '해외아티스트'의 공연이 있고 '사직창작포크콘테스트'라는 경연대회, '화요화요포크데이'라는 상설공연이 있다. 올해 출연팀으로는 양희은, 자전거탄풍경, 소리모아, 김원중, 한보리, 하성관, 바닥프로젝트, 제프리 찰스(미), 백약계(중), 아케보시(일), 딕펑스, 어쿠스틱콜라보 등이 주요 무대를 장식했고, 김두수, 최고은, 이정선밴드 등이 포크데이 프로그램에 참여하였다. 총상금 1900만원 상당의 경연대회가 10월까지 진행되며 전체 무료 입장이다.

4. 대중음악 공연장 현황

타 지방도시와 마찬가지로 문화예술회관을 중심으로 한 다목적 공연시설, 대강당들을 활용한 공연들이 많고, 아시아문화중심도시사업 추진으로 말미암아 공연장 리모델링과 현대적인 공연장, 자치단체 관할의 중소규모 공연장들이 들어서는 추세이다. 하지만 공연시장이 타 광역시에 비해 협소하고 대형 공연유치가 쉽지 않은 만큼 새로 생겨나는 공연장들의 역할 포지셔닝이 중요한 과제로 대두할 것으로 보인다.

(1) 중대형 실내공연장

동강대학교 체육관

- 위치 : 광주 북구 두암동 771

- 수용인원 : 5000명 이상(좌석+스탠딩)
- 특징 : 대형 콘서트 위주의 공연

전남대학교 대강당

- 위치 : 광주 북구 용봉동 300
- 수용인원 : 928석
- 특징 : 최근 리모델링으로 공간의 좌석이 쾌적하고 음향 조건이 좋음

문예회관 대극장

- 위치 : 광주 북구 운암동 328-16
- 수용인원 : 1732석(1층 1224석 /2층 508석)
- 특징 : 클래식에서 포크, 뮤지컬, 콘서트까지 광주의 대표 공연장

문예회관 소극장

- 위치 : 광주 북구 운암동 328-16
- 수용인원 : 509석(고정석 401석 / 가변석 108석
- 특징 : 중소규모의 포크 공연이나 집중도 높은 연극 공연 가능

김대중 컨벤션센터

- 위치 : 광주 서구 치평동 1159-2
- 수용인원 : 4000석(7000명 이상 스탠딩) X 3개 전시관
- 특징 : 붙박이 시설물이 없어 자유로운 무대 공간과 객석 연출 가능

빛고을 시민문화관

- 위치 : 광주 남구 구동 12
- 수용인원 : 715석
- 특징 : 중규모의 콘서트나 연극 등 적합

5 · 18민주홀

- 위치 : 서구 쌍촌동 1268번지
- 수용인원 : 802석

• 특징 : 중규모의 콘서트나 연극 등 적합

5 ·18대동홀

• 위치 : 서구 쌍촌동 1268번지

• 수용인원 : 285석(이동식 포함)

• 특징 : 소규모 콘서트, 연극 등 다양한 장르 가능

(2) 야외공연장

조선대학교 야외 1 ·8극장

• 위치 : 광주 동구 서석동 373

• 수용인원 : 2000명

• 특징 : 부채꼴 모양의 계단식 객석과 스탠딩이 가능한 록과 힙합 등에 적합

중외공원 야외극장

• 위치 : 광주 북구 매곡동

• 수용인원 : 1200명 이상(스탠딩+좌석)

• 특징 : 자연과 어우러진 야외공연장이지만 주변 아파트들의 민원 발생 잦음

사직공원 테니스장

• 위치 : 광주 남구 사동 177

• 수용인원 : 1500명

• 특징 : 자연 속에 위치하여 아늑하고 포근한 공연 연출 매력

금남근린공원

• 위치 : 광주 동구 금남로 4가 지하철역 입구

• 수용인원 : 300명

• 특징 : 도심 속에 위치한 작은 야외 간이공원으로 소규모 쇼케이스 공연 등에 적합 SOUND

3 좌담회

음악산업 진흥 방안으로서
지역 음악씬의 자생성 확보 문제

- 일시 : 2014년 10월 21일(화) 오후 1~5시
- 장소 : 광주광역시 무각사 북카페 로터스
- 주최/주관 : 대중음악SOUND연구소
- 후원 : 한국문화예술위원회, 한국음악산업학회
- 참석자

  사회, 글 : 박준흠(대중음악SOUND연구소장)

  패널 : 김혜린(부산 생활기획공간 통 공동대표), 남유진(광주 클럽 네버마인드 대표), 류의남(뮤지션, 광주 진보연대 문예위원장), 박일남(광주 클럽 부드러운직선 대표), 오영묵(광주사직국제포크음악제 총감독), 조덕진(광주 무등일보 아트플러스 편집장), 최명진(광주 무등산풍경소리 이사)

  녹취 : 김혜린(SOUND연구원)

  사진 : 최명진, 박준흠

박준흠 | 대중음악SOUND연구소장 www.ksoundlab.com

대중음악SOUND 발행인, SOUND FESTIVAL 총감독, 가슴네트워크 대표, 서울종합예술학교 공연제작학부 교수, 한국음악산업학회 부회장(기획), 서브(1997~1999), 쌈넷/쌈지사운드페스티벌(2000~2001), 광명음악밸리축제(2005~2006), 광주청소년음악페스티벌(2008), 인천펜타포트페스티벌(2010), 한국대중음악라이브홀릭(2011) 등을 기획했다. 저서로는 『이 땅에서 음악을 한다는 것은』『대한인디만세』『축제기획의 실제』『한국 음악창작자의 역사』『한국 대중음악 100대 명반』 등 여러권이 있다. 현재 음악산업정책과 대중음악사 연구, 음악산업진흥을 위한 다양한 기획에 매진하고 있다.

박준흠 그럼 시작하기에 앞서 각자 소개를 먼저 하겠습니다. 광주에서는 목사님들이 공연기획을 많이 하시는데, 공연기획을 하게 된 동기가 궁금합니다. 그리고 지역 음악씬에서 자생성을 바라보는 관점이라든지, 지역 음악계의 자생성과 본인의 일이 어떤 관련이 있는지 말씀을 해주시면 어떨까 합니다.

박일남 저는 '부드러운 직선'이라고 소극장 규모의, 처음에는 카페로 청년문화공간으로 시작을 해서는 거기서 공연을 하고 했습니다. 위치가 지하이고 2년 정도 하다보니, 사람들이 술집으로 알고 있었습니다. 와서 술 안파냐고 하기도 하고, 아가씨 불러주냐 하기도 하고. 이게 아니구나 해서 카페를 폐업하고, 소극장으로 돌아섰습니다. 시작 배경은, 지역에서 목사이다보니까, 청년 대학생들, 대학을 졸업한 직장인들과 많이 목회를 했었죠. 이들의 크리스찬 공간과 비 크리스찬 공간이 많이 겹쳐요. 실제로 주말에 교회만 갈 뿐이지 삶들은 다 사회에서 사니까. 그런 것들이 이중성으로 다가왔었죠. 밤에는 신나게 나이트에서 놀고, 주일에는 예배드리는. 실제 현실에서의 크리스찬의 정체성 문제도 있지만, 오히려 건전한 공간에 대한 대안이 없으니까. 큰 교회에 있다가 나왔어요. 청년들을 담당하다가, 나오면서 고민을 하다가 이 공간을 만들었습니다. 겁 없이 시작한 게 뭐냐면, 문화라고 자칭을 했죠. '청년문화공간'

혜린이라고 합니다. 먼저 지역 음악씬의 자생성을 바라보는 문제에 대해서 얘기해보면요. 가장 최근에 진행했던 축제의 경우, 전체 예산에서 5% 수준의 티켓팅 수익이 들어왔는데, 아무리 좋은 공연을 만들어도 손님들이 없는 거죠. 유료관객이 많았다면 그 수익으로 축제를 운영할 수 있다면, 기금을 안 받아도 되는데. 올해 절반 정도 지원을 받은 관에서는 이것저것 요청이 많은 거죠. 요청사항을 받아야 하고, 유료 티켓팅을 꺼려하고. 그러나 관객들에게 무료로 보라고 하는 것은 전체 시스템에 미치는 영향을 생각해야 하는 것이고. 그래서 유료로 진행을 하고 있는데 오시는 분들이 너무 적은 거죠. 그래서 이 상황을 어떻게 해결해야하나 하는 고민이 많고요. 그리고 부산

이라고 했는데, 청년들의 의식 수준이 높아간다는 건, 결국은 문화수준이 높아가야 전체적인 발전도 있겠구나 싶어서 했구요. 지금 5년째 들어가고 있는데, 공연장으로서 어느 정도 입지는 되어 있지만 실제적으로 문화수준이 얼마나 높아졌는지는 모르겠어요. 그게 눈에 보이는 부분도 아니고, 1~2년으로 되는 것도 아니고. 제가 생각했던 것보다는 많이 좁아져 있더라고요. 인디씬이나 힙합이나. 아쉬움은 있지만, 단기간에 끝내려고 해서 한 건 아니기 때문에 더 계속적인 발전, 방향성들을 모색하면 훨씬 더 좋은 방향으로 가지 않을까 하는 그런 희망을 가지고 열심히 하고 있습니다.

김혜린 부산에서 문화기획 활동을 하고 있는 김

에서는 지역에서 만들어진 공연브랜드가 많아요. 한두달에 한번씩 공연을 하는 데, 이 브랜드들의 예산을 살펴보면 대관비는 각출하고, 개런티는 아예 없는 거고, 티켓수입으로 뒷풀이를 하는 정도의 수준에서 공연을 자기들 좋자고 하는 거죠. 그런 공연들이 계속해서 티켓수입으로 대관료 뿐만 아니라 개런티 부분까지 가져갈 수 있도록 시스템이 갖추어져야 하는 것이 아닌가하는 고민을 하고 있는 것이죠.

박준흠 부산 음악씬에서는 지역 음악인들이 자생성 문제를 고민한 것이 언제부터이고, 자생성을 위한 조직이 있습니까? 관에서 도움을 받는 모임까지 포함해서요.

김혜린 작년 초에 '민락인디트레이닝센터'가 시작되었는데, 이 센터의 운영단체인 락인코리아의 김종군대표께서 작년 봄에 부산에서 음악하는 사람들 다 모여라 그렇게 해서는, 모임을 아주 간헐적으로 진행을 하고 계세요. 작년에 의지 있게 시작을 하셨는데, 모이는 사람 수가 적어서 힘이 좀 빠지셨다고 그러시더라고요. 지역별로 보면, 장전동에는 펑크록커들이 많이 살고, 힙합하는 친구들 등등의 뮤지션들이 모여 있는 곳이 있기는 한데, 그건 친목도모의 수준이지 않나 싶고요. 그래도 대부분의 뮤지션들이 공연을 하고 싶다라고 하면 첫 번째로 떠오르는 문제가 예산이다보니, 대부분의 사람들은 이에 대해서 고민을 하고 있다라고 생각이 듭니다.

박준흠 최명진 목사님, '무등산 풍경소리'가 10년이 넘었다고 들었는데, 처음 시작하게 된 동기와, 지금 여기서 기획자로서 얻고 싶은 부분이 뭐가 있을까요?

최명진 '무등산 풍경소리'는 올해 12년이 되었구요. 올해 교보에서 주최했던 16번째 생명문화대상을 풍경소리가 받았습니다. 그게 4월이고요. 전남일보에서 줬던 환경대상이라던가 MBC 희망대상, 거의 2년에 한번꼴로 상을 받았죠. 그럼에도 외부적으로 알려지지 않았다, 그렇다면 내부에서 볼 때 우리가 외부적으로 알려야될까 하고 활동을 한 적이 거의 없어요. 그게 풍경소리의 시작이었고, 풍경소리가 갖고 있는 가치라고 생각을 해요. 200명이 넘는 뮤지션이 다녀갔고 100명이 넘는 시인이 왔다갔고, 전국적으로 알만한 사람들은 왔다갔죠. 광주에서 음반을 한번 내본 경험이 있는 뮤지션들은 풍경소리에 꼭 설수 있는 무대가 있었습니다. 동기로 보면 환경문제 때문에 접근을 했어요. 무등산이 시내에 있기 때문에 전국에서 녹지가 가장 큰 면적을 차지하고 있는 도시가 광주예요. 무등산의 난개발을 막아보자는 거 때문에 4개 종교가 시작을 했고, 시작을 한 배경에 문화적으로 뭔가 있었으면 좋겠다해서는 음악회를 시작을 한 거죠. 광주에도 여러 음악회가 있지만 풍경소리가 다른 점은, 음악을 만드는 음악인들이 이 음악회를 만들지 않았다는 거죠. 기획자 중심입니다. 외부에서 음악인들을 초청을 해서 음악회를 했지, 내부에서 음악을 하는 사람들이 우리 음악에 계속 다른 색을 입히겠다하는 것과는 조금 다른 점이 있었던 것 같아요. 클럽들이 갖고 있는 성향과 비슷한 점을 갖고 있었으니까. 그게 제가 볼 때는 길게 올 수 있었던 배경입니다. 처음에 말씀을 드렸습니다만, 광주의 전반적인 문화

에 있어서 관여를 하고 싶은 생각이 별로 없었던 것이 지금도 무등산풍경소리 입장이라고 보시면 됩니다. 그것만 가지고 있기 때문에 큰 욕심이 없어요. 200~300명의 관객들, 그 수준이면 되고.

박준흠 최목사님께서 좌담회의 기획취지에 대해서 질문을 하셨기 때문에, 그에 대한 대답을 먼저 하겠습니다. 저는 광주나 부산의 음악씬 자체를 소개하는 것에 초점을 맞춘다기 보다, 지역 음악인들이 자생성을 어떻게 얻을 수 있는지에 대한 부분이 관심사입니다.

보통 좌담회 구성을 할 때 보면 그 지역이나 분야에서 대표성이 있다라고 보는 분들을 초대를 하게 되잖아요. 이 자리는 지역 음악씬의 자생성에 대해서 얘기하는데, 제가 생각했을 때는 여기 초대되신 분들은 사실 자생성이 있다라고 생각합니다. 그래서 여기 초대되신 분들의 본인 문제가 아니라, 광주나 부산에서 활동을 하는 후배 기획자나 뮤지션들이 지속적으로 활동할 수 있는 시스템을 어떻게 만들 것인지에 대해서 이야기를 하는 자리였으면 합니다. 제가 봤을 때는 오늘 이 자리가 초대되신 분들에게는 불필요할 수도 있을 것으로 생각합니다. 또한 지역 음악씬의 자생성 부분은 관이 아니라 민간이 주도해서 끌고 나가야 할텐데, 현실적인 방안이 뭔지에 대해서도 이야기 나눴으면 합니다.

류의남 저는 가수구요. 대중적이지도 않고, 산업에 끼여들 수 있을만한 그런 음악이 아닌 민중음

악을 하고 있습니다. 1990년대 대학 노래패 출신으로 청년노래단 '청춘의 도시'에서 활동을 했고, 2000년대 중반부터 솔로 활동을 하고 있으면서, 광주진보연대 문예위원장의 직함을, 광주민예총 음악위원장 직함도 함께 맡고 있어요. 자생성이라고 하는데, 주변의 후배들이나 저 문제도 그렇지만, 현실적으로 필요한 부분이지요. 요 부분은 고민을 많이 해야할 것 같다는, 아까 관이 아니라 민간이 주도해서 자체적으로 해결을 해야한다고 하는데, 우리 사회에서는 그렇게 해서 자생성이 확보되기 어렵다고 생각합니다. 어찌되었건, 소비의 문제, 음악이라고 하는 특화된 영역에서의 생산과 소비의 문제에 접근하신 것 같아서 그런 측면에서 저는 의견이 다르다는 고민이 들더라구요.

이런 부분은 이따가 이야기를 많이 해볼 지점이 있을 것 같습니다.

오영묵 최근에 가진 직함은, 광주사직국제포크음악제 총감독을 맡고 있구요. 대학 졸업하면서 계속 음악활동을 해 왔었고, 지금까지 부를 사람이 없으면 내가 대타로 나갑니다. 지난 일요일에도 굿모닝 양념에 총감독이 나가서 기타 메고 앉아있으니까 다들 놀래더라구요. '꼬두메'에서 출발을 했고, 1981년부터 음악을 시작을 했어요. 30년 넘었는데, 그 간에 부산하고도 교류가 꽤 있었어요. 부산로컬포크의 제일 윗 선배들은 저하고 교분이 있어요. 부산팀을 광주에 초청을 해오기도 하고 우리가 부산에 가서 공연을 하기도 하고. 부산 포크의 큰형님이라고 할 수 있는 방익진이라는 친구의 첫 음반을 내가 제작을 했어요. 지금 광주와 부산의 네트워킹이나 이런 부분들은 예전의 사례를 들면서 풀어갈 수 있는 방안들이 나오지 않을까 싶기도 하구요. 자생성 확보가 주요 의제인데, 제가 2003년도부터 5년 정도를 매달 한번씩 '포엠 콘서트'라는 공연을 했어요. 시인을 모셔서, 시인의 시를 여러 예술인들이 갉아먹고 예술적인 똥을 싸는, 그걸 공연장에서 보여주는 그런 독특한 공연을 했어요. 처음에는 광주에서 전혀 반응이 없다가, 1년 지나고 나니까 외지에서 온 손님들이 객석들 80~90% 채웠다가, 1년 반 정도 지나니까 광주의 관객들이 절반정도 채워주고 그러면서 광주에서도 알려지고. 그런 공연들이 지속되어야 한다면서 지원금도 받고 했는데, 그게 4~5년 오다보니 한계점에 오더라구요. 공연은 해야 하고, 내 생업을 포기하고 하다보니 같이 생활하는 예술인들하고 무대 만들고 하는 건 좋은데, 개인적인 출

혈이 너무 많아지면서 스톱하게 되었구요. 매달하던 거를 계간으로 하게 되었고, 그걸 2년 정도 하다가 또 스톱하게 되고. 그게 자생성하고 굉장히 가까운 예거든요. 음악인 출신이었고 기획도 아예 모르고 했기 때문에 여러 가지 방안들을 모색을 해봤는데 사실은 쉽지 않은 과제였습니다. 하지만 그 때하고 지금하고는 시장 상황도 바뀌고, 지역의 색깔도 많이 바뀌었기 때문에 괜찮은 대안이 나올 수도 있을 것 같아요.

박준흠 지역에서 공연기획이라든지 음악기획을 하시는데, 광주광역시와 광주정보문화산업진흥원과의 협력관계로 사업을 진행을 할 때의 근본적인 한계점이 뭐라고 생각하세요? 본인의 경험 혹

은 들은 것도 포함해서.

오영묵 2003년부터 진흥원이 관리하는 센터에 들어간 업체로서 현재까지 남아있으니까 가장 오래된 업체예요. 그 간의 진흥원장들은 산업을 바라보는 시각에서 대중음악이 항상 제일 마지막이었죠. 모든 장르 중에. 그런데 지금 현재 계시는 진흥원장님은 음악에 대해서 관심이 많으신 건 사실이에요. 케이팝이나 이런 쪽에는 관심이 많으신데. 지금 하고 있는 사직포크페스티벌도, 사실은 시에서 문화재단으로 내려갈 사업이었는데, 담당자를 설득을 해서 제가 진흥원 쪽으로 돌렸어요. 지역 음악산업 발전하고 연계되어서 실마리를 찾으려면 진흥원으로 가야한다라고. 그런데 진흥원은 아직은 실마리를 찾지 못하고 있어요.

박준흠 관과 연계해서 말씀을 하시거나 제안 등에 조금 부담스러우신 부분이 있으신 거죠?

오영묵 그렇지 않아요. 나는 사심 없이 무조건 뭔 일이든 해버리니까. 광주음악 발전을 위해서, 특히 내가 출발했던 포크음악을 위주로 가는 거라면 광주음악의 베이스가 튼튼하기 때문에 어떤 방향으로 가도 나는 괜찮다고 봐요. 거기서 힙합이 가도 괜찮은 거고. 젊은 아티스트들이 많이 나와준다면 어떤 것도 상관이 없죠.

박준흠 남유진 씨는 네버마인드를 2002년에 시작

했습니다. 가장 마이너한 영역 쪽의 뮤지션들의 공연기획을 여태까지 해왔던 기획자에 속하는데, 가장 답답한 점은 무엇인가요? 네버마인드 소개도 하고요.

남유진 저는 컬처클럽 네버마인드 대표구요. 지역에서 공연기획이나 문화기획, 여러 가지 일을 하고 있습니다. 제가 하는 가장 대표적인 일이라면, 클럽 네버마인드 운영과 광주인디뮤직페스티벌 이 두 가지를 이야기할 수 있습니다. 음악씬의 자생성 이야기를 오늘 하는데, 글쎄요. 제가 초기에 네버마인드를 만들고 운영할 때는, 저의 가장 큰 화두이기도 했고, 우리 동네에서 인디음악을 하는 모든 뮤지션들의 화두이기도 했죠. 이런 것들을 어떻게 해볼까, 자생성을 스스로 어떻게 만들어볼까, 하는 고민 속에서 저희가 광주인디뮤직페스티벌을 하게 된 거죠. 일단은 광주에 인디밴드가 있다는 것을 알리는 것도 일이었어요, 그 시절에는. 광주에 인디밴드가 얼마 정도가 있고, 우리가 직접 음악을 만들고 있다라는 것을 알려야하는 홍보창구가 필요한 게 인디뮤직페스티벌이었고. 그걸 하다보니 관에서 지원을 받기에는 정말 어려워서 그 때 처음으로 모금운동으로 시작을 하고, 또 나름 저희 안에서는 음악축제라는 건 유료화 시스템을 갖추어야 한다, 그래야 우리 시장을 직접 지키고 개척해나갈 수 있는 거니까. 광주에서 음악축제는 저희가

유료로 유일하지 않을까, 작지만 20~30개 뮤지션이 참여하는 행사 중에. 그렇게 해서 인디음악축제는 시작이 됐구요, '자생성' 문제는 그 시절하고 지금하고는 굉장히 다른 것 같아요. 인디뮤지션들의 태도도 달라졌고, 또 제 입장도 공연을 하는 입장도 달라졌고.

자생성은 스스로 개척을 해왔어요. 저도 그렇고 인디뮤지션도 그렇고. 저희 클럽씬에 관객을 늘리고 시장을 넓히기 위해서 그 당시에는 정말 찌라시부터 맨날 전남대 후문가서 돌리고 그렇게 해왔다는 말이죠. 그렇지만 관객을 겨우 만들어놓

으면, 이 관객들을 지키기 어렵다는 게 지금의 제화두인거 같아요. 기껏 저희 음악을 듣는 소비자로 만들어놓고, 음반을 사게끔 만들고, 음원을 소비하게끔 만들고, 클럽에 공연티켓을 사서 오게끔 만들고 있는데... 이런 것들이 지금 거대 문화행사나 축제, 광주의 문화 매커니즘이 이 시장을 뭉개버린다는 거죠. 실제로 아시아문화중심도시 사업을 광주가 시작한 후부터, 저희 클럽 마니아들은 '난장'(광주MBC 음악프로그램)에도 뺏기기 시작하고, 또 큰 축제에 관객들의 시선을 다 높아지게 만들고. 게다가 그게 다 공짜에요. 그러니 이제는 찌라시를 돌릴 엄두도 안 나는 거죠. 이게 인제 힘이 빠져버린 거죠. 애들은 우리를 통해 인디음악을 처음 접하겠지만, 더 유명한 인디뮤지션들을 알게 될 거에요, 서울에서 활동하는. 그런 팀들을 알게 되거나 더 좋은 더 훌륭한, '난장' 같은 시설이 빵빵한 데서 하는 공연을 접하게 되면 애들이 칙칙한 지하에 다시 올 리가 없죠.

그리고 지역 음악축제라고 광주도 여러 개들이 했다말았다 하면서 가고 있는데, 이런 축제들이 동네 음악씬을 개척하기 위한 개념과 전략이 없어요. 몇 년하고 그만두거나, 시에서도 관객 빠방하게 모아주기를 바라고 있고. 동네 뮤지션들이 성장하게끔 전략을 쓰지 않는다는 거죠. 부드러운 직선이나 네버마인드 같은 클럽들이 있는데, 이 클럽들이 같이 성장하게끔 어떻게 뒷받침을 해줘야하나 하는 작전이 없어요. 그러니까 광주에서 축제들이 잘못하고 있는 것은, 이런 것들이 배려하는 시선 자체도 없고, 그런 전략을 쓰려고 고민을 하지 않고 있다는 것이죠. 작은 동네이기 때문에 이런 영향력이 훨씬 더 크다는 거죠. 광주하고 서울하고는 당연히 다르고, 정말 시장이 작아요. 그런 것들이 한번 해버리면, 저희 같은 클럽을 누가 운영하겠습니까? 이건 이미 진작에 망해서 사라졌어야 하는 건데, 사실 개인의 의지들이 여지껏 이 동네에서 어거지로 지키고 있는 거죠. 시장의 원리에 꺼내놓았으면, 이게 어떻게 운영이 되겠습니까? 월세도 못 내고, 자생력은 없어요. 그러니까 자생력을 열라 만들려고 노력하면 잠깐씩 올라오던 순간들이 있어요. 이 밴드 관객들을 얼만큼 만들어내고 이런 것들이 있는데, 그게 또 다시 꺼져버려요. 어느 순간 올라서면 꺼져버리고. 광주 뮤지션의 자생력은 스스로 커왔던 거지, 관하고 정책적인 타협점이 있어서 그랬던 것 같지는 않고. 홍대도 그랬을 거예요. 인디씬의 자생력은 스스로 만든 것 같고. 제가 봤던 뮤지션들의 입장에서도 스스로 음반을 찍고 음원을 유통하고 하는 수준으로 올라왔거든요. 광주에서도 2010년부터는 홈레코딩도 어느 정도 수준도 되고, 그래서 뮤지션들한테는 스스로 안에서의 자생력을 갖추기 위한 노력들은 변함없이 진보해서 오고 있는 것 같아요.

박준흠 두 가지 질문을 할께요. 아까 MBC '난장' 이야기가 나왔고, 아시아문화중심도시 이야기도 나왔습니다. 객관적으로 이야기하면, MBC 난장은 서울 쪽에 있는 기획사나 뮤지션 입장에서는, 호남권에 자신들 음악을 알릴 수 있는 루트로서 주요하게 활용을 하고 있어요. 하지만 광주 안에서는 네버마인드와 같은 클럽 입장에서 같이 상생할 수 없는 구조로서 진행되어 오고 있다는 말이잖아요? 궁금한데, MBC 쪽하고는 이런 부분을 이야기를 해서 서로 상생할 수 있는 그런 얘기를 해본 적이 없나요?

남유진 그건 본질적으로 협의점을 찾을 수가 없을 것 같아요. '난장'은 무료 프로그램이고. 저도 처음에 '난장'이 생겼을 때, 우리 인디씬이 대중매체를 통해서 노출될 수 있는 좋은 기회라서 사실 나무라고 그럴 생각은 없었어요. 그러면 제가 나쁜 놈이 돼버려요.

최명진 그게 무슨 얘기냐면, 골목상권을 갖고 있는 여기에다가 마트 같은 대형상권이 들어온 거잖아요. 이 사람들이 뮤지션을 살리기 위한 것이 아니라, 방송이 갖고 있는 플러스적 요소들에 음악이라는 장치가 필요했던 거죠. 방송은 음악을 통해서 직접적 수익을 얻지 않아도 음악을 통해서 얻을 수 있는 부수적 광고수입이라던가 다른 것들이 훨씬 많죠. 여기에 대해서 배려가 있어야 하는 거죠. 광주라는 음악시장 안에서 뭔가 프로그램을 기획을 할 때, 그동안 뭔가 해왔던 기획자들이나 있던 단위들을 존중하는 태도를 갖고 있었어야 하는데, 그렇지 않았던 거죠.

박준흠 이 문제를 공론화 해볼 생각이 없으신가요? 어차피 MBC한테 '난장'을 하라마라 강요할 수는 없잖아요.

최명진 뮤지션들은 더 많은 시장을 원하는 거죠. 소위 말해 현재 소비자 구조를 보면 마트 하나 더 생기면 좋다라고 생각하잖아요. 이 지역에 있는 기획자들이 다른 기획자가 살아남아야 앞으로 넓게 봤을 때 광주라는 지역 음악씬이 성장을 할 수 있고, 거기에 더불어서 내가 할 수 있는 음악을 자유롭게 할 수 있겠다고 생각을 하지 않습니다. 당장은 페이를 더 많이 주거나 나를 유료로 불러줄 수 있는 시장이 더 생김으로, 저랑 관계를 맺고 있었던 뮤지션들마저도 손을 들고 나가거든요. 그런 입장에 된다 안된다 마구잡이식으로 관리체제로 들어가면 나쁜 사람 되는 거죠.

박일남 그렇다면 난장에서 지역 인디씬에 대한 할애나 할당 없느냐? 없어요. 내가 봐서는 PD 입장에서 그걸 생각하려고 하는 시도 자체도 없는 것 같아요. 지역 인디씬을 바라보는 방송국 PD들의 시각하고는 현저히 다른 차원이 있지 않을까.

조덕진 그런데 난장을 기획한 PD도 괜찮은 사람

이거든요. 그런데 같이 논의를 해봤냐 했더니, 초창기에 얘기를 했다고는 하는데, 이런 부분에 대한 고민들이 각자 개별 영역에서만 진행이 되고 있거든요. 그런 것들을 조정해주는 코디네이터가 있어야 되겠다는 생각이 듭니다. 영역별로 마찬가지예요. 미술 부분을 보면, 광주에 비엔날레가 있지만 진짜 그거는 서울에서 사람들이 와서 니들이 컨템포러리를 아느냐 쫙 보여주고 치고 빠지고. 그런데 음악 부분도 그렇게 갈 위험성이 굉장히 크다고 읽히는 거죠. 미술 영역에 있어서도 지역에 세계적으로 내노라 활동하고 있는 작가들이 많이 있는데, 이 작가들을 비엔날레가 데뷔시켜서 키울 노력들이나 개념 자체가 없어요. 비엔날레는 비엔날레에서 알아서 돈 쓰고 가고. 지역

작가들은 지역작가들끼리 엄청 힘들게 일하고, 지금 이런 구조입니다. 이게 모든 문화 영역에서 마찬가지예요. 새로운 큰 문화 프로젝트나 이벤트가 생기면 그 쪽이 살아나는 게 아니라 이런 식의 문제가 생기는 거죠. 그런데 중요한 게, 관을 우리가 너무 활용을 못하는 건데. 관에 이런 것들을 끊임없이 요구를 해줘야하는 거죠. 업계에서, 관련 분야에서. 책임을 물어야 한다는 거죠. 당신들이 문화도시 한다면서 이런 부분에 대해서 고민을 하고 있냐고. 행정은 돈을 주면서 생색을 내는 것으로 끝나고, 간섭을 하는 것으로 끝나잖아요. 그런데 이제 사회가 변하니까, 그런 행정의 시스템은 못 바꾸더라도, 행정의 관행 같은 거는 우리가 바꿀 수는 있거든요. 그리고 어느 정도 의식 있는 공무원들도 더러 있고. 그런 것들을 바꿔가는 과정이고. 지금 아시아문화중심도시가 추진이 되면서 그런 것들이 논의되어야 하는 시기가 아닌가 싶어요.

박일남 요전에 아시아문화개발원, 국립아시아문화전당, 광주문화재단, 광주정보문화산업진흥원 담당자들이 아시아문화전당에서 3회에 걸쳐서 공청회를 했어요. 그런데 이 사람들이 방향을 잘못 잡은 게 뭐였냐면, 3회 공청회를 할 때에는 시장성과 자생성 관련해서 앞으로 프로그램을 어떻게 할 것인가를 제기 해놓고, 패널을 누구를 불렀냐면 거의 인디씬의 사람들을 부르거예요. 인디씬에서는 도대체 우리가 여기 왜 온 거냐고 했어요. 위에는 미술의 코디네이터격인 관장이 앉아있고, 우리 인디씬 사람들에게 아시아 컨템포러리만 이야기를 하니까 우리는 인디씬이 들어갈 자리가 있냐, 오픈해서 공간 자리가 있냐고 했어요. 어제 그

분이 또 와서 이야기를 하다가 자기들은 공간 구조가 대극장/중극장에 관계된 것만 한다는 거예요. 실제적으로 이것을 움직이는 곳은 따로 있다는 거예요. 그러면 그 사람들이 실제로 공청회를 해야하는 것 아니냐 그랬더니 뭐라고 했냐면, 글쎄요 저는 잘 모르겠어요, 그러는 거예요. 지역에 대한 흐름을 읽으려고 하는지 안하는지도 아예 모를 정도죠.

박준흠 공중파방송 등에 관한 좀 더 전향적인 얘기들을 해보죠.

남유진 '난장'을 사실 우리 음악씬에서 나무랄 수는 없어요. 전체적으로 보면 국내 음악씬 전체를 확장하기 위한 어떤 미디어가 하나 생긴 거고, 그렇기 때문에 뮤지션들을 나무랄 수는 없어요. 하지만 광주라는 작은 시장에서는 서울에서 EBS 스페이스공감을 하는 거랑은 차원이 다른 거예요. 이 작은 동네에서 십년을 넘게 해버리잖아요. 십년을 넘게 해버리니까 이 작은 시장 안에서 저희는 타격을 받게 되는 거예요. 네버마인드의 관객은 난장으로 갈 수가 있지만, 난장 관객은 네버마인드로 유입되기가 힘든 거죠. 그니까 이런 것들은 문제가 실제로 될 수가 있죠, 제 입장에서는.

오영묵 이번에 음악제를 하면서 MBC에서 방영을 했어요. MBC도 지역 출신의 사장이 최초로 됐고, 방영도 많이 하더라고요. 그래서 담당 PD하고 만나서 이런저런 얘기를 했어요. 아니면 이런 자리에 담당 PD가 같이 와서 지역의 자생성에 관한 이야기들을 나누는 방법도 있겠죠. 십년이면 느낄 때도 더러 있었겠지만, 회사 시스템에서 그런 것까지 생각하기는 쉽지 않은 거죠.

조덕진 굉장히 중요한 게, 지역에서 담당 PD가 지역 음악인들을 배려하지 않는 것은 굉장히 충격적인 이야기인거죠. 왜냐하면 그런 고민을 했어야 마땅하고, 또 주변에서 그런 이야기를 많이 해줘야하지 않나요?

오영묵 사명감 같은 것을 갖고 했었어야 하는 거죠. 예를 들어서 지역 인디씬이든 음악씬이든 그렇게 하는 거 자체를 경쟁도 시키고 그러면서.

조덕진 십년이면, '난장'이 배출한 대표적인 지역 인디밴드가 하나쯤 나오고, 이런 것이 역사라고 하는 것인데.

오영묵 루키 프로그램이 초창기에 있었을 거예요.

조덕진 서울 쪽에서 유명한 뮤지션들, 다른 지역에 유명한 뮤지션들, 아무리 당신들 이런 거 아니고 공수해봤자 아무 의미가 없어요. 지역 문화계에서는.

최명진 우리도 초창기에 보면, 네버마인드랑 똑같은 케이스거든요. 무등산풍경소리는 무료공연

같지만, 저희는 300명의 유료관객이 있어요. 그게 후원회원이예요. 300명이 미리 오천원에서 만원의 후원금을 내는 것을 가지고 딱 이삼백명 축제를 기획하고 끝내는 거예요. 아까 얘기했던 것처럼, 저희는 천명, 만명의 축제를 기획하지 않아요. 그게 네버마인드랑 거의 비슷해요. 저희한테 후원을 해주고 있는 후원회원들도 떨어져나가기 시작한 거죠. 300명에서 지금은 200명 이하로 떨어져 나갔거든요. 풍경소리에 더 이상 오지 않아요. 난장 역사나 네버마인드 역사를 보면, 똑같아

요. 풍경소리도 마찬가지지만. 풍경소리에서 먼저 불러서 데뷔했던 친구들이 MBC를 가면, MBC를 갔다 온 이후에는 그 개런티를 그대로 못 줘요. 그게 방송이 갖는 힘이죠. 방송은 꾸준히 그 개런티를 가지고 그 친구들을 불러올 수 있겠지만, 우리는 서울에서 활동하는 친구들을 한 번씩 올리는데도 하루를 온종일 까먹잖아요. 여기는 클럽이 몇 군데 있어서 여기 한군데 돌고, 한 시간씩 타임을 달리해서 돌고해도, 무조건 하루치 개런티를 주고 데려와야 합니다. 전에는 쉽게 불러서 난장에 나갔다가 소개됐던 친구들이 그 다음에 부르려고 하면 방송에 출연했다라는 것 때문에 우리가 부르기 어려워진다는 거죠. 풍경소리는 개런티가 동결이 되어있는 건데, 지금은 안 되겠다는 거죠. 그게 뮤지션들도 살아가는 방법이잖아요. 한 없이 인기를 끌 수 없으니까. 거기에 있어서 난장이 잘못한 것은 아니지만, 그 시스템을 갖고 광주에 들어와 있는 것 때문에, 고의적인 것은 아니지만 서로간에 어려워지는 거죠.

조덕진 그거는 자연발생적이고, 잔인하지만 그거는 우리가 변화하는 시대에 맞춰야하는 건데. 제가 안타까운 부분은, 십년이면 '난장' 출신의 지역 인디밴드 스타가 있어야 한다는 거죠. 다른 지역의 팀들을 낙하산 투하하듯이 하는 거는 이거는 문화가 아니예요. 무식한 짓이거든요. 대중들을 끌어들이기 위해서 공수하는 거는 필요한데, 그런 공수를 미끼로 해서 양념 삼아서 지역을 풀어야 하는 게 문제거든요. 지역에 그런 다양한 예술가 뮤지션들이 살아남아야지 시장이 생기고, 그런 시장이 생길 때 음악 영역이 넓어지는 거여서 MBC 시청자도 늘어나는 거거든요.

최명진 아니 저는 꼭 그렇게 보지는 않거든요. 지역을 기반으로 현재 활동을 하고 있느냐, 아니면 지역출신이냐의 차이인거 같아요. 광주 출신이지만 시장을 갖기 위해서는 광주에 머물러 있을 수가 없거든요.

조덕진 제 말은 그것이 같이 가는 거죠. 광주를 떠나지 못하는 사라도 있고, 안 떠나는 사람도 있다는 거죠. 그러면 그런 사람들이 지역문화에 대해서 갖는 애정이 특별하잖아요. 그런 사람들의 애정이 지역에서 살아남고 클 수 있도록. 문화 쪽은 그게 정말로 중요하거든요.

오영묵 예를 하나 들어볼께요. 난장이 배출한 로컬스타가 없는데, 포엠콘서트는 있어요. 포엠콘서트는 최고은, 바다프로젝트, 인디언 순이, 김근형, 최근에 팝페라 형태로 활동하는 이진진 그런 케이스가 서서히 떠오르고 있고. 그런 일들을 아무리 방송이지만 했었야 했고, 해왔어야 했고, 하는 것이 맞는 것인데.

박준흠 조덕진편집장님은 아직 본인 소개를 안 하셨거든요. 본인 소개하시면서 하나 더 말씀해주실 것이 뭐냐면, 아까 아시아문화중심도시 이야기가 나왔는데, 아시아문화중심도시사업은 왜 광주의 콘텐츠를 활용하지 못할까, 라는 점입니다. 특히 음악콘텐츠를 활용한다면 분명히 지역 음악씬이 성장하는 데 도움을 줄거라 생각을 하는데, 그런 부분까지 이야기를 해주셨으면 좋겠습니다.

조덕진 반갑습니다. 저는 이 지역에 있는 무등일보에서 발행하는 문화예술전문지 '아트플러스' 편집장을 맡고 있는 조덕진입니다. 저는 사실 음악을 이렇게 열심히 해오신 분들이 있는데도 몰라뵐 정도로 음악 부분은 현장취재를 한번도 해본 적이 없어요. 제가 잠깐 들어보니까 그 전에도 그랬었는데, 문화 부분은 문제들이 다 비슷한 것 같아요. 음악이라고 다르고 미술이라고 다르고 그런 게 아니라. 해결하는 방식도 다르지 않을 것 같은데. 제가 보는 관점에서 대안이랄까 기초를 닦는 일, 그런 부분을 말씀드리려고 그랬는데.

저는 네버마인드가 처음에 시작했을 때 굉장히 인상적이더라구요. 자기 철학이 분명한 기획자인 거 같은데, 도시가 살려면 영역을 불문하고 이런 예술가들이 죽기살기로 살아남는, 결국은 그것이 기반이 되고 이것이 성장을 했을 때 도시의 트렌드가 되고 도시의 문화가 되고 힘이 되거든요. 뉴욕 같은데도 예술가들이 어마어마하게 많잖아요. 뉴욕은 정글입니다. 강한 자만이 살아남고 아니면 많은 예술가들이 죽어가요. 예술이든 삶이든 정글에서 살아가는 건데, 이런 정글에서 살아남으려고 하는 색깔 있는 꽃들이 살아남을 수 있는 토대를 만드는 것은 기획자들의 고민이고 행정이 해줘야하는 고민이라고 봐요. 외국은 행정이 관여를 안 해도 충분히 살아나갈 수 있는 자양분이 많고, 기업의 도네이션도 많고. 또 뮤지션들 스스로도 컨택해서 운영할 수 있는 프로그램들이 어마어마하게 많아요. 그런데 대한민국은 아직은 그런 게 없고, 특히 지역은 관의 돈이 아니고서는 움직일 수 있는 돈이 없어요. 돈에 의존하자는 게 아니고, 이 관의 돈이 제대로 지역에 활용될 수 있도록, 저는 언론이 진짜 반성해야한다고 보는데, 감시하고 제안하는 역할들을 해줘야하는데 이렇게 특정한 분야에 대해서 애정을 가지고 고민을 해주는 언론이 아직 없죠. 그런 부분도 같이

고민해야한다고 보고요, 음악부분이든 미술부분이든. 이런 풀뿌리라고 표현되는 뮤지션들이 살아남을 수 있는 토대의 가장 핵심은 교육이라고 생각합니다.

제가 얼마 전에 미디어아트창의도시로 파리 북부에 있는 앙겡레뱅이라는 도시를 갔다왔어요. 인구가 만이천명인데, 여기는 유네스코에서 미디어아트창의도시로 지정이 했어요. 여기가 이렇게 할 수 있는 것은 이 도시가 갖고 있는 경제적인 파워예요. 카지노가 유럽에서 세 번째로 생겼고, 온천도시고, 파리의 휴양도시예요. 인구 만이천명이면 마을이죠. 근데 그 도시가 국제미디어아트페스티벌을 해요. 그것도 육년째 해오다가 작년에 지정을 받아가지고 유네스코 미디어아트 도시가 됐는데, 이 사람들의 힘은 뭐냐면, 그 카지노에서 들어오는 수입의 20%를 문화에 투자를 해요. 그리고 와서 즐기기만 해라. 지역민들이 전부 축제에 참여하고, 소비자가 되고, 주인공이 되는 거예요. 그 사람들은 전시예술을 안하고 미디어아트를 퍼포먼스 중심으로 해요. 연극적 요소가 강하고, 테크놀리지와 결합된 재미있는 그런 것들. 이 사람들의 가장 큰 특징이 뭐냐, 초등학교 때부터 미디어아트센터와 연계를 해가지고 음악교육, 퍼포먼스, 과학, 예술을 결합한, 이 페스티벌과 관련된 모든 것을 교육을 시켜요. 정규교육과정하고 연계해가지고, 애들이 아주 어렸을 때부터 그것을 공부하고 배우도록 하는 거죠. 우리는 광주비엔날레를 하고 있지만, 미술교육은 완전히 따로 가고 있으니까, 광주비엔날레는 이년마다 한번 가서 보는 타자화된 대상이지, 우리의 축제가 아니예요. 학생들은 정규수업과정의 일환으로 가서 인증샷

을 찍는 거지 이걸 즐기거나 고민하거나 예술이 뭔가 미술이 뭔가를 생각을 안 하는 거죠. 그러면 영원히 비엔날레는 비엔날레로 가고 애들은 구경꾼으로 남는 거예요.

음악 부분도 마찬가지라고 생각해요. 제가 말씀드리고 싶은 게 무엇인가하면, 지역에 자생적인 음악문화가 형성되려고 하면, 학교교육 과정에서 유년시절부터 지역에서 움직이는 다양한 음악의 문화랄지, 음악의 행태랄지, 음악을 접하는 거랄지, 이런 것들이 교육하고 연계가 되어줘야 한다는 거죠. 그렇게 끊임없이 듣고 자란 애들이 나중에 소비자가 되는 거죠. 당장에 올해 해가지고 내년에

관객을 10명을 늘리는 것은 백년을 해도 똑같이 갑니다. 세계적으로 성공한 문화도시들, 세계적으로 성공한 축제들, 핵심은 전부 지역 사람들이 소비자고 지역 사람들이 주최자예요. 그런데 관광객이 많이 가지요. 지역 사람들이 빠지고 공수된 선전물로 관광객 많고 성공한 도시는 제가 지금까지 본 곳이 하나도 없어요. 그런데 정치인들은 그렇게 못하는 거죠. 내가 재임 때 10명 늘리고, 돈 주고 뉴욕서 모셔오고, 영국서 모셔오고, 세계적으로 유명한 사람이 왔다. 끝. 이런 전근대적이고 후진적인 문화행사를, 이런 거는 바뀌어야 하는 겁니다. 아시아문화중심도시도 마찬가지고 방송

도 마찬가지고. 지역에 큰 프로젝트가 있을 때에는, 반드시 지역의 관련 분야 전문가들 혹은 관련 분야의 활동가들이 의무적으로 들어가야죠. 그래서 이 사람들이 그런 문화도 호흡하고 같이 배우고, 훌륭하다 대단하다 하고. 물러나서 구경꺼리로 전락하는 것이 아니라 참여해서 같이 크고 영향을 주고받고, 그런 시스템을 만들어야 하고. 이런 시스템을 만들자고 끊임없이 전문가 집단은 요구해야하고 행정에 요구해야 해요.

박준흠 이제부터는 자유롭게 말씀하시는 걸로 하겠습니다. 세 가지 정도 의제를 가지고 이야기를 해봤으면 합니다. 첫 번째는 민간에서 주도하는 '지역 음악씬의 자생성' 확보 정책 혹은 방안. 여기에는 가칭 '광주음악산업진흥센터'와 같은 음악산업을 전문적으로 다루는 독립적인 기관 설립도 중장기적으로 고민할 문제라고 생각합니다. 그리고 좀 전에 조덕진편집장님도 해외사례 부분을 말씀하셨는데, 사실 좋은 해외사례는 굉장히 많지만 이게 한국에 적용이 될 수 있는 문제는 다른 차원이거든요. 일례로 영국의 저명한 학자인 찰스 랜드리(Charles Landry)가 '창조도시(Creative City)'를 이야기한 게 15년은 되었죠. 그리고 그게 그간 학계뿐만 아니라 많은 지자체 포럼에서 이야기가 됐지만 한국의 어느 도시도 창조도시를 실현했다는 곳이 없거든요. 그래서 두 번째는 해외 좋은 사례가 있지만은 광주나 부산 같은 지역에 실제로 적용할 수 있는 현실적인 방안들이 무엇일지 같이 얘기했으면 합니다. 세 번째는, 음악씬의 자생성을 이야기를 할 때는 문화예술 지원정책이 아니라 '문화산업/음악산업 진흥정책' 안에서 이야기되는 게 현실적이라고 생각을 합니다. 그러니까 '뮤직비즈니스' 개념 안에서 이야기가 되어야하지 않을까 합니다. 아까 김혜린씨가 좌담회를 하기 전에, 부산에서 협동조합을 기금을 받아서 진행하는 사례를 얘기했잖아요. 관련해서 좀 더 말씀을 해주면 좋겠습니다.

김혜린 아직 추진 중이라 조금만 말씀드리면, 부산 연극판에서 5개의 소극장이 모여서 협동조합을 만들었구요. 중소상인진흥공단인가하는 곳에서 2년간 5억을 하드웨어, 임대료 등으로 지원받는 기금이 있대요. 소극장네트워크협동조합이었나 그런걸 만들어서 실사까지 나온 상태이고 발표만 남은 걸로 알고 있거든요. 그 쪽에 계신 선배들이 너네도 해보지 않을래라고 조언을 해주셔서. 제가 활동을 하는 곳에는 축제를 만든다거나 공연을 한다거나 음악 하는 친구들이 모여서 우리도 한번 조합을 만들어보자, 만들어서 신청을 해서 어쨌든 다 공간이 필요한데, 임대료가 없어서 계속 망하고 없어지고 하는 단계라서 공동의 공간을 하나 하고 그 안에서 필요한 장비들을 공금으로 사자, 이런 논의가 진행 중에 있구요. 할지 말지도 아직 결정이 안 난 상태라서.

박일남 어떤 행사를 하는데, 많은 사람을 집어넣어서 이야기를 들으려고 하겠어요. 몇 사람해서 다 가지치고 불필요한 사람 치고 부정적인 사람 치고 원하는 기획대로 가고 싶어하는 거지. 여러 가지 곁다리들이 들어오면 불편하다는 거예요, 눈치 봐야하고. 지역에서 보면 네버마인드나 부드러운직선이나 말 그대로 자생적으로 살아온 거잖아요. 남사장님도 저도 자생적으로 살아왔는데, 관에 힘을 얻어서 장비 바꿔보자 뭘 해보자 더 좋은 데에서 한번 해보자, 이런 생각은 안 해봤어요. 왜냐하면 그게 의미 없는 일이라는 것을 알죠. 왜냐면 우리가 들어가면 복잡해지고 불편해지는 거지. 아까 외국 사례들이 우리 광주 토양에 맞을 것인가 대해 의문을 가졌을 때는 다소 부정적입니다.

최명진 외국 사례를 이야기하지만, 사례로 비춰질 때는 긍정적인 부분이 대두되잖아요. 지금 현재도 관은 민을 전혀 참여시키지 않는 게 아니라, 대단히 많은 부분에 있어서 민간과 협력체계를 갖고 있고, 주도적으로 민한테 모든 걸 맡겼다고 이야기합니다. 비엔날레도 똑같습니다. 비엔날레도 재단이지만, 이번에 홍성담씨 작품을 못 걸게 된 것이 전혀 외압이 없었다구요? 전혀 그렇지 않습니다. MBC, KBS는 시청자위원회를 다 갖고 있지 않습니까. 그럼에도 불구하고 구조 자체가 그렇게 돌아가는 거거든요. 그런 부분, 시스템의 부분을 터치할 수 있느냐, 그리고 시스템을 만들어놓았을 때, 이게 음악시장으로서의 시장이 된다라고 하면 저는 훨씬 더 공격적인 상업적 시스템이 들어올거다라고 생각합니다. 지금도 그렇잖아요. 관에서 돈이 될만한 일들은 기획사들이 다 치고 들어가잖아요. 그런데 이 시장을 활성화시키기 위해서 뭔가 관에서 다른 움직임을 갖겠다하면 가거든요. 그리고 안타까운 건 지역에서 어느 정도 활동을 하고 자기 역량을 갖고 있는 사람들도 다시 관으로 가기 위해서 라이센스를 따고 있어요. 자생력

을 갖고 있다라고 이야기할 때, 포엠콘선트, 네버마인드에서 공연을 하면 그것으로서 지역에서 큰 성공을 이야기해줘야 하는데, 대단하다라고 하고 뮤지션을 봐줘야하는데, 그 뮤지션들도 여기를 넘어서 계속해서 징검다리를 치고 어디론가 위로 올라가고 싶은 마음이 있는 거죠. 그리고 그 기획자들마저도 뭔가 관에서 내놓은 큰 프로젝트 사업에 명함이라도 내밀고 총감독으로라도 가기 위해서는 하다못해 석사박사 자격증이라도 따야하니까요. 계속해서 매달리고 있어요. 저보다 훨씬 나이 많은 선배들도 지금 대학원 다니는 사람들이 많아요. 왜냐하면 그 라이센스가 없으면 다시 못가니까. 검증절차를 이미 누군가 갖고 있기 때문에. 그러면 우리 스스로 하는 이야기가 뭐냐면, 우리는 따로 관에서 검증받을 만한 시스템적 검증이 없는데, 그럼에도 불구하고 우리는 어떻게 하면 자생할 수 있을까하는 자위행위에 불과한 그런 이야기를 하는 것 같이 느껴질 때가 많은 거죠. 그래서 자생이라는 단어의 범주가 과연 어디까지냐? 음악을 하겠다는 친구들도 "아, 저 그렇게 음반내지 않아도 되요." 서울까지 올라가서 어디 나가서 버스킹을 하고 홍대클럽을 전전하고, PD 눈에 발탁이 되어서 방송에 나가가지고 기획사 앞에서 "나 그렇게까지 음악하고 싶지 않아요." 내가 이야기하는 자생, 내가 조금 먹고 적게 싸더라도 "나는 이렇게 가고 싶습니다"라는 것을 자생의 기본 모델로 만들어놓고 갈 것인지? 아니면 음반을 내고 공연을 통해서 벌 수 있는 벌이가 얼마 정도가 되어야지 너는 음악으로 자생할 수 있다, 라고 얘기할 수 있을 것인지 그것에 대한 고민이 필요하다는 거죠.

박준흠 이제는 민간에서 정책기획을 주도해야한다고 이야기하는 게, 결국에 정책기획에 가장 중요한 것은 '정책 방향성' 문제 때문입니다. 방향성 설정에 따라서 결과는 엄청나게 달라질 수도 있습니다. 실제로 음악씬의 인프라를 만든다고 했을 때는 굉장히 중요한 지점이거든요. 글에서도 썼지만 지금 문화부의 대중음악 지원정책은 단기지원정책들 위주입니다. 실질적으로는 음악소비자들의 수와 소비충실도가 많아야지 음악씬에 자생성이 생길텐데. 그러려면 단기 지원책보다는 중장기적으로 '소비를 유발할 인프라'를 만드는 것이 더 중요할 것으로 여깁니다. 이건 오랜 동안 기획하고 연구해야 가질 수 있는 '감'입니다. 이런 게 민간이 주도적으로 참여해서 정책기획을 해야 한다고 주장하는 하나의 이유였었구요.

조덕진 광주 현실에서 민간에서 자생적으로 풀 수 있으려면 위원회인데, 위원회든 뭐든 펀드라이징이 돼야하고요. 그런데 자생적인 연구나 자생적인 정책제안을 할 수 있을 정도의 펀딩이 가능하냐? 현실적으로 불가능합니다. 광주 같은 데는 관에 낙수효과로 움직이고 있거든요. 기업도 없어요. 정부정책프로젝트 이런 걸로 가는데, 그러면 광주라는 현실 안에서 지역의 뮤지션들이 어떻게 데뷔하고, 데뷔한 뮤지션들을 어떻게 키울 것인가가, 이런 이야기가 되어야지. 정말 너무 뜬구름 같은 얘기입니다.

박준흠 이런 논의를 처음해서 할 일에 대한 선후도 정해지지 않은 느낌입니다. 그렇다고 안 할 수는 없고. 정말로 필요한 게 뭔지를 논의한 다음에, 필요하다면 그 부분을 자생적으로 만들어가

는 것도 필요합니다.

조덕진 그 자생적으로 하는데 돈이 없다니까요.

박준흠 돈이 없어서 못하고, 현재 프레임이 이러니까 못한다고 해가지고는 결국에 현실은 영원히 바뀌지 않습니다.

조덕진 지금 소장님이 하시는 이야기를 우리도 지금까지 이야기를 해왔어요. 지금도 하고 있는 이야기이고. 그런데 지금 그 이야기가 여기서 주가 될 수 없어요. 아까도 이야기했지만, 해외사례가 우리한테 아무 의미가 없는 것처럼, 소장님이 하시는 이야기가 광주에서는 전혀 의미가 없을 수도 있어요.

박준흠 왜 의미가 없다고 생각하세요?

조덕진 소장님이 방향을 이렇게 끌지 말고, 현장의 소리를 종합해서 그러면 이게 뭘까하고 봐줘야지. 방향을 정해놓고 거기에 현장을 맞추는 건 안 맞는 거 같아요.

박준흠 제가 논의를 주도하겠다는 것은 아니구요. 저는 의제 설정 정도만 하는 건데. 결국 자생성의 핵심은 관이 아니라 민간 시스템이라고 생각하는 건데, 필요하면은 민간에서 스스로 만들어가는 것을 논의해야하지 않나라고 생각을 합니다. 제가 8월에 특강 때문에 부산에 갔다 왔는데, 광주하고 부산하고 비교를 하게 되면 비교적 광주에서 논의되는 것보다는 좀 더 많은 사람들이 좀 더 현실적인 수준의 논의들을 하고 있었거든요.

조덕진 너무 당연하죠. 400만 인구에, 400만 인구가 갖는 경제파워에, 부산영화제라는 브랜드파워

에. 부산영화제가 가능한 것도 부산이라는 400만
이 갖는 경제파워가 있기 때문에 가능했어요.

박준흠 제가 지금 이야기하는 것은, 현실이 이러니
까 여기서 머물러야 한다는 이야기는 아니거든요.
조덕진 나도 그 얘기는 아닌데.
최명진 돌파를 해나가는 방식의 차이인데, 박준흠
선생님이 지난달에 썼던 글 중에, 시장성에 관한
이야기를 했어요. 달리 말하면, 광주의 어떤 뮤지
션들이지만 공연을 했을 때, 소위 말하는 관객들
이 주는 수익이 될지 관에서 주는 수익이든지 간
에 시장성이 있으면 있고 싶어하겠죠. 그런데 그

걸 핸들링할 수 있을만한 기획자들이 없다라는
거죠. 없는 게 아니라 하고 싶지만 써주질 않는
다는 거죠. 소위 말하면 광주에서 이루어지는 많
은 축제 현장에 있는 대규모 음향, 그 정도 돈, 미
디어아트, 이 정도 파워에 이 쪽에서 활동하고 있
는 음악인들 세우면 그만한 정도의 무대를 못 만
들어내는 것이 아니라 충분히 만드는 건데, 거기
서부터 차이가 나는 거죠. 기획에 있어서부터 차
이가 나는 거죠. 남유진감독이나 오영묵선생님이
나 축제를 하고 있지만, 조그마한 축제죠. 그런 무
대를 할 수 있을만한 정도의 기획적 역량을 나눠
주면 광주에서 충분히 자생하고 있거나 활동하고

있는 지역 뮤지션들을 갖다가 데려다 쓸 수 있는
거죠. 이거 자체를 관하고 협의를 한다고 하면 관
에서 거부를 할걸요. 집객을 먼저 생각하니까. 비
엔날레도 개막공연에 항상 홍보대사로 연예인을
끼워 넣는 이유가 뭔데요. 시장이 오기 때문에,
문화부장관이 참석하기 때문에. 이번에도 전무송
오거든요. 사람들이 다 전무송 보러가요. 그리고
나서 거기에다가 좀 뛰어난 무대연출의 공연을 하
지만, 유명한 친구들은 아니예요. 홍보대사라고
해서 유명 연예인을 넣으니까 집객이 되는 거죠.
안전한 시스템을 깔고 가는 거죠. 그러면 이제 시
장성을 확보할 수 있을만한 방안이 있냐라고 봤
을 때는 어렵다는 거죠. 지금 기획자들도 당장에
아까 이야기했던 것처럼 단돈 오천원이라도 만원
이라도 표를 팔고 사람을 끌어 모을 수 있을 방법
이 없을까하는거죠. 무료 축제에 빼앗겨버렸으니
까.

박준흠 어떻게 깰 수 있을까요? 이 자리는 현실을
인정하자는 게 아니기 때문에 현실만을 이야기하
는 건 의미가 없거든요.

최명진 박소장님이 어떤 이야기를 하셨냐면, 민간
이 주도하거나 참여할 수 있는 방안을 이야기했어
요. 현재로서는 대한민국 전체가 선거로 정권을
바꾸는 것 밖에 없다는 것을 철썩 같이 믿고 있는
거죠. 이번 광주시장 선거만 하더라도, 문화예술
인들 몇 천명이 지지서를 내서 시민시장으로 바꾸
고 나면 바뀔 것이라고 생각을 했던 거죠. 음악의
문제를 음악인의 문제로 푸는 것이 아니라 이것마
저도 더 위에 있는 시스템으로 풀려고 하는 거죠.
시장을 딱 바꿔놨는데, 비엔날레 사태가 터지면

서, "아, 우리가 우리 손으로 시장을 뽑아놨는데,
시장도 어쩔 수 없는 더 위쪽 권력이 있는가보군.
아, 그러니까 삼년을 더 기다려서 청와대를 바꿔
야겠다"는 생각밖에 없는 거죠. 우리한테는 끊임
없이.

오영묵 저 같은 경우에, 여러 가지 생각들이 많이
지나가는데, 엉뚱한 생각들을 해봤어요. 지금은
문화예술계가 문화예술위원회나 문화재단에 지
원신청서를 내서 그런 예술 활동들을 하고, 그러
면서 연명해 가잖아요. 그런 체제가 아닌 색다른
체제. 일년에 정기적으로 두 번 하지 말고 한달에
도 열 몇 번씩 어디 가서 하고 하면, 그 사람이 그
림을 그리던 춤을 추던 퍼포먼스를 하던 노래를
하던 예술 활동을 하는 것에 한해서 추곡수매 하
듯이 매월 이정도면 얘네 경력, 상한선을 어느 정
도 정해놓고 이런 거를 하면 어떨까. 재단이나 문
화예술위원회나 그런 식으로, 문서 주고 이런 것
없이. 그런 생각들도 해보고, 엉뚱하다고 이야기
하는 사람들이 있긴 한데. 먹고 살 수만 있다면
홍대에서 배곯고 있다가 다시 내려올 것 같아요.
예를 들면 한달에 충분히 예술 활동 해가면서 이
백삼백 벌이가 된다면 날마다 가서 공연 하겠다,
그런 사람들이 모여들고 그러면 자연스럽게 문화
도시 안 할려고 해도 자연스럽게 되는 거 아니냐.
문화재단의 직원들이 쓰는 돈이 어마어마 하거든
요. 차라리 심플하게 장르별로 검증시스템만 잘
해놓으면 좋겠습니다.

최명진 저는 결론적으로, 관은 정책추진 안했으
면 좋겠다는 것이 제 입장입니다. 왜냐면 아까 이
야기했는데, 어떤 떡볶이집이 잘 되는데, 대기업
이 인수해서 대형유통떡볶이 회사 프랜차이즈를

만들어 버렸어요. 광산구청도 마찬가지예요. 다 들어올 때 무등산풍경소리에 자문을 구하러 온다는 거예요. "타 도시에서 온 사람들이 다 와가지고 풍경소리 잘된다고 해서 얘기 들어보러 왔습니다." 아, 우리 이렇게 잘하고 있습니다. 이야기를 하면, 그 소스를 그대로 가져가서 카피를 해서는 우리는 한달에 500만원짜리 행사를 하면 자기들은 이천삼천만원짜리 행사를 해요. 그게 죽이는 거예요. 제발 안했으면 좋겠어요. 시장논리에 맡겨놓고. 아 잘되는 게 어딘가보다 부족한 게 뭔가 보다 그러면 지원을 해줘야하는 부분인데. 이거 잘된다더라, 그렇게 해서 추진위원단을 꾸려주면 몇 번을 가봤어요, 그 뒤로는 절대로 안갑니다. 이번 비엔날레도 '광주정신'을 가지고 시에서 투자한 20억을 쓰겠다고 해서 달콤한 짓을 했잖아요. 그러니까 다 했잖아요. 진보연대도 오월단체들 다 가서 회의를 한번 해줬어요. 회의 한번 해주고 나서는 자기들 마음대로 해버려요. 대규모의 국책사업이라고 할 수 있을만한 것은 아예 안하는 것이 정말 잘 도와주는 것입니다.

박준흠 이제 '음악창작소'까지 포함해서 좀 더 현실적인 이야기들을 진행해보았으면 합니다. 음악창작소만 먼저 말씀드리면, 지역 입장에서는 문화부의 1년짜리 프로그램이지 않습니까. 첫 해에는 10억원 줬다가 다음 해는 5억원 주고, 또 그 다음 해는 3억 주고 그런 식으로 지원금을 주는 방식으로 추정했었는데, 올해 한번 부산과 광주에 각각 10억원을 지원하는 것으로 끝내더군요. 내년에도 같은 공모사업이 있는데, 거기에는 부산과 광주는 참여를 못한다고 되어있고. 그러면 문제가 뭐냐면, 문화부에서 10억원이란 돈을 받아서 지역 음악씬을 활성화시킬 수 있는 굉장히 중요한 자원이기도 한데, 잘못하면 1년 단기사업으로 진행하고 끝날 공산이 크다는 것이죠. 광주나 부산에서도 중요하게 생각해야할 부분입니다. 음악창작소는 지역 음악씬의 자생성 향상을 위해 만든 정책사업인데, 일반적인 단기 문예진흥사업과 같이 결과가 날 수도 있다는 것입니다. 그렇다면 이를 프로그램으로 받아들이기보다는 '기관' 성격으로 받아들여야지 장기사업을 할 수가 있어요. 올해는 문화부에서 10억원을 받고 광주시에서 얼마를 대지만은, 내년에는 광주시에서 얼마를 낼건지 이런 중장기계획이 수립이 되지 않으면 음악창작소 사업은 정말 일년짜리 문예지원 프로그램이 되어 버리지요.

(※현재까지 '음악창작소' 관련 문화부의 입장은, 추가적인 예산 지원을 원래부터 계획하지 않았던 사업이었기 때문에 앞으로도 없을 것이라고 함. 결국 문화부에서 10억원을 지원을 한 걸 가지고 지역에서는 계속적으로 음악창작소 사업을 하기 위한 인프라는 스스로들 만들어 가야한다고 함. 물론 문화부에서 향후 사업 방향을 바꿀 여지는 있음.)

오영묵 그런 문제가 생기죠. 하지만 장비가 좀 있어야 하는 건 사실이예요. 그 장비를 바탕으로 창작하고 녹음하고 그런 것들이 지속되어야 하는

데. 지금 광주에 정보문화산업진흥원에서 내가 쓰고 있는 녹음실도 12년이 넘었거든요. 장비가 노후되었고, 급기야는 컴퓨터가 서서 석달째 녹음을 못하고 있어요.

남유진 저는 음악창작소가 지역의 자생성에 크게 기여할 수 있을지, 크게 희망이 안 보이는데. 이게 한 10여년 전에 시작되었다면, 인디뮤직씬에 굉장히 필요한 사업인데, 제가 봤을 때 지금의 인디씬에 절박하게 필요한건 아닌 거 같아요. 십여년 동안에 레코딩 패러다임도 바뀌어버렸고, 활동 의식들도 나름 정착을 하고 있기 때문에, 여기서 녹음실을 만들고 공연장을 만들고 연습실을 만들고 이게 사실 왜 필요할까요? 여지껏 자생성을 구축해놓은 분야가 있다면 한편으로 그게 또 크게 타격을 받을 거잖아요.

박일남 듣기에도 현실성이 떨어진다고 본다면, 저는 이기적인 생각을 해봤어요. 지역 음악씬을 하려면, 음악 종류가 인디, 힙합, 버스킹, 대학밴드, 직장밴드, 통기타, 아카펠라 등 여러 가지 음악적인 부분이 있어요. 합창 부분도 있고 성악 부분도 있고. 그런데 그러려면 각 섹션에 해당하는 곳에, 예를 들면 한 두 군데를 지정해서 차라리 그 예산을 가지고, 예를 들면 네버마인드나 부드러운직선에 장비를 혁신적으로 바꿔주라 이거죠. 그리고 라이브로 현장에서 녹음을 할 수 있는 장비로 바꿔주라 이말이죠. 그런데 제가 예전에 OO이 있는 데 가서는 마이크 하나 얼마냐하고 물었더니, 700만원짜리래요. 캐비넷에 쌓여있었어요. 벌써 8~9년 전 이야기예요. 어마어마한 장비가 있었어요. 거기도 실제 인디들한테 도움이 되잖아요. 그런데 뮤지션들이 거기를 안 찾아요. 저 같은 경우

는 아주 이기적으로 생각을 한다면, 차라리 그런 음악 장르의 단체들에 맞게 몇몇 곳을 선정을 해서, 그들이 할 수 있는 그런 공간으로 아주 현실적으로 들어가자.

최명진 그러면 그런 단체가 한 40개 정도 된다구요.

류의남 지역의 음악인들이 접근하기가 용이했으면 좋겠습니다. 예를 들어 오영묵선생님 같은 경우도 지금 현재 예술센터에서 녹음실 엔지니어를 하시지만, 사실은 지역의 음악인들이 거기서 녹음을 하기가 되게 어려웠던 게 사실이거든요. 왜냐하면 엔지니어가 있어야 하지요. 초기에는 대관료가 쌌지만, 나중에는 현실적으로 올랐던 부분이 있고, 본인들이 모셔와야 하는 부분이 있거든요. 그렇다면 현실적으로 거기서 그런 부분까지 해결해주던지, 접근성을 용이하게 해준다면, 아니면 아까 말씀하신 것처럼 공연장까지 겸한다면. 이것은 마인드의 문제입니다. 관이 주도하냐 민이 주도하냐 이런 문제는 아닙니다.

박일남 현재 광주에서 하는 것은 문화재단에서 하고 있지 않습니까. 문화재단에서 지난주엔가 했잖아요, 레지던시 공청회. 3년 전인가 한번 가봤어요. 가서 깜짝 놀란 게, 저도 나름 기획서를 3개 정도 구상을 하고 갔더니, 제가 낼 수 있는 거는 레지던시도 안 되겠더라구요. 문화재단의 구조상에서는. 부드러운직선을 활성화하기 위해서 광주문화재단이라는 창구를 들어가 봤는데 엄두를 못 내겠더라구요.

박준흠 부산을 제외한 나머지 지역의 음악씬에서는 당장 문화부에서 정책자금 10억원을 준다고 하더라도 실제로 지역에서 어떤 자생성을 만들어

낼 것인지에 대한 준비가 안 되어 있는 게 현실이라는 생각을 솔직히 합니다. 이번 기회에 지역 음악씬에서도 고민해야할 문제인 것 같아요. 부산 같은 경우에는 10억원을 민간 쪽으로 주더라도 알아서 사업을 잘 할 수 있는 구조가 있는 것 같다는 인상을 받았습니다.

김혜린 그럼, 부산 음악창작소를 잠깐 설명을 드리면요. 국비 10억원 시비 10억원 해서 20억짜리 사업으로 진행을 하고, 시작을 했대요. 7월달에 시작이 된 상태이고, 내년 6월까지해서 종료되는 건데, 교부가 아직 안 되어가지고 공사가 못 들어가고 있는 단계이고요. 지하 100평에 녹음실, 공연장, 교육장 이런 구성으로 되어 있고, 담당자를 한번 만나서 이야기를 해봤는데, 11월, 12월에 공사를 끝내고 1월에 오픈을 하는 게 목표이고, 1월부터 6월까지 사업을 진행할 운영주체를 공고하고 선정을 해서 그 사람들이 운영을 하게 만들 건데, 프로그램은 정보산업진흥원에서 짠 그 프로그램을 그대로 실현하는 주체를 선정한다고 합니다. 그 프로그램을 조정할 수는 없대요. 프로그램을 봤더니 음악제작지원을 10팀이 들어가구요, 유통까지해서. 그리고 음향 관련된 교육이 6개월 동안 5개 강좌해서 진행되고, 그 다음에 뮤직비디오 만들기 등의 유통을 서포터하는 역할을 해서, 주요 3개의 프로그램으로 해서 지금까지는 해 놨다고 하더라구요. 저희는 공청회를 한번도 안했어요. 저희도 신문으로 보고, 구에다가 물어봐도 잘 모르고, 시에다가 물어도 잘 모르는 거죠.

박준흠 부산 같은 경우는, 진흥원에서 행정적인 통로를 맡고, 음악창작소를 운영할 주체를 따로 공모하겠다는 거예요?

김혜린 네, 그런데 좀 웃긴 게 프로그램은 진흥원에서 다 짜고 너네는 실행만 해, 이렇게 된 거죠.

박준흠 사실 원래는 처음에 사업계획을 세울 때하고 교부금을 신청할 때는 사업 내용이 좀 달라져도 상관이 없을 겁니다. 시나 진흥원에서는 사업계획서 내용을 안 바꾸고 싶겠지만, 냉정하게 얘기해서 교부금 신청을 할 때 사업계획을 다시 수립한 다음에 거기에 맞게끔 예산항목을 정해서 사업을 하는 건 가능하다고 알고 있습니다. 어차피 국비, 시비 매칭펀드 방식이니까 시비 부분의 사업을 조정하는 방법도 있고요. 초기 계획 변경이 불가능한 게 아니라, 변경을 하기 싫어서 안하는 것이지 않나 싶습니다. 사실 기획 부분에서 관이 민간이 참여를 하는 것을 배제하는 거나 마찬가지예요.

남유진 그러면 부산 사업도 별게 없네요. 루키 10팀 지원하는 거나, 강좌 등은 음악창작소가 굳이 할 사업인가요?

최명진 결론적으로 이야기를 드리면, 자생적 문화는 형성이 되어 있어요. 관이 어느 정도 규모의 예산을 투여할 때 그것은 지역을 바꾼다는 거죠. 이미 질서가 잡혀져 있고, 이 험악한 과정을 거쳐오는 가운데 어느 정도의 자생력을 갖고 있는 단체들이 있는데, 누군가가 집행하느냐에 따라서 음악적 지형이 바뀔 가능성이 있다라는 거죠. 그것은 자생적 문화를 계속해서 지원해주겠다는 게 아니라, 누군가가 의도하는 대로 바꿔갈 가능성이 있다는 거죠. 4대강 사업이랑 똑같은 거거든요. 이미 물길 다 흘러가고 있고. 시민들에 의해서 어느 정도 형성된 지형을 대규모 토건공사를 통해서 여길 막고 저길 터버리는 거랑 똑같은 상황이라는 거죠. 정책이라는 것이 이런 식으로 대규모로 집행되는 것에 대해서 반감이 많습니다. 하고 싶으면 정말 조용히 해야 합니다. 동등한 경쟁을 할 수 없을만한 사람들을 찾아내서 지원해주고, 똑같은 역할과 똑같은 입장을 줬을 때 과연 그들이 이 음악이 좋고 이 음악을 사랑해서 살아남을 수 있는지에 대한 경쟁을 시켜주는 부분에 대해서의 창작과 지원은 저는 굉장히 긍정적이지만, 이 지역을 바꾸는 것까지 간다면 문제가 있다고 보는 거죠. 그런 의미에서 음악창작소가 됐던 뭐가 됐던 간에, 방향이라고 이야기했지만, 이걸 누군가가 집행을 해서 어떤 방향으로 끌고 가겠다라고 하는 것만큼 정말 위험한 게 없다고 보거든요.

"이런 프로그램을 통해서 궁극적으로 음악인들한테 어떻게 해야 가장 효과적인 방법인가를 실험하는 계기도 될 거구요. 대형 프로젝트가 기존의 시장을 무너뜨리는 그런 부분을 어떻게 보완을 해가면서 같이 협업해 갈 수 있을지도 알아보고." (오명묵)

박준흠 음악창작소 사업이라는 게 지역 음악씬의 자생력 확보를 첫 번째로 생각을 하고 문화부에서 만든 사업인데, 이것을 지역에서 어떻게 활용을 하면 좋겠는지에 대해서 이야기를 해보는 게 어떨까요?

남유진 저는 음악창작소가 하드웨어 지원에 집중할 일은 아니고, 여러 가지 프로그램을 통해서 지역에 자생적으로 있는 것들을 서포터하는 그런 역할들을 해야 한다고 봐요. 저희가 부족한 것들이 분명히 있잖아요. 저희는 환경 자체가 열악하기 때문에. 네버마인드도 부족한 것들이 있어요. 그러면 음악창작소 시설을 빌려 쓸 수 있는데, 지금 사직골 영상센터가 가지고 있는 것을 조금만 리모델링하고 장비 조금만 더 갖추면 큰 돈을 안 들여도 저희가 충분히 쓸 수 있는 그런 게 될 거 같고. 공연장도 거기 작은 거에 라디오콘솔이나 좋은 것들 다 갖다놨잖아요. 조명이나.

류의남 공연장은 좀 더 있어야 돼요. 광주는 중소규모 공연장이 너무 없으니까.

남유진 음창소가 인디음악 발전사업으로 논의가 되어서 문화부에서 시작이 됐는데, 저희 정도의 사이즈에 그 정도면 작지는 않아요. 객석 180개에 앞에 스탠딩세우면 300명이 들어갈 수 있는데, 그 정도는 광주환경에는 적절하다는 거죠. 500석짜리가 필요할까? 있으면 좋겠지만.

류의남 클럽도 있기는 하겠지만, 아주 아마추어든 이제 발걸음을 뗀 루키들이든 이를테면 편안하게 쉽게 가서 공연해보면서 자꾸 자기들의 수준을 높일 수 있는 그런 공연장이... 음악공연장이 없어요.

남유진 그것은 그 사람들이 클럽을 안 오는 게 문제죠. 모든 음악씬을 생각한다면, 라이브클럽이 그들의 훈련장이 되고 경연장이 되고 첫발을 딛는 그게 되어야 해요. 그래서 클럽이 살아야하는 거죠.

류의남 저는 좀 달라요. 그게 왜 클럽이 되어야 하는지.

남유진 그렇다면 왜 그게 관에서 연 무대가 되어야하는지.

류의남 관이든 어디든, 무료로 하면 좋죠. 공연하는 사람 입장에서는 대관료 안내고 편안하게 할 수 있으면 되게 좋은 거예요. 과정을 거쳐서 거기서 걸러진 친구들이 클럽에서 티켓을 팔고 공연할 수 있는 그런 구조로 가야하는데, 지금으로 보면,

남유진 그런 애들이 누가 있을 것 같나요. 청소년들은 청소년센터에 그런 공연장이 있어요. 지네들이 할 수 있는 공연장들이 있고.

류의남 그런데 그 공연장들이 실제로 걔네들이 대관을 해서 사용하기는 어렵고, 음향시설이 열악하죠. 예를 들어 북구에, 광주 관내에 청소년수련관들이 대개 250석 300석 그리고 다양한 연극, 발레 등을 같이 하게끔 되어있어요. 그런데 뭔가를 해보고자 하는 사람들이 필요한 공연장은 150~200석 그 정도고, 딱 영상센터가 150석이잖아요. 그거 말고는 사실 없는 거거든요. 아니면 500석 넘어가고. 저는 그래서 생산–소비라는 측면에서, 소비자적인 측면에서 많이 살아왔기 때문에, 정책 측면에서 본다면 아마추어 음악예술 동호인들, 예술이라고까지 표현해버리기에는 어려운 측면이기는 하지만, 어렸을 때부터 시작했던 밴드들, 본인들이 스스로 행위를 할 수 있는 집단들을 많이 만들어주고 교육시켜줘야 한다고 봅니다. 그리고 이들이 나중에 음악소비자가 됐거나, 이 친구들이 크면 나이 먹어서는 직장인 동호회가 되는 거잖아요. 그런 식으로 이 사람들이 꾸준히 공연을 하고, 저는 관에서 제공해줄 필요가 있다라고 생각을 하거든요.

박일남 그런 것들이, 어렸을 때부터 공연하고 음악하고 그런 구조들은 많이 있어요. 방과후나. 지금 류의남씨 이야기한 거 하고. 이것이 음악창작소가 만들어낼 과제인데, 장르에 대한 이해력이 명확하게 있어야 한다는 거예요. 그렇게 가는 것은 클럽들이 없어도 별로 상관이 없어요. 아카펠라 하는 애들은 스피커 하나만 있으면 어디서나 할 수 있어요. 몇 천석이나 야외에서도 할 수 있어요.

오영묵 너무 아카펠라 무시한다.(웃음)

남유진 그런데 그렇게 보면, 사실 민간 차원에서 공연장을 운영할 필요가 없는 거예요. 취미로 하는 밴드를 위해서 국가에서 상설 공연장을 만들어주자는 건가요?

류의남 예를 들어서, 체육도 생활체육협의회 이런 것처럼, 배드민턴 동호회들이 본인들이 스스로 연습을 하고 하면서 그 와중에 이를테면 프로선수들이 가서 코칭을 하고 경기를 보고 이런 게 있잖아요. 이 사람들이 무료 공연장이든, 쿠폰제라고 했을 때, 지역에 있는 클럽들을 이 팀들이 쓸 수 있는 쿠폰, 내가 이 때 대관을 하겠다 그러면 관에서 대관비를 지원을 해주는 거죠. 이런 식으로 뭔가 내가 돈이 없어서 공연을 못하겠다고 했을 때 지원을 해주는 시스템이 있으면 좋겠다는 거죠. 그게 굳이 꼭 관에서 공연장을 많이 만들어라 그런 건 아니고. 현실적으로 광주에서 중소규모의 공연장이 없는 것은 사실이지만, 기존에 있는 것들을 활용하면서 그런 식으로 쿠폰제가 됐던, 음악인들이 접근이 용이할 수 있도록 해주는 그런 정책들이 필요한 게 아니냐는 거죠.

박일남 그런 정책을 만드는 것이, 음악창작소를 만들고 이것을 유지하고 지속적으로 향후 몇 년

을 보는 것이 필요하겠죠.

남유진 음악창작소를 한다면, 여러 가지 프로그램을, 쿠폰제나 그런 것도 좋은 거고. 저희한테 의견을 물어서, 공연지원이던, 지역에서 벌어지고 있는 공연이나. 애들이 전국투어를 간다면 프로그램 응모를 받아서 차비라도 대주던가.

박일남 아니지, 버스를 한 대 빌려서 운영해야지. 공연차를 하나 만들어서.

최명진 아니, 문화재단에서 이미 하잖아요. 수요일은 문화의 거리하고, 공연장 창작지원사업이라고 하고, 티켓팅 나가가지고 주고. 다 프로그램이 있어. 없는 게 아니에요.

남유진 하드웨어에 돈 절반을 갖다 다 쏟아버리고, 이제 돈 없네 이러지는 않았으면 좋겠다.

박일남 실제로 네버마인드나 부드러운직선이나 이런 데는 공연장이 아니라는 거예요. 관에서는 공익성을 담보해낼 수 있어야 공연장이라고 보는 거죠.

오영묵 이런 프로그램을 통해서 궁극적으로 음악인들한테 어떻게 해야 가장 효과적인 방법인가를 실험하는 계기도 될거구요. 아까도 굉장히 좋은 이야기들이 나온 게, 대형 프로젝트가 기존의 시장을 무너뜨리는 그런 부분을 어떻게 보완을 해가면서 같이 협업해 갈 수 있을지도 알아보고.

남유진 관의 돈으로 또 괜찮은 공연장이 생겨버렸어, 그럼 저희 타격을 받죠.

박준흠 지역의 대형 프로젝트와 기존 시장(지역문화)과의 문제를 좀 더 얘기해 보죠.

최명진 내년에 아시아문화전당이 아무 콘텐츠도 없이 문을 연다고 하지만, 가서 보면 프로그램을 떠나서 공간적으로 어마어마한 공간이라는 거죠. 담장을 트기 시작하면, 전반적으로 예술의 거리, 대인시장이 죽을지는 모르겠지만, 예측을 못하니까, 지형이 바뀌겠죠. 원주민들이 자생적으로 살아왔던 동네에 대형마트가 들어오는 거랑 똑같은 현상을 겪게 되는 거죠. 당장 뭐냐면, 어떻게 하면 우리 바운더리를 안 뺏기고 계속 할 수 있을까. 그런데 왜 우리가 이런 걱정을 관에 의해서 해야 하는 걸까요? 그동안도 관에 의해서 지원 받는 것도 없이 살아남으려고 왔는데.

남유진 똑같다는 거죠. 관에서 펼치는 게. 예를 들어보면, 광주비엔날레가 예전에 주말에 공연을 하면 전부 인디밴드들 공연이거든요. 저희가 공연하는 주말에 하거든요. 똑같은 콘텐츠가 거기서 펼쳐지면 이 작은 시장에서 저희는 문을 못 열어요.

최명진 재밌는 게, 이번에 문화의달 행사하고 축제하고 거기 다 아티스트들이 갔잖아요. 공연은 지장이 없었는데, 아트마켓들은 싹 빠져나갔어요. 비엔날레에서 돈을 더 주니까. 이런 식이예요.

남유진 광주국제영화제 예전에 할 때에도, 옥상공연 했잖아요. 그럼 클럽이 한 달간 닫아야 해요. 그렇게 되는 거죠.

조덕진 그런 국제행사에 지역 클럽들이 참여를 할 수 없나요?

박일남 그들이 콘택을 안 하죠.

남유진 저희를 배제시키고 간다는 거죠.

조덕진 그거는 구체적으로 시의 책임자한테 이야기를 해야 해요. 이거는 할 수 있잖아요. 시 공무원이 넣으라고 말만 하면 되거든. 지역밴드 몇 개 들어간다고 해서 그 행사가 질이 떨어지지도 않아요. 어차피 양념으로 낄 거, 미끼상품, 아이돌이나 하나 넣고. 그 주변에 우리 지역 아티스트들 배치해야 맞는 거 아닌가?

박일남 생각 자체를 안 하는 거죠. 넣을 필요가 없다고 생각하는 거죠.

조덕진 행사 기획하는 사람들이 이쪽 사람들 아니예요?

남유진 아니예요.

조덕진 비엔날레도 그러고?

박일남 전체 다 마찬가지예요.

류의남 그런 측면에서, 집행하는 집행당사자든, 기획자든, 공무원이든, 혹은 시민의 대표격을 띄고 들어가서 시의회에 들어가 있는 사람이든, 이런 부분에 대한 고민과 확인, 이런 것을 공론화해서 이야기할 필요가 있습니다. 왜냐면 사람들은 공연을 보는 입장이 다 다르잖아요. 그냥 보러 갔는데, 재미도 없네, 아는 사람도 안 나오고. 이런다는 거죠. 여기서는 언론의 역할도 큰 거죠. 우리가 지역에서 살면서 이런 축제 등을 어떤 관점에서 바라볼 것인가. 아시아문화전당 들어와서 마트나 편의점 알바하는 친구들에게 아시아문화

전당이 어떤 의미로 작용을 하는가라는 거죠. 아무 의미가 없는 거죠. 건물이 하나 크게 들어왔다, 그런 거죠. 자기의 예술적 삶에, 본인의 삶에, 어떤 의미가 있는가. 그런 측면에서 논의가 활발하게 이야기되었으면 좋겠고, 사회적 합의가 되었으면 좋겠습니다.

> "관에서는 그러한 방향성들을 잡는 구조들을 만들어놨잖아요. 그런 기관들을 산하기관으로 만들어놨잖아요. 거기다 일임을 했으니까, 거기 사람들이랑 이야기를 하라는 구조입니다. 예를 들어 문화재단이 있으니, 거기 담당자들하고 이야기를 하라고 하죠. (중략) 그런데 필요할 때는 불러요. 이야기도 하기도 하고." (박일남)

박준흠 이 과정에서 질문 두 가지를 하자면, 저는 이 좌담회 초반부터 얘기했던 부분인데, 이런 논의나 정책결정을 지역에서 자문이나 제안을 하는 수준이 아니라 음악인들이 주체적으로 할 수 있는 구조를 만들 수 있는 가능성이 영원히 없겠는지? 두 번째는, 광역시 정도 되면 문화산업과가 거의 있는데, 문화산업과 안에서 연간 단위로 그 지역 음악씬에 관련된 진흥계획을 민간이 주도해서 세울 수 있는 가능성은 영원히 없겠는지? 그런 이야기를 해봤으면 좋겠어요. 뭐냐면, 저희가 계속 이런 논의를 예전부터 했지만, 이게 정책적으로 반영이 될지 안 될지는 결국 관의 정책결정권자의 결정사항이라는 거죠. 민간이 관여할 여지가 없었습니다.

류의남 안 될거라고 보는 거죠, 저희들은.

박준흠 그러니까 맥이 빠지는 거죠. 주체적인 논의나 결정을 할 수가 없다는 게.

박일남 두 번째 이야기를 한다면, 관에서는 그러한 방향성들을 잡는 구조들을 만들어놨잖아요. 그런 기관들을 산하기관으로 만들어놨잖아요. 거기다 일임을 했으니까, 거기 사람들이랑 이야기를 하라는 구조입니다. 예를 들어 문화재단이 있으니, 거기 담당자들하고 이야기를 하라고 하죠. 거기하고 이야기를 하고 거기서 작업을 하고 올려, 라는 식이죠. 시에서는 상관이 없거든요. 여기에서 하는 것에서 일련의 감사를 통해서만 하는 거지. 실제로 움직이는 사람들이, 자기들이 선정한 업체/기관들을 통해서만 움직인다는 거예요. 그게 우리들이 이야기를 했을 때 먹어주겠느냐? 그런데 필요할 때는 불러요. 이야기도 하기도 하고. 공개적인 석상은 거의 없죠. 예를 들면 선생님을 행사할 때 고문으로, 총감독으로 모신다던지. 각 장르의 사람들을 이렇게 해서 실제로 어떤 행사를 총괄적으로 다각도로 볼 수 있게끔 프로그램을 진행하지는 않는다는 거죠. 영원히 안 될까요, 라고 물어보면, 관의 구조상으로는 영원히 안 되지 않을까 하는...

최명진 왜냐면, 지방자치에서 민선시장을 뽑고 이런지가 5~6번째인데, 관이라고 하는 데 있는 사람들이 애초에 관으로 시작하지는 않는다는 거죠. 민이었을 수도 있잖아요. 애초에 민으로 시작을 했고, 시민의 입장에서 정책을 수립할 수 있을 만한 사람들이 관이라는 시스템에 들어갔을 때 왜 그런 결정을 내릴 수밖에 없었느냐? 저는 별로 다르다고 안 보거든요. 우리 중에 누군가가 그 정도 행정단위의 집행을 하게 되면 충분히 그럴 수 있습니다. 그래서 아까 이야기했지만, 저는 될 수 있는 한 관이 집행할 수 있는 단위를, 결정할 수 있는 단위를 줄여나갈 수 있도록 해야 한다고 생각합니다. 관이 행정집행할 수 있는 집행적 단위가 이만큼 있는데, 민이 아무리 거대 시스템을 가지고 들어가서 조율 내지 논의를 한다고 하더라도 그러기 쉽지 않을 겁니다.

그래서 '자생'이라고 이야기할 때, 그 자생은 정말 자발적이면서도, 물론 국민이 낸 세금이기도 하지만 그 세금조차도 관에 손 벌리지 않고 논의할 수 있는 구조를 만들어서 어떤 일을 추진해나가는 게 필요하지 않은가합니다.

박일남 광주전남지역에 축제가 전국에서 제일 많다잖아요. 한 3~4년 전에는 인디팀들이 많이 갔어요. 근데 지금은 저한테도 문의가 거의 안 오는 거 같아요.

최명진 개인적으로 이야기하면, 서로 어렵고 힘들 때 이런 논의들을 함께 하다가, 내가 줄 수 있는 페이라던가 확보해줄 수 있는 시장이 그거밖에 안되는데, 더 많은 시장이 있는 곳으로 가는 거 당연해요. 그런데 그렇게 옮기는 것이 아무런 죄책감이나 도의적 책임도 없고, 음악에 있어서

자기 사명이 없게 가버려요. 그런 부분에 있어서 개인적인 아쉬움도 있어요. 또 이게 잘되면 여기에 시장성이 확보가 되면 다 오죠. 우리 하고 있는 오월창작가요제도 마찬가지예요. 대상 상금이 1000만원이예요. 이게 만약에 100만원이라고 하면, 광주정신을 가지고 노래를 하는 사람들이 그렇게 많이 모일까. 올해 450팀이 공모에 응했다는데, 시장성이 있기 때문에 오는 거죠. 그런데 시장성을 갖고 있는 사람은 분명하고. 그렇다면 우리 누군가가 시장성을 가졌어, 그렇다면 누군가가 또 다시 카피해서 가져가는 거죠. 아니면 우리 중 누군가가 이걸 가지고 관하고 협업을 해서 음악창작소와 같은 비슷한 유형의 형태를 만들어내서 축제사업이나 프로젝트를 할 수도 있는 거고.

> **"대중음악 랜드마크 사업을 이야기하는 이유 중 하나는, 제가 2005~2006년에 광명시 첨단음악밸리사업에 관여했었는데 그 때 경험을 가지고 얘기한다면, 시에 '정책적인 카테고리'가 만들어지는 게 중요해서입니다. 랜드마크 사업이 생기게 되면 그게 가능해집니다."** (박준흠)

박준흠 랜드마크 사업 관련해서 잠깐 이야기하면, 부산 같은 경우에는 부산영화제가 잘 되고 있기 때문에 이 부산영화제에 곁들여서 음악축제라던지 음악마켓을 만드는 것이 지역 음악씬을 발전시키는 방안일 수도 있을 것 같습니다. 물론 이럴 때는 철저하게 계획 자체가 지역 음악인들의 의견이 수립되고, 그들의 이익을 위하는 기획이 되어

야겠지만. 광주 같은 경우는 '사직동 음악클러스
터' 계획이 있는데, 사직동에 있는 영상센터에 음
악창작소를 만드는 계획이 있고요. 이를 잘만 만
든다면 매력적인 지점이 있습니다.

오영묵 광주를 보면, 문화예술이 계속해서 흐름
을 가지고 왔는데요. 문화예술 전체로 봤을 때 마
케터가 없는 게, 좋은 판매자가 없는 게, 판매기
획하는 그런 사람이 없는 게 지금 현재 아쉽습니
다. 사직공원 일대도 충분히 문화상품으로 대외
에 크게 알릴 수 있을 겁니다. 대구 '김광석 거리'
처럼요. 그런 것들이 우리가 사직공원에서 지향
하고자하는 바입니다. 충분히 그런 것들이 있음
에도 불구하고 상품으로 발굴해내지 못하는 그
런 아쉬움들이 있구요. 그래서 음악제를 통해서
그런 것들과 같이 커갈 수 있는 방안을 모색 중에
있어요. 아직 특별하게 예산이 있다거나 계획이
있다거나 그렇지는 못하지만, 문화상품으로서도
가치가 있고, 장르적인 장소적인 그런 것들이 있
는데, 현재는 잘 못 풀어가고 있어요. 좋은 판매
자나 기획자들하고 만나져서 좋은 식으로 될 것
같긴 한데, 어떤 것이 문제여서 안 되고 있는지 고
민하고 있습니다. 저는 진흥원하고 음악제를 만들
었던 첫 번째가 광주에서 음악산업을 하려면, 포
크를 기조로 해서 거기서 다양한 여러 가지 것들
이 나올 수 있을 것이라고 생각을 해서입니다. 범
아시아권도 되고, 인디축제 같은 것도.

박준흠 대중음악 랜드마크 사업을 이야기하는 이
유 중 하나는, 제가 2005~2006년에 광명시 첨단
음악밸리사업에 관여했었는데 그 때 경험을 가지
고 얘기한다면, 시에 '정책적인 카테고리'가 만들

어지는 게 중요해서입니다. 랜드마크 사업이 생기
게 되면 그게 가능해집니다. 일례로 광명시 같은
경우는 음악도시 관련 '정책개발팀'을 따로 만들
었거든요. 그런 이유 때문이라도 랜드마크 사업을
제안하는 겁니다. 남유진 씨가 생각하는 것처럼
랜드마크 사업을 잘못하게 되면 지역의 군소단위
의 음악씬을 죽일 수도 있지만, 잘만 기획한다면
시에 정책적인 카테고리가 만들어지기 때문에 음
악인들이 활용할 수 있는 큰 부분도 생길 것이라
생각합니다. 부산 같은 경우는 부산영화제가 음
악인들이 활용할 수 있는 좋은 기회라고 생각하
는데, 현장에서는 어떻게 생각을 하고 있나요?

김혜린 저는 부산영화제가 부산에서 하고 이름도
부산이기는 하지만, 부산사람들과 무관한 행사라
고 생각을 하구요. 대부분의 스탭들이 서울에 있
고, 상설사무국도 서울에 있고 부산에는 없거든
요. 행사 4~5개월 전에 내려와서 차리고 빠지고.
스탭들이 대부분 서울에서 고용되는 것으로 알고
있고. 단기스탭들만 부산사람이고, 자원활동가는
부산사람이 많고. 영화제를 할 때 가보면, 트렁크
족이 진짜 많아요. 외부에서 영화를 보러 오는 사
람들이 많은거죠. 그 기간에 우리 친구들은 영화
제에 관심이 없어요. 일단 매진이 빨리 돼서 예매
도 너무 어렵고, 영화를 보러 가야겠다는 생각도
안하게 되고. 한 4~5년 전부터 영화제에서 공연
을 해운대바닷가에서 하는데, 처음에는 부산에
있는 음악하는 친구들을 많이 불러서 공연을 했
었거든요. 근데 최근에는 서울에 있는 팀들이 다
공연을 하더라구요. 왜 그런지는 모르겠는데, 개
런티가 많아졌나... 지금 부산에서 굳이 부산영
화제에 음악마켓을 붙일 필요가 있을까? 필름마

켓도 너무 잘되고. 일단 영화제 쪽은 영화 말고는 관심이 전혀 없어 보이구요. 시 역시 부산영화제에 관심이 많으나, 나머지는 전혀 생각이 없는 것 같습니다. '영상도시 부산' 이거 하나로 밀고 가는 그 생각밖에 안하고 있는 거 같아서.

박준흠 제가 들은 이야기인데, 문화부 예산으로 운영되는 '뮤콘 서울'과 울산의 '에이팜'이라는 음악마켓이 있는데, 부산에서 '뮤콘 서울'이나 '에이팜' 둘 중에 하나를 부산영화제에 붙이고 싶다고 문화부에 요청했다는 얘기를 들었습니다.

김혜린 잘 모르겠는데, 부산은 문화산업과가 아니라 영상문화산업과거든요. 모든 게 영상이랑 연결이 되는 거죠. 그런데 지역에서 인디영화 만드는 친구들 보면, 자기네들에 대한 시의 원활한 지원 이런 거는 전혀 없다고 합니다. 어디에다가 무슨 돈을 어떻게 쓰고 있는지 잘 모르는 것일 수도 있는데. 지역에서 영화를 하는 사람들도 전혀 영향력 없다라고 이야기하고, 영화제는 우리 행사가 아닌 것 같고.

박준흠 부산영화제가 지역에 있는 기획자들한테는 오히려 관심이 없는 행사다?

김혜린 그렇죠. 그리고 해운대라는 곳도 지금은

부산이 아닌 곳이라고 생각을 하거든요. 가보시면 알겠지만, 엄청난 빌딩들이 있고, 예전의 해운대와 달라졌고, 서울사람 너무 많고 외국인들이 넘치고, 거기서 하는 부산영화제는 부산행사는 아닌 것 같아요.

박준흠 네, 그런 의아한 사연들이 있었군요.

최명진 일단 얘기 잠깐 곁들이면, 대부분 다 그런 거 같아요. 외부로 소개되어 있는 잘 된다라고 하는 표본성, 그런 행사치고 내부적으로 인정받는 그런 행사들은 별로 없는 것 같아요. 광주김치축제가서 보면, 이게 광주 사람들이 뭘 가져가는 축제 같지만, 지역 축제들이 지역을 담보하지 않고 지역의 문화를 담고 있지 않다고 생각하거든요. 그리고 백화점식, 문화예술프로그램이 너무 많거든요. 문화의 집에. 이런 문화의 집들도 좀 차별화가 필요합니다. 전문적 경영을 해야 할 필요가 있어요. 이쪽 문화의 집에서 잘하는 게 뭐다, 저쪽 문화의 집은 잘하는 게 뭐다 이렇게 차별화를 시켜야 하는데. 너무 여러 가지 것들 기타교실, 요가교실, 벨리댄스에 하모니카, 뭐, 할 수 있는 것은 다 해요. 거의다가. 사회문화예술교육도 마찬가지이고, 학교에서 하는 것들 전부 다 하잖아요.

박일남 동사무소 위에서 하는 것도 마찬가지고, 방과후도, 청소년문화의집이나 거의 전국단위로 동일한 매뉴얼로 맞추어서 가는 거잖아요. 저는 이게 진짜 어느 정도의 활용성으로 다가올 것인가 궁금해요. 부드러운직선 운영이 5년을 넘어가고 있지만 관하고 할 수 있는 일에 대해 생각 자체를 접었어요. 관이 어떻게 돌아가는지, 뭐가 어떻게 움직이는지에 대해서 아예 관심을 갖지 않아

요. 제가 하고 싶은 생각들, 실제로 돌아가는 판에 정작 필요한 이야기들만 하지.

박준흠 마무리 발언들을 할 시간이 되었습니다.

남유진 저는 관이 분명히 할 일들이 있다고 생각해요. 공무원들의 마인드가 바뀌어야 해요. 음악산업을 이야기한다면, 지역에서 문화산업을 이야기하는 공무원들이 있나 싶고. 문화산업과는 있는데, 일단 '산업'을 논의하지 않을 거예요. 지금 대부분의 관청은 문화예술 지원, 문화예술 향유, 문화예술 교육 이런 거지, '문화산업' 자체를 어떻게 성장시켜야 할지에 대해 고민을 하지 않는다고 봅니다. 관에서 마인드가 바뀌면 그런 정책들이 자연스럽게 나온다고 보구요. 그리고 바라는 게 있다면, 사직골포크축제가 있는데, 이런 음악축제가 할 수 있는 역할이 사실 크거든요. 민간에서 할 수 있는 무등산풍경소리나 인디뮤직페스티벌 등은 작은 단위들이예요. 더 큰 분야에서, 큰 축제가 어떤 '비즈니스 모델'을 보여줄 수 있는지를 그걸 해내야 해요. 그랬을 때 그런 영향력이 작은

축제나 공연들에 파급효과가 와야 하는 거죠. 저희들의 관객 시장이나 소비자를 영입하는, 음악 마니아를 좀 더 확산시키는. 그런 분야를 파급시킬 수 있는 축제의 시스템, 음악축제는 반드시 유료화 되어야 합니다. 이 동네의 공연산업이나 음악산업이 기반을 갖추고 소비자들한테도 본인들이 돈을 지불하고 당연히 봐야하는, 교육적으로도 음악산업 소비자로 성장시키는. 그런 정책들을 결국은 해야될 거라고 보고 있습니다. 음악축제는 매우 상징적인 거니까, 지역 뮤지션들도 바라보는 지향점을 축제가 보여줄 수 있는 거고. 그런 음악축제가 광주에 하나라도 자리를 잡았으면 좋

겠다는 기대를 하고 있어요. 광주월드뮤직페스티벌도 기대를 하고 봤는데, 전혀 아닌 것 같고. 저희하고 전혀 연관이 없어요. 또 처음에 유료화한다고 했는데, 그거 다 포기해버리고 세금이나 쓰고 그렇게 가는 거 같고. 책임지기 두려워서 다 그런 것 같아요. 일단 광주정보문화산업진흥원이든 광주시 문화산업과던 음악축제만을 봤을 때도 반드시 '산업적인 관점'을 가져야지 우리들 '자생성'하고 연관이 되어서 논의를 하고 지역의 민간사업자 단위들하고 접점이 생기지 않을까 합니다.

박준흠 주요하게 이야기하고 싶은 것이, 어떤 행

사나 사업이 있다면 민간하고 관하고는 역할분담을 따로따로 해야 한다는 얘기죠? 겹치는 부분은 굉장히 조심스럽게 접근해야하고.

남유진 따로따로 해야 한다기보다는 공무원들의 마인드가 바뀌어야한다는 것이죠. 관이 일단 '산업적인 관점'을 가져야해요. 이 동네에서 음악비지니스 업자들을 살아남게끔 만들어야겠다는 기조 안에서 정책을 펼쳐야 기존에 스튜디오 사업을 하던 뮤지션들이 음반을 만들던, 뭐를 하든 살아남죠. 이제 레이블도 자체적으로 만들고 이런 시장들이 살아나야 하는데, 관이 그런 생각들을 가지고 있어야 해요. 아, 레이블이란 게 필요하구나.

지역 뮤지션들이 음반을 만드는데 돈 주고 사고 파는 구조를 만들어야겠구나, 이런 관점을 가지고 있어야하는 거죠. 지금은 이런 관점을 가지고 있지도 않고, 가지려고 하지도 않고. 그렇다는 거죠.

오영묵 그런 차원에서 진흥원이 해야 할 역할이 있어요. 시 공무원은 계속 로테이션으로 바뀌잖아요. 진흥원 쪽에서 꾸준하게 관심을 갖고, 시도 끌어들여서 이해를 시키고. 포크음악제도 한명의 공무원 때문에 이루어진 거예요. 이장순선생님 살아계실 때 논의를 한 6개월 여 하다가 무산됐다가, 한 7년 뒤에 다시 꺼내서 실행한 거죠. 예산을 만들고 해서 올해 사업을 하게 된 겁니다. 관도 입장이 바뀌고 알아야 하는데. 행사만 하고 마는 그런 행사는 지양을 해야죠. 지역 시스템하고도 연관을 지을 수 있는 그런 형태로 발전을 하려면 진흥원이 해야 할 역할이 굉장히 클 것이고. 음악창작소를 통해서 시장의 니즈를 파악하는 일을 열심히 해줘야 할 것입니다.

"현재 문화예술 담당 공무원들의 경우, 외국의 사례를 나가서 보는 것도 중요하지만, 현장을 순회하면서 볼 수 있도록 해주는 게 필요합니다. 필요하다면 안식년, 안식월을 주면서도 공부할 수 있도록 해주는 거죠." (류의남)

박준흠 문화예술 또는 공공영역에서 대중음악이 인식되는 문제도 얘기했으면 합니다.

류의남 오늘 좌담회 주제가 '지역 음악씬의 자생력 확보 방안' 이런 거여서. 서두에도 저는 말씀드렸지만, 대중적이지 않은 메시지 있는 음악과 팔 것을 전제로 해서 하는 음악이 아니고 다른 개념을 가지고 음악을 했기 때문에 어려운 주제입니다. 그래서 마무리로 뭐라고 말을 해야할 지 모르겠는데... 공무원들의 마인드를 자꾸 이야기하는데, 사회복지 같은 영역은 특정되어 있잖아요. 문화예술 영역도 비슷하다고 보여지는데, 문화예술 공무원들 같은 경우도 순회하지 않았으면 합니다. 건축하다 오고 교통하다 오고 그러지 말고, 전문적인 분들이 그 분야에서 오랫동안 할 수 있으면 좋겠습니다. 그게 당장 여의치 않다면, 현재 문화

예술 담당 공무원들의 경우, 외국의 사례를 나가서 보는 것도 중요하지만, 현장을 순회하면서 볼 수 있도록 해주는 게 필요합니다. 여러 가지 다양한 현장이 있잖아요. 그런 거 필요하다면 안식년, 안식월을 주면서도 공부할 수 있도록 해주는 거죠. 그런 압박/요구들을 현장에서 많이 했으면 좋겠습니다. 음악창작소 같은 경우는 접근이 조금 용이하도록 진행하면 좋겠어요. 저는 약간 개념이 다른데, 저는 관이 더 많이 개입해야한다고 봐요. 문화예술 같은 공공영역 같은 경우는 사회복지처럼 공공이 사회가 해결해야하는 부분이 있다고 보는 거고, 그것을 못했기 때문에 민이 했던겁니다. 그것이 돈이 된다 싶으면 큰 자본이 들어와서 깨지게 되어있는 구조이기 때문에, 그래서 마인드의 전환과 그것을 기조로 한 관이 제 역할을 제대로, 그러니까 방향을 완전히 틀수도 있다고 보거든요. 그냥 보여주기 행정이 아니고, 아시아문화전당 운영하는 것도 마찬가지로. 내가 발 딛고 있는 곳에. 일례로 부산시민에게 부산영화제가 그들의 삶에 어떤 기쁨과 행복을 주는 건지, 그런 부분을 조금 더 공부하고 연구하고 바꿀 수 있었으면 좋겠어요.

최명진 다들 관 이야기를 하셔서 저는 관 이야기를 안 하고. 음악을 하겠다고 하는 뮤지션들 이야기를 좀 더 해보면, '자생성'에 관한 부분인데, 자생성에 대해서 스스로 정립을 할 필요가 있어요. 방송출연이라든지, 일반 대형연예기획사가 갖고 있는 그런 음악적 성향을 목표로 시작을 했다면, 어쩔 수 없이 자본주의 내에서 따라갈 수 밖에 없는 음악을 하는 거잖아요. 물론 환경이 중요하죠. 어떤 토양이 되어있기 때문에 거기서 자랄 수 있

는 뮤지션들이 성장할 수 있는, 음악인들이 성장할 수 있는 대안도 되겠지만, 또 한 축으로 봐서는 먼저 선택을 해줄 수 있는 음악인들도 필요하지 않을까 합니다. 우리가 봐서는 늘 부족하거든요. 늘 같이 고민하고 음악적인 내용들을 가지고 시민들을 만나고, 음악적 표현들을 해냈는데, 어느 순간되면 가버리니까. 자본적 시장구조에 있어서 훨씬 더 많이 주는, 더 돈 벌이가 되는 대로 가버리는 문제에 대한 고민이 있어야 합니다. 물질적 자본의 문제가 성공이라고 하는, 이런 부분의 우리 사회의 문제도 문제이지만, 음악이라는 것도 조금 더 자유로운 예술적 표현이고, 창작의지가 있다면 조금 다른 선택을 할 수도 있지 않을까 합니다. 그것이 잘 안되니까, 계속해서 관에다가 얘기 좀 해달라고 요청을 하는 건데, 그런 부분의 이야기도 있어야 하지 않을까 하는 거죠.

김혜린 부산문화판이 작년에 부산비엔날레 감독 선임 사태로 문제가 시작되어서는, 그것 때문에 작년 연말부터 부산문화판의 사람들이 모여서 뭔가 이야기를 하고 있었던 게 있었어요. 정치색과 연관이 되어서는 늘 관이랑 대결구도를 지니고 있었어요. 작년 비엔날레 때 한번 그랬고, 세월호 터지고 나서도 부산문화예술인들이 모여서 문화제를 많이 했고, 최근에는 부산문화재단 이사장 선임 건으로 문제가 있었지요. 부산시랑은 관계가 안 좋은 편이죠. 그래서 시를 상대로 무언가를 이야기하고자 하는 의지가 없는, 좀 꺼리는 그런 게 있어요. 이 사업에 관심은 많은데 개입을 해도 될까하는 의문이 있고. 음악창작소가 들어오는 곳이 저희 동네라서 관심이 많은데, 잘 활용하면 좋겠는데, 잘 활용할 수 있게끔 세팅이 될 수 있게

우리가 얘기를 할 수 있는 계기가 만들어질까, 아니면 우리가 발로 뛰어서 우리가 먼저 나서야 되는걸까라는 의문을 가지고 있는데, 그런 것들을 잘 해소할 수 있는 그런 연말이 될 수 있었으면 좋겠네요. 부산의 음악창작소가 잘 되었으면 좋겠는데 어떻게 될지 모르겠네요.

박일남 음악창작소 문제는 지역 음악씬에 관한 이야기잖아요. 지역 음악씬에 대한 DB를 반드시 구축해야 합니다. 음악별 장르와 실태, 그들이 어떤 음악을 하고 그들이 추구하는 음악이 어떤 건지, 밴드의 특성을 인정을 하라는 거죠. 음악씬에 대한 어떤 후원차원, 지속발전, 산업차원까지 육성을 하려고 한다면 반드시 DB를 구축해야죠. 현실적으로 음악에 대한 산업 육성책이 필요하고

요. 음악창작소도 처음에는 정책이 나왔을 때는 1회에 한정되어 나왔던 그 자체가 이미 육성책이라고 보기에는 어려운 거죠. 이것을 광주시에서는 5년 단위로 푼다, 10년 단위로 푼다, 어떤 기관을 만들어서 움직인다고 보면, 현실적인 지원책은 음악산업 육성책을 필요로 하지 않는가. 어떻게 되었던 간에, 요구자의 뜻대로 가야하지 않겠습니까. 옷을 입을 사람은 90을 입는데, 100을 사와가지고 입으라고 한다면, 이것을 푸대푸대 입고 다닐 수는 없지 않습니까. 그래서 육성책은 반드시 현실성 있게 만들어졌으면 합니다.

박준흠 장시간 논의에 참여해주셔서 감사합니다. 사실 큰 주제이기도 한데, 한 번도 '지역 음악씬의 자생성' 문제가 공식적으로 논의된 바가 없었던 것으로 알고 있습니다. 저도 오늘에야 감이 잡히는 부분이 있을 정도입니다. 중요한 의제임에도 여태 논의가 되지 않았다는 것은 굉장히 의아한 문제이기도 하죠. 그래서 굉장히 의미 있는 자리였다라고 생각합니다. 이 문제에 대해서 오늘 결론을 내리는 자리는 아닌 것 같구요. 앞으로는 오늘 논의했던 문제들에 대해서 논의의 주체가 되고 결정의 주체가 되는 날이 올 때까지 노력하는 것이 가장 중요한 것 같습니다. **SOUND**

4 지역 음악산업 발전을 위한 연구

광주광역시 제안 사례 :
"도시 브랜드 마케팅 방안으로서의 '음악도시' 사업"

대중음악SOUND연구소는 올해 7~9월, 광주광역시에 '음악도시 광주' 프로젝트를 제안했었다. 도시 브랜드 마케팅 차원에서 지자체가 대중음악을 '정책사업'으로 받아들일 수 있는 방안에 관한 연구였다. 대중음악SOUND연구소가 의욕과 열정을 가지고 제안했던 프로젝트였는데 아쉽게도 이루어지지는 않았다. 이 제안은 관이 개입되지 않은 순수한 민간연구소 차원의 제안이었다. 아마 이 제안서를 보게 되면 '음악산업을 진흥시키는 방안'으로써 오히려 '지역 음악씬의 자생성'을 논하는 것에 대해 여러 시사점을 발견할 수 있을 것이다.

박준흠 | 대중음악SOUND연구소장 www.ksoundlab.com

대중음악SOUND 발행인, SOUND FESTIVAL 총감독, 가슴네트워크 대표, 서울종합예술학교 공연제작학부 교수, 한국음악산업학회 부회장(기획). 서브(1997~1999), 쌈넷/쌈지사운드페스티벌(2000~2001), 광명음악밸리축제(2005~2006), 광주청소년음악페스티벌(2008), 인천펜타포트페스티벌(2010), 한국대중음악라이브홀릭(2011) 등을 기획했다. 저서로는 『이 땅에서 음악을 한다는 것은』『대한인디만세』『축제기획의 실제』『한국 음악창작자의 역사』『한국 대중음악 100대 명반』 등 여러권이 있다. 현재 음악산업정책과 대중음악사 연구, 음악산업진흥을 위한 다양한 기획에 매진하고 있다.

대중음악SOUND연구소 정책연구 2014-3

'음악도시 광주' 프로젝트(안)
_ 음악도시 클리브랜드, 오스틴, 리버풀 그리고 광주

Ⅰ. 서문 : '음악도시 광주' 제안 이유

Ⅱ. 광주광역시와 음악산업

Ⅲ. 광주 음악산업 발전을 위한 고려점들

Ⅳ. '영화도시 부산' 사례

Ⅴ. '음악도시 광주' 프로젝트 핵심 요소

Ⅵ. '음악도시 광주' 프로젝트와 랜드마크사업

Ⅶ. '음악도시 광주' 프로젝트 주요사업 소개

Ⅷ. '음악도시 광주' 프로젝트 조직

Ⅸ. '음악도시 광주' 프로젝트 운영

Ⅹ. '음악도시 광주' 프로젝트 로드맵

Ⅺ. '음악도시 광주' 기본계획서

I. 서문 : '음악도시 광주' 제안 이유

1. 글로벌 랜드마크사업 보유

– '음악산업'을 이슈로 관광인프라, 정책인프라 구축 가능
– 부산영화제 기간에 전국/전세계 영화인들이 부산에 오는 것처럼 매년 10월 '음악
도시 광주' 랜드마크사업(광주 대중음악 명예의전당, 광주 국제음악박람회, 광주 인권&
평화음악상) 기간에 전국/전세계 음악인들을 광주로 오게 함
– 예산대비 가장 효과적인 사업이 될 수 있음

2. 사업 기대효과

• 자생적으로 돌아갈 수 있는 지역 음악씬 생성 (뮤지션, 기획자 귀향)
– 자생적인 지역 음악씬이 생긴다면 광주 지역 뮤지션들과 음악기획자들이 굳이 서
울로 가지 않아도 됨
– 역으로 서울에서 다시 귀향하는 뮤지션들과 음악기획자들 발생 가능성

• 광주와 서울 지역 음악씬 간의 교류 원활해짐 (시장 형성, 수입 증대)
– 지역에서도 음악수입이 발생할 가능성이 증명되면 서울에서 활동하는 뮤지션들이
자발적으로 홍보를 하러 광주로 올 것임
– 서울에서 활동하는 뮤지션들조차도 서울을 벗어나서 활동하지 못하는 이유는 전
국적인 홍보툴의 부재 때문인데, 이를 해소할 수 있음(전국투어 가능)

• 광주아시아문화중심도시 사업에서의 핵심 콘텐츠로 성장 가능성
– 대중음악은 '예술'이자 '산업'의 영역이므로 기존 아시아문화중심도시 사업(예술 영
역)과 차별화된 콘텐츠이고, '독보성'을 가진 콘텐츠로 전세계적인 관심을 받는 것이
가능함

- **문화예술/산업 교육 도시로 자리매김 가능성**
- 현재 아시아문화중심도시 사업을 진행함에도 불구하고 '문화기획'을 진로로 생각하는 대학생들마저도 서울로 가는 이유는 '예술시장'이 형성되지 않기 때문임. '음악도시 광주' 사업을 통해서 음악산업을 중심으로 한 '예술시장' 형성이 가능해지면 전국의 대학생/기획자들도 광주로 오게 하는 것이 가능해짐

- **음악을 통해서 시민들과의 접촉면이 넓어질 가능성**
- 시민들에게 음악을 선물하는 시장과 광주시

II. 광주광역시와 음악산업

1. 광주광역시와 '음악산업' 관련 정책 이력

(1) 1차 음악산업 관련 정책
- 2004년에 수립된 문화부의 '아시아문화중심도시 광주' 계획에는 '아시아 음악타운' 등 음악산업을 아시아문화중심도시 사업의 주요한 요소로 계획함
- 사업이 진행되면서 수립된 계획의 '현실성' 문제 등으로 음악산업에 대한 비중이 낮아짐
  ※ 2004년에 수립된 광명시의 '광명첨단음악밸리사업'을 참조하였으나, 음반유통센터 건립, 음원유통사업을 위한 아카이브 등 현실성이 다소 부족한 사업모델을 벤치마킹하는 우를 범함

(2) 2차 음악산업 관련 정책
- 2011년 '광주뮤직멀티플렉스' 내에 '뮤직비지니스센터' 건립 등의 문제를 재검토하지만 사업 추진에 대한 명확한 의지가 부족하여 논의가 중단됨

2. 광주광역시, 아시아문화중심도시추진단에서 이전에 수립한 음악산업과 관련된 사업계획에서의 문제점

- 음악정책 수립, 음악사업 기획 경험이 풍부한 전문인력과의 결합이 미비함으로 인해 현실적인 계획안을 도출하지 못했을 뿐만 아니라 음악산업계와의 네트워크도 이끌어내지 못함
- 이로 인해 '음원유통사업'과 같은 지자체가 아닌 음악기업(멜론, CJ 등)이 수행해야 할 비현실적인 사업계획을 세웠고, 관련 논의는 중단됨
- 하지만 지금이라도 광주광역시에서 다시 새롭게 '한국 음악산업 진흥'에 초점을 맞춰서 계획을 세운다면 광주광역시의 위상을 높이는 지자체 정책을 수립하는 것은 가능함

3. 한국의 문화콘텐츠산업과 광주광역시가 주목할 점

- 21세기 들어 한국은 문화콘텐츠산업을 성장동력산업으로 보고 있고, 여기서 음악콘텐츠는 5대 콘텐츠에 속함. 음악산업의 성장가능성은 항상 잠재하고 있음
- 하지만 여기서 문제는 '산업의 규모' 측면에서의 성장만을 생각하지 음악산업의 기반 인프라를 구축하는 문제, 일부 연예기획사만이 아니라 대다수 음악관계자들이 공존하는 문제, 비주류 뮤지션들의 지속적인 활동 문제, 음악애호가들이 다양한 음악을 즐길 수 있는 문제 등에는 취약함.

4. 한국의 음악산업 진흥 문제와 광주광역시가 주목할 점

- 한국의 음악산업은 직접매출 규모가 현재 1조 2천억원 수준으로 음악산업 종사자들이 매우 곤란함을 겪고 있는 형편임.(음반 600억원, 음원 5000억원, 공연 6000억원)
- 그래서 음악산업이 선순환구조를 이루면서 비주류음악 뮤지션, 기획자들까지 활동을 하는 데 무리가 없으려면 대략 '3조원 음악시장' 규모를 가지면서 전체 음악시장에서 비주류 음악시장이 차지하는 비중이 10~20%가 되어야 함.(일본 인디즈 음악시장이 차지하는 비중 10%, 미국에서 인디 음악시장이 차지하는 비중 20%)

- 광주광역시에서 음악산업과 관련된 정책을 세운다면, 바로 이 부분에 주목을 해
  야 함

5. 영화산업의 예를 참고한 음악산업 진흥 방안과 광주의 선택 문제

- 영화의 경우 '천만 영화관객' 시대를 열면서 한국의 핵심적인 문화콘텐츠로 성장했
  는데, 어떤 과정을 거쳐서 어떤 위상을 획득함으로써 현재 지점에 도달했는지 잘
  살펴봐야 함
- 영화산업 성장에서의 핵심 중에 하나는 '30~40대 영화관객'이 영화소비자의 70%
  를 점유할만큼 '다양한 연령대와 계층'이 영화를 소비할 수 있는 작품생산과 소비
  환경을 구축한 것임
- 영화의 예를 본다면, 분명 대중음악(음악산업)은 성장가능성이 크나 이에 대한 정책
  기획과 현실반영이 부재함. 즉, 광주광역시에서는 '정책기획 측면에서 무주공산' 영
  역인 음악산업을 광주시의 주요한 성장동력산업으로 가져가는 것을 고려해볼만 함

6. 광주광역시에서 '음악산업'을 정책적으로 선택할 필요성

- 한국에서 음악산업은 시장의 규모에 비해서 아직 산업화 전단계 수준임
- 정부 내 음악산업 전담부서 부재(문화부의 대중문화산업과 내에서 1~2인 담당, 한국콘
  텐츠진흥원 대중문화산업실 음악패션산업팀에서 2~3인 담당)
- 미국이나 영국과 달리 대학/대학원에 음악산업학제(music industry, music business
  학과) 부재로 음악산업 전문인력을 양성하는 시스템 없음
- 음악산업정책연구소로는 민간에 대중음악SOUND연구소가 유일함
- 현재 대중음악SOUND연구소가 주관으로 참여하여 2015년 1월 27일에 국회 도서
  관 대강당에서 '한국음악산업학회' 창립총회를 할 예정임. 한국음악산업학회는 음
  악산업을 연구하는 국내 최초의 학회임
- 광주광역시에서는 실질적으로 음악산업정책이 무주공산 영역인 음악산업을 선
  점함으로써 단기간 내에 많은 성과와 대외적인 주목을 이끌어 내는 것이 가능함
  (※이미 영화, 영상, 게임 등은 다른 지자체에서 일정 성과를 내고 있고, 기존 대학/대학원

내에 관련 학제가 있음으로 인해서 문화부와의 파트너쉽도 형성된 상태임. 즉, 이들 분야로
는 광주광역시에서 성과를 내기가 쉽지 않음)

7. '음악도시 광주' 정책적인 비전(강점)

– 현실적으로 광주 내에서 음악산업 관련 사업을 정착시키는 데 필요한 '마스터플랜
10년'을 이어가려면 광역시장 소속 정당이 바뀌지 않아야 하고, 그래야 '정책의 연속
성'을 바탕으로 성과를 기대할 수 있는데 광주는 그게 가능하다는 것이 큰 장점임
(*영화도시 부산 역시 그 점이 강점이었음)

※ 2004~2006년 광명시의 광명첨단음악밸리사업 실패 이유 : 지자체장 소속 정당의 변화로 잘 진행되
던 축제사업마저도 폐기된 점이 가장 큼

Ⅲ. 광주 음악산업 발전을 위한 고려점들

1. 음악산업 진흥을 위한 정책적인 방향성 : '출구와 소비자 확보'의 문제

중앙뿐만 아니라 지자체에서도 음악씬을 성장시키기 위한 진흥정책을 고려할 때의 오
류 중에 하나는 단순히 '생산' 쪽만 바라본다는 점이다. 그래서 주로 창작지원 쪽에 초점
을 맞추면서 대중음악의 경우 음반제작비, 녹음시설, 공연기획 등을 지원하는 방식을
주로 채택한다. 게다가 관의 입장에서는 예산을 사용한 효과가 가장 극명하게 드러나
면서 정산을 하기에 용이한 하드웨어(시설) 투자에 집중하는 경우가 많다. 창작지원에서
한 걸음 나아간 방식은 홍보지원 방식인데, 한국콘텐츠진흥원의 K-루키 사업 같은 경
우이다. 이벤트를 만들어서 뮤지션의 인지도를 높이는 방식이라고 할 수 있다. 물론 창
작지원이나 단순한 형태의 홍보지원 방식 자체가 문제가 있다고 말하는 것은 아니고, 그
런 지원사업이라도 많을수록 음악씬에 도움이 될 것은 분명하다.

하지만 소비처와 소비처의 크기에 따라서 생산이 결정될 수 밖에 없고, 아울러 '지속
적인 소비'가 이뤄지지 않으면 역시 '지속적인 생산'은 불가능하다는 점을 생각한다면 음

악씬을 성장시키기 위해서 진정 어떤 정책적인 고민을 해야 할 것인지는 다시 따져봐야 할 문제다.

또한 대중음악처럼 '동세대 소비'의 특성을 갖는(한국의 경우 특히 더 심함) 예술장르는 대개 생산자의 연령대와 소비자의 연령대가 얼추 비슷한 상황에서 시장이 형성된다는 점 또한 명심할 필요가 있다. 즉, 10대 뮤지션의 팬은 10대가 주이고, 30~40대 뮤지션의 팬은 30~40대가 주를 이룬다는 점이다. 이 얘기는 한국에서처럼 음악시장에서 실제 소비자가 10대가 중심인 경우는 30~40대 뮤지션은 근본적으로 생존이 어렵다는 말이기 때문에 만약 다양한 연령대의 다양한 음악장르의 뮤지션들이 활동할 수 있는 환경을 조성하기 위해서는 좀 더 세심한 정책적인 고려가 필요하다. 단지 '창작지원' 방식 같은 전통적인 지원정책만으로는 상황을 근본적으로 바꾸지 못할 것이다. 죽어가는 환자에게 일시적으로 각성효과를 주는 수준이 아니라 병을 치유할 수 있는 약을 투여해야 한다.

그렇다면 음악시장 진흥 문제에서 가장 중요하게 여길 점은 '출구 확보' 전략이다. 즉, 다양한 경로를 통한 다수의 음악소비층 확보가 가장 중요하다는 말이다. 음악생산 쪽만 생각해서는 답이 나오지 않는다. 어찌 보면 시간은 걸리겠지만, '대중음악 감상과 토론'과 같은 문화예술교육 프로그램을 통해서 음악소비자를 양산하는 방법이 뮤지션들이 생존하는데 있어 장기적으로 더 중요할 수도 있다.

그리고 '출구 확보'를 얘기할 때 '다양한 경로' 쪽에만 초점을 맞추는 경우가 많은데, 이는 수단이지 목적은 아니다. 아무리 다양한 대중음악 전달 경로를 확보하더라도 실제로 음악소비자가 양산되지 않으면 소용이 없다. 일례로 인디음악만 하더라도, 많은 경로를 통해서 사람들에게 전달은 되고 있지만 실제로 '돈을 주고' 소비를 하는 경우는 드물다. 이는 인디음악을 '소비의 대상'으로 보지 않는 것일 수도 있는데, 이제는 여기에 대한 심도 깊은 분석이 필요할 것이다.[1]

마지막으로 다시 상기할 점은 '소비의 맥락' 문제고, 이는 앞서 얘기한 인디음악 소비 문제와도 연관이 많을 것이다. 서두에도 밝혔듯이, "문화콘텐츠 소비는 문화적인 맥락, 사회적인 맥락과도 연결되기 때문에 단순히 좋은 가수, 노래가 나온다고 음악시장이 커지지 않을 것이다. 그렇다면 여기서 주목할 점은 '대중음악(음악산업) 담론 생산을 통한 음악산업 진흥' 부분이다." 현재 한국의 상황을 본다면, 일상에서 대중음악을 얘기하는

---

1 물론 아이돌음악에 비해서 인디음악의 전달 통로는 한정되어 있고, 수적으로도 열세라는 것은 부인하지 않지만, 한국 음악시장에서 인디음악은 이상하리만치 소비가 되지 않는 점을 생각해 보자는 것이다.

경우는 10대들이 아이돌스타를 얘기하는 경우를 제외하고는 거의 없을 것인데, 이런 상황에서 음악씬이 성장하기를 바라는 것은 무리다. 일례로 천만관객이 드는 영화를 생각해본다면, 그냥 천만관객이 드는 것이 아니라 무수한 담론과 입소문 하에서 그런 수치를 기록한다는 점이다. 그리고 영화는 공중파, 케이블 방송과 신문, 잡지와 같은 대중매체에 담론을 생산할 수 있는 고정 코너들이 있다는 점을 무시할 수 없다.

2. 광주 음악씬의 진흥 방안 : '소비를 할 동력'의 문제

사실 한국의 음악씬은 연예기획사—공중파TV 시스템 하에서 움직이는 아이돌음악씬을 제외하고는 '중앙'과 '지역'이 따로 없다. 다 지역(로컬) 음악씬만 존재한다고 할 수 있고, 여기서 서울이라고 해서 다를 바가 없다. 무릇 음악씬을 중앙과 지역으로 나눈다면, '중앙'의 기준은 '전국을 커버'한다는 의미일 것이다. 하지만 공중파TV를 근거지로 해서 활동하는 아이돌뮤지션을 제외하고 전국적으로 활동하고 있는 뮤지션들이 과연 얼마나 될까? 기껏해야 국민가수 반열에 오른 조용필과 같은 부류나 역시 공중파TV에 자주 출연해서 전국적인 인지도를 갖고 있는 유희열, 윤도현, 이적, 이소라와 같은 부류가 다일 것이다. 나머지는 모두 '로컬 음악씬'에서 활동한다고 보면 된다. 광주나 부산에서 활동하는 뮤지션이 그 지역 경계를 넘어서 활동하기 어려운 것처럼, 역시 서울에서 활동하는 뮤지션들도 대개 서울을 벗어나서 활동하기 어렵다. 이게 한국 음악씬의 현실이고, 영미권 뮤지션들의 가장 주요한 수입원인 '전국투어'를 통한 수익창출 방식이 한국에 드문 이유다.

한국에서 '전국투어'가 가능한 뮤지션이 드문 이유를 표면적으로 보면 '인지도' 부족으로 귀결을 내릴 수도 있겠지만, 정확하게 얘기해서는 공중파TV만이 '문화마케팅의 담론'을 생산하고 있다는 점이다. 1980~90년대 유명 뮤지션들도 지금은 소비가 되지 않는 경우가 많은데, 이는 인지도 부족 때문이 아니라 이들에 대해서 '소비를 할 동력'이 상실되었기 때문으로 보는 것이 맞다.

그렇다면 뮤지션들이 지속적으로 활동할 수 있게 하기 위해서는 음악씬에 '소비를 할 동력'이 존재해야 하는데, 이를 어떻게 끌어올릴 것인가? 이는 누구도 답하기 쉽지 않은 문제이지만, 결국 피해갈 수 없는 문제일 것이다. 광주음악씬이라고 해서 예외는 아닐 것이다. 광주음악씬의 진흥 방안을 얘기하기 위해서도 여기서부터 출발을 해야 할 것이다.

3. 지역 음악씬의 진흥, 무엇부터 할 수 있을 것인가? : '음악창작소' 활용

2014년 5월 문화부의 지역 '음악창작소' 거점으로 광주와 부산이 선정되었고, 각각 국비 10억원을 지원받는다.

음악창작소의 사업취지는 '음악인들이 다양한 장르의 음악을 창작할 수 있는 창작생태계를 조성한다'이다. 하지만 이를 정확히 해석하면 "음악창작자들이 계속적으로 '재생산 하는 구조'를 만드는데 음악창작소가 그 역할을 한다"일 것이다. 그래야 '음악산업 육성'이라는 정책적인 취지와도 맞는다. 문화부가 향후 발표할 예정인 '음악산업진흥 5개년 계획' 안에 담길 창작분과 내용을 보더라도 단순히 전문적인 콘텐츠 생산이 아니라 '홍보, 유통, 마케팅' 인프라 구축을 통해서 음악창작자들의 재생산 구조를 만드는 것을 중요시 하고 있다. "실질적으로 뮤지션들이 어떻게 하면 지속적으로 창작/공연 활동을 계속해 나갈 수 있을지?" 같은 문제를 더욱 중요하게 생각한다. 이는 '음악산업 진흥'과도 연결된 사항이고, 그렇게 하려면 '음악소비자 저변확대'를 통한 음악소비시장 확대 같은 문제가 핵심이다. 즉, '음악시장 성장' 없이는 뮤지션을 포함한 음악관계자 누구도 살아남을 수 없다는 점이다.

위 부분을 감안한다면, 일례로 음악창작소의 '인력양성' 방향성은 기존의 실용음악교육 위주에서 '기획자, 마케터, 정책기획자 양성'으로 전환할 필요성이 있다. 전국에 있는 실용음악과가 학부, 대학원에 100개가 넘는데, 굳이 광주의 음악창작소에서도 관심 가질 필요는 없어 보인다. 또한 음악창작소의 '역점사업' 방향성은 다음과 같을 것이다.

음악창작소 사업의 방향성

○ 음악산업진흥센터 역할
– 광주 음악씬이 활성화될 수 있는 직접 사업 진행
– 음악소비시장을 키울 수 있는 정책사업 마련
– 전국단위로 활동하고 싶어 하는 광주 뮤지션에 대한 마케팅 지원
– 해외 음악마켓, 음악페스티벌에 진출하고 싶어하는 뮤지션에 대한 지원

○ 새로운 방향성의 대중음악 교육 (생산 측면)
– 뮤직비지니스 인력 양성 : 공연/음반/음원 기획자, 홍보마케팅 인력
– 정책기획 인력 양성 : 중장기적으로 광주 음악씬을 키울 수 있는 정책연구를 하는

전문인력 양성

○ **새로운 방향성의 대중음악 교육 (소비 측면)**
– 광주 시민들(특히 청소년)을 대상으로 하는 대중음악 감상 프로그램
– 광주 시민들을 대상으로 하는 한국 대중음악사 교육과 광주 음악씬의 이해 프로
  그램
  ※ 광주 시민들이 음악소비에 관심을 갖게 하는 정책기획의 일환. (대중음악 소비에 대한 인식 제고 : 음
     악소비에 관심을 갖게 하는 프로젝트 진행)

○ **새로운 방향성의 뮤지션의 음반제작 지원**
– 홈레코딩 교육 : 스스로 할 수 있는 레코딩, 믹싱, 마스터링 기술 워크숍
– 홈레코딩과 관련된 장비 임대
– 홈레코딩 시 취약한 드럼, 보컬 녹음에 관한 부스 임대

○ **홍보마케팅 툴 개발**
– 사람들이 음악을 대할 수 있는 통로를 마련

○ **음악창작소 연대 모색**
– 광주와 부산의 음악창작소는 각자 독자적으로 사업을 할 것이 아니라 '남도 음악
  씬'을 만든다는 측면에서 공동의 사업기획을 모색하는 방안이 있음
– 어차피 광주, 부산 음악창작소의 목표 중에 하나는 '지역을 벗어나는 것'인데, 음악
  시장을 넓히는 측면에서의 기획을 할 수가 있음

음악창작소 사업 추진 시 고려 사항
○ **소모성의 1회성 공연 이벤트는 이제 지양해야 함**
– 기획사와 방송국에 대한 의존도가 높고 수익 구조가 미비
– 드림콘서트 등 아이돌 공연은 10대만 참여

○ **예산의 대부분을 시설·장비 구축에 소진하는 계획에서 탈피**
– 대형 스튜디오는 지역 뮤지션의 사용률이 저조할 뿐만 아니라 향후 유지 보수 등

지속적 운영이 어려움

○ **지역적 한계를 벗어나는 프로그램 구성이 필요**
- 지역 뮤지션의 중앙 진출 도모를 위한 역량 강화 교육 추진
- 부산 음악창작소와의 교류 공연 등 협력 사업 추진

○ **수익형 문화콘텐츠 개발에 주력**
- 1차년도에 끝나는 시범 사업이 아닌 '대중음악 명예의전당' 등 음악 콘텐츠를 중심으로 '음악도시 광주 브랜드화' 사업을 중장기적으로 지속적 추진

○ **교육생 배출에서 끝나 버리는 전문가 교육의 개혁이 필요**
- 대형 음향장비 사용자 교육에서 벗어나 상시 창작 및 공연 활동으로 연결되는 생산적 역량 강화에 집중
- 지역 실용 음악학과/학원과 중첩되는 악기, 보컬 레슨 등이 아닌 실제 지역 뮤지션의 실무 역량 강화를 위한 체험 및 실습위주의 교육이 필요

○ **음악콘텐츠 중심의 청년 일자리 창출**
- 시민 뮤지컬 스쿨 등 지역 뮤지션들의 창업 아이디어 발굴을 통한 수요 시장 개척을 지원

4. 지역 음악씬에 도움이 되는 행사기획과 정책 개발 필요

지역 음악 콘텐츠가 개발되지 않는 이유들 중에 하나는 공공기관의 행사에서마저도 지역 뮤지션의 참여를 배제한 채 행사성과(관중동원)에 초점을 맞춰서 '인지도' 기준으로 출연진을 선정하는 방식의 행사기획을 하는 이유도 있다. 공공기관의 행사에서만큼은 그 지역의 문화예술 발전에 방점을 찍고 행사기획을 하는 것이 필요하다. 지역 음악 축제에서 단순히 아이돌스타들로 사람들만 불러들이는 방식은 지양되어야 한다. 이는 행사 규모만 키우려는 관의 행정편의주의적인 발상이고, 실제로 지역의 음악씬과 지역 경제에도 도움을 주지 않는다. 서울의 아이돌 연예기획사들만 배불리는 결과를 초래할 뿐이다.

하지만 여기서 진짜 얘기하고 싶은 것은 지역 행사는 지역 뮤지션들로만 채우라는 얘기가 아니라 '지역 음악씬에 도움이 되는 행사기획과 정책'을 세우라는 것이다. 일례로 만약 '광주 사직동 포크음악씬 브랜드'를 만들고 싶다면 다음을 시행해야 한다. 자체적인 뮤지션(창작자) 양성 프로그램, 콘텐츠 확보, 공연장 인프라, 홍보툴, 소비자 확보 방안, 외부 유통 통로 등이 필요하다. 그리고 이를 시행할 콘트롤타워 성격의 가칭 '광주음악산업진흥센터' 같은 기관도 필요하다.

5. 문화정책의 이원화 필요 : '지원'정책과 '진흥'정책의 분리

'문화예술 지원기관'과 '문화산업 진흥기관'의 미션과 역할은 분명히 다른데도 불구하고 현재 한국에서는 모호하게 혼재된 상황이다. 그리고 문화예술 지원의 개념이 아니라 '문화(콘텐츠)산업 진흥'의 개념으로 접근하려면 문화예술 장르를 세분화하여 그중 일부만 취사선택할 필요가 있다. 즉, 문화예술 정책은 '보편적인 지원' 방식을 택하면서 장르 전반을 아우르는 것이 가능한데, 문화산업 정책은 '전문적인 진흥' 방식을 택해서 특정 장르만 선택&진흥하는 것이 효율적일 것이다. 이는 문화산업의 성장을 바란다면 '문화예술 진흥정책'과 같은 애매모호한 규정이 아닌 전문화된 분류에 따른 '장르별 예술정책과 진흥기관'이 필요하다는 의미이다. 쉽게 얘기해서 '지원'이 속한 체계와 '진흥'이 속한 체계는 다르다. 기본적으로 '지원'은 비산업 영역이다. 예를 들어 대중음악 이전의 전통음악(클래식, 국악)처럼 '유통'이란 개념 부족하다. 이와 달리 대중음악의 경우 생산 – 유통(저장/전달 매체, 온라인, 모바일과 법제) – 소비로 이어지는 체계가 있고, 이는 산업의 영역이고 진흥의 개념으로 접근해야 한다. 여기서는 관련 시장 생성과 성장이 중요하다. 그렇기 때문에 지원과 진흥을 한 범주에 놓고 다룰 수가 없고, 장르별로 생산/유통/소비가 다르기 때문에 문화산업 안에서는 장르를 세분화할 수 밖에 없다.

또한 마케팅의 개념이 부족한 문화예술 지원정책은 아카데믹하게 접근해도 가능하지만, 문화산업 진흥정책을 펴려면 적어도 해당 장르에서 10년 이상 '기획자'로 일한 사람들의 전문성이 필요하다는 점이다. 하지만 장르를 초월할 정도로 모든 분야에서 전문성을 갖기란 애초부터 불가능하기 때문 장르통합적인 문화산업 진흥정책을 누군가가 펼 수 있다고 생각하는 것 자체가 무리라고 생각한다.

그래서 광주광역시에서는 한정된 예산과 인력, 시간을 가지고 문화산업에서의 성과를 얻기 위해서는 정밀한 현황 파악과 가능성 있는 계획 수립을 전제로 광주시만의 문화산업정책을 수립하는 것이 필요할 것이다.

6. 음악산업 진흥정책 : 별도의 '광주 음악산업진흥센터'(가칭) 필요

특히 '음악산업'과 같은 전문화된 분야의 정책수립, 사업수행 기관으로 적절한 곳은 현재 한국에는 없다. 일례로 예술위, 문화재단과 같은 문화예술지원기관은 '성격적'으로 맞지 않고, 한국콘텐츠진흥원과 같은 통합 문화산업진흥기관은 '구조적'으로 맞지 않다. 한 기관에서 여러 장르를 다루는 것이 특별히 효과적이지도 않고, 오히려 의사결정만 느려질 수 있다.

광주의 경우를 생각하더라도, 음악산업을 진흥시기키 위한 기관으로 기존의 문화예술지원기관(광주문화재단)이나 문화산업진흥기관(광주정보문화산업진흥원)은 적절해 보이지 않는다. 왜냐하면 각 기관의 미션과 수행체계, 인력구조 등이 다르기 때문이다. 즉, '광주 음악산업진흥센터'(가칭)와 같은 별도의 콘트롤타워가 필요하다는 결론이다. 그리고 진흥기관은 지원기관과 달리 '정책 수립' 권한이 주어져야 하기 때문에 독립성 부분은 필수 요소다.

만약 현실적으로 당장 새로운 기관을 설립하는 문제가 힘들다면, 기존 기관에서 음악산업 진흥정책과 진흥사업을 수행하기 위하여 독립적인 '본부체제'를 출범하는 방안도 있을 것이다.

7. 음악산업 진흥정책 : 광주광역시 문화산업정책으로 수용되어야 함

광주에서 근본적으로 음악산업이 진흥되려면 맥락 없는 음악사업 몇 개로 해결되지 않을 것이다. 시의 문화산업정책 안에 음악산업 정책이 자리 잡아야 하고, 광주의 발전에 음악산업이 한 축을 이룰 것이라는 정책적인 판단이 필요하다. 그러려면 시 차원의 '광주 음악산업진흥 5개년 계획' 같은 기본정책안이 필요하고, 이를 수행할 전문성을 가진 인력들로 채워진 독립적인 기관이 필요하다. 이 기관은 연구, 정책, 사업기획 능력을 갖고 있어야 하고, 특히 외부 기업, 기관, 협회, 매체 등과의 네트워크 역량은 절대적으로 필요하다.

8. 랜드마크를 만드는 사업기획 : 독보성, 전문성, 대중성 필요

광주와 외부와의 네트워크를 생각하다보면 어쩔 수 없이 필요한 것이 '브랜드를 갖는 사업'(랜드마크)이 필요하다는 점이다. 흔히 랜드마크를 시설물과 같은 하드웨어로 생각하기 쉽상인데, 랜드마크에서 가장 중요한 것은 '브랜드 파워'고, 이를 통해서 외부에서 자발적으로 내게 오도록 하는 방안이다. 그렇게 하려면 사업기획에서 독보성, 전문성, 대중성을 가져야 한다.

그렇다면, 대중음악 콘텐츠들 에서 어떤 것들이 가능할까? 물론 기획자의 역량에 달려 있겠지만 '한국 대중음악 100년'을 활용한 대중음악 명예의전당이나 국제음악박람회 같은 소재들이 가능할 것 같다는 생각이다. 왜냐? 이 콘텐츠들은 아직 누구도 기획을 시도하지 않은 무주공산 영역이기 때문이다.

Ⅳ. '영화도시 부산' 사례

1. '영화도시 부산' 개요

(1) 영화 관련 인프라

- 1996년에 부산영화제[2]가 열리기 전까지는 부산에 영화 관련 인프라가 없었음

(2) 성공요인

- 부산광역시장(민선 1기 문정수, 2~3기 안상영 시장)의 '영화도시 부산' 만들기에 대한 의지가 오늘날의 '영화도시 부산'을 만드는 데 핵심 요소임
- 또한 김동호 집행위원장, 이용관교수, 김지석프로그래머 등 영화 전문인력이 부산

---

2 아시아 최고의 국제 영화제. 1996년 1회를 시작으로 아시아를 중심으로 한 세계 영화의 새로운 장을 펼치기 위해 해마다 개최되는 비경쟁영화제이다. 아시아 영화감독들의 최신작과 화제작을 볼 수 있는 아시아의 창, 아시아 신인감독들의 작품을 모은 새로운 물결, 단편영화와 애니메이션, 실험 영화들을 모은 와이드 앵글, 세계 영화의 흐름을 파악할 수 있는 유명 감독들의 작품을 모은 월드시네마 등 총 9개의 섹션으로 구성된 영화제는 '새로운 물결 부분'을 제외하고는 비경쟁 형식으로 진행되어 아시아 영화를 하나로 묶자는 취지에 부합하고 있다. 영화제가 열리는 해운대는 해마다 10월이면 전 세계 영화인의 시선이 집중되고 있으며 명실상부한 아시아 최고의 영화제로 자리 잡았다.

영화제와 함께 '영화도시 부산'을 만드는 플랜을 만들고 실행함
- 기타 씨네21, 한국영화연구소, 영화진흥위원회의 지원

(3) 고려점

- 마니아층의 질적/양적 확대 : 부산영화제가 안정적인 영화제로 거듭날 수 있었던 요인 중에 하나는 자국 내의 영화 관람객의 수준과 숫자가 많이 증대되었다는 점
- 프로그램의 다양성 : 국내에서 접하기 힘든 영화들에 대해서 거장이라 일컫는 감독들의 특별전을 해마다 상영
- 아시아 영화에 대한 교두보 역할 : 해외 배급사들이 아시아 영화들에 대해서 눈을 돌리기 시작을 하면서 부산국제영화제에 초점이 맞춰지기 시작함
- 부산광역시의 아낌없는 지원 : 부산광역시의 영화산업과 부산영화제에 대한 전폭적인 지원
- 국내 최초의 국제 영화제 : 브랜드 확보, 기획의 독보성
- 자원 봉사자들의 적극적인 참여 : 무수히 많은 영화제 안내 부스와 부산영화제에 관련된 기념품을 판매하는 곳에 국내외 관광객들을 안내를 위한 자원봉사자 운영
- 기획의 '독보성' 부분 : 영화제 설립 당시, 김동호 위원장과 기획팀은 당시의 시장 환경을 우선적으로 고려하여 비경쟁을 중심으로 하는 영화제로 성격을 규정함. 이미 아시아에서 국제영화제로 이름이 나 있는 홍콩영화제(1976년 창립)는 비경쟁이었고 도쿄영화제(1985년 창립)는 경쟁 영화제였음. 신생 영화제가 해외 유수의 영화제처럼 화려한 경쟁 영화제로 성공하는 것은 어렵다고 판단하여 작품성이 뛰어난 새로운 영화를 보여주는 것이 성공의 지름길이라는 판단을 함. 주요 대상으로 삼은 지역은 아시아였는데, 아시아 지역을 대상으로 신인감독과 새로운 작품을 발굴하고 작품 제작을 지원하는 것이 신생 영화제의 목표라고 판단함. 이에 더하여 아시아 지역 영화에 대해서는 '뉴 커런츠 상'을 도입하여 제한적 영역에서 경쟁 성격도 추가함.

(4) 부산의 현재 위상

- 현재 부산광역시는 영화진흥위원회, 영화의전당 등 영화관련 행정시설을 유치하여 명실상부하게 한국의 영화정책을 생산하는 곳으로 탈바꿈됨

2. '영화도시 부산'에서 광주광역시가 참고할 점

- 현재 부산광역시는 '영화도시 부산'의 위상을 갖고 있지만, 부산에 영화사들이 모여 있고, 부산에 영화관들이 운집한 것은 아님.
- 대신 '부산영화제'가 아시아 영화마켓의 핵심으로 자리를 잡았고, 영화진흥위원회와 같은 영화정책 수립기관이 이전을 하면서 문화부 내에서도 영화산업 주무부서는 부산으로 이전된 것이나 마찬가지임.
- 광주광역시에서도 이런 관점의 사업추진이 필요함.

Ⅴ. '음악도시 광주' 프로젝트 핵심 요소

1. '음악도시 광주' 모토

- "음악도시 정책을 통한 글로벌 랜드마크사업과 음악인들의 지속가능한 음악활동 인프라 마련"

2. '음악도시 광주' 목표

- "안으로는 시민들이 즐기고, 밖으로는 광주를 알리며, 음악인들이 마음껏 활동할 수 있는 여건 지원을 통한『 풍류가 깃든 음악도시 광주 구현 』"

3. '음악도시 광주' 프로젝트 기획에서의 키워드

- 대중음악을 통한 국제적 위상을 갖는 광주광역시, 광주시민의 자긍심 고취
- 광주뮤지션들의 활동인프라와 광주관광산업의 랜드마크사업을 동시에 개발
- 대중음악으로 광주아시아문화전당 사업의 중요한 S/W 마련

– 한국음악산업의 건강한 발전에 도움을 주는 음악산업정책 제시

4. '음악도시 광주' 미션

(1) 문화예술, 음악산업 분야에서 국제적 위상을 가진 지자체로 광주를 격상시킴

– 대중음악을 콘텐츠로 국제적인 랜드마크사업을 개발함

예) 미국 뉴욕(록큰롤 명예의전당 헌액식/축하공연), 클리브랜드(명예의전당 박물관/아카이브)를 벤치마킹한 '광주 대중음악 명예의전당' 사업 개발. 한국 대중음악 100년을 콘텐츠로 활용

(2) 광주 뮤지션들이 지속적으로 활동 가능하도록 산업적인 인프라를 구축함

– '출구 확보' 전략 마련. 다양한 경로를 통한 다수의 음악소비층 확보

(3) 시민들의 사업지지를 위하여 시민참여를 높일 수 있는 프로그램도 개발함

– 이는 광주시민들이 본 프로젝트에 관심을 갖게 하고, 아울러 대중음악 소비에 대한 관심도 불러일으켜서 결과적으로 광주뮤지션들의 활동에 도움을 줌

예) 시민 대상의 '한국대중음악사/광주음악사 강좌와 감상, 토론' 프로그램 등

예) 시민들이 자생적으로 음악활동을 할 수 있는 환경 조성 : 대중음악이 중심이 된 '커뮤니티아트' 활성화

5. '음악도시 광주' 프로젝트 성공을 위해서 필요한 사항

(1) '음악도시 광주'라는 마스터플랜

– 광주에서 음악창작소 사업을 할 때도 단순히 사업 하나을 진행할 것이 아니라 '음악도시 광주'라는 마스터플랜을 세우고 도시마케팅 차원에서 '음악산업'을 활용하는 방안이 있을 것임

(2) 해외 음악산업 도시 벤치마킹

– 미국 오스틴 : 전세계 3대 음악마켓인 SXSW 운영

- 미국 클리브랜드 : 록큰롤 명예의전당 운영 (*헌액공연은 매년 3월 뉴욕에서 진행)

(3) 오픈마인드를 가진 음악산업 전문가의 필수적인 참여

- 사업의 성과를 얻기 위해서 전문가가 사업을 맡는 구조 필요 : 대신 오픈마인드로
  지역과 융합하고 지역의 바람을 수용

(4) 사업기획에서의 방법론 : "네트워크 기획"

- 모든 사업을 주관기관에서 직접 다 하는 것이 아니라 외부의 자본과 자원을 적절
  히 활용해서 사업성과를 극대화시킴

(5) 음악산업 네트워크 활용

- 산업계, 학계, 뮤지션, 문화부 등의 네트워크 필요

6. '음악도시 광주' 프로젝트 주요사업 기획 시 고려점

(1) 독립적인 기관 설립 (*또는 기존 기관 내에 독립적인 사업부서 신설)

- 이벤트로만 진행하기 어려운 프로젝트이기 때문에 예산과 인력, 사업의 안정성을
  위해서 독립성을 가진 기관(부서) 필요
  ※ 중장기적인(최소 3~5년) 마스터플랜을 수립하고, 이를 흔들림 없이 수행할 수 있는 조직이 필요함 :
    성과가 나오기까지 최소 2년의 시간 필요(3년차에 정상화 가능)

(2) 랜드마크사업 개발

- 사람들의 관심 유발 : 전국적인 관심, 전세계적인 관심 유발 필요
- 타겟오디언스가 20대 중심에서 벗어나서 30~40대가 중심으로 들어와야 함 (현재
  가장 표가 잘 팔리는 안산밸리록페스티벌, 현대카드 시티브레이크도 20대 중심으로 마케팅
  을 할 경우 3~5만명 판매 수준에 불과함)
- 대규모 외지 관객이 운집할 수 있는 공간, 숙박시설, 교통시설, 편의시설 필요

※ 랜드마크 사업 기획에서의 요점

- 자국(한국) 콘텐츠를 중심으로 기획을 하는 것이 필요함. 그래야 브랜드기획에서

'독보성'을 가질 수 있고, 비용 측면에서도 유리함. 일례로 음악축제 운영을 보더라도 해외 뮤지션들은 항공료, 체제비와 같은 예산이 너무 많이 소요됨. 그리고 한국에는 해외팝음악시장이 매우 작다는 게 문제라서 해외 뮤지션들의 경우 많은 개런티를 주지 않은 이상 그리 크게 관심을 갖지 않음[3]

– 한국과 달리 일본의 경우 미국에 이어서 2번째로 큰 음악시장을 갖고 있어서 아시아 음악시장으로 분류되지 않고, 월드와이드 음악시장으로 인식됨. 그리고 전세계 뮤지션들이 미국에 이어서 반드시 진입해야 하는 국가이기 때문에 축제, 공연 등 행사기획이 매우 용이함. 그래서 후지록페스티벌과 같은 기획이 가능했음. (그렇다면 한국에서 해외뮤지션을 가지고 기획을 한다면 어떻게 접근을 할 것인지?)

(3) 음악마켓 개발

– 음악산업적인 접근 : 한국 음악산업 진흥, 음악산업계와의 협력, 사업 자체의 운영비 조달을 위해서 필요

※ 부산영화제와 같은 국제적인 이벤트 필요

– 국내 CJ E&M과 같은 대기업들의 대다수 참여 유도
– 국내외 음악 프로모터 참여

※ 한국 뮤지션 해외진출과 음악장르 선택 문제

– 만약 한국 뮤지션의 해외진출을 바란다면 '시장'이 있는 음악 장르와 스타일을 선택해야 함. 즉, 해외에 음악소비처가 어떻게 형성되어 있는지를 먼저 고려해야 함. 일례로 월드뮤직의 경우 재즈보다도 작은 시장 규모(전세계 음악시장에서 1% 수준?)를 가진 마이너 영역이기 때문에 '산업'적인 접근이 아닌 '국제교류' 차원으로 접근을 할 수 밖에 없음. 이 부분에 대한 명확한 정책적인 판단이 필요할 것임(문화산업 진흥의 영역이 아닌 예술지원의 영역임)

(4) 네트워크

– 사업의 동력을 얻기 위해서는 음악산업계, 학계, 기관들과의 폭넓은 네트워크 필요

---

3 영화의 경우 한국 영화시장이 매우 크기 때문에 헐리우드 제작자와 영화배우들이 신작 나오면 아시아에서는 홍보 차 반드시 방문하려는 국가가 되었다. 이런 사례를 참고할 필요가 있다.

VI. '음악도시 광주' 프로젝트와 랜드마크사업

1. 글로벌 랜드마크사업 보유의 필요성

○ '연례' 글로벌 랜드마크사업 부재

– 현재 광주에는 글로벌 랜드마크사업 성격으로 격년으로 열리는 '광주국제비엔날레'가 있지만, 이는 연례행사가 아님으로서 관광인프라로서의 한계가 있음. 이에 연례 글로벌 랜드마크사업을 개발할 필요가 있음

○ '음악도시 사업'을 아이템으로 도시브랜드마케팅 가능

– 현재 국내에는 '음악산업'을 채택하여 정책사업을 하는 지자체가 없음. 이에 광주에서는 '음악도시 사업'을 특화하여 도시브랜드마케팅을 하는 작업이 가능함
– 예산대비 가장 효과적인 사업이 될 수 있음

○ '음악산업'을 이슈로 관광인프라, 정책인프라 구축 가능

– 현재 광주는 관광산업 측면에서 글로벌한 경쟁력을 갖는 것 이전에 '전국적인 집객'을 할 수 있는 아이템조차도 특별히 없는 형편임. 이에 '음악산업'을 이슈로 관광인프라를 구축하는 것이 가능함
– 또한 1996년 부산에서 부산영화제가 개최된 이후 영화진흥위원회, 한국영상자료원이 부산으로 이전하고, 부산영화의전당이 개관한 사례를 본다면 음악산업에 관한 정책인프라를 구축하는 것도 가능함
  ※ 그러기 위해서는 '음악도시 광주' 프로젝트가 '한국 음악산업'을 진흥시키는 대의명분 성격의 정책아젠다도 만들어 내야 함

○ 매년 5월/10월에 광주를 홍보마케팅하는 행사들을 집중할 필요성

– 부산영화제 기간에 전국/전세계 영화인들이 부산에 오는 것처럼 매년 10월 '음악도시 광주' 랜드마크사업(광주 대중음악 명예의전당, 광주 국제음악박람회, 광주 인권&평화음악상) 기간에 전국/전세계 음악인들을 광주로 오게 함
– 격년으로 열리는 광주국제비엔날레도 9~11월에 열리므로 10월에 전국/국제 행사들을 집중하는 방안이 적절해 보임

- 아울러 2015년 9월에 아시아문화전당이 개관함으로 2015년 10월에 광주 대중음악 명예의전당, 광주 인권&평화음악상을 런칭하여 시너지 효과를 극대화할 수 있음

  ※ 매년 5월에는 5.18 행사들을 중심으로 또 다른 방향성의 행사들을 개발하고 집중할 필요성이 있음

  ※ 에딘버러시 사례 (*매년 8월 집중)

- 영국 스코틀랜드의 에딘버러시에서는 8월에 에딘버러 프린지페스티벌을 포함한 몇 개의 축제가 동시에 열림으로써 관광객 입장에서 다양한 콘텐츠를 즐길 수 있게 함

  예) 에딘버러 국제 재즈&블루스 축제, 에딘버러 군악대 축제, 에딘버러 프린지 축제, 에딘버러 국제 책 축제, 에딘버러 국제 영화 축제, 에딘버러 국제 축제

2. '음악도시 광주' 조성배경 및 필요성

○ 21세기는 문화콘텐츠산업의 시대, 광주에 특화된 콘텐츠산업 육성의 필요성 대두

- 음악산업은 미디어, 기술, 콘텐츠 중심의 고부가가치창출과 게임, 영상, 애니메이션 등 연관산업 간 긴밀한 네트워크 구축이 가능

○ '광주 아시아문화중심도시' 사업에 없는 '문화산업'을 보강함

- 현재 아시아문화중심도시 사업의 아이템들은 기본적으로 문화산업의 영역인 아닌 '예술'의 영역에 있음. 이 때문에 아시아문화중심도시 사업을 통해서 광주의 문화산업을 성장시키는 계획은 적절치 않음

- 하지만 여기에 문화산업 영역인 '음악도시 광주' 사업을 적절히 접목한다면 전체적으로 문화콘텐츠산업 개념으로 접근하는 것도 가능함

○ 국제 경쟁력 있는 '음악도시' 브랜드 구축의 최적지

- 광주 아시아문화중심도시 사업과 원원하는 기획을 한다면 대규모 '문화 클러스터' 구축도 가능함

○ 침체된 음악시장의 활성화와 아시아 음악시장의 교두보 역할

- 한국 음악산업을 성장시키는 방안을 광주의 '음악도시' 정책사업을 통해서 제시함

- 광주아시아문화중심도시 사업과 연계하여 아시아 음악시장의 교두보 역할을 하는
  정책기획도 시도함

○ 음악산업 인력양성 정책을 통한 문화기획 전문인력 광주 유입 기대
- 인력양성정책은 전문인력들이 광주로 모이게 하는 효과를 거둘 수 있음
- 광주 음악인들의 생계와 지속적인 음악활동이 가능한 인프라를 만드는 데 집중을
  하면서 아울러 한국의 음악산업을 진흥시키는 대중음악 기획, 연구, 정책 인력을
  양성하는 시스템을 개발함

3. '사직 국제문화교류타운'을 근거지로 한 '음악도시 광주' 조성 방안

○ 음악산업 관련 콘트롤타워, 지원시설, 업체들의 집중화 필요성
- 현재 사직공원 일대를 대중음악을 중심으로 한 '사직 국제문화교류타운'을 조성하
  는 계획이 진행 중에 있는데, 현재도 이곳은 통기타업소 등 포크뮤지션들의 근거지
  이기 때문에 '음악도시 광주' 사업을 하기에 적절한 공간으로 판단됨
- 아울러 이곳에 가칭 '(재)광주음악산업진흥센터'를 설립한다면 음악산업진흥에 관
  한 콘트롤타워 역할을 수행할 수 있고, 관련하여 뮤지션들을 위한 연습실, 시민들
  을 위한 대중음악 교육&감상 시설과 프로그램 등으로 집적화를 꾀할 수 있음

○ 사직공원 내에 있는 광주콘텐츠산업지원센터 건물을 활용하는 방안 고려
- 광주정보문화산업진흥원은 본원이 있는 CGI센터 중심으로 사업을 하니, 진흥원
  에서 관리하는 여러 건물들 중 사직공원 내에 있는 광주콘텐츠산업지원센터의 건
  물과 시설, 장비를 분리, 이전 받아서 재단법인을 설립하는 방안도 있음
- 센터가 사직국제문화교류타운사업을 포함한 광주사직국제포크음악제의 (행정적인)
  주관기관 역할을 하는 방안도 있음
  ※ 센터 내에 현재 운영 중인 영어방송국은 유지하는 방안 고려
  ※ 센터 입주업체 중에서 대중음악 관련 업체는 유지, 나머지 업종 업체는 진흥원의 다른 보유 건물로
    이주를 추진하는 방안 고려

4. 글로벌 랜드마크사업의 운영 목적과 고려점

○ 운영 목적

- 광주시를 대표하는 행사 개발
- 대표축제 육성으로 관광객 유치 등의 지역경제 활성화 기대 (아시아권 한류 관광객 유입, 국내 관람객 유입 등)
- 지역문화예술 기획전문가 육성, 국내외 문화예술 교류 등의 효과
- 광주시의 정책사업 홍보

○ 기타 고려점

- 지역의 문화적 역량을 키움 : 문화기획자 양성, 문화예술인 활동 기반 확대, 문화 공간 활성화, 문화적인 소양을 가진 문화소비자 증대
- 부대사업으로 매체/출판 기획&운영 검토 (사업의 홍보와 기록을 위한 방안)
- 광주만의 축제정책 필요

5. 글로벌 랜드마크사업 운영조직에서의 고려점

- 합리적인 계통 구조 (효율적인 운영 구조 안에서 사업 운영)
- 합리적인 행정 구조 (예산집행&정산, 인력고용, 계약 절차 간소화 등)
- 권한&책임의 명확함
- 기획에서부터 홍보까지의 일원화 ('홍보기획' 파트 강화)

   ※ 결론적으로는 '독립적인 운영기관'위 신설이 필요함

VII. '음악도시 광주' 프로젝트 주요사업 소개

1. 글로벌 랜드마크 사업(3)

(※ 같은 시기에 연동하여 진행함)

1-1. 랜드마크사업 분야

※ 2016년부터는 광주 대중음악 명예의전당, 광주 국제음악박람회, 광주 인권&평화음악상을 같은 시기에 연동하여 개최함 ('음악도시 광주'라는 브랜드의 3대 이벤트로 함)

(1) 사업명1 : "광주 대중음악 명예의전당" (2015년, 매년 10월)

※ 헌액식/축하공연부터 먼저 진행, 온라인 활용 아카이브 구축

1) 제안 이유

– 국내외 대중음악의 주요한 관계자들을 광주로 초대할 수 있는 기회임

– 대중음악에서는 레드카펫 행사를 할 수 있는 좋은 콘텐츠이고, 대외적인 명분도 충분함

2) 벤치마킹

– 뉴욕 록큰롤 명예의전당 재단 헌액식 + 축하공연(레드카펫 행사)

※ 매년 3월 진행, 전세계 수십개 국가에 생중계

– 클리브랜드 록큰롤 명예의전당 박물관 + 라이브러리

3) 주요 사업

– 매 해마다 대중음악 명예의전당 헌액식 및 헌정 공연 개최

예) 한대수, 김민기, 조용필에 대한 헌액식과 후배 가수들의 헌정 공연 추진

※ 언론의 집중과 공연 수입 및 리메이크 라이센스 수입 까지 수익 모델의 다각화가 가능

4) 사업 운영상의 강점

– '한국 대중음악 100년'이라는 독보적이고 매력적인 콘텐츠를 광주에서 선점함.(아직 어느 지자체도 선택하지 않았음)

– 영화제와 같이 셀레브리티(유명인사)들이 참여하는 '레드카펫 행사'를 같이 할 수 있

는 점

– 대중음악을 활용한 타 지자체의 콘텐츠 개발 사례와 확연한 차이가 있음 : 타 지역
  은 음악페스티벌 중심이고, 또한 한국 대중음악 역사와 뮤지션을 콘텐츠의 중심에
  둔 경우는 없음)

5) 진행방안

- 1차(2015년)

– 헌액식/축하공연부터 먼저 진행 (헌액 대상자 소장품 기증)

- 2차(2016년)

– 자료원 운영 (기증물품 아카이브화)

- 3차(2017년)

– 박물관 건립 (아카이브 자료를 전시하기 위한 박물관)

(2) 사업명2 : "광주 국제음악박람회" (2016년부터 진행, 매년 10월)

1) 제안 이유

– 광주광역시를 전세계적으로 홍보하고 관광객들을 유입하는 방안으로 음악박람회
  형식을 택함

– 광주광역시의 대표적인 문화콘텐츠산업으로 음악박람회와 음악마켓 사업을 택함

– 현재 국내에서 음악마켓 형태로 한국콘텐츠진흥원에서 진행하는 뮤콘과 울산월드
  뮤직페스티벌 내에서 행해지는 에이팜이 있으나, 아직까지는 '뮤직비지니스' 기능을
  원활하게 수행하지는 못함

– 이에 프랑스 미뎀, 미국 SXSW 등 '뮤직비지니스'기 활발하게 이뤄지는 음악마켓의
  시스템을 도입하면서 볼거리를 풍부하게 가기 위하여 박람회 형태를 제안함

2) 주요 개념

– 음악과 관련된 모든 콘텐츠를 다름 : 음반, 음원, 공연, 영화, 출판, 전시 등

– 실제적인 뮤직비지니스가 이뤄질 수 있도록 기획함 : 프랑스 미뎀에서 주요하게 다
  루는 '저작권 거래' 등

– 실내공연장 중심의 음악페스티벌도 같이 진행 (야외에 페스티벌 사이트가 조성되면 야
  외에서도 같이 진행하는 방안 있음)

– 스페셜 이벤트로 아시아 대중음악상 내에 '광주인권&평화음악상' 섹션 신설

3) 벤치마킹

– 미국 오스틴 SXSW : 페스티벌 + 컨퍼런스 + 쇼케이스 + 음악마켓

4) 콘텐츠

○ 아시아 음악 쇼케이스 + 음악저작권 판매

– 한국을 포함한 아시아 각국 뮤지션들의 전세계 음악시장 진출을 위한 쇼케이스 진
행

– 음악비지니스 관계자 간의 음악저작권 판매 등

○ 국제 음악산업 컨퍼런스

– 전세계 음악산업의 거물 등 연사로 초대

– 음악산업의 미래 전망 등 논의 : 디지털음악시장, 공연시장 전망 등

○ 한국음악산업학회 국제 학술제

– 한국의 연구자들이 주도하여 음악산업 관련 연구논문 발표

○ 광주+아시아 로컬 음악씬 콜라보레이션

– 광주와 아시아 뮤지션들 간의 콜라보레이션 공연

– 남도음악의 세계화도 모색

○ 음악영화제

– 음악영화 상영, 마케팅

○ 레코드 페어

– 음반 전시/판매

○ 음반&공연기획 페어

– 음반, 공연 제작을 원하는 뮤지션, 레이블들이 투자를 받을 수 있는 기회 마련

○ 음악출판물 전시/판매

– 대중음악 출판물 전시/판매

○ 음악 관련 전시

– 사진, 잡지, 머천다이즈 등

○ 아이돌 이벤트

– 드림콘서트와 같은 아이돌행사 유치

○ 뮤직비지니스 미팅

– 전세계 음악시장 진출을 원하는 뮤지션, 레이블과 각국 에이전시 간의 비즈니스
  미팅

5) 광주국제음악박람회(안)

○ 사업 일정(1회)

– 날짜 : 2016년 10월, 약 10일 간 진행

– 장소 : 아시아문화전당 예술극장(대/중), 김대중컨벤션센터, 문예회관, 전남대, 조
  선대, 금남로, 충장로, 사직공원 일원

– 프로그램 : 광주 대중음악 명예의전당 헌액식+헌정공연, 아시아 대중음악상 등

  ※ 2015년은 준비를 하고, 2016년에 런칭

○ 특별 콘텐츠1 : "아시아 대중음악상" + 축하공연 (※ 레드카펫 행사)

• 일정, 장소

– 일정 : 2016년 10월 1일간

– 장소 : 아시아문화전당 내 예술극장(대), 앞마당에서 레드카펫 행사

• 제안 이유

– 아시아 음악씬을 아우를 수 있는 음악시상식 필요

– 아시아문화전당 콘텐츠로도 적합함

• 선정 대상

– 2015년 하반기~2016년 상반기에 음반을 발표하고 활동한 한국을 포함한 아시아
  각국의 뮤지션과 작품

○ 특별 콘텐츠2 : "무등산 록페스티벌"

• 일정, 장소

- 일정 : 2016년 10월 2~3일 간
- 장소 : 미정
• 제안 이유
- 광주의 대표적인 야외 음악페스티벌 개발
- 무등산 자락을 음악페스티벌에 활용
• 프로그램
- 대중음악+남도음악

1-2. 광주정신사업 분야

(1) 사업명
- "광주 인권&평화음악상" (2015년, 매년 10월)

※ '인권+&평화 음악' 개념

인간의 존엄성과 보편타당한 권리를 의미하는 '인권'을 노래하고 관련 활동을 하는 전 세계 모든 뮤지션이 대상임 (*이는 기존의 '민중음악' 개념이 아님. 일례로 북아일랜드 사태를 노래한 U2와 같은 뮤지션, 티벳 독립이나 한국의 콜트/콜택 기타 노동자들의 파업을 지지한 레이지 어게인스트 더 머쉰 같은 뮤지션, 아프리카 기아난민을 위해서 활동한 뮤지션들도 포함될 수 있음 --> 광의의 민중음악)

(2) 연계사업
- '광주 대중음악 명예의전당' 행사 프로그램으로 같이 진행 (*전야제 성격으로 진행)

(3) 사업취지
- 국내외 다른 음악시상식과 차별화하고 광주의 지역성을 전세계적으로 알림
- 사회적 약자를 대변하는 음악 활동을 한 음악인을 대상으로 상을 수여하고 이를 기념하는 메시지 지향의 공연을 활성화
- 콜트 기타 노동자 지원 공연, 이주 노동자 음악회, 위안부 할머니 지원 공연 등 사회적 관심이 필요한 곳에서 활동한 뮤지션에 대해서 노벨 평화상과 같은 성격의 음악 어워드를 신설하고 이를 광주의 브랜드로 특화

(4) 수상대상
− 전세계 뮤지션

(5) 축하공연 (*광주518을 재조명하는 공연 개발)
− 한국 현대사에서 광주518을 재조명하고, 시민들의 공감을 불러일으키는 공연을
새롭게 연출함

  예) 조용필이 부르는 광주노래

(6) 아시아문화전당과 연계한 문화콘텐츠로 개발
− 아시아문화전당과의 연계

2. 음악활동 인프라구축 사업

2-1. 인력양성사업 분야
(1) 사업명
− "음악도시광주 기획인력 양성"

(2) 사업목적
− 대중음악 정책기획자, 사업기획자(축제, 공연, 음반 등), 마케터 등 양성

  ※ 기획자 양성과정은 해당 사업의 홍보 방안이기도 함(교육을 받는 사람들이 가장 충실한 홍보 매개체

  가 될 수도 있음)

(3) 시행시기
− 2015년 1월

(4) 사업요점 : 인재 양성&유입
− 2015년에는 단기 지역기획전문가 양성과정으로 2회 진행하나, 2016년부터는 석사
학위를 수여하는 대학원 학제 하에서 전문가 양성/재교육 과정으로 시행하여 전국
적으로 인재들을 모을 수 있는 방안 모색(광주아시아문화의전당과 '음악도시 광주' 사업
진행을 위한 인력양성 시스템)

- 2016~2017년 대학원 교육 : 2018년부터 '음악도시 광주' 랜드마크사업, 음악연구
  사업, 국제교류사업 등에 투입하는 비전을 줄 수 있기 때문에 대학원 음악산업학
  과 신입생 모집이 전국적으로도 가능할 것임

(5) 주요 교육내용

- 워크숍 : 음악축제, 공연, 음반 등 실제 기획을 통한 실무인력 양성
- 지역현장인력 네트워크 : 지역사업 성공과 실패 사례 특강과 토론

(6) 진행방안

- 1차(실무자 양성 단계, 2015년) : 5개월 단기 전문가양성과정
- 2015. 1~5월(1기, 10월 '명예의전당' 행사 투입)
- 2015. 7~11월(2기, 2016년 사업 개발 참여) : 실무자/연구원 양성, 청년기획자 창업
  유도
- 2차(전문가 유입 단계, 2016년)
- 대학원 학제화/음악산업학과 개설 (2015년에 조선대 또는 전남대와 학과신설 협의, 신입
  생 전형)
- 전국에서 광주로 학생들이 들어오게 하는 역할을 할 것임

2-2. 지역음악사업 분야

(1) 사업명

- "광주음악인 자생력확보 _ 음반/공연기획, 홍보마케팅, 창업 지원"

(2) 사업목적

- 단순히 음반/공연 제작에 관한 1회성 지원이 아니라, 음악인들이 자생력을 확보하
  는 데에 초점을 맞춤
- 지역 음악인의 편안한 활동 여건 마련 중심의 현실적인 지원 추진
- 청년음악인 일자리 창출 : 음악 활동과 관련된 신규 창업을 개발하고 지원함으로
  써 풀뿌리 음악인의 경제적 자립에 기여하고 신규 시장 개척

(3) 시행시기

- 2015년 2월

(4) 사업내용

○ 음악 공연 지원 분야

– 연 단위의 지원을 월 단위로 세분화하고 지원을 나눠서 하여 많은 지역 음악인이 참여할 수 있도록 유도

– 공연 장소 대관 확보 및 운영 인력 비용, 장비 렌탈 비용 등에 집중 지원함으로써 실질적인 활동 기회 보장에 주력 (지역 라이브클럽 등 공연 공간의 상설화를 지원)

– 서울 홍대 라이브 클럽 등 수도권 진출을 위한 기획 전문가의 체계적 일대일 매칭 지도를 통한 음악성과 상품성 확보

○ 음원 제작 지원 분야

– 음반에서 음원으로, 스튜디오 녹음에서 홈레코딩으로 바뀐 음악시장의 변화에 대응해 데모 음악의 공개경쟁을 통해 선발된 지역 뮤지션에 대해 홈레코딩 장비를 지원하고 디지털 레코딩 및 믹싱 교육을 실시

○ 음악 마케팅 지원 분야

– 국내 포털 음원사업부와 케이블 음악방송사와의 연계 사업을 통해 지역의 루키 뮤지션에 대한 국내 런칭 기회 확보 (향후 미국 SXSW와 같은 음악 박람회&페스티벌 행사로 발전 예정)

○ 창업 지원 사업

– 자신의 분야에서 아이디어를 통해 새로운 일자리를 창출할 수 있게 지원

– 창업 예시

• 인디 뮤지션 : 버스킹(길거리 공연) 기획 전문가

• 성악 졸업생 : 일반인을 대상으로 한 뮤지컬 수업

– 사무실, 연습실 등 창작 공간에 대한 현물 지원

• 공연장, 레코딩 스튜디오 사용 지원 등

– 창업 아이디어 공모전 개최

• 아이디어 공모전 수상자에 대한 창업 지원금 수여

2-3. 거리음악사업 분야

(1) 사업명

– "거리에서 대중음악을 들을 수 있는 환경 조성"

(2) 사업취지

- 음악소비자 확대 방안 : 광주 뮤지션들의 지속적인 활동이 보장되려면, 광주 안에
  뮤지션들의 음반과 공연을 지속적으로 소비할 사람들이 존재해야 함. 그렇게 하기
  위해서는 광주 시민들이 일상에서 대중음악을 접할 수 있는 기획가 많아야 함
- 즉, 일상에서 음악을 들을 기회를 늘림으로써 '대중음악 문화'가 만들어지고, 음악
  소비자가 늘어나는 것을 기대함

(3) 시행시기

- 2015년 3월

(4) 사업내용

1) 일상적인 음악 송출

- 공공기관 관련 시설물(공원 등)에서 광주 뮤지션 음악(*광주/전라도 음악전문FM라디
  오방송국 음악)을 일상적으로 송출함

2) 버스킹공연 확대

- 광주를 포함한 전국의 뮤지션들이 광주거리에서 공연을 할 수 있도록 행정적인 지
  원 : 버스킹을 할 수 있는 공간 조성(최소한의 무대 공간, 소음민원에 대한 해결 등)
- 광주 외 뮤지션들에게는 공연 시 왕복교통비 등 지원(홈페이지 신청 --〉 공연 확인
  --〉 약속된 금액 지급)

3) 게릴라공연 차량 운영

- 거리에 주차를 한 상태에서 공연을 할 수 있는 차량 운영
- 지역방송국과 협의 하에 프로그램 추진
- 광주뿐만 아니라 타 지역 행정기관의 협조를 얻어서 타 지역 출장 공연도 추진
  (예: 전국 음악축제 행사장 등)

2-4. 시민참여사업 분야

(1) 사업명1 : "한국대중음악사/광주음악사 강좌와 감상, 토론 프로그램"

1) 사업목적

- 시민들의 사업지지를 위하여 시민참여를 높일 수 있는 프로그램도 개발함

- 이는 광주시민들이 본 프로젝트에 관심을 갖게 하고, 아울러 대중음악 소비에 대한 관심도 불러일으켜서 결과적으로 광주뮤지션들의 활동에 도움을 줌

  ※ 광주 뮤지션 음악을 향유할 음악소비자 양성

2) 시행시기
- 2015년 3월

3) 교육대상
- 기획인력 양성과정 수강생, 시민

4) 교육내용
- 시민 대상의 대중음악 교육, 감상 프록램 운영
- 청소년 문화예술교육 프로그램 : 한국대중음악사, 대중음악 감상 프로그램 추가

(2) 사업명2 : "대중음악이 중심이 된 '커뮤니티아트' 활성화"
1) 사업목적
- 시민들이 자생적으로 음악활동을 할 수 있는 환경 조성

2) 시행시기
- 2015년 3월

3) 프로그램
- 음악연주 동아리 지원
- 음악감상모임 활성화 지원 (음악감상실 시설 지원)
- 음악세미나 지원

2-5. 남도음악사업 분야

(1) 사업명1 : "'음악도시 광주' 음악매체 창간 _ 인터넷, 계간지"
1) 사업목적
- '음악도시 광주' 사업을 전국적으로 홍보할 수 있는 음악매체 창간, 운영
- '음악도시 광주' 관련 담론 생산

2) 시행시기

- 2015년 4월

3) 매체 종류

- 인터넷 웹진 : '음악도시 광주' 홈페이지 활용 웹진 창간

- 계간지 : 웹진 콘텐츠를 중심으로 추가적으로 심층적인 콘텐츠 기획, '음악도시 광
  주' 관련 담론을 학술적인 분야(학계)로까지 확대

4) 매체 운영

- 인터넷 웹진 : 1월 창간 기획, 4월 창간 (*독립적인 홈페이지 운영)

- 계간지 : 1월 창간 기획, 6월 창간 (3, 6, 9, 12월 발행)

(2) 사업명2 : "광주/전라도 음악전문FM라디오방송국 설립"

1) 사업목적

- 지역음악인들에게 가장 강력한 홍보툴인 공중파방송(FM라디오) 제공

2) 시행시기

- 2015년 4월 준비, 2016년 설립

3) 주파수 범위

- 광주와 전라도를 커버하는 방송출력 보유

  ※ 수도권을 제외하면 FM채널 여유분이 있고, 정부와 협의를 통해 채널 인허가를 받는 것이 가능함 (*
    음악산업정책적인 접근으로 가능함)

4) 사업내용

- 방송사업은 '(재)음악도시광주'를 설립하여 자체적으로 운영하거나 민간에 공모를
  통해 사업자 선정

- 방송편성의 90% 이상을 국내 언더그라운드/인디음악과 해외 팝음악으로 편성할
  것을 인허가지침에 넣고, 만약 이를 어길 시 허가 취소 후 새로운 방송사업자 선정

5) 기대효과

- 비주류 뮤지션들이 안정적인 홍보툴 보유 : 자생적으로 돌아갈 수 있는 지역 음악씬이 생기는데 크게 기여할 것임
- 인디뮤지션들의 전국투어 가능 : 서울에서 활동하는 뮤지션들조차도 서울을 벗어나서 활동하지 못하는 이유는 전국적인 홍보툴의 부재 때문인데, 이를 해소할 수 있음
- 지역 뮤지션이 서울로 가지 않아도 됨 : 자생적인 지역 음악씬이 생긴다면 굳이 서울로 진출할 필요성이 없게 됨
- 역으로 서울에서 다시 귀향하는 뮤지션들 발생 가능성
- 서울에서 활동하는 뮤지션들의 행사초대 원활해짐 : 지역에서도 음악수입이 발생할 가능성이 증명되면 서울에서 활동하는 뮤지션들이 자발적으로 홍보를 하러 광주로 올 것임

6) 사업진행

- •1차(2015년) : 문화부 등과 협의 FM채널 확보, 방송사업자 선정(자체 또는 공모)
- •1차(2016년) : 광주와 전남/전북을 커버하는 주파수 범위를 갖는 방송국 설립
- •2차(2017년 이후) : 전라도와 경상도를 커버하는 방송국으로 확대 추진(송출 확대)

3. 음악연구, 국제교류 사업

3-1. 음악연구사업 분야

(1) 사업명1 : "인권음악(광주음악) 아카이브 구축"

1) 사업목적

- 1970년대 발생 이후 1980년대 광주5 ·18과 대학 노래패를 거치면서 이어져 온 민중음악사 정리를 통해 자유·민주 정신을 고취
- 한국 민중음악과 함께 광주음악사 정리

  ※ 민중음악보다는 포괄적인 '인권음악' 명칭 사용.(광의의 민중음악)

  ※ '광주음악'의 브랜드로 '인권음악' 명칭 사용.

2) 시행시기

- 2015년 2월

3) 사업내용

* 한국 인권음악 아카이브 구축
- 사라져 가고 있는 관련 악보, 테이프, 시위 사진, 인터뷰 기사 및 관련 영상 등을 수집하고 전시
- 김민기, 노찾사, 〈임을 위한 행진곡〉 등 역사적 진실과 저항 정신이 담긴 자료를 통해 광주 음악의 정체성을 정립
- 향후 '광주 대중음악 명예의전당' 핵심 콘텐츠로 특화 및 확대

* 민중음악을 세상 속으로
- 2000년대 들어 민중음악은 인디음악씬에서 창작과 공연이 같이 이뤄지는 형태인데, 이를 좀 더 폭넓게 지원함
- '우리시대 민중음악'을 활성화하기 위한 창작&공연 지원 사업

(2) 사업명2 : "한국 대중음악 100년 음반목록 구축"

1) 사업목적
- '광주 대중음악 명예의전당'을 매년 운영하기 위한 가장 기초적인 연구 작업임

2) 사업취지
- '대중음악 음반목록'은 대중음악 연구를 하기 위한 가장 기본적인 자료임. 이를 바탕으로 음악사, 아티스트, 작품 연구가 가능함. 하지만 한국에서는 '대중음악 음반목록'이 없음
- 1907년에 첫 번째 SP 음반이 발매된 이래 한국에서 발매된 음반은 대략 15만장 정도로 추산하지만, 그간 한번도 발매된 음반들에 대한 목록 작업이 시행되지 않음
- 이에 한국 대중음악 역사를 기록하고 산업적으로 활용하기 위해서 '대중음악 음반목록' 작업 프로젝트를 제안함

3) 시행시기
- 2016년 1월

4) 사업내용
- 1907년 국내에서 제작된 첫 번째 SP 음반이 발매된 이래 지금까지 한국에서 발매

된 음반은 일제강점기 시절만 해도 6000곡 이상으로 추정되고 있고 100년의 역사에 아롱 새겨진 전체 음반은 대략 15만장 정도로 추산하고 있음

- 단순히 대중음악의 범주에 가요 음반만을 포함시키기보다는 한국 대중에게 정서적으로 지대한 영향을 끼친 가곡과 민요, 국악, 동요 음반까지도 포함시킬 필요가 있음

- 1차로 입력된 자료들은 반드시 전문 대중음악연구자가 팩트 검증을 해야 하고, 이후 기자, 작가, 일반인들까지 팩트 검증을 할 수 있는 시스템이 구축되어야 함

• 음반을 발표한 뮤지션, 작곡가, 작사자, 연주자, 편곡자, 음반사의 바이오그라피와 디스코그라피 작업과 당사자들의 활동상을 증명하는 사진들의 발굴과 보존, 구분작업 역시 필수적임

• 대중음악 음반의 경우 재킷과 수록곡들이 수차례에 걸쳐 재발매된 경우가 허다함. 재발매되었지만 재킷 이미지와 명기된 제목, 글씨체가 상이한 경우가 무수하고 재킷 형태 또한 두 장으로 펼쳐지는 케이트 폴더 방식과 한 장으로 구성된 사례도 무수한데 대개 초반, 재반으로 구분되는 경우임

• 수록된 노래들 또한 일부 곡에서 누락되고 첨가된 경우도 허다하고 처음 발표된 버전과 다른 연주로 다시 녹음된 버전까지 무수하기에 어떤 음반에 수록된 버전이 최초로 발표된 오리지널인지와 후대에 몇 차례에 걸쳐 재 발매되었는지 여부에 대해서도 여러 단계에 걸쳐 꼼꼼한 확인 작업과 심도 깊고 전문적인 연구와 구분이 필요함

5) 실행계획

Phase 1. 기초연구 수행 (~D+6개월)

- '대중음악 음반목록 작성 프로젝트'를 진행하기 위한 기초연구 수행 : 프로세스, 인력, 예산, 기간 등 연구

Phase 2. 연구팀 구성 및 DB 시스템 개발 (~D+12개월)

○ 연구원 구성 및 기초작업 수행

- 책임연구원(프로젝트 매니저) 1인

- 전문 대중음악 연구자 5인

- 자료조사와 DB입력을 위한 연구보조원 5인

○ 기초작업 수행

- 작업을 진행하기 위한 자료 확보 및 자료보관 공간 준비

○ DB 시스템 개발

- 내부적으로 자료 구축을 위한 DB 개발

Phase 3. 음반목록 기본 정보 조사&입력 (~D+24개월)

○ 아티스트 이름

○ 앨범 타이틀

○ 발매연도

○ 발매사

○ 발매사의 음반번호

○ 트랙리스트(수록곡목 순서 명기)

○ 음반채킷 이미지

○ 음반형태 : SP, LP, CD, 카세트테이프 등

Phase 4. 음반목록 추가 정보 조사&입력 (~D+36개월)

○ 작사/작곡/편곡자

○ 프로듀서, 엔지니어

○ 실연자 정보

Phase 5. 음반목록 추가 정보 조사&입력 (~D+48개월)

○ 음반 재킷, 속지에 써져 있는 모든 텍스트 기록

○ 노래 가사 기록

○ 아티스트, 평론가 등이 작성한 글

Phase 6. 구술작업 (~D+60개월)

- 해당 대중음악인들의 육성 증언 기록

6) 기대효과

- 음반의 제작 연월일, 음반번호, 유형, 음악 장르, 노래 제목, 가수, 작사/작곡자, 연
  주자, 레이블, 가사, 금지여부, 노래 창작과 발표 후 벌어진 이야기, 노래의 다양한
  버전 확인, 음반 재킷 이미지, 음반 속지, 판매 숫자, 이에 대한 언론의 기사와 평론

가 평론 등을 정밀하게 집대성해 한국 대중음악의 뿌리를 찾는 동시에 한류문화의 위상에 걸맞는 다양한 검색결과를 국내외적으로 제공할 수 있는 기름진 자양분이 될 것임
- 음반목록 작업이 진행되면 자연스럽게 한국 대중음악 음반사전과 대중음악인 인명사전 같은 구체적인 결과물로 이어지며 한국 대중음악 아카이브의 근간을 이루는 뼈대가 완성될 수 있음

3-2. 국제교류사업 분야

(1) 사업명1 : "제2회 광주사직국제포크음악제"

1) 사업시기
- 미정 (2015년 8월?)

2) 사업내용
- 미정

(2) 사업명2 : "'아시아 대중음악 100대 명반' 국가별 시리즈 발간"

1) 사업취지
- 한국, 일본, 중국, 대만, 베트남, 필리핀, 인도 등 음악인들과의 교류를 하기 위한 '매개체'로 각국 뮤지션들과 음악애호가들이 관심을 가질만한 연구/출판 방식을 택함
- 광주아시아문화전당 사업의 핵심 콘텐츠로 '아시아 문화 교류'가 있는데, 이를 가장 효과적으로 가시화할 수 있는 방안 중에 하나임(예산 대비 성과와 언론주목도가 클 것임)

2) 사업시기
- 2016년 상반기

3) 사업내용
- 교류 대상 각 나라들의 주요한 음반들을 정리하여 '100대 명반' 형식으로 발간을 함
- 한국어판과 영문판 2종류로 각기 발간함

※ '한국 대중음악 100대 명반'은 2008년에 발간됨(대중음악SOUND연구소)

4) 결과물 활용
- '광주 인권&평화음악상' 수상자 결정의 기본 자료로도 활용 가능함
- '광주 국제음악박람회' 뮤지션/음반사 초청에서 기본 자료로도 활용 가능함

(3) 사업명3 : "유럽 소재 한국문화원 뮤지션 투어"
1) 사업취지
- K-POP 뮤지션의 해외진출 개념, 범위 확대 방안

2) 사업시기
- 2016년
- 런던한국영화제(The London Korean Film Festival)가 열리는 매년 11월

▶ 런던한국영화제
- 주최 : 문화부
- 주관 : 영국 런던 한국문화원
- 시작년도 : 2006년 (*2016년 11회)
- 행사성격 : 비경쟁 영화제
- 홈페이지 : http://www.koreanfilm.co.uk
- 영화제 소개 : 2006년 한국·영국 상호방문의 해를 맞아 문화체육관광부가 주최하
  고, 주영국 한국 대사관, 문화원, 한국콘텐츠진흥원이 공동 주관하는 영화제임.
  현재 주목할만한 관객동원으로 해외에서 개최되는 문화부 주최 연례행사 중에 성
  공적인 행사로 평가받고 있음.

3) 협의처
- 문화부 해외문화홍보원

4) 사업내용
- 유럽에 있는 한국문화원(영국, 독일, 프랑스, 스페인, 벨기에)을 광주에서 선정하여 지
  원하는 한국 뮤지션들이 순회공연을 하는 형식

※ 런던 한국영화제가 열리는 시기를 택한 이유는 유럽에서 많이 알려진 행사이기 때문에 행사기획에서 시너지 효과를 기대할 수 있어서임

5) 재원
- 광주광역시
- 예산의 일부는 문화부와 기업 후원을 이끌어냄

VIII. '음악도시 광주' 프로젝트 조직

1. 바람직한 조직 신설 방안

- 1안 : 가칭 '(재)광주음악산업진흥센터'와 같은 독립기관 설립
- 2안 : 광주정보문화산업진흥원 내에 '음악도시 광주' 본부체제 신설
  ※ 성공적인 사업성과를 바란다면, 1~2년 이내에 본 사업을 성장시키고 안정화시키기 위해서 부산국제영화제와 같은 독립적인 기구 구성이 필요함

2. 가칭 '(재)광주음악산업진흥센터' 조직구성 방식

- 센터장
- 음악도시광주 정책기획팀
- 글로벌 랜드마크 사업팀
- 음악활동 인프라구축 사업팀
- 음악연구/국제교류 사업팀
- 행정팀

3. 조직 구성 방안

○ 조직 구성에 있어 고려 사항
- 연례사업, 상시사업을 할 수 있는 조직과 예산 편성이 필요함
- 광주시에서 6급 정도의 추천 인사가 파견 근무를 하는 것이 바람직함 (광주시 내부
  에서 본 사업에 대한 이해와 지지가 필요함)

○ 인력 구성
- 실무진의 구성 비율에 있어 사업 초기 년도엔 지역 인재들을 50% 정도로 하고 과
  도기를 거친 후 80% 이상으로 단계적 상승
- 대학생 인턴제 운영 : 청년들의 규합을 통한 사업 홍보와 초기 사업성과 확보가 필
  요 (이중 우수 인력은 조직의 인력으로 흡수하는 방법이 있음)

○ 인력 선발
- 자체적인 인력양성사업을 통해 선정
- 신입의 경우, 3~6개월 인턴 과정을 거친 후 정규직으로 채용

IX. '음악도시 광주' 프로젝트 운영

1. 사업의 활성화를 위한 독립적인 홈페이지 구축과 운영

- 광주정보문화산업진흥원 홈페이지와는 별도로 독자적인 홈페이지 개설이 되어야
  사업을 추진하는데 용이함
  ※ 진흥원과는 배너 정도로만 연결
- 구축에 많은 예산이 필요한 고전적이고 비탄력적인 홈페이지가 아닌 페이스북, 블
  러그 등 기존 형태를 집중해서 모이게 하는 형태로 가고, 구축 보다 운영과 홍보에
  많은 예산이 집중 되어야 함
- 일반인의 신속하고 적극적인 참여가 가능한 기업 홍보 마케팅 기법의 도입이 필요.

관공서의 성격을 벗어나야 일반인들의 관심과 참여를 유도할 수 있음. 예를 들어 토크콘서트의 티켓뿐만 아니라 헤드폰, CD, 악기 등 음악 관련 업체의 상품을 과감하게 경품으로 준비함으로서 생활에 자연스레 음악적 관심을 일으킬 수 있게 하는 촉매가 필요함

2. 지역음악인 네트워크 상시화

- 지역 음악인들이 자주 찾는 공간에서 정기적인 모임 운영. 아울러 예산의 일정량은 이 자리를 통해서 제안된 사업 개발에 투입함으로써 지역 음악인들의 니즈를 수용함
- 모임 운영 방법은 포크음악 분과, 실용음악학원 분과, 학술 분과 등을 별도로 운영하는 방안이 소통을 하는데 효율적일 것으로 생각됨

3. 지역 교류 프로그램 운영

- 카페를 활용한 토크콘서트에 문화 인사, 지명도 있는 가수, 지역 가수 들을 배치해 문화적 갈증 해소 및 광주 음악창작인의 무대 기회 제공을 동시에 해결하며, 정기적인 행사로 자리 잡는 방안 모색
- 적은 금액이라도 지역 업소(커피전문점 등)의 지원·협찬을 명시해 지역 소상공인과 함께 하는 방안 모색
- 향후 뮤지션 지원 사업의 경우도 공정한 심사를 거쳐 악기 구매를 지원하는 방안 모색. 이 때 지역 악기사 등을 '음악도시광주 지원 가게' 명판을 달아주고 구매처로 지정해 상호 원원하는 전략을 구사하는 방안 모색
- '아름다운 가게' 등 지역의 시민단체들과 공동 이벤트를 진행하는 방안 모색

4. 경제유발효과, 일자리창출 문제 고려

▶ 발굴~공연 프로세스 : 뮤지션의 '자생성' 마련이 핵심

- 발굴 : 한국콘텐츠진흥원의 K루키스나 CJ의 튠업과 차별화 방안 마련
- 교육 : 실용음악 교육보다는 '뮤직비지니스' 교육이 필요 (음반기획, 공연기획, 녹음, 홍보마케팅을 스스로 할 수 있게 함 --> 뮤직비지니스 관련 '창업' 유도 --> 청년음악인 일자리 창출)
- 공연 : 전국 네트워크 시도. 광역/지역 문화재단 아트센터 활용 방안 모색
- 공연장 : 광주 안에서 공연을 지속적으로 할 수 있는 방안 마련 --> 음악소비자 저변확대 필요 --> 지속적으로 활동할 수 있는 경제적인 기반 마련

5. 기타 사업 운영상에서의 고려점

○ 지역 젊은이들이 음악으로 먹고 살 수 있는 문제
- 소위 물고기를 잡아서 주는 형태의 단순 지원 방식이 아니라 젊은 뮤지션들 스스로가 자립을 할 수 있는 기반 마련에 역점을 둘 필요 있음
- 음악창작소 사업의 경우도 경쟁 공모를 통해 선발된 팀에 지원해 주는 방식이 아니라 서로 모여 아이디어와 역량을 모을 수 있게, 팀 간의 교류와 뮤직 스쿨 같은 청년 창업 유도 등을 통해 스스로 헤쳐 나갈 수 있는 자생력 증대에 초점을 두고 진행하는 방안이 필요함
- 연 단위의 정해진 수량의 지원이 아닌 음악, 녹음, 공연, 마케팅, 해외진출 등 개별 단계에 맞는 역량 강화를 주요 목표로 해야 함

○ 지역 뮤지션의 해외 진출에 대한 가능성
- 광주 출신 뮤지션들의 경우도 부족한 것은 음악성이 아니라 기회와 경험이며, 새로운 자극을 통해 트렌드를 읽고 변화하는 것이 중요
- 뮤직페스티벌의 경우 국가 간 전략적인 뮤지션 교류 프로그램을 가지고 있기 때문에 광주 루키 뮤지션의 해외 진출 창구로 가능하며, '음악도시 광주 기획인력 양성' 프로그램을 통해 뮤지션과 기획 전문가를 동시에 프로젝트 베이스로 양성하게 됨

○ 5·18 관련 음악 행사의 시민 참여율을 높일 수 있는 방안
- 5·18이 한 세대를 지나 30년이 지나면서 많은 사회적 변화가 있었지만 관련 행사에 있어서는 매년 비슷한 가수와 기획이 반복 되고 있기에 참신성이 떨어진다고 볼

수 있음

– 단순 초대로 3~4곡 노래하고 가버리는 방식이 아닌 민주, 인권에 대한 뮤지션의 음
악적 해석을 담아낼 수 있게 최소 수개월 전부터 기획자와 아티스트가 같이 공연
을 준비해야 함

– '음악도시 광주' 프로그램 중 일부를 5월에 배치하는 방안이 있음

○ 광주출신 중국 혁명음악가 정율성의 브랜드화와 음악도시 사업과의 연계 방안

– 중국의 3대 혁명 음악가로 칭송 받는 정율성과 광주의 민중음악은 많은 공통점이
있기 때문에 이의 학술적 재평가를 통해 양측 국민의 공감대를 형성하는 것이 우
선적으로 필요

– 이후 지명도 있는 양국 가수들의 콜라보와 트리뷰트 음반 제작 및 공연을 통해 새
로운 콘텐츠로 승화하는 것이 중요

○ 광주 음악사업에서의 정신

– 광주의 정신, 광주의 음악이 무엇인지 시민들이 먼저 느끼는 것이 중요하며, 80년
대 시민 수 만명이 함께 금남로에서 불렀던 민중음악에 대한 향수와 자부심을 다
시 일깨우는 것도 필요

– 사라져 가는 민중음악의 자료를 수집 정리하고, 학술 행사를 통해 시민의 자존감
을 회복하는 것이 필요

– 대외적으로는 음악과 더불어 웹툰, 캐릭터 등 멀티미디어 콘텐츠를 활용한 친근한
온라인 홍보에 많은 심혈을 기울여야 광주, 전남이 고립된 섬의 이미지를 벗어날
수 있을 것임

○ 광주아시아문화전당 사업과의 연계 방안

– 사업 초기에 바로 연계하기는 시간적 준비가 필요하지만, 명예의전당 헌액식 및 공
연 장소로서 활용이 가능하며, 이를 통해 국내외 미디어에 자연스럽게 노출이 되
어 이미지 제고에 큰 도움을 주고 향후 주요 콘텐츠로 성장하리라 예상

○ 통기타의 거리에 있는 업소들에 대한 지원 방안

– 뮤지션과 업주의 두 가지 성격이 있는 특성을 고려하여 음반 제작 및 공연 지원, 대
형 통기타 등 상징적 조형물 설치, 신축 중인 전망대 활용, 고객의 편의를 위한 주

차 부지 확보 등 여러 사안이 필요. 별도의 협의체를 구성해 연차별 계획을 가지고 접근하는 것이 타당하다고 여겨짐

○ **광주시가 보유하고 있는 공연장, 녹음실의 활용 방안**
- 최근 경향을 보면 공연장의 경우 장르별 전문화, 녹음실은 뮤지션이 집에서 직접 녹음하는 홈레코딩 방식이 대부분임. 이제는 예산의 대부분을 활용도가 낮은 고급 장비와 시설을 구축해 놓고 끝나는 방식은 지양해야 함
- 진흥원 시설의 경우도 10년이 넘어 노후화 되고 운영할 수 있는 전문 인력도 부재하여 활용이 제한적인 것으로 알고 있음. 그러나 소규모 교육이나, 행사의 장소로 활용 가능함
- 또한 위치적 장점을 살려 사업의 추진 부서나 기관이 상주하는 건물로 사용하는 것이 효율적임

X. '음악도시 광주' 프로젝트 로드맵

□ **STEP1(2014년) : '음악도시 광주' 정책수립 단계**
- 연구용역 사업을 통한 마스터플랜과 세부사업 수립 : 2015년부터 정식으로 '음악도시 광주' 사업을 하기 위한 기본계획 수립 (조직, 인력, 예산, 콘텐츠 등 검토, 확정)
- 예산 심의/확정, 기본계획 확정
- 임시사무국 신설(기초사업 진행, 2015.1 인력양성사업 홍보/SNS, 홈페이지 개발 등)

□ **STEP2(2015년) : 기반조성 단계 ("음악도시 광주" 인식)**
- 정식 조직 신설, 사업 진행, 네트워크사업 기획
- '음악도시 광주' 프로젝트를 대내외적으로 천명하기 위한 '글로벌 랜드마크 사업' 진행 ("광주 대중음악 명예의전당", "광주 인권&평화음악상")
- 음악인들의 지속가능한 음악활동 터전을 마련하기 위한 '음악활동 인프라구축 사업'
- 음악의 대중성 확산을 위한 포크음악 활성화사업 계속 추진(광주사직국제포크음악제 지속 개최 등)

– 인재 양성과 영입을 위한 대학원 음악산업학과 설립 논의(조선대, 전남대 등)

– '음악도시 광주' 조례 제정 추진

– 음악도시광주 재단법인 추진 검토

□ STEP3(2016년) : 음악도시 단계 (국제교류 확대)

– '음악도시 광주'의 3대 랜드마크사업인 "광주 대중음악 명예의전당", "광주 국제음악박람회", "광주 인권&평화음악상"을 10월에 연계 개최하여 시너지 극대화

– 남도음악사업 분야의 "광주/전라도 음악전문FM라디오방송국 설립" 추진

– 음악연구, 국제교류 사업 진행

□ STEP4(2017년~) : 음악산업도시 단계

– '음악도시 광주' 사업성과 확인 SOUND

목표와 주요사업

비 전

음악도시 정책을 통한 '글로벌 랜드마크사업'과
음악인들의 지속가능한 '음악활동 인프라' 마련

목 표

안으로는 시민들이 즐기고, 밖으로는 광주를 알리며,
음악인들이 마음껏 활동할 수 있는 여건 지원을 통한
『풍류가 깃든 음악도시 광주 구현』

주요사업

글로벌 랜드마크 사업	랜드 마크 분야	1. 광주 대중음악 명예의전당 및 광주 국제음악박람회 개최
	광주 정신 분야	2. 광주 인권·평화 음악상 신설
음악활동 인프라 구축 사업	인력 양성 분야	3. '음악도시 광주' 기획인력 전문가 양성
	지역 음악 분야	4. 지역 음악인 역량 강화를 위한 기반 지원
	거리 음악 분야	5. 거리에서 대중음악을 들을 수 있는 환경 조성
	시민 참여 분야	6. 대중음악 강좌 등 시민 참여 프로그램 강화
	남도 음악 분야	7. 지역 음악 전문 송출형 FM 방송국 설립
음악연구, 국제교류 사업	음악 연구 분야	8. 인권음악 아카이브 및 대중음악 100년 음반목록 구축
	국제 교류 분야	9. 광주사직국제포크음악제 개최, 아시아 국가별 명반서적 시리즈 발간 및 뮤지션 해외 투어 지원

추진 전략 및 기대 효과

추진전략

☐ 신한류 콘텐츠로 급성장한 음악산업 분야에 대한 지자체의 정책
적 선점 (블루오션 분야)

☐ 도시 브랜드 마케팅 차원의 인프라 구성을 통한 글로벌 랜드마크
사업 특화

기대효과

☐ 음악씬 생성을 기반으로 한 지역 뮤지션의 자생력 확보

☐ 음악 전문가 중심의 광주와 수도권의 문화 교류 증대

☐ 아시아문화중심도시 사업의 핵심 콘텐츠로의 성장 기대

☐ 문화 기획자 양성 과정의 특화로 문화 예술/산업 시장 형성

☐ 음악을 통한 시민과의 소통 기회 확대

추진 로드맵 및 조직 구성(안)

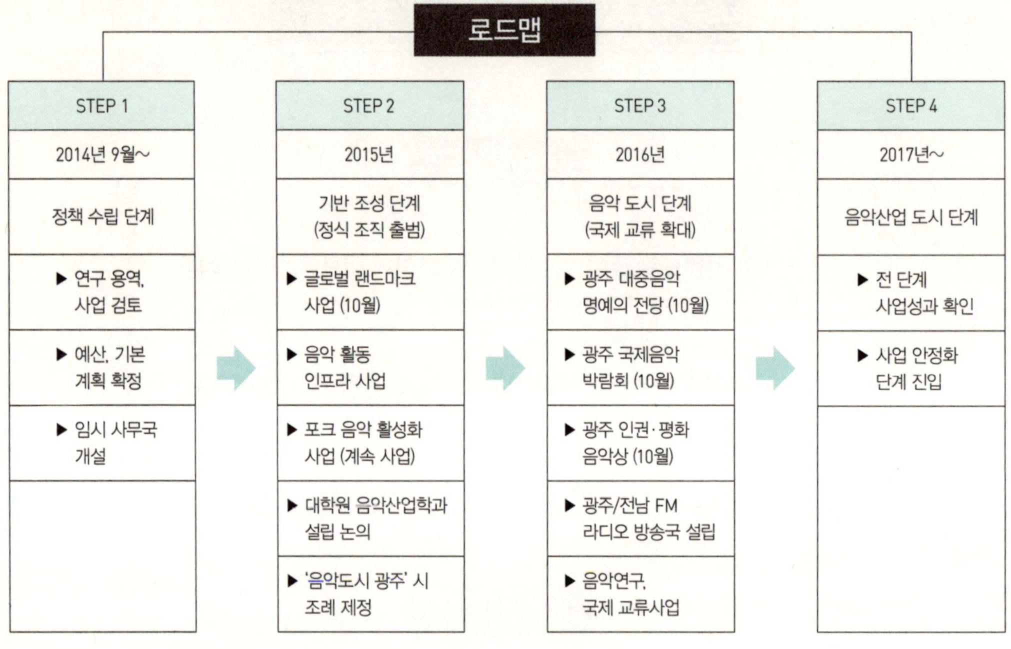

조직구성(안)

□ 1안 : 음악산업진흥 콘트롤타워 기능으로 수행기관 선 설립
　▶ (가칭)**'재단법인 광주음악산업진흥센터'** 정식 출범

□ 2안 : 과도기 후 수행기관 설립
　▶ (재)광주정보·문화산업진흥원 내 **'음악도시 광주 본부'** 신설,
　　1~2년 후 독립적 재단으로 분리·확대
　▶ 본부 조직 구성 (1본부 5팀)
　　• 본부장
　　• 5팀 : 음악도시광주 정책기획팀, 글로벌 랜드마크 사업팀, 음악 활동 인프라구축 사업팀,
　　　　음악연구/국제교류 사업팀, 행정팀

1 대중음악 명예의전당 및 국제 음악박람회 개최

'음악도시 광주'를 전 세계에 천명하고 광주를 대표하는 브랜드 행사로서
성장시켜 수익 모델을 확보

□ 광주 대중음악 명예의전당

○ 매 해마다 대중음악 명예의 전당 헌액식 및 헌정 공연 개최

　예) 한대수, 김민기, 조용필에 대한 헌액식과 후배 가수들의 헌정 공연

○ 연도별 추진 계획(매년 10월 개최)

　– 1차 년도('15년)

　▶ 헌액식 및 축하공연 진행(헌액 대상자 소장품 기증)

　– 2차 년도('16년)

　▶ 자료원 운영(기증 물품 아카이브화)

　– 3차 년도('17년)

　▶ 박물관 건립(아카이브 자료를 전시)

□ 광주 국제 음악박람회

○ 2016년 10월 개최하여 랜드마크 사업들과 연계하여 시너지 효과 극대화

○ 주요 프로그램

　– 국제 음악산업 컨퍼런스 및 한국음악산업학회 국제 학술제

　– 광주와 아시아 뮤지션들 간의 콜라보레이션 공연

　– 음반 및 공연기획 페어, 뮤직비지니스 미팅 등

　– 음악 영화제, 음악출판물 전시/판매

　– 아시아 대중음악상, 무등산 록페스티벌 등 개최

2 광주 인권·평화 음악상 신설

□ 사업 개요

○ 대상 : 인간의 존엄성과 보편타당한 권리를 의미하는 '인권'을 노래하고 관련 활동을 하는 전 세계 뮤지션

○ 국내외 다른 음악시상식과 차별화하여 광주의 지역성을 범세계적으로 알림

○ 사회적 관심이 필요한 곳에서 활동한 뮤지션에 대해서 노벨 평화상과 같은 성격의 음악 어워드를 신설하고 이를 광주의 브랜드로 특화

　– 콜트 기타 노동자 지원 공연, 이주 노동자 음악회, 위안부 할머니 지원 공연 등

○ 향후 아시아문화전당과 연계한 문화콘텐츠로 발전

□ 축하 공연

○ 한국 현대사에서 광주 5 ·18을 재조명하고, 시민들의 공감을 불러일으키는 공연을 새롭게 연출함

　예) 조용필이 부르는 광주노래 등

3 '음악도시 광주' 기획 인력 전문가 양성

'음악도시 광주' 사업을 이끌어 갈 실무 중심의 인재 육성을 통해 사업
추진 세력 및 홍보 전문가 확보

☐ 단계별 계획

○ 1단계('15년)
- 단기성(5개월) 지역 기획전문가 양성과정 2회 실시
  ▶ 1기생 목표 : '명예의 전당' 행사(10월)의 기획 전문가 육성
  ▶ 2기생 목표 : 실무자, 연구원 양성 및 청년기획자 창업 유도

○ 2단계('16년)
- 지역 대학과의 협력 관계를 통해 대학원 '음악산업학과' 개설
- 대학원 학제의 전문가 양성 본격화에 진입(전국에서 인재 영입)

○ 3단계('17년 이후)
- 배출 인력은 음악도시 광주'의 랜드마크사업, 음악연구사업, 국제교류사업 등에 바로 투입

☐ 교육 방식 및 내용

○ 기본 교육 : 워크숍 등 음악축제, 공연, 음반 등 실제 기획을 통한 실무인력 양성
○ 특별 교육 : 지역 전문가를 초빙하여 지역사업 성공과 실패 사례를 분석

지역 음악인의 편안한 활동 여건 마련 중심의 현실적인 지원을 함으로써
풀뿌리 음악인의 경제적 자립에 기여

☐ 공연 지원 분야

○ 연 단위의 지원을 월 단위로 세분화하여 많은 지역 음악인이 참여할 수 있도록 유도

○ 공연 장소 대관 확보 및 운영 인력 비용, 장비 렌탈 비용 등에 집중 지원함으로써 실질적인 활동 기회 보장에 주력

  − 지역 라이브 클럽 등 공연 공간의 상설화를 지원

○ 전문가의 일대일 지도를 통해 음악성과 상품성을 확보하여 홍대 라이브 클럽 등 수도권 진출 지원

☐ 음원 제작 지원 분야

○ 홈레코딩 장비 지원 및 디지털 레코딩과 믹싱 교육을 실시

  (※ 홈레코딩 : 스튜디오가 아닌 집에서 개인 PC를 이용한 녹음 방식)

☐ 음악 마케팅 지원 분야

○ 국내 포털 음원사업부와 케이블 음악방송사와의 연계 사업을 통해 지역의 신인 뮤지션에 대한 국내 런칭 기회 확보

☐ 창업 지원 분야

○ 사무실, 연습실 등 창작 공간에 대한 현물 지원

○ 음악 산업 창업 아이디어 공모전 개최를 통한 지원금 수여

5 거리에서 대중음악 들을 수 있는 환경 조성

일회성 대형 이벤트가 아닌 맞춤형 공연으로 세분화하여 기획함으로써
상시적 음악이 흐르는 광주를 구현

□ 세대별 맞춤 공연 지원 및 공연장 특화

○ 10대~20대 : 전남대 후문 앞 에서 길거리 인디 공연

※ 최근 젊은이 중심의 음악 문화 트랜드인 버스킹 공연 (길거리 공연) 활성화를 위해 전국 활동 뮤지션

과의 교류 공연 지원

○ 30대~40대 : 사직 공원 일대에서 통기타 포크 공연

○ 50대~60대 : 대인, 양동 시장에서 트로트 공연

○ 70대~80대 : 광주 공원 및 지하철 금남로 4가역 등에서 국악 공연 등

□ 계층별 맞춤 공연 및 교육/제작 지원

○ 다문화 어린이의 난타 등 방과 후 음악 교육 지원

○ 광주 교회 성가대 합창 경연 및 창작 CCM 제작 지원

○ 실용 음악 학원 발표회 및 오디션 전문가 수업 지원

○ 중·고교 및 각 대학교의 음악 동아리 정기 연주회 지원

□ 공연 장소의 다각화

○ 기존 공연장의 틀을 깨고 새로운 중·소형 공연장을 발굴함으로써 참신한 기획을 통해

수익 모델로 연계

※ 최근 급성장하고 하고 있는 커피 전문점과의 제휴를 통해 상호 시너지 효과를 발생

대중음악 강좌 등 시민 참여 프로그램 강화

음악도시 광주에 대한 시민의 관심 증대를 통해 대중음악을 향유할 소비
계층을 확대 생산

□ 한국 대중음악사 및 광주 인권음악사 강좌/감상/토론

○ 사업 목적

- 시민들의 사업지지를 위하여 시민참여를 높일 수 있는 프로그램 개발
- 이는 광주시민들이 본 프로젝트에 관심을 갖게 하고, 아울러 대중음악 소비에 대한 관심도 불
  러일으켜서 결과적으로 광주뮤지션들의 활동에 도움을 줌
  ⇒ 광주 뮤지션 음악을 향유할 음악소비자로 성장

○ 교육대상

- 기획인력 양성과정 수강생, 시민

□ 대중음악이 중심이 된 '커뮤니티 아트'활성화

○ 사업 목적

- 시민들이 자생적으로 음악활동을 할 수 있는 환경 조성

7 지역 음악 전문 송출형 FM 방송국 설립

지역 음악인을 효과적으로 홍보할 수 있는 FM 방송국을 설립하여 음원
및 인지도 향상의 교두보로 활용

□ 사업 내용

○ 주와 전라도를 커버하는 방송출력 확보가 가능

○ 방송사업을 자체적으로 수행 또는 공모를 통해 민간에서 방송사업자 선정

○ 방송 편성의 90% 이상을 국내 언더그라운드 및 인디음악과 해외 팝음악으로 편성할 것
   을 인허가 지침에 넣고, 만약 이를 어길 시 허가 취소 후 새로운 방송사업자를 선정

□ 기대 효과

○ 생산자 측면

  – 다양한 음반들이 매체(음악전문 라디오방송국)를 통한 적절한 홍보 루트를 확보

  – 더 많은 뮤지션들이 음악씬에 진입할 가능성 증가

  – 음반제작자들의 홍보(매니지먼트) 비용 감소

  – 언더그라운드 / 인디 음반들의 매출 증대

  – 음반판매 증가로 인한 뮤지션들의 인세 증가

○ 소비자 측면

  – 소비자들이 다양한 음악을 들을 권리 충족

  – 소비자들의 음반 구입 시 선택권 확장

  – 소비자들의 음반구매욕 증가

8 인권음악 아카이브 및 대중음악 100년 음반 목록 구축

민중음악사 정리를 통해 자유·민주 정신을 고취하고 한국 대중음악 라이브러리
리스트 구축을 통해 연구 사업 선점

□ 광주 인권음악 아카이브 구축

- ○ 사라져 가고 있는 관련 악보, 테이프, 시위 사진, 인터뷰 기사 및 관련 영상 등을 수집하고 전시
  - 김민기, 노찾사, '임을 위한 행진곡' 등 역사적 진실과 저항 정신이 담긴 자료를 통해 광주 음악의 정체성을 정립
  - 향후 '광주 대중음악 명예의전당' 핵심 콘텐츠로 특화 및 확대

□ 한국 대중음악 100년 음반목록 구축

- ○ 구축 대상 : 1907년 이후 국내 발매된 음반 15만 여장
- ○ 구축 단계
  - 1단계 : 기초연구 수행
    - (프로세스, 인력, 예산, 기간 등 연구)
  - 2단계 : 연구팀 구성 및 DB 시스템 개발
    - (내부적으로 자료 구축을 위한 DB 개발)
  - 3단계 : 음반목록 기본 정보 조사 및 입력
    - (아티스트 이름, 앨범 타이틀 등)
  - 4단계 : 음반목록 추가 정보 조사 및 입력 [1차]
    - (작사가, 작곡가, 편곡자 등)
  - 5단계 : 음반목록 추가 정보 조사 및 입력 [2차]
    - (노래 가사, 평론 등)
  - 6단계 : 구술 작업
    - (해당 대중음악인들의 육성 증언 기록)

9 GSWFF, 아시아 명반 시리즈, 뮤지션 해외 투어 지원

음악을 중심으로 '아시아 각국과 문화교류'를 확장하여 향후 아시아문화전당 내
국제 교류 콘텐츠로 활용

□ 광주 포크음악 활성화 (사직국제문화교류타운) 사업

○ '광주사직국제포크음악제' 등 지속적 추진으로 대중음악에 대한 저변 확대
○ 해외 뮤지션들과의 교류를 통해 광주포크만의 정체성 확립

□ '아시아 대중음악 100대 명반' 국가별 시리즈 발간

○ 교류 대상 각 나라들의 주요한 음반들을 정리하여 '100대 명반' 형식으로 발간 (※한국
어판과 영문판 2종류로 각기 발간)
○ 아시아 음악인들과의 교류 및 음악 애호가들이 관심을 가질 만한 매개체로서 연구·출
판을 특화
○ 활용 방안
　– '광주 인권·평화음악상' 수상자 결정의 기본 자료로 활용
　– 광주 국제음악박람회' 뮤지션/음반사 초청 시 기본 자료로 활용

□ 유럽 소재 한국문화원 한국뮤지션 투어

○ 매년 11월 성공적으로 개최되고 있는 '런던 한국 영화제' 개최 시기에 접목
○ 유럽 주재 한국문화원(영국, 독일, 프랑스, 스페인 등)과 협력하여 광주에서 선정한 뮤지
션들의 해외 순회공연 지원

특집

all around music

음악산업에서 음악마켓의 역할

서문

2006년 광명음악밸리축제, 2010년 인천펜타포트페스티벌에서의 음악마켓 추진 사례 _ 박준흠

1. 음악마켓(Music Market)

음악산업 유통 활성화의 장(場) _ 김미소(소닉아일랜즈 엔터테인먼트 기획팀 대리)

2. 한국 음악마켓의 현황과 제언

에이팜(APaMM, Asia Pacific Music Meeting), 인천펜타포트뮤직스팟(Incheon Pentaport Music Spot), 뮤콘(MU:CON Seoul), 서울아트마켓(PAMS; Performing Arts Market in Seoul) _ 홍정택(대중음악평론가)

3. 해외 음악관계자 인터뷰

음악산업을 진흥시키고, 뮤지션들의 해외진출을 도와줄 '음악마켓'을 어떻게 만들 수 있을 것인가?
_ 권석정(텐아시아 기자), 김재범(성균관대학교 경영대학/예술대학 교수), 양은영(포항공과대학교 인문사회학부 교수), 조대곤(포항공과대학교 산업경영공학과 교수)

▶ 울산 에이팜 초청 해외 음악관계자 인터뷰
1) 제롬 윌리엄스(Jerome Williams)
2) 패트릭 드 그루트(Patrick De Groote)
3) 워렌 스미스(Warren Smith)
4) 말콤 헤인즈(Malcolm Haynes)

4. 에이팜(APaMM) 특별 세션 with 대중음악SOUND연구소

"한국에서는 이상적인 '음악마켓'을 어떻게 만들 것인가?" _ 박준흠(대중음악SOUND연구소장)

▶ 패널 : 김재범(성균관대학교 경영대학/예술대학 교수), 권석정(텐아시아 기자), 이수정(SOUND연구원), 조대곤(포항공대 교수), Carla Bakker(Australia), Patrick De Groote(Belgium), Alberto Guijarro(Spain)

2006년 광명음악밸리축제,
2010년 인천펜타포트페스티벌에서의
음악마켓 추진 사례

■ 2006년 광명음악밸리축제에서의 뮤직마켓 시도 사례

'음악산업에서 음악마켓의 역할'을 어렴풋이 인식하기 시작한 것은 2006년 3월에 미국 오스틴시에 열리는 SXSW 페스티벌(SXSW Music Conference & Festival, http://www.sxsw.com)을 참관하면서부터다. 당시 광명음악밸리축제 예술총감독으로서 재직하고 있었는데, 광명첨단음악밸리사업을 추진하고 있었던 광명시는 미국의 '음악산업도시'로 알려진 텍사스주 오스틴시와 자매도시 관계를 맺고 있었다. 그래서 3월에 광명시에서는 현지 교민단과의 교류사업과 SXSW 참관을 목적으로 시장님, 관계공무원, 축제감독 이렇게 단체로 오스틴시에 갔었다. 페스티벌 주관사인 SXSW Committee 관계자들을 직접 만났고, 현장에서 축제를 관람했다. 아래는 SXSW 참관 후 2007년에 발간한 '축제기획의 실제'에서 SXSW를 소개하고 있는 내용이다.

국제적 명성의 멀티미디어 축제 사우스 바이 사우스웨스트(South By Southwest; SXSW)는 음악, 필름, 멀티미디어 컨퍼런스로 1987년에 처음 시작했다. 화려한 음악축제 프리덤 페스티벌(The Freedom Festival)은 7월 4일에 열리며 라이브 뮤직, 다양한 음식, 질커 공원(Zilker Park)에서는 불꽃놀이 행사 등이 열린다. 또한 이 페스티벌의 다른 이름인 South By Southwest Music Festival은 미국 신인 발굴의 최고 축제로 평가받고 있고, 소니-BMG, 워너 브러더스, EMI, 유니버설 등 메이저급 음반사들이 참여하는 음악 & 미디어 컨퍼런스이다. Music Festival, Film Festival, Interactive Festival로 나뉘어 지고, 여기서 Music Festival(3/15-3/19)은 독특하게 음악산업·음악비지니스 성격의 축제이다. 그래서 레코드사들의 A&R(뮤지션 섭외파트)과 뮤지션들을 연결해주는 기능과 각 나라 뮤지션들이 미국/영국을 포괄하는 전 세계 진출(해외유통)을 가능하게 해주는 기능을 중

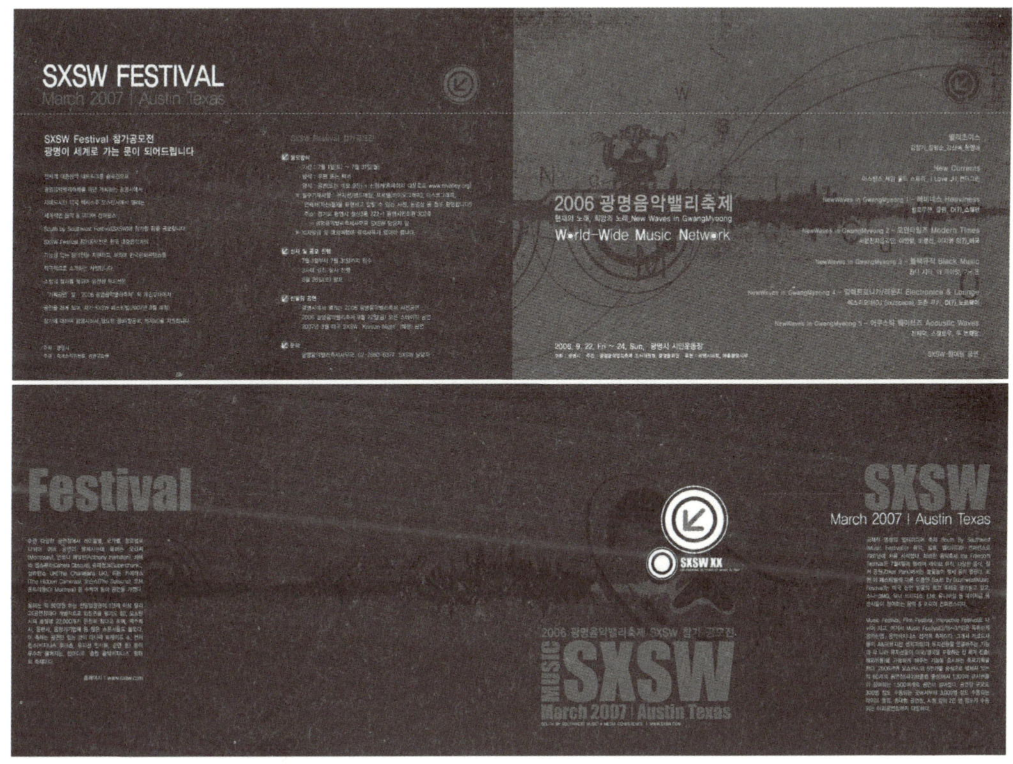

2006광명음악밸리축제 SXSW참가공모전 브로셔 앞면, 뒷면

시하는 축제기획을 한다. 2006년엔 오스틴시의 6번가를 중심으로 펼쳐져 있는 약 60개의 공연장(라이브클럽 중심)에서 1,300여 뮤지션들이 참여하는 1,500여개의 공연이 벌어졌다. 공연장 규모도 300명 정도 수용되는 곳에서부터 3,000명 정도 수용되는 라이브 클럽, 중대형 공연장, 시청 앞의 2만명 정도가 수용되는 야외공연장까지 다양하다. 이런 다양한 공연장에서 레이블별, 국가별, 장르별로 나뉘어 여러 공연이 펼쳐지는데 2006년에는 모리씨(Morrissey), 안쏘니 해밀턴(Anthony Hamilton), 카메라 옵스큐라(Camera Obscura), 슈퍼청크(Superchunk), 샬라탄스 UK(The Charlatans UK), 히든 카메라스(The Hidden Cameras), 닷슨스(The Datsuns), 오브 몬트리올(Of Montreal) 등 수백여 팀이 공연을 가졌다. 2006년에는 약 50만원 하는 전일입장권이 1만개 이상 팔렸고(공연장마다 개별적으로 입장권을 팔기도 함), 오스틴시의 호텔방 22,000개가 완전히 찼다고 하며, 맥주회사, 음반사, 음향기기업체 등 많은 스폰서들도 붙었다. 이 축제는 공연만 있는 것이 아니라 트레이드 쇼, 컨퍼런스(비지니스 워크숍, 뮤지션 인터뷰, 강연 등) 등이 무수히 펼쳐지는, 한마디로 '종합 음악비지니스' 형태의 축제이다. 지자체가 얻는 경제적인 효과는 Music

Festival이 $24.9 Million(249억원), Film/Interactive Festival이 $13.3 Million(133억원)이며, 참관자들의 평균 경비 지출은 $264/Day(27만원/일)이다.

2006년 당시 60~70개의 공연장(라이브클럽 중심)에서 1,300여 뮤지션들이 참여하는 1,500여개의 공연이 벌어졌다는 사실도 놀라웠지만, 음악축제의 매출만 249억원에 달한다는 사실은 '음악마켓'을 겸하는 음악축제의 가능성으로 여겼다. 한마디로 한국에서도 벤치마킹할 대상으로 생각했고, 일단 SXSW와의 교류가 매우 중요할 것으로 생각했다. 그래서 그해 광명음악밸리축제에서 "2006 광명음악밸리축제 SXSW 참가 공모전 – Road to SXSW"를 진행했다. 2007년 3월 SXSW 참여 경비를 광명시에서 지원한다는 조건으로 2006년 7월에 공모를 해서 8월에 심사를 했는데, 총 66개 팀이 응모했다. 이들 중 상당수는 한국을 대표할만한 음악성과 인지도를 갖춘 뮤지션들이었고, 이제 막 활동을 시작한 신인들 중에도 그 가능성이 큰 경우가 많았다. 경력은 물론 장르와 스타일 면에서도 매우 다양한 음악인들이 응모해주었다. 이들을 대상으로 한 심사는 면밀한 방식으로 공정하게 진행되었으며, 공식적으로는 ① 8월 1일부터 8월 21일까지 3주에 걸

2007SXSW 서울전자음악단 현수막 시안과 샘플러음반 시안

친 기간에 ② 한국과 미국에서 ③ 총 13인이 참여하여 ④ 3차에 걸쳐 심사를 진행했다.

특히 2차 심사는 SXSW 현지, 즉 미국 오스틴에서 이루어졌다. Brent Grulke 등 5인의 SXSW 페스티벌 심사위원회는 한국에서 전달된 15개 팀들 중 5개 팀을 SXSW 참가 후보로 낙점했다. 심사를 주관한 SXSW 페스티벌의 크리에이티브 디렉터 Brent Grulke은 "전체의 수준이 매우 높아 이 중 몇 팀만을 선택하기가 아주 어려웠다."고 평했다. 2차 심사를 통과한 5개 팀은 무순위로 추천되었다. 최종 3차 심사는 한국의 외부위촉 심사위원단에 의하여 진행되어, 가장 높은 점수를 받았던 신윤철이 이끄는 '서울전자음악단'이 선정되었다. 서울전자음악단은 그해 광명음악밸리축제 개막공연(9/22)에 나와 연주를 하였고, 2007년 3월에는 한국 뮤지션 최초로 SXSW에 참여했다.

그리고 원래 2006년 광명음악밸리축제에서는 음악마켓의 주요 프로그램인 '음악산업 컨퍼런스'를 계획했었지만, 2006년 6월 지방선거에서 당선된 새로운 시장이 축제예산을 1억원 이상 깎아버리는 바람에 결국 계획을 취소할 수 밖에 없었다. 게다가 그 시장 선거공약이 광명첨단음악밸리사업 백지화와 광명음악밸리축제 재검토였기 때문에 아주 불편하게 그해 축제를 진행하고 나서 축제사무국은 해체되었다. (하지만 이후 '광명음악축제'로 이름이 바꿔어서 이전과 같은 축제사무국 체제가 아닌 이벤트 운영방식으로 3년간 더 진행되었다.) 만약 2006년 지방선거 결과만 그렇게 나오지 않았다면 2006년에 '음악산업 컨퍼런스' 시작하면서 2007년에 한국에서 최초로 '음악마켓'을 열었을지도 모른다. 난 당시 SXSW를 중요한 벤치마킬 대상으로 생각하고 있었기 때문에 그렇게 했을 공산이 컸을 것이고, 그리만 되었다면 인디 뮤지션들을 포함한 K-POP 뮤지션들의 해외진출 역사는 5년은 당겨졌을 것인데, 참 아쉬운 일이다.

■ 2010년 인천펜타포트페스티벌에서의 뮤직마켓 사례

2010년 1월에 인천펜타포트페스티벌 총감독을 맡아서는 드디어 2006년 광명음악밸리측제에서 사정상 하지 못했던 '음악산업 컨퍼런스'를 다시 기획했다. 당시 인천펜타포트페스티벌을 주관한 인천문화재단(재단 안에 축제사무국 설치)은 '국제교류'를 중시하는 기관이었기 때문에 '음악산업 컨퍼런스'를 기획하는 데 별 문제가 없었는데, 예산이 수립되지 않아서 펜타포트락페스티벌 예산에서 일부를 빼서 락페스티벌(7/23~7/25)의 전야제 형식으로 출범시켰다. 처음에 이 행사를 기획했을 당시만 해도 인천시 내에서 반대

2010인천펜타포트 뮤직비지니스 컨퍼런스 자료집

목소리가 높았지만, 2012년에 '뮤콘 서울'과 '울산 에이팜'이 출범하면서 한국에서 본격적으로 '음악마켓'이 시작되자 결국 2013년부터는 인천펜타포트뮤직스팟(Incheon Pentaport Music Spot)으로 새롭게 런칭되었다.

어쨌든, '2010 인천펜타포트 뮤직비즈니스 컨퍼런스'는 2010년 7월 22일(목) 오후 3시부터 파라다이스호텔인천의 8층 사파이어룸에서 진행되었고, "아시아를 포함한 해외 뮤직비즈니스 실무자와 국내 음악관계자들이 서로의 정보를 공유하고, 새로운 비즈니스를 창출하는 교류를 위한 장을 마련하는 것"을 취지로 잡았다. 각국 음악시장의 현실적인 정보 공유를 통해 서로 상생할 수 있는 비즈니스 네트워킹을 인천에서 마련하려고 했고, 국내·외 음악 관계자들의 발제와 토론 및 비즈니스파티 등을 마련했다. 당시 이 행사를 같이 진행했던 DFSB콜렉티브는 2010년 인천의 성과를 바탕으로 2011년부터 서울소닉(SeoulSonic) 프로젝트를 출범시켜서 SXSW 등에 한국 뮤지션들을 진출시키는 프로그램을 시작했다.

1. 2010 인천펜타포트 뮤직비즈니스 컨퍼런스 인사말

안녕하십니까? 오는 7월 23일부터 8월 29일까지 인천 전역을 음악으로 가득차게 할 2010 인천펜타포트페스티벌에 앞서 아시아 음악시장과 음악페스티벌에 대한 깊이 있는 이해와 아시아 뮤직비즈니스의 교류를 위해 2010 인천펜타포트 뮤직비즈니스 컨퍼런스가 오는 7월 22일(목) 인천 파라다이스 호텔에서 개최됩니다.

2010 인천펜타포트페스티벌은 '음악의 다양한 문화적 표현'이란 캐치프레이즈 아래 인천펜타포트 락페스티벌(7.23-7.25), 인천펜타포트 아츠페스티벌(7.30-8.29), 인천펜타포트 프린지페스티벌(7.30-8.13)로 구성됩니다.

2010 인천펜타포트 뮤직비즈니스 컨퍼런스는 아시아를 포함한 해외 뮤직비즈니스 실무자와 국내 음악관계자들이 서로의 정보를 공유하고, 새로운 비즈니스를 창출하는 교류를 위한 장입니다. 각국 음악시장의 현실적인 정보 공유를 통해 서로 상생할 수 있는 비즈니스 네트워킹이 인천에서 이루어집니다. 국내·외 음악관계자들의 발제와 토론 및 비즈니스 파티가 있으니 많은 참여와 관심 부탁드립니다.

2. 2010인천 펜타포트 뮤직비즈니스 컨퍼런스 소개

(1) 개요

– 사업명 : 2010 인천펜타포트 뮤직비즈니스 컨퍼런스

– 주제 : 아시아 음악시장과 페스티벌, 그 교류의 시작

– 일시 : 2010년 7월 22일(목) 15:00 – 22:00

– 장소 : 인천 파라다이스 호텔

– 참석대상 : 국내외 음악비즈니스 관계자

– 주최 : 인천광역시

– 주관 : 인천문화재단 축제사무국

– 협력 : DFSB Kollective

(2) 참여 행사 안내

1) 2010 인천펜타포트 뮤직비즈니스 컨퍼런스 프로그램

– 오프닝 스피킹 | 김창남 (한국대중음악상 위원장/성공회대학교 신문방송학과 교수)

　"한국 대중음악씬의 역사, 성장과 변화"

– 발제1 | Stan Ruza (뮤직 매터스(Music Matters) Commercial Director)

　"아시아의 뮤직비즈니스 네트워크"

– 발제2 | Mark Russell (프리랜서 기자/프로듀서)

　"한국 대중음악산업의 현재"

– 발제문3 | 박준흠 (펜타포트 축제사무국 총감독)

2) 비즈니스 파티

2010 인천펜타포트 뮤직비즈니스 컨퍼런스에서 참가자들의 네트워크를 위한 비즈니스 파티를 준비했습니다. 참석한 각국의 음악산업 관계자들과 함께 서로 가벼운 담소를 나누며 파티를 즐겨주세요.

일시 : 2010년 7월 22일(목) 20:00 ~ 22:00

장소 : 인천 파라다이스 호텔

3) 음악다큐멘터리 상영

– 한국 인디씬에 대한 소개를 위해 다큐멘터리 '반드시 크게 들을 것'의 편집본(30분 내외) 상영 (파라다이스 호텔 2층 다이아먼드룸에서 석식 전 상영)

4) 비즈니스존 운영

2010 인천펜타포트 뮤직비즈니스 컨퍼런스에서 참가자들의 미팅을 위한 비즈니스존을 마련했습니다. 파라다이스호텔과 펜타포트락페스티벌 공연장 내 2개의 비즈니스존이 있으니 비즈니스 미팅을 위해 사용하시기 바랍니다. 해외 참석자와의 미팅을 원하시는 분은 이메일로 신청을 해주시기 바랍니다. 컨퍼런스 당일에도 신청 가능합니다.

① 호텔 내 비즈니스존

– 위치 : 파라다이스 호텔 스위트룸 205호

– 운영시간 : 10시 ~ 22시

② 펜타포트락페스티벌 내 비즈니스존

– 위치 : 펜타포트락페스티벌 공연장 내 축제사무국 부스 옆 배치

– 운영시간 : 12시 ~ 22시

(3) 2010 인천펜타포트 뮤직비즈니스 컨퍼런스 해외 참석자

– CMJ Network / USA : Matt McDonald / Vice President, Artists & Events

– SXSW / USA : Brent Grulke / Creative Director

– CMW(Canadian Music Weeks) / Canada : Neill Dixon / President

– Music Matters / Hong Kong : Stan Ruza / Commercial Director

– P–vine Records / Japan : Koki Yahata / A&R

- The Creative Management / Hong Kong : Tan Chee Meng / President

- Hotpot Music / China : Paul Huang / Promoter

- AEG China / China : Gary Mak / Director Tours & Events

- Underground HK / Hong Kong : Chris B / Organiser

- Good Vibrations / Australia : Jane / Organiser

- Wasabeat / Japan : Yong-Bo Bay **SOUND**

박준흠 | 편집인, 대중음악SOUND연구소장

음악마켓(Music Market)

음악산업 유통 활성화의 장(場)

최근 들어 세계 경제의 글로벌화와 피지컬(음반)에서 디지털(음원)로 산업의 중심축이 옮겨지는 음악산업의 격동기를 거치며, 음악마켓은 침체된 음악산업의 대안이 되어 여러 비즈니스 솔루션과 도구를 제공하는 중요한 역할을 하고 있다. 영·미 중심의 콘텐츠에서 보다 권역이 확장된 다양한 콘텐츠들이 음악마켓으로 공급되고 있으며, 월드 와이드 뮤직 마켓을 벤치마킹한 권역별 뮤직마켓이 늘고 있는 추세다. 뿐만 아니라 세계적인 주요 음악 마켓들은 IT, 광고, 게임 등의 주변사업과 협업을 통한 새로운 판로를 개척하는 흐름을 선보이고 있다.

김미소 | 소닉아일랜즈 엔터테인먼트 기획팀 대리

이화여자대학교 음악대학 한국음악과를 졸업하고 2010년부터 2013년까지 울산월드뮤직페스티벌 & 아시아퍼시픽뮤직미팅 운영홍보팀 대리, MBC 문화콘서트 난장의 코디네이터로 활동했다. 현재는 소닉아일랜즈 엔터테인먼트 기획팀의 대리로 한국음악의 전략적인 해외진출을 돕는 뮤직마켓·페스티벌과 관련한 업무를 맡고 있으며 가톨릭대학교에서 '축제와 스토리텔링' 강의를 진행하고 있다.

음악마켓이란?

음악마켓은 음악을 산업적 관점에서 시장이라는 경제원리에 맞춰 놓은 유통구조의 장(場)으로서 특정한 장소에서 정해진 기간 동안 아티스트와 기획자간에 인적교류와 홍보를 통해 음악산업의 유통 체계의 한계를 극복하고, 공연 및 음반 등의 계약 체결과 판매 촉진을 위한 정보교류, 홍보마케팅 활동을 목적으로 한다. 음악시장 전체의 유통을 매개해주는 도매시장으로 최종 수요자에게 전달되기 이전의 프리 마켓(Pre-Market)이면서, 동시에 1차 공급자인 아티스트와 중간 공급자인 매개자 사이에 음악콘텐츠의 수요와 공급이 이루어지는 장이다.[1] 새로운 정보의 획득과 계약이라는 공통의 목적을 위해 아티스트, 기획사, 레이블, 극장, 축제기획자, 프로모터, 에이전트 등이 방문하기 때문에 정보수집에 있어 매우 적극적인 수용 자세를 갖게 되며, 다양한 음악산업 관계자들의 소통 공간의 기능을 한다.

1967년 프랑스 칸(Cannes)에서 개최된 미뎀(MIDEM)을 시작으로 세계적으로 여러 음악마켓들이 생겨났고, 이는 음악산업 활성화를 위한 대외적 유통체계를 마련했다. 음악마켓 안에서 매개자와 공급자가 만나서 음악콘텐츠를 사고 팔게 되기 때문에 음악시장에 새로운 유통체계가 형성되었을 뿐만 아니라, 음악시장의 산업화 기반이 구축되었다. 뿐만 아니라 내수 시장에서 벗어나 음악마켓을 통해 국제적인 유통을 촉진할 수 있는 신규수요가 창출되며, 새로운 비즈니스 모델이 되었다. 또한 비즈니스 계약 외에도, 다양한 문화행사 및 컨퍼런스를 통해 새로운 음악시장의 정보를 수집하고, 서로간의 정보 교류 및 국내외 음악시장의 동향 파악이 가능하게 되었다. 아티스트는 마켓 안에서 해외진출이 성사되는 콘텐츠를 통해 세계시장에서 통하는 음악의 특성과 강점을 파악할 수 있고, 세계적인 음악콘텐츠가 갖춰야만 하는 요소를 살펴볼 수 있게 되었으며, 수요자들의 반응과 평가를 통하여 향후 목표로 하는 시장에 맞는 음악콘텐츠를 개발할 수 있게 되었다.

최근 들어 세계 경제의 글로벌화와 피지컬(음반)에서 디지털(음원)로 산업의 중심축이 옮겨지는 음악산업의 격동기를 거치며, 음악마켓은 침체된 음악산업의 대안이 되어 여러 비즈니스 솔루션과 도구를 제공하는 중요한 역할을 하고 있다. 영·미 중심의 콘텐츠에서 보다 권역이 확장된 다양한 콘텐츠들이 음악마켓으로 공급되고 있으며, 월드 와이

---

1 이규석, 「공연예술 견본시의 현황과 전망 – 호주 공연예술견본시의 사례를 중심으로」, 『2004 축제경영전문 워크숍』, 사단법인 다움문화예술기획연구회, 2004, p104.

©APaMM

드 뮤직 마켓을 벤치마킹한 권역별 뮤직마켓이 늘고 있는 추세다. 뿐만 아니라 세계적인 주요 음악 마켓들은 IT, 광고, 게임 등의 주변사업과 협업을 통한 새로운 판로를 개척하는 흐름을 선보이고 있다.

음악마켓의 분류

음악마켓은 지역별, 장르별, 유형별로 구분할 수 있다. 프랑스 칸의 미뎀, 미국 오스틴(Austin)에서 개최되는 사우스 바이 사우스웨스트(South by Southwest, 이하 SXSW), 유럽 권역에서 개최되는 워멕스(WOMEX)와 같이 전 세계 음악산업 관계자들이 한 데 모여 뮤직비즈니스를 진행하는 월드 와이드 뮤직마켓과, 유럽 음악산업의 주요한 플랫폼의 역할을 하는 유로소닉(Eurosonic)과 독일의 리퍼반 페스티벌(Reeperbahn Festival), 유럽과 중남미 음악이 중심이 되는 프리마베라프로(PrimaveraPro), 아시아 최대의 뮤직마켓인 싱가폴의 뮤직매터스(Music Matters), 호주와 오세아니아 권역을 커버하는 호주 월드와이드 뮤직 엑스포(Australasian Worldwide Music Expo) 등과 같이 권역별 음악마켓, 한국의 서울국제뮤직페어 뮤콘(MU:CON)과 에이팜(APaMM, Asia Pacific Music Meeting)과 같이 자국의 음악산업 교류 활성화와 해외시장 개척을 위해 마련된 음악마켓이 있다.

음악마켓은 기본적으로 다양한 상품을 보여주는 견본시의 성격을 띤다. 그러나 세계에서 열리고 있는 많은 음악축제가 점차 마켓의 기능을 하게 됨으로써 축제도 음악마켓의 한 유형으로 분류될 수 있다. 음악마켓은 창설목적과 형태에 따라 유형을 나누어 볼 수 있다. 프랑스 칸에서 열리는 음악산업 분야의 견본시인 미뎀은 국제박람회 기업인 리드 미뎀(Reed Midem)에 의해 1967년에 시작되었다. 매년 프랑스 칸에서 열리는 4일간 개최되는 미뎀에는 2014년 기준 75개국, 1,236개 부스전시, 39개 국가관, 120회 컨퍼런스, 46회의 콘서트, 6,150명이 참가하였다. 전 세계에서 오는 음악 아티스트, 비즈니스 관계자, 음악산업 정책관계자, 미디어 관계자 등이 참석하고, 다양한 비즈니스 미팅을 통해 음악과 관련된 세계적인 정치적 법적 이슈 등을 논의하고, 팝, 록, 재즈, 클래식 등 모든 장르의 음악을 선보이며, 새로운 아티스트 발굴을 위한 쇼케이스 행사, 음악 및 관련 산업계의 새로운 트렌드와 제품들이 소개된다.

미국의 텍사스 주 오스틴에서 매년 봄에 개최되는 SXSW는 음악·영화·기술·게임 등 다양한 콘텐츠 장르가 어우러져 전시, 컨퍼런스, 공연 등의 갖가지 행사가 개최되는 세계 최대 규모의 창조산업 축제다. 1987년 인디밴드의 음악 축제로 시작한 SXSW는 10년 전 영화와 인터랙티브 기술 영역까지 확대하며 국제적인 엔터테인먼트 트레이드 쇼로 자리 잡았다. SXSW 뮤직은 여전히 행사에서 가장 큰 비중을 차지하는 축제와 쇼케이스 연계형 뮤직마켓으로 2014년 기준 57개국 28,000명의 음악관계자 및 아티스트가 참가, 6일간 오스틴의 도심에 위치한 100개의 공연장에서 총 2,300회의 공연이 개최 되었다. 존 메이어(John Mayer), 제임스 블런트(James Blunt), 폴리포닉 스프리(The Polyphonic Spree) 등 세계적인 음악인들을 이 축제에서 발굴됐으며, 해마다 주목할만한 뮤지션을 소개하고, 뮤직 비즈니스와 관련한 다양한 컨퍼런스와 세션들이 준비되어 있다.

유럽 권역에서 개최지를 이동하며 진행되는 워멕스는 월드뮤직 장르에 특화된 음악마켓이다. 위의 두 마켓이 전 장르를 다루고 있다면, 워멕스는 각 국가별 전통음악과 그에 기반한 현대적인 음악콘텐츠를 다루는 쇼케이스형 뮤직마켓이라 할 수 있다. 1991년 개최된 이후 올해로 20주년을 맞이한 워멕스는 2014년 기준 60회 쇼케이스, 22회 세션, 47개국 280개 부스전시가 이루어졌다. 공모를 통해 선정된 쇼케이스, 컨퍼런스, 부스전시, 월드뮤직 영화 등의 프로그램으로 구성되어 있으며, 각 국가별 전통음악을 주요한 콘텐츠로 다루는 특성 때문에 정부의 문화예술산업의 진흥 정책 사업의 일환으로

©APaMM 쇼케이스

각 국의 예술위원회 및 관련 기구에서도 참여를 한다.

또한 스페인 바르셀로나에서 열리는 음악마켓 프리마베라 프로(PrimaveraPro)는 프리마베라 사운드 페스티벌과 연계한 축제형 음악마켓이다. 전략적으로 유럽 타지역, 북·남미를 중심으로 음악업계 전문가들과의 문화 교류 및 협력관계를 도모하기 위해 개최되는 행사이다. 낮에는 컨퍼런스, 워크숍, 쇼케이스, 네트워크 미팅 및 리셉션이 진행되고 저녁 프로그램에는 프리마베라 사운드 페스티벌과 연계한 특정 프로그램과 관련업계 전문가와 프레스만 출입이 가능한 공연장이 운영되며 아디다스 오리지널 스테이지는 신진아티스트들의 무대로 꾸며져 음반사나 그 외 기타 관련자들에게 노출될 수 있는 기회를 제공한다. 이와 같은 축제형 음악마켓의 경우, 음악마켓에서 주력하여 해외로 공급하고자 하는 콘텐츠를 소개하고, 또한 축제를 통해 해외의 콘텐츠를 전략적으로 공급받아 소개하는 채널이 형성되기 때문에 보다 상호교환적인 비즈니스를 효과적으로 달성할 수 있으며, 음악마켓 프로그램 외 축제의 프로그램까지 보다 많은 콘텐츠를 소개할 수 있는 장점이 있다.

음악마켓의 구성요소

음악마켓은 지역, 장르, 유형에 따라 성격에 차이가 있지만, 주요 프로그램은 크게 쇼케이스, 강연 및 컨퍼런스, 부스전시, 비즈니스 미팅 및 네트워킹 이벤트로 구성된다.

쇼케이스(Showcase)는 아티스트가 자신들의 공연을 뮤직마켓에 참가한 관계자들에게 선보이기 위해 약 25분에서 40분 정도의 짧은 시간 동안 작품의 하이라이트를 보여, 주는 공연을 말한다. 쇼케이스는 대개 국제 공모를 통해 이루어지며, 뮤직마켓 사무국의 프로그램 디렉터 혹은 전문 심사위원단으로부터 선정된다. 또한 음악마켓의 기획에 따라 '집중 조명 프로그램'이 마련되어, 해당 프로그램에 맞는 아티스트들이 소개되기도 한다. 극장 및 축제 관계자, 프리젠터, 에이전트, 퍼블리셔 등은 실제 라이브를 통해 아티스트의 가능성을 사전점검하고, 쇼케이스 전후로 극장 및 축제 관계자, 프리젠터, 에이전트, 퍼블리셔 등과 공연 및 음반·음원의 계약이 체결된다. 아티스트는 쇼케이스를 통해 향후 축제, 공연장 등의 공연 투어를 계획할 수 있고, 권역별 부킹 에이전트, 레이블, 퍼블리셔, 프로듀서 등의 파트너를 찾을 수 있다.

강연 및 컨퍼런스에서는 음악산업의 쟁점이 될 수 있는 다양한 주제와 이슈에 대한 강연 등을 통해서 음악분야의 발전을 위한 다양한 논의가 이뤄진다. 세계 음악시장 경향과 이슈, 뮤직마켓 참가 단체의 프리젠테이션, 제작 프로젝트를 공개하고 국제 협업 및 제작 파트너를 찾는 피칭 세션, 디지털 뮤직과 스트리밍, 라이센싱 & 퍼블리싱, A&R, 브랜딩 & 마케팅등의 뮤직 비즈니스 방법론과 관련한 다양한 강의들이 마련된다. 또한 최근 주요 뮤직마켓에서는 음악산업과 관련한 다양한 흐름을 연구하는 랩과 아카데미를 개설해 음악 마켓 기간 동안 워크숍을 펼친다. 음악마켓에 참석한 많은 관계자들은 이러한 참가를 통해 세계 음악시장의 흐름을 알고, 음악산업의 최신 정보와 비즈니스를 발전시킬 수 있는 여러 방법론을 모색할 수 있는 시간을 마련한다. 또한 컨퍼런스 및 강연을 통해 참가하는 연사 및 패널들의 성향을 집중적으로 파악하고 전략적인 인적 네트워크를 마련할 수 있다. 다양한 컨퍼런스와 강연은 사후 자료집, 동영상의 형태로 아카이빙 되어 음악산업의 주요한 데이터로 활용된다.

전시부스는 음악마켓이 개최되고 있는 동안 다양한 홍보·마케팅의 촉진활동이 이루어지는 장(場) 이다. 축제, 마켓, 극장, 레이블, 기획사, 에이전시, 쇼케이스에 참가 아티스트 및 단체, 미디어, 국가별 예술위원회와 관련 기관 등이 개별 부스를 운영, 자신의 콘텐츠를 효과적으로 소개할 수 있는 홍보물, 영상자료 등을 통해 홍보·마케팅을 펼친다. 참가 목적에 따라 해당 부스를 방문해 다양한 정보와, 실제 비즈니스 미팅을 진행할 수 있으며 다양한 인적교류의 기회를 제공하고, 자신의 콘텐츠를 소개하는 시간 등을 통해 서로의 의견을 나눔으로써 친밀감을 형성하고 보다 더 자연스러운 인적 네트워크의 확장을 도모할 수 있다.

네트워킹 이벤트에는 아티스트와 관계자들이 효과적인 비즈니스를 위해 1:1로 만날 수 있는 시간을 마련해주는 비즈 매칭, 공통의 이슈와 주제에 대해 소규모 그룹으로 커뮤니케이션이 가능한 라운드 테이블, 아티스트의 콘텐츠와 비즈니스 전략을 도모할 수 있는 컨설팅, 멘토링 세션 등이 운영되며, 이외에도 자연스런 네트워크를 형성할 수 있는 개, 폐막 파티 및 소규모 리셉션이 마련된다. 또한 마켓별로 포커스 권역, 포커스 이슈를 선정하여 해당 권역의 공연예술 현황과 이슈, 시장 정보, 해당 작품 등을 소개하며 공공문화 기관, 국제교류 기관들 간의 긴밀한 네트워킹이 진행된다.

한국의 음악마켓

한국의 음악마켓은 주로 정부의 문화예술산업의 진흥정책 사업의 일환으로, 정부 산하의 문화공공기관에 의해 개최된다. 정부 주도의 음악마켓은 말 그대로 중앙정부나 지방자치단체가 마켓을 직접 주도하는 형태로서 안정된 정책적 지원과 재원을 통해 성공적인 개최를 가능하게 한다. 그러나 정부나 지방자치단체들은 개최의 목적설정, 방향 등을 제시하는 중점적 역할을 하는 대신에 프로그램과 같은 실질적인 운영과 기획에 있어서는 민간기획사나 예술감독을 선임하여 운영하거나, 정부 산하단체가 마켓을 주관함으로써 집행을 위임하기도 한다. 정부가 국고로 음악마켓을 개최하는 것은 자국 음악콘텐츠의 국제교류 활성화와 해외 시장을 개척하기 위함이다. 전 세계의 주요한 음악관계자를 국내의 음악마켓에 초청하여 자국의 실력 있는 음악콘텐츠를 소개하고, 공연·음반·음원 등의 계약을 성사시킴으로써 새로운 시장으로의 진출 기회를 마련하게 된다. 이는 개별적으로 해외시장 개척을 위한 복잡한 절차나 비용을 절감하고, 국가적 차원에서 자국의 아티스트들이 세계시장으로 안정적으로 진입할 수 있는 통로를 마련해주며, 음악마켓을 통해 배출된 성과를 통해 국가의 홍보 및 브랜딩이 가능해진다.

국내에서는 문화체육관광부 산하의 (재)예술경영지원센터에서 개최하는 서울아트마켓에서 음악마켓의 개념이 도입되었다. 2005년 시작되어 올해로 10회를 맞이하는 서울아트마켓에서는 쇼케이스를 통해 마켓이 선정한 한국의 대표 연극, 무용, 음악, 다원예술을 소개했고, 음악분야에서 국악과 재즈를 중심으로 매년 3~4팀이 쇼케이스를 통해

ⓒ weekly@예술경영

해외 진출의 기회를 마련했다. 서울아트마켓은 대표 월드뮤직 마켓인 워멕스, 프랑스의 바벨메드뮤직(Babel Med Music) 등에 매년 지속적으로 참가하며 부스전시를 통해 한국 음악단체를 적극적으로 프로모션하고, 세계 음악관계자들을 서울아트마켓에 초청해 다양한 한국음악을 소개하고 있다.

본격적으로 한국에서 음악마켓이 시작되기 시작한 것은 케이 팝 한류 열풍으로 뜨거웠던 2012년, 새 정부가 출범하면서 '창조경제'의 핵심으로 문화콘텐츠 산업이 중요하게 부각되며 '대중음악의 산업적인 성장'은 이제 국가적인 과제가 되었다. 특히 내수시장의 한계를 극복하고 수출을 통한 산업 확장을 위해 '해외 진출'이 강력히 대두되기 시작했고, 마침내 2012년 정부는 문화체육관광부의 '글로벌 뮤직 네트워크' 구축 사업의 일환으로 한국음악의 해외진출을 돕고 세계 음악인들과의 교류와 협력을 활성화하기 위해 추진하는 글로벌 뮤직 마켓인 '뮤콘'과 '에이팜'을 개최하게 되었다. 전 세계 음반, 음원, 공연시장의 1·2위를 차지하는 미국과 영국을 중심으로 서구권 시장을 보다 적극적으로 두드리기 위해 전세계 음악 산업 관계자들이 모이는 견본시형 음악 마켓을 통해 비즈니스를 전개하겠다는 것이 목적이었다.

©Summer Kim

2012년 개최하여 올해로 3회를 맞이하는 뮤콘은 문화체육관광부와 한국콘텐츠진흥원의 주최로 이루어진다. 음악마켓을 관장하는 한국콘텐츠진흥원은 미뎀, SXSW, 뮤직매터스에 참가하여 국가관을 마련하는 등 한국음악을 프로모션 해왔고, 세계 음악마켓과 파트너쉽을 구축하여 해당 마켓에서 한국음악을 집중적으로 소개하는 케이 팝 나이트 아웃(K-POP Nihgt Out)과 같은 프로그램을 선보여 왔다. 또한 '해외 음악마켓 및 페스티벌 참가 지원사업'을 통해 세계 음악마켓 및 페스티벌에 진출하는 한국 뮤지션을 지원해왔다. 뮤콘은 그 동안 한국콘텐츠진흥원이 진행해온 사업의 영역을 확장하는 음악마켓이라 할 수 있다. 2014 뮤콘은 10월 6~8일 이태원 삼성블루스퀘어(삼성카드홀, 네모 갤러리) 및 일대 클럽과 공연장에서 컨퍼린스, 쇼케이스, 글로벌 비즈니스 파트너들의 네트워크 구축과 비즈니스 상담 및 심층 컨설팅을 지원하는 비즈매칭을 운영했다. 올해 뮤콘에는 엔터테이먼트를 대표하는 두 저널인 '빌보드'와 '할리우드리포터'의 사장인 재니스 민(Janice Min), 비욘세, 산타나를 비롯해 조용필의 [Hello] 음반을 프로듀싱한 토니 마세라티(Tony Maserati) 등 세계적 음악 전문가들이 컨퍼런스에 참여해 기조연설, 강연과 대담, 워크숍, 송캠프 등을 진행하며 한국 음악인들과 음악산업 관계자들에게 글로벌 시장 동향과 해외진출을 위한 노하우를 전수했다. 록, 댄스, 일렉트로닉, 힙합, R&B, 팝, 재즈 등의 장르의 35개의 쇼케이스를 선보였으며, 해외 유명 프로듀서 3명이 행사 쇼케이스 참가팀 가운데 1팀씩 선정해 공동 작업을 진행하는 '프로덕션 마스터클래스 초이스'와 해외 뮤직마켓 디렉터들이 국내 뮤지션을 페스티벌에 초청하는 '페스티벌 초이스' 프로그램을 진행했다.

뮤콘과 같은 해 개최된 에이팜은 문화체육관광부 주최, 처용문화제-울산월드뮤직페스티벌의 주관으로 진행된다. 올해로 48회를 맞이한 처용문화제의 메인프로그램으로 2007년부터 월드뮤직 프로그램이 개설되었고, 울산월드뮤직페스티벌은 매년 10월 첫 주의 4일 동안 울산문화예술회관 일원에서 월드뮤직·국악·재즈를 중심으로 해외 15개팀, 국내 30개팀 정도의 공연을 선보여 왔다. 울산월드뮤직페스티벌은 축제 초기부터 워멕스, 호주워멕스 등의 월드뮤직 마켓에 참가하여 부스를 설치하며 해외 주요한 음악관계자들과 네트워크를 형성했다. 매년 4~5명의 해외 관계자들을 축제에 초청하여 한국적 월드뮤직을 해외에 진출하는 꾸준한 성과를 마련하고, 축제를 이용해 주빈국, 해외 집중조명 프로그램을 활용해 해외 여러 기관과 전략적으로 파트너쉽을 갖춰왔다. 울산월드뮤직페스티벌은 영국의 월드뮤직 전문지 송 라인즈(Song-Lines)가 선정한 세계 베스트 월드뮤직 페스티벌에 3년 연속으로 선정되며 아시아의 주요한 페스티벌로 자리매김하고 있다. 에이팜은 과거 울산월드뮤직페스티벌에서부터 쌓아온 인적 네트워크와 전략을 발전시켜 국악·월드뮤직·인디음악에 집중하는 축제형 음악마켓으로 발전되었다. 올해 에이팜에는 영국 글래스톤베리(Glastonbury) 페스티벌의 디렉터 말콤 헤인즈(Malcolm Haynes), 스페인 프리마베라 사운드(Primavera Sound)의 알베르토 기하로(Alberto Guijarro)를 포함한 세계적인 페스티벌·마켓의 음악감독 25명이 내한하였으며, 15회의 쇼케이스와 '지속 가능한 해외 진출 진단과 전략'이라는 주제 아래 6회의 컨퍼런스, 비즈매칭이 진행되었다.

이 외에 민간주도의 축제형 음악마켓으로 잔다리페스타가 있다. 10월 두 번째 주 3일간 홍대 인근 20여개 공연장에서 진행되는 잔다리페스타는 홍대 거리 전역을 축제의 장으로 묶어 인디 문화의 메카로 자리잡게 하자는 취지로 2012년 개최되었다. 잔다리페스타는 비상업적, 자발적 쇼케이스 페스티벌로 인디씬의 활동가들을 중심으로 한 민간에서 진행하는 행사로 SXSW와 같은 국제적인 음악 쇼케이스 마켓을 표방하고 있다. 잔다리페스타는 거대 자본을 바탕으로 아티스트가 수동적으로 섭외를 기다려야 하는 여타 페스티벌과 달리 독립문화의 주체들과 아티스트들이 직접 공연을 기획하고 참여하여 직접 홍보에 나서며, 한국 밴드들의 해외 진출과 해외 밴드들의 한국 진출 양쪽을 이어주는 문화 교류의 역할을 하는 것을 목적으로 한다. 쇼케이스, 컨퍼런스, 워크숍, 전시 등의 프로그램으로 구성되며, 올해에는 해외 10개국 25팀의 해외 아티스트들이 참여, 영국 '리버풀 사운드 시티(Liverpool Sound City)'와 러시아 블라디보스토크에서 열리는 쇼케이스 페스티벌 '브이록스(V-rox)'와 공식 파트너쉽을 체결했다. **SOUND**

2 한국 음악마켓의 현황과 제언

에이팜(APaMM, Asia Pacific Music Meeting),
인천펜타포트뮤직스팟(Incheon Pentaport Music Spot),
뮤콘(MU:CON Seoul),
서울아트마켓(PAMS; Performing Arts Market in Seoul)

음악마켓은 행사 내에 쇼케이스 등 다양한 공연과 창작자 주도의 네트워킹 이벤트 등 유료
행사를 포함하는 경우가 많다. 또한, 페스티벌로부터 파생되거나 페스티벌과 함께 기획/발전
해 온 음악마켓들은 티켓 수익, 스폰서십, 기타 제품/서비스 판매 등 페스티벌 사업으로부터
안정적인 재정을 마련하려는 경향을 보인다. 연혁과 모객력이 검증된 음악마켓들은 부스 임
대 수익 외에도 참가비-스폰서십 등 유료화된 수익 모델을 구축하고 이후의 경제적 자생력
확대 또한 적극적으로 모색하고 있다.

홍정택 | 대중음악평론가

2000년대부터 가슴, 음악취향Y 등 이런저런 웹진과 잡지에 음악 관련 글을 올리고 있다.
대중음악SOUND 기획위원. 한국대중음악상 선정위원. 모든 걸그룹, 80년대 B급 문화와
SF, 한강 라이딩에 흥분하는 30대 회사원

한국의 음악마켓

음악마켓은 아트마켓의 일환으로, 대중문화의 다양한 범주 중 음악 콘텐츠를 주로 다루는 행사를 총칭한다. 최초의 음악마켓은, 전반적인 아트마켓의 출발이 그러하듯, 산업 관계자들의 견본시(見本市, Trade Fair: 견본 제품/콘텐츠를 전시하고 이를 판매-구매하는 장) 역할을 주로 수행했다. 여기까지는 영화, 방송 콘텐츠 등 타 아트마켓과 유사한 부분이나, 음악마켓은 '음악' 콘텐츠의 특성에 의해 다른 아트마켓과 구분되는 하기의 독자적인 특징을 지니게 되었다.

콘텐츠 마켓과 공연 마켓의 동시/연계 발전

전통적인 음악산업의 태동기부터, 음악산업은 음악 콘텐츠의 고정물인 음반산업 외에도 공연산업, 부가적인 머천다이즈산업 등을 포괄해 왔다. 때문에 음원과 관련된 권리를 거래하는 전통적인 레이블/퍼블리싱 마켓과, 공연 콘텐츠를 거래하는 쇼케이스/유료 공연 등의 콘서트 마켓은 음악마켓에서 동등한 비중을 지니며 성장해 왔으며, 상호 간 연동되는 콘텐츠 구성을 통해 시너지를 도모해 왔다.

소규모/다양성 창작자 참여 지원

특히 유럽에서 출범한 음악마켓을 중심으로, 인디펜던트/월드뮤직 신에 대한 재조명은 꾸준히 이루어졌다. 이는 대형화되는 레이블/유통 사업자들이 내부 창작/발굴 프로세스에서 오는 콘텐츠 다양성의 한계를 극복하기 위한 방안이면서, 동시에 월드뮤직에 대해 증대되는 영미권의 시장 수요를 따라잡고, 선제적으로 대응하기 위한 활용 방안이기도 했다.

경제적 지속가능성 도모

음악마켓은 행사 내에 쇼케이스 등 다양한 공연과 창작자 주도의 네트워킹 이벤트 등 유료 행사를 포함하는 경우가 많다. 또한, 페스티벌로부터 파생되거나 페스티벌과 함께 기획/발전해 온 음악마켓들은 티켓 수익, 스폰서십, 기타 제품/서비스 판매 등 페스티벌 사업으로부터 안정적인 재정을 마련하려는 경향을 보인다. 연혁과 모객력이 검증된 음악마켓들은 부스 임대 수익 외에도 참가비-스폰서십 등 유료화된 수익 모델을 구축하고 이후의 경제적 자생력 확대 또한 적극적으로 모색하고 있다.

본문에서는 다양한 범위/주제 및 기능을 포함하는 다수의 음악마켓 중, 아트마켓의 일환으로서 하기의 기능을 포함하는 경우를 중점적으로 논의하고자 한다.

1. 아트마켓 기능 수행

음악마켓이 종합적인 아트마켓의 기능을 수행하기 위해서는 다음 프로그램의 확보 및 운영이 요구된다.

A. 부스 전시 : 공연단체 및 창작자/제작자들이 부스를 설치하고 이를 통해 정보를 얻고자 하는 수요자들에게 콘텐츠의 홍보/마케팅 활동을 전개한다. '소개'와 '판매'를 아우르는 음악마켓의 전통적인 기능이며, 현재는 완성된 음원/반 외에도 소개/거래의 범위가 기획/제작 단계의 콘텐츠로까지 확대되고 있다.

B. 쇼케이스/공연/축제 : 쇼케이스는 창작자가 공연 콘텐츠를 소개하기 위해 음악마켓 전-중에 걸쳐 행하는 견본 공연 프로그램(일반적으로 30분 내외이나 공연 구성 및 목적에 따라 다양한 길이/형태가 존재)을 통칭한다. 음악축제/페스티벌과 연계된 음악마켓에서는 공연 자체가 독립적인 수익 행사로 진행되고, 구성 및 공연 시간 또한 다각화된다. (예. 사우스바이사우스웨스트(SXSW))

C. 프레젠테이션/학술행사 : 시청각 자료를 활용한 콘텐츠/포트폴리오/사업 소개 등의 프레젠테이션 활동을 총괄한다. 기 완성된 작품뿐 아니라 구상, 진행 중인 단계의 아이디어가 그 대상이 되기도 한다. 프레젠테이션이 '소개' 역할을 중점적으로 수행한다면, 학술행사는 국내외 음악산업 현황 및 경향에 대한 강의 혹은 토론을 통해 정보를 교류하는 역할을 담당한다. 단, 음악마켓이 실무자 중심의 행사로 진행되는 경우 학술

행사는 담론 형성/교류보다는 실무 정보 및 최신 경향의 공유 역할을 수행하는 경향을 보인다.

D. 네트워킹 : 네트워킹 미팅, 회의, 혹은 리셉션/파티 등 다양한 포맷으로 진행되며, 특정한 목적을 우선적으로 설정하기보다는 유관 부서/개인 간의 자유로운 교류를 지원하는 행사로 기획/운영되는 경우가 다수이다.

2. 음악마켓의 온전한 기능 수행을 위한 그룹별 참여자 Pool 확보

음악마켓이 상술한 기능과 그 성과를 온전히 달성하기 위해서는 하기의 각 분야별로 고른, 역량 있는 참여자들의 확보가 필요하다.

A. 아티스트/크리에이티브(Artist/Creative) : 음악마켓에서의 아티스트는 작품에 대한 참가자와 특정한 홍보 목적 없는 단순 참관자로 구분된다. 대개 전자는 아래의 다른 역할을 함께 수행하는 경우가 많은 바, 이하 본문에서의 아티스트/크리에이티브는 이 중 후자, 즉 해당 마켓에서 네트워킹 및 이후의 확정되지 않은 사업/홍보 기회 등을 위해 참관한 이들을 의미한다.

B. 프로듀서(Producer) : 음악마켓에서 특정 음악 및 공연 콘텐츠에 대한 기획/제작을 책임진 이로 기획/제작자 및 운영자, 관리 총괄자를 포함한다. 본문에서는 아티스트가 프로듀서 자격으로 참여하는 경우와 별도의 기획/제작자 및 운영자가 콘텐츠를 대표해 참여하는 경우를 모두 포함한다.

C. 프로모터(Promoter) : 공연, 페스티벌, 각종 행사의 대관, 홍보, 투어, 스폰서십의 기획 및 조직을 담당하는 개인 및 법인, 그 대표자를 통칭한다. 아티스트/장소/행사 기획자/투자자 등의 조각(組閣) 및 예약 대행, 권리 행사 및 의사결정의 지원 및 대리 업무의 일부 혹은 전체를 담당한다.

D. 프리젠터(Presenter) : 아티스트와 관객, 혹은 아티스트와 프로듀서를 연결해주는 프로그램 담당자 혹은 각종 프로그램의 감독을 총칭한다. 음악 및 공연 콘텐츠 자체의 기

획/제작을 총괄하는 프로듀서와 비교해, 프리젠터는 아티스트와 프로듀서, 혹은 아티스트와 관객 사이를 연결하는 창작, 교육 및 공연 프로그램의 기획/제작을 담당한다는 점에서 차이를 보인다. 대개의 경우 프리젠터는 프레젠테이션, 학술행사 등에서 발제와 토론을 주도하며, 특정 프로그램/주제를 위한 네트워킹에서도 주요한 역할을 담당한다.

E. 저널리스트(Journalist) : 전통적인 아트마켓의 개념에서는 저널리스트로 통칭되며, 마켓에서 전문적인 지식을 제공하는 산업/학계 전문가 집단(컨설턴트, 학계 교수진, 리서치 담당자 등)과 해당 마켓의 정보와 동향, 성과 등을 전달하고 확산시키는 언론인(프레스, Press로 통칭된다)으로 구분된다.

F. 행정/관리 담당자(Administrator) : 문화산업 관련 공공/민간 기관 종사자로 정책/투자 등 산업 전반의 각종 지원/규제에 영향을 끼치는 당사자들을 포함한다.

G. 스폰서/투자자(Sponsor/Investor) : 음악/공연 콘텐츠를 직–간접적으로 활용하는 투자 및 지원을 목적으로 하는 참여자로 음악마켓 자체를 스폰서십 지원하는 경우와 마켓의 일원으로 참가하는 경우로 구분된다. 과거 창작자–기획/제작/유통 사업자 주도로 진행되던 전통적인 음악마켓에서는 이들의 역할이 부각되지 않았으나, 음악산업 전반에서 프리프로덕션(Pre–Production) 소개/판매, 콘텐츠 및 행사 양자에 대한 투자 유치 등의 화두가 부각되며 이들의 역할 및 중요성 또한 증대되는 경향을 보이고 있다. 특히 페스티벌과 연계된 음악마켓들은 그 자체로 스폰서들에게 유망한 홍보/마케팅 채널로 기능하고 있으며, 이에 음악마켓 내에서 스폰서/투자자는 자금 지원 외에도 자사의 홍보/마케팅, 창작 사업 기회 개발에서의 전략적 역할 확보 등을 도모하고자 하는 경향을 보인다.

3. 아트마켓으로서의 성과

음악마켓의 성과는 다음 영역의 일부 혹은 전체에서 구체화된다. 다만, 음악마켓의 성격 상 성과를 계량화/사전 설정하거나, 특정 목적에 아트마켓의 성과를 한정하거나, 특정한 목표 달성을 도모하기보다는 개괄적으로 해당 성과를 위한 '장'을 마련하고 그 역할을 확대하는 형태로 성장해가는 경우가 다수를 차지한다.

A. 음악/공연 예술 작품의 판매/구매

B. 창작 아이디어 및 정보 교환

C. 음악/공연 분야별 전문가 네트워크 교환

D. 제작 전 콘텐츠 프리젠팅 및 사업/투자 기회 확보

E. 시장 최신 동향/경향 및 지식 공유

2014년 한국의 음악마켓 사례

한국의 음악마켓은 다양한 소분류/장르에 걸쳐 산발적으로 진행되어 왔으나, 상술한 본격적인 '음악마켓'의 태동은 2005년 서울아트마켓(이하 PAMS, Performing Arts Market in Seoul)에서 4회의 국악/월드뮤직 공연이 열리면서 시작되었다. 이후의 음악마켓은, PAMS를 제외하면 페스티벌 산업의 확대와 함께 페스티벌에 동반되는 세미나/컨퍼런스 등을 포괄하며 점진적/부분적으로 확대되어 왔으며, 2012년 에이팜(이하 APaMM, Asian Pacific Music Meeting)과 뮤콘(이하 MU:CON)이 각각 월드뮤직/재즈/국악, K-Pop/

	에이팜 (APaMM, Asia Pacific Music Meeting)	인천펜타포트뮤직스팟 (Incheon Pentaport Music Spot)	뮤콘 (MU:CON Seoul)	서울아트마켓 (PAMS;Performing Arts Market in Seoul)
개최지	울산	인천	서울	서울
창설연도	2006년 울산월드뮤직페스티벌 (UWMF, Ulsan World Music Festival) 창설 2012년 ApaMM 개시	2013년	2012년	2005년
개최시기 (2014년 기준)	UWMF: 10/2~10/5 APaMM:10/2~10/4	10/3	10/6~10/8	10/7~10/111
장소 (2014년 기준)	울산 야외공연장 울산 문화예술회관	송도 트라이볼	서울 이태원, 블루스퀘어(컨벤션홀, 삼성카드홀, 네모갤러리), 공연장(올 댓 재즈, 클럽 에어)	국립중앙극장
주최	울산광역시	인천광역시	한국콘텐츠진흥원	2014 서울아트마켓 추진위원회
주관	처용문화제 추진위원회	인천도시공사	한국콘텐츠진흥원	(재)예술경영지원센터, 국립중앙극장
후원	문화체육관광부	문화체육관광부	문화체육관광부	문화체육관광부, 한국문화예술위원회

〈표 1. 4개 국내 음악마켓 소개〉

K-Rock을 주 대상으로 하는 전문 음악마켓으로 포지셔닝되면서 독립적인 행사로서 국내 음악시장에서의 역할 확대를 도모하고 있는 실정이다.

현재 국내에서 다수 개최되는 다양한 규모의 음악마켓 중, 본문에서는 상술한 기능 및 기준을 포함하는 음악마켓으로 그 대상을 한정하고, 그 중 올해 개최된 하기의 4개 주요 음악마켓의 사례를 소개 및 분석하고자 한다. 각 사례에 대한 논의는 2014년을 기준으로 이들 행사의 운영 현황 및 타 행사와 구분되는 특징, 그리고 향후 지속적인 발전을 위한 각 행사별/4개 음악마켓을 포괄하는 발전/개선 제안의 순으로 진행하고자 한다. 가급적 주관적인 의견이나 특정인의 인터뷰 참조보다는 운영 현황, 구성 및 각 음악마켓 간 비교, 그리고 공식적으로 자료화/이슈화된 사항을 중심으로 언급하고자 했다.

1. 에이팜 (APaMM, Asia Pacific Music Meeting)

에이팜의 시작은 2006년, 울산월드뮤직페스티벌(이하 UWMF, Ulsan World Music Festival)의 시작으로 거슬러 올라간다. 2000년 울산 재즈 페스티벌(당시 이름은 정자해변 재즈 페스티벌)을 기획/제작했던 이정헌 감독이 2006년 울산 처용문화제 사무처장이 되면서, 그는 당시 지역 축제였던 처용문화제 내에 월드뮤직을 소개할 수 있는 페스티벌을 기획하게 되었다. 촉박했던 준비 기간 및 기상 이슈 등으로 과도기를 거친 후(인터뷰에 따르면, 그는 2006년 6월부터 페스티벌을 기획해 같은 해 9월에 개최했다고 밝히고 있다), 이후 해외 월드뮤직 페스티벌의 벤치마킹 및 해외 아티스트 라인업 확대 등을 통해 점진적으로 자리를 잡아갔다. UWMF가 자리를 잡으면서, 이정헌 감독은 2011년 문화체육관광부(이하 문화관광부)와 논의를 통해 재즈/월드뮤직/국악을 주로 다루는 음악마켓으로서의 에이팜을 UWMF와 함께 운영하기 시작했다. 2013년부터는 에이팜을 중심으로 아시아 태평양 지역 간 아티스트/음악마켓 간 유대 강화를 위해 APaMMA(Asia Pacific Music Market Association)의 결성 또한 도모했다.

A. 운영 현황

3일의 운영 기간 중 UWMF와 에이팜을 합쳐 34회의 공연(이 중 에이팜을 위한 전용 쇼케이스 기능을 담당한 공연은 15회)과 6회의 컨퍼런스가 열렸다. 공연은 대부분 40~60분 내외의 미니 콘서트/쇼케이스 형태로 국내 아티스트의 해외 소개가 18회, 해외 아티스트의 소개가 16회였으며, 에이팜에 할당된 쇼케이스를 기준으로는 국내 아티스트만

15개 팀이 참여했다. 해외 아티스트는 월드뮤직/재즈를 중심으로 편성한 반면, 국내 아
티스트 공연의 경우 모던락, 일렉트로닉, 국악, 프로그레시브 등 다양한 장르로 구성해
대비를 이루었다. 컨퍼런스는 울산문화예술회관에서 양일 간 총 6개 주제로, 총 470분

간 운영되었다. 각 컨퍼런스는 피칭 중심의 40분 세션이 2개, 주제별 리드 피칭 및 패널 간 논의 순으로 진행된 90~120분 세션이 4개로 주제별 소통에 보다 집중할 수 있는 구성을 지향했다. 에이팜의 공식적인 네트워킹 행사는 개막식 시의 쇼케이스 후 공식적인 자리를 제외하면 별도로 마련되지 않았다.

B. 에이팜의 특징

(1) 장르/스타일 특성화된 라인업/콘텐츠 구성 : 에이팜은 타 비교군의 음악마켓들과 비교해 월드뮤직/재즈/국악이라는 분명한 콘텐츠 소개의 지향점을 지니며, 특히 이는 해외 아티스트의 국내 소개에서 두드러진다. 이는 에이팜이 UWMF와 연계/진행되는 특징을 지니고 있으며, 2012년 뮤콘과 동시 출범하면서부터 '국악/재즈/월드뮤직'을 중심 콘텐츠로 지향했기 때문이기도 하다.

(2) UWMF와의 연계 : 상술했듯 에이팜은 2006년부터 진행되어 온 UWMF와 연계되어 진행되고 있다. UWMF 운영 기간인 총 4일 중 3일 동안 에이팜이 함께 개최되는데, UWMF가 공연/쇼케이스를 주도하고(실제 2014년 기준 15팀의 쇼케이스 아티스트 중 10팀은 UWMF 공연 참여 형태로 쇼케이스 진행), 에이팜은 이와 연계된 컨퍼런스를 진행하는 형태로 양 행사가 상호 보완/시너지를 도모하고 있다. UWMF에 초청된 아티스트가 에이팜 쇼케이스를 겸하고, UWMF에 초청한 관계자들이 에이팜에서도 연사/패널로 역할을 수행하는 등 인력/역량의 공유가 이루어지고 있다. 2006년부터 시작된 UWMF는 2011년부터 음악 월간지 송 라인즈(Song Lines) 선정 세계 베스트 25 뮤직 페스티벌에 선정되는 등 세계 페스티벌 신 내에서 입지를 공고히 하고 있으며, UWMF의 위상은 2012년부터 시작된 에이팜이 초기 자리를 잡는 데에도 기여하고 있다.

(3) 국내 아티스트의 해외 소개 기회 모색 : 에이팜은 해외 페스티벌 중 월드뮤직에 관심을 보이는 관계자들을 초청하고, 국내 아티스트들 중 공모를 통해 이들의 취향을 반영한 팀을 소개하는 프로세스로 쇼케이스를 진행하고 있다. 실제 올해 연사로, 참가자로 참여한 해외 참가자들 중 사전에 대외 공지한 이들의 구성을 보면 프로그램 기획/제작자와 에이전시가 대다수를 차지하는데, 이를 통해서도 에이팜의 '국내 아티스트의 해외 페스티벌 기회 출연 기회 제공' 지향을 짐작할 수 있다. 2012년 에이팜 첫 회 쇼케이스로 올랐던 팀 중 숨(su:m)이 워멕스(WOMEX) 카디프 쇼케이스 및 북경 사운드 오브 더 시티(Sound Of The City, SOTX)에 초청되는 성과를 거둔 이후 윈디 시티(Windy City), 잠비

나이 등 국악-레게-월드뮤직 등 UWMF와 장르 정체성을 공유하는 아티스트를 중점적으로 소개했으며, 2014년을 기점으로 이이디오테입(Idiotape), 이승열, 선우정아 등 전통적인 월드뮤직 외의 보다 다양한 장르/스타일의 아티스트들로 그 외연을 확대해 가고 있다.

한글명	영문명	직위	국적(본사 기준)	약술
알베르토 기하로	Alberto Guijarro	Director	스페인	프리마벨로 페스티벌, 뮤직마켓 창립자 겸 감독, 아폴로 클럽 운영
알노 코코스키 데포쇼	Amaud Kokosky Deforchaux	Director	네덜란드	1959년부터 개최된 통통 페스티벌의 예술감독
비르기트 엘링하스	Birgit Ellinghaus	Director	독일	1989년부터 예술경영 에이전시인 알바 쿨투어 디렉터, 경영프로그램의 멘토/강사
브라힘 엘 마즈네드	Brahim El Mazned	Director	모로코	모로코 월드뮤직 티미타르 페스티벌 예술감독, 20년 이상 경력
칼라 버커	Carla Bakker	Delegate Manager	호주	아프리카, 레게 음악 등 투어 그룹의 마케팅/홍보 담당, 호주월드뮤직엑스포에서 해외 초청자 관련 이벤트/행정
까를레스 살라	Carles Sala	Director	스페인	스페인 뮤직마켓 MMVV 기획자를 거쳐 바르셀로나 문화원 '바르셀로나 캐피탈' 책임자
카를로스 세이샤스	Carlos Seixas	Artistic & Production Director	포르투갈	유니세프 기니 비사우 라이브 행사 기획자, 1999년부터 포르투갈 시네스 월드뮤직 페스티벌 예술감독, 부킹 에이전시
크리스티나 피나	Cristina Fina	International Development Manager	이탈리아	플리아 사운즈, 메디멕스 국제교류 업무 담당, 1998년 부킹 에이전시 설립
단카 밴 도드왈드	Danka Van Dodewaard	Programmer	네덜란드	네덜란드 월드뮤직의 주요 기획자, 네덜란드 주요 공연장/페스티벌 프로그래머 활동
에머리 와노	Emere Wano	Artistic Director	뉴질랜드	뉴질랜드 뮤직 엑스포인 사운즈 아오테아로아 디렉터
페르난도 소자	Fernando Sousa	Director of Programming	포르투갈	포르투에 위치한 음악 공연장 디렉터
이반 밀리보헤브	Ivan Milivojev	Program Director	세르비아	세르비아 노비사드의 여름 음악 축제로 2007 페스티벌 어워즈 최고 페스티벌 선정된 엑싯 페스티벌 창립자, 디렉터
제롬 윌리엄스	Jerome Williams	Agent	네덜란드	얼스비트 에이전시 창립자, 비서양음악 예술가들의 에이전트 활동
코우쉭 두타	Kaushik Dutta	Artistic Director	인도	인도 전통음악 증진을 위한 공연/에이전트 설립, 콜카타 국제뮤직 페스티벌 설립자 겸 예술감독
린다 잎	Linda Yip	Program Manager	홍콩	1973년 설립된 홍콩 아츠 페스티벌의 음악 프로그램 매니저
말콤 헤인즈	Malcolm Haynes	Programmer & Coordinator	영국	글래스톤베리 페스티벌 중 댄스 스테이지인 실버 헤이즈의 기획자
마르타 도보쉬	Marta Dobosz	Programmer	폴란드	폴란드 바르샤바 크로스 컬쳐 페스티벌 및 브로츨라프 에스노 페스티벌 프로그래머
마티아스 뮬러	Matthias Mueller	CEO – Crazy Planet Records	독일	독일 뉴질랜드 음반사 설립, 몽골에도 지사 설립

한글명	영문명	직위	국적(본사 기준)	약술
패트릭 드 그루트	Patrick De Groote	Artistic Director	벨기에	유럽월드뮤직축제포럼 및 벨기에 스핑스 믹스드 페스티벌 디렉터. 유럽권역에 한국음악 적극 소개 중
파올라 어브류	Paula Abreu	Programming Associate	미국	미국 서머 스테이지 페스티벌 기획, 브라질 서머 페스티벌 고문
소냐 마줌다르	Sonya Mazumdar	Founder & CEO	인도	월드뮤직 프로덕션 하우스인 얼스싱크 설립자/대표
비토르 벨요	Vitor Belho	Director	스페인	워멕스 로컬 디렉터. 디자인/매니지먼트/산업연구/문화정책 컨설턴트 등 다양한 경력 보유
워렌 스미스	Warren Smith	Producer/Founder	미국	미국 월드뮤직 페스티벌인 시에라 네바다 월드뮤직 페스티벌 창립자
가오 웨이	Wei Gao	International Collaboration Commissioner (SOTX)	중국	중국 뮤직마켓/쇼케이스 페스티벌 사운드 오브 더 시티의 국제교류 담당자

〈표 2. 에이팜 2014년 참석 공식 연사 구성〉

C. 주요 이슈

(1) 처용문화제 산하의 운영/기획 : UWMF와 에이팜은 현재 울산의 지역 문화 행사인 처용문화제의 프로그램 중 하나로 각각 편성되어 있다. 처용문화제는 1967년 최초 울산 공업축제로 출발한 이후 1991년 '처용설화' 발원지라는 사실에 근거해 현재의 이름으로 변경된, 울산 지역의 대표적 시민 축제 행사다. 해마다 울산시에서 10억 여 원의 예산을 편성, 진행되는 처용문화제에서 UWMF는 3억 원 내외의 예산과 장소 등을 지원받고 있다. 이 중 일부는 아티스트 섭외, 행사 예산 공유 등의 형태로 에이팜에도 활용되고 있다. 하지만 일정/장소 및 예산 공유를 제외하면 처용문화제와 UWMF/에이팜은 사실상 별개의 행사로 진행되고 있다. 지역 특색을 살리는 문화 축제로서의 처용문화제와, 월드뮤직 축제/음악마켓을 지향하는 UWMF/에이팜은 그 정체성이 상이하며, 이로 인해 기획/운영 및 홍보 단계에서 두 행사는 각각 '지역문화 축제로서 처용문화제의 정체성 확립의 어려움' 및 '세계적인 월드뮤직 전문 페스티벌/음악마켓으로서의 확대 어려움'을 이야기하고 있다. 실제 지역 언론 및 시 관계자 등을 중심으로, 2012년부터 꾸준히 두 행사의 분리 이슈가 제기되고 있기도 하다.

(2) 부스/홍보 및 네트워킹 콘텐츠의 미흡 : 음악마켓이 다양한 음악 콘텐츠의 '소개'와 '거래'를 하기 위해서는 부스 설치, 쇼케이스, 이들을 지원하는 마켓 플랫폼 및 자발적인 협업 기회 창출을 지원하는 네트워킹 등을 아우르는 견본시 기능이 온전히 구현되어야 한다. 그러나 에이팜은 이러한 견본시의 기능 중 부스/홍보 세션 및 콘텐츠가 부재하며,

네트워킹 프로그램 또한 타 사례에 비해 미흡한 편이다. (현재 에이팜에는 개막식 시 병행되는 음식축제부스에서의 개막식 외에는 별도 네트워킹 활동이 가능한 공식 프로그램이 없다.)

(3) 쇼케이스의 Outbound 기능 편중 : 에이팜의 쇼케이스는 '국내 유망 아티스트를 해외 페스티벌/음악마켓 관계자에게 소개'하는 제한된 기능에 집중해 왔으며, 2014년에도 이러한 기능을 중점적으로 확대하고 있다. 2014년 에이팜에 참가한 15개 팀은 전부가 국내 아티스트인데, 단기적으로 국내 아티스트에게 기회를 제공할 수 있으나, 에이팜이 수출용 마켓이 아닌 아시아 전반의 음악산업 관계자들에게 의미 있는 행사로 자리잡기 위해서는 '쌍방향성'에 대한 고민이 필요한 것 또한 사실이다.

일시	장소	시간	아티스트	국적
10/2/2014	소공연장	40	이승열	한국
10/2/2014	소공연장	40	선우정아	한국
10/2/2014	소공연장	40	바라지	한국
10/2/2014	소공연장	40	비둘기 우유	한국
10/2/2014	소공연장	40	어어부 프로젝트	한국
10/2/2014	소공연장	40	타니모션	한국
10/2/2014	소공연장	40	무드살롱	한국
10/3/2014	소공연장	40	일렉트릭 사물놀이	한국
10/3/2014	소공연장	40	이디오테잎	한국
10/3/2014	소공연장	40	루나와 시간여행자들	한국
10/3/2014	소공연장	40	누트립	한국
10/4/2014	소공연장	40	더튠	한국
10/4/2014	소공연장	40	앙상블 재비	한국
10/4/2014	소공연장	40	적적해서 그런지	한국
10/4/2014	소공연장	40	마푸키키	한국

〈표 3. 에이팜 2014년 쇼케이스 참여 아티스트 구성〉

(4) 컨퍼런스의 규모/다양성 확대 : 총 15개 국내 아티스트를 소개하는 직접적인 에이팜 쇼케이스 외에도 UWMF와 연동되는 많은 공연 콘텐츠와 비교해, 에이팜의 컨퍼런스는 10/3~4 2일간 총 6회에 걸쳐 상대적으로 소규모로 운영되었다. 이 중 에이팜 자체의 성과를 리뷰하는 2개의 세션을 제외하면 실제로 음악마켓의 컨퍼런스 역할을 수행하는 세션은 총 4개였는데, 그 주제와 구성/시간 등이 에이팜 전체를 관통하는 방향 하에 꾸려지기 보다는 각 세션별로 참가자/운영주체의 주도로 산발적으로 구성/운영되는 경향

일시	시간(분)	주제	참가국적
10/3/2014	40	세계의 뮤직 페스티벌 포커스 세션 – 미국	미국
10/3/2014	90	음악마켓을 통해 성장한 한국 뮤지션이 말한다	한국
10/3/2014	40	2014 에이팜 쇼케이스 경향과 전망	다국적
10/3/2014	90	아시아 퍼시픽 뮤직 시장의 이슈와 과제	다국적
10/4/2014	90	지속 가능한 한국 음악의 해외 진출을 위해 필요한 역할과 과제	다국적
10/4/2014	120	한국에서는 이상적인 음악마켓을 어떻게 만들 것인가?	다국적

〈표 4. 에이팜 2014년 운영 컨퍼런스/세션 구성〉

을 보였다.

D. 발전 방향성 제언

(1) 경제적 독립성 확보 : 현재 에이팜은 UWMF와 함께 무료로 운영되고 있다. 행사의 기획/운영을 위해 필요한 예산은 UWMF가 울산시로부터(2013년 기준 약 2.5억원), 에이팜이 문화관광부로부터(2013년 기준 약 3.5억원) 각각 확보하고 있는데, 부족한 예산은 별도의 정부지원이나 기타 지역 문화 축제와 개런티를 분담하는 형태로 부담하고 있다. 이외에도 음악마켓으로서의 직접적인 예산 지원은 문화관광부, 장소와 운영에 있어서는 처용문화제 위원회 및 울산시의 지원을 받고 있다. 에이팜이 UWMF와 함께 아시아 월드뮤직을 대표하는 행사로 성장하기 위해서는 현재의 외부 의존적인 자금 조달 구조가 보다 자발적/다각화된 형태로 변화되어야 하며, 이를 위해 유료화된 티켓 및 부가 상품/서비스 판매 등 자체 수익 모델 구축 및 국내/외 민간 스폰서십, 에이팜을 마케팅/홍보 창구로 활용하는 광고/커뮤니케이션 프로그램의 판매 등의 방법을 고려할 수 있다. 해외의 유명 음악마켓들이 페스티벌과의 연동을 통해 페스티벌의 다양한 수익 모델을 확보하듯, UWMF과 함께 운영되고 있는 에이팜 또한 UWMF와 연계된 수익 모델 확보를 고려해 볼 수 있을 것이다. 중앙–지방 정부의 지원 또한 행사의 1회성 예산 제공에 한정하지 않고, UWMF/에이팜의 지속가능한 운영을 위한 수익 모델/인프라 확보가 병행되어야 할 것이다.

(2) '아시아' '월드뮤직' 중심의 프로그램 기능/역할 확대 : 인터뷰에 따르면, 최초 이정헌 총감독은 에이팜을 기획, 문화관광부에 제안할 당시 국악–월드뮤직–재즈에 집중해 뮤콘과 차별화하고자 하는 지향을 소개한 바 있다. 이러한 중장기적 비전과 비교할 때, '아시아'와 '월드뮤직'을 주제로 한 음악마켓 콘텐츠를 꾸리고 집중력 있게 운영해 나가는 것은 향후 에이팜의 성공적인 포지셔닝을 위해 달성해야 할 미션이다. 1) 쇼케이스의 경우

외양적인 확대와 함께 '소개' 외에 '수익 확보'를, '국내 아티스트의 수출' 외에 '국내외 아티스트 간 교류'를 위한 프로그램의 질적 다양화가 병행되어야 하고, 2) 컨퍼런스는 '아시아', '월드뮤직'에 집중한 주제-세션 편성 및 시간/장소 인프라의 확대가 필요하다.

3) 국내외 '교류'를 위한 프로그램 확대 : 현재의 에이팜은 국내 아티스트의 쇼케이스를 해외 관계자에게 제공, 이들이 해외에서 무대 기회를 제공받는 역할에 집중하고 있으며, 단기적으로 숨, 잠비나이 등의 팀들이 해외 페스티벌/음악마켓에 소개하는 가시적인 성과를 창출하고 있다. 그러나 에이팜이 단순히 해외 관계자를 초청해 국내 아티스트를 '수출'하는 것을 넘어, 글로벌 음악산업 관계자들에게 '교류의 장'으로서 기능하기 위해서는 아티스트 소개 외에도 산업 관계자들간의 정보/사업 기회를 공유하는 기능의 확대가 필요하다. 이는 1) 일방향의 강의 – 제한된 시간/주제의 토론회 외에 워크샵/미션스쿨 형태 등 컨퍼런스 프로그램의 다각화 및 2) 현재 부수적인 행사에 그치고 있으나, 다수의 글로벌 음악마켓에서 그 비중을 높여가고 있는 네트워킹 행사의 확대 등으로 구체화될 수 있을 것이다.

2. 인천펜타포트 뮤직스팟 (Incheon Pentaport Music Spot)

인천펜타포트 뮤직스팟(이하 뮤직스팟)은 2013년, 인천펜타포트음악축제의 일환으로 시작된 음악축제 전문 컨퍼런스다. 1) 음악도시 및 지역축제 발전을 주제로 한 컨퍼런스(세션 발의 및 토론회로 구성) 및 2) 음악산업 관계자 간 네트워킹 파티로 구성되며, 2014년 기준으로 10월 3일 1일 간, 송도 트라이볼의 실내의 총 3개 장소에서 진행되었다. 본문에 소개할 다른 음악마켓과 비교해, 펜타포트음악축제의 일환으로 기획되어 상대적으로 소규모, 짧은 시간에 걸쳐 운영되고 있는 행사로 음악마켓의 기능 중 컨퍼런스와 네트워킹에 특화되어 있다.

2014년 10월 3일 1일 간, 2명의 해외 연사와 4명의 국내 패널이 참여했다. 프로그램의 주제는 "음악도시 및 지역축제 발전을 위한 컨퍼런스 및 토론회"로, 2회의 컨퍼런스와 이후의 토론회로 구성되었다. 컨퍼런스는 섭외한 연사에 맞춰 주제를 선정, 진행했다. 영국 기반의 에이전시로 한국에서 "Meet the Koreans" 쇼케이스를 개최한 바 있는 우몽 샤(Umong Shah)가 영국의 페스티벌 및 공연 시장에 대해 소개하는 자리를 가졌으며, 미국 멤피스 인 메이 페스티벌(Memphis in May Festival)의 재무담당자인 맥 위버가 자신의 페스티벌을 예로 음악축제 전반의 운영, 관리, 재무 등에 대한 발표를 진행했다. 이후에는 정책 담당자와 페스티벌/레이블 사업의 기획/운영자들이 각각 참여해 패널로서 토론회를 진행했으며, 일반인들에게도 본 컨퍼런스 및 토론회를 개방해 진행했다. 본 행사 종료 후에는 사전신청자에 한해 네트워킹 파티 또한 개최했다.

장소	시간	주제
인천 송도 트라이볼	30	음악도시 인천의 브랜딩 확립을 위한 펜타포트음악축제의 발전 방향 – 컨퍼런스 1 [영국 페스티벌 성장과 수익성, 영국 라이브 뮤직 신 등]
인천 송도 트라이볼	30	음악도시 인천의 브랜딩 확립을 위한 펜타포트음악축제의 발전 방향 – 컨퍼런스 2 [음악축제의 운영과 관리, 재무]
인천 송도 트라이볼	60	음악도시 인천의 브랜딩 확립을 위한 펜타포트음악축제의 발전 방향 – 토론회
송도 달빛축제공연장	N/A	네트워킹 파티

〈표 5. 인천펜타포트 뮤직스팟 운영 프로그램〉

B. 뮤직스팟의 특징

(1) 컨퍼런스/토론회 중심 구성 : 뮤직스팟은 본문에서 소개하는 음악마켓 중 유일하게 쇼케이스가 없는 행사다. 주최와 주관은 인천펜타포트음악축제와 마찬가지로 인천광역시/인천도시공사가 담당하지만 무대나 아티스트를 활용하는 별도의 쇼케이스는 없고, 실내공간인 송도 트라이볼에서 네트워킹 파티를 제외한 모든 행사가 진행되었다.

(2) 업계 관계자 외 일반 참여 유도 : 뮤직스팟은 컨퍼런스와 토론회를 모두 일반 시민에게 무료 행사로 개방했다. 더 나아가, 뮤직스팟을 위한 일반인 대상의 모니터링 요원 제도를 운영했는데, 사전 신청을 통해 일반인이 모니터링 요원을 신청한 경우 뮤직스팟 행사 및 이와 연계된 더케이페스티벌(The K Festival)에 참여할 수 있는 공식적인 기회 또한 마련했다.

C. 주요 이슈

(1) 규모/운영/입지 한계 : 1일에 걸쳐 진행되는 행사로 제한된 실내 공간 1개 장소에 한해 이루어졌으며, 사전 홍보 기간 또한 부족했다. 2014년 행사는 인천도시공사가 처음 개최하는 더케이페스티벌과 장소 인접, 컨퍼런스 참여자의 페스티벌 입장 기회 제공 등 일부 영역에서 제휴가 이루어졌다. 하지만, 페스티벌을 직접적으로 활용하는 쇼케이스, 네트워킹 및 연계 컨퍼런스 등의 행사는 없었다.

(2) 콘텐츠 종류/수 미흡 : 상술한 음악마켓의 기능을 기준으로, 뮤직스팟은 쇼케이스는 없고 2회의 스피치 세션과 1회의 컨퍼런스, 이후의 네트워킹 행사 1회만으로 구성되어 있다. 1일로 제한된 운영 기간을 감안하더라도, 1) 음악 콘텐츠–아티스트 등의 소개와 견본시 기능을 담당하는 쇼케이스 콘텐츠/부스 섹션의 부재, 2) 50회 이상의 세션이 여러 장소에서 스피치–토론의 복합 형태로 이루어지는 글로벌 음악마켓 및 최소 10건 내외의 세션을 운영 중인 국내 기타 사례 대비 부족한 컨퍼런스 세션의 수와 시간 등은, 뮤직스팟이 음악마켓으로서의 온전한 기능을 수행함에 있어 확충되어야 할 기능으로 사료된다.

D. 발전 방향성 제언

(1) 펜타포트 브랜드 하의 각 행사 간 연계 강화 : 주최/주관을 담당하는 인천시 측은 '펜타포트' 브랜드 하에 펜타포트 락 페스티벌, 더케이페스티벌, 뮤직스팟을 장기간에 걸친 음악축제의 각 행사로 진행하고 있다. 그러나 여러 해 동안 자리를 잡아 온 펜타포트 락 페스티벌을 제외한 다른 행사들은 초기 정립 단계에 있다. (뮤직스팟은 2013년부터 시작되었으며, 더케이페스티벌은 2014년 처음 개최된 신설 페스티벌이다.) 2014년까지 뮤직스팟의 운영 방향은 시간 상 인접한 페스티벌(2013년의 경우 펜타포트 락 페스티벌, 2014년의 경우 더케이페스티벌)과 장소 및 일부 행사 콘텐츠를 공유해 왔는데, 음악마켓으로서 뮤직스팟이 연계된 페스티벌과의 시너지를 강화하기 위해서는 이들과의 보다 적극적인 제휴를 통해 현재 부족한 콘텐츠의 보완을 도모해야 한다. 이는 1) 페스티벌 섭외 아티스트 라인업 및 무대 인프라를 활용한 쇼케이스 등의 개최(상술한 에이팜 사례 참조), 2) 페스티벌 섭외 아티스트/제작진 등 공유 가능한 인력 풀과 부스 인프라 등을 활용한 음악마켓 부스 운영 및 컨퍼런스 콘텐츠 활용에서부터, 더 나아가 3) 뮤직스팟–페스티벌 간 주제–기획 방향의 공유를 통한 기획–섭외 전 과정의 공유까지 다양한 방향으로 구체화될 수 있을 것이다.

(2) 차별화된 콘텐츠 기획/확보 : '음악도시, 인천'을 선포하고 전문적인 음악마켓으로의 자리매김을 지향했다고는 하나, 2014년 뮤직스팟의 콘텐츠는 지역성의 발현이나 음악과 관련된 주제의 일관성 모두에 있어 미흡한, 산발적인 개별 콘텐츠 중심의 구성을 보여주고 있다. 2건의 스피치 세션은 섭외한 연사의 전문성을 반영해 주제를 선정, 진행되었다. 토론회는 '음악도시, 인천'을 주제로 이루어졌으나 운영 시간, 패널의 구성/규모 면에서 완전한 대안이나 뚜렷한 지향을 도출해 내기에는 한계가 있었다. 향후 뮤직스팟이 동일한 지향('음악도시, 인천') 하에 발전해 나가기 위해서는 1) 우선 절대적인 콘텐츠의 수와 다양성 확대가 필요하며, 나아가 2) 지역 특성의 반영 및 '인천의 음악도시화'라는 주제를 다양한 방향에서 고민하고, 이를 실제적 움직임으로 반영할 수 있는 실행력 있는 프로세스의 선 확립이 요구된다.

3. 뮤콘 (MU:CON Seoul)

뮤콘은 한국 콘텐츠진흥원에서 기획, 운영하는 음악마켓으로, '글로벌 비즈니스 음악마켓'으로서의 자리매김을 지향하고 있다. 에이팜과 함께 2012년 창설되었으며, 문화관광부 후원 하에 40팀 이상 아티스트의 쇼케이스, 50회 이상의 컨퍼런스 세션과 사업 기회를 희망하는 당사자 간의 매칭, 매일 개최되는 네트워킹 행사 등 외연적으로 가장 다양한 종류의 프로그램을 기획했다. 에이팜이 국악/재즈/월드뮤직 등에 집중하는 반면 뮤콘은 팝/락 등에 집중하는 형태로 양 행사 간 콘텐츠 차별화를 지향하고 있다.

A. 운영 현황

뮤콘의 개최 장소는 2013년에는 콘텐츠진흥원 인근이었으나, 2014년에는 이태원으로 장소를 옮겨 블루스퀘어홀을 쇼케이스/컨퍼런스의 중심으로 하며, 여기에 인근의 클럽, 컨퍼런스 공간을 연동하는 형식으로 운영되었다. 주최 측인 콘텐츠진흥원의 소개

에 따르면, 뮤콘을 통해 국내외 42개 팀이 3일 간 열띤 공연을 펼쳤으며, 행사 기간 중 총 51개 컨퍼런스가 진행되었다. 그 외에도 국내외 800여 명의 바이어가 참가한 가운데 15개 부스를 운영해 총 595건의 비즈니스 매칭을 진행했으며, 쇼케이스를 진행한 한국의 아티스트 총 14팀이 해외 진출 및 지원 기회를 확보했다.

B. 뮤콘의 특징

(1) 높은 입지 경쟁력 : 뮤콘은 타 음악마켓 대비 높은 수의 유동인구 및 접근성을 보유한 서울 이태원에서 개최되었다. 뮤콘의 높은 입지 경쟁력은 서울에 거주하는 다수의 음악산업 종사자들의 접근뿐 아니라 행사 기간 동안 일반인의 관심 및 유입에도 긍정적으로 기능할 수 있는 요소였다. 또한, 타 목적의 실내외 인프라를 활용해야 했던 다른 음악마켓 사례들과 비교해, 뮤콘은 이미 갖춰진 상설 공연장과 기타 인프라를 활용해 공연 콘텐츠를 소개하고, 다수의 컨퍼런스 및 기타 세션을 진행할 수 있었다. (이태원 소재의 대중음악 전문 공연장인 블루스퀘어홀 및 인근 시설의 공연장 및 컨퍼런스 인프라를 활용해 주요 쇼케이스와 컨퍼런스를 개최했으며, 여기에 이태원 인근의 다수 클럽들을 활용해 공연 및 네트워킹 세션을 운영했다.)

(2) 프로그램의 다양성 : 상술했듯, 음악마켓으로서 뮤콘은 가장 많은 수와 전 기능에 걸친 다양한 프로그램을 운영했다. 총 50여개에 달하는 컨퍼런스는 각각 5개 그룹별로 나뉘어 참가자들의 이해를 도왔으며, 견본시 기능으로 부스 운영 및 희망자 간의 1:1 매칭 프로그램 등 가장 활발한 네트워킹 프로그램을 운영했다. 이들 프로그램에 대해 참가자 사전 신청 방식을 도입, 성과 추적 및 관리를 위한 장치를 마련하고 적극적인 모니터링을 도모한 점 또한 뮤콘의 특징이었다. 여기에 40회 이상의 쇼케이스를 이태원 소재 복수의 장소에서 진행했는데, 이는 본문의 비교 대상인 타 음악마켓의 쇼케이스 대비 가장 많은 횟수였다. (쇼케이스가 없던 뮤직스팟 제외하고 2014년 기준 서울아트마켓이 5회 미만, 가장 유사한 경쟁 행사인 에이팜이 15회 등)

(3) 가시적 성과 창출을 위한 사전 세팅 : 뮤콘은 본문에 사례로 든 음악마켓 행사 중 쇼케이스에 참여한 아티스트들이 실제 해외 진출 기회를 잡을 수 있도록 직접적인 지원을 적극적으로 프로세스화했다. 우선 행사 기간 중 해외 유명 프로듀서 3명이 한국 뮤지션들의 쇼케이스를 참관하고, 인터뷰 한 뒤 최종 1개 팀을 선정해 공동작업을 진행하는 '프로덕션 마스터클래스 초이스' 프로그램을 운영했다. 또, 이와 별도로 세계적으로 유명한 해외 음악마켓의 디렉터들이 국내 뮤지션을 선발해 자신들의 페스티벌에 초청하는 '페스티벌 초이스'도 함께 운영했다. '프로덕션 마스터클래스 초이스'에서는 잠비나이(로디 맥도날드 선정, 라디오헤드(Radiohead) 등이 속해있는 영국 XL 레코딩스의 프로듀서), 술탄오브더디스코(토니 마세라티, 조용필의 음반 〈Hello〉를 프로듀싱), 솔루션즈(지미 더글라스, 레드제플린, 롤링스톤즈, 스눕독 프로듀싱) 등 3개 팀이 선정되었다. 뮤콘 측은 해당 팀들에게, 각 프로듀서와 협의를 통해 2014년 하반기, 2015년 상반기(1, 2월 중)에 각 프로듀서들의 근거 도시에서 현지 음악 팀들과 교류하며 음악 작업을 진행함에 있어 현지 녹음 작업을 위한 프로덕션비용, 항공비용, 현지 체류비 등을 지원할 예정이다. '페스티벌 초이스'에서는 사우스바이사우스웨스트(SXSW), 미뎀(MIDEM), 뮤직매터스(Music Matters), 캐네디언뮤직위크(CMW) 등 페스티벌의 담당자들이 각각 내년 페스티벌에 초청할 국내 뮤지션을 선정했다. 바버렛츠, 숨, EE, 아시안체어샷, 이스턴사이드킥(이상 사우스바이사우스웨스트(SXSW)), 로큰롤라디오, 로로스(이상 미뎀(MIDEM)), 이디오테입, 글렌체크(이상 뮤직매터스(Music Matters)), 일리어네어, 버벌진트(이상 캐네디언뮤직위크(CMW)) 등 총 11개팀이 선정되었으며, 콘텐츠진흥원은 이들에게 쇼케이스 참가를 위한 항공비 및 현지 체류비를 지원할 예정이다.

C. 주요 이슈

(1) 컨퍼런스의 방향성 및 구성/운영 : 2014년 뮤콘은 연결(Connection)을 주제로 50여개의 컨퍼런스를 5개 주제별로 그룹화했다. 다만, 각 주제가 어떠한 성과나 지향을 공유하고 있는지에 대해서는 재고의 여지가 남는다. 사람, 기술, 콘텐츠, 페스티벌, 케이팝으로 구성된 5개 주제는 섭외한 연사의 특성에 따라 결과적으로 구분되며, 이에 결과적으로 거시적인 주제(사람, 기술, 콘텐츠)와 현상/특성화된 주제(케이팝)가 혼재된 형태를 보인다. 또한, 50여개의 컨퍼런스 중 특정 행사의 프로모션/피칭 소개를 제외한 공식 스케줄링된 27개의 컨퍼런스 프로그램 중 70% 이상(19개 세션)이 30분 이내의 짧은 세션으로 구성되어 연사의 발표 자료 및 의견 소개 이외에 충분한 의견 교류나 결론 도출을 위한 시간 또한 부족한 편이었다. 여러 장소를 활용했지만 컨퍼런스의 경우 블루컨벤션홀 한 곳에서만 진행되다 보니 사실상 전 컨퍼런스 프로그램을 타이트하게 운영해야 했던 점이 제한된 시간 운용의 주요한 이유로 사료된다. 또한, 언론 및 산업 전반에 걸친 컨퍼런스 결과의 공유 및 이를 촉진/활성화하기 위한 방안의 마련 등, 컨퍼런스의 실질적인 성과 창출을 위한 프로세스는 프로그램의 다양성 대비 미흡해, 컨퍼런스 프로그램이 전반적으로 일방향의 정보 전달 기능에 편중되는 구성을 보이기도 했다.

일시	장소	시간	주제	섹션
10/6/2014	블루스퀘어 블루컨벤션홀	50	미디어 변화에 따른 새로운 음악콘텐츠 산업	콘텐츠
10/6/2014	블루스퀘어 블루컨벤션홀	30	The Next Big Thing in Digital Music World	기술
10/6/2014	블루스퀘어 블루컨벤션홀	30	소셜과 음악, 카카오 뮤직의 꿈과 모험	콘텐츠
10/6/2014	블루스퀘어 블루컨벤션홀	50	Meet the Asian Festival	페스티벌
10/6/2014	블루스퀘어 블루컨벤션홀	40	한국과 일본 음악 페스티벌의 역사와 현황	페스티벌
10/6/2014	블루스퀘어 블루컨벤션홀	20	힙합의 대중화, 그 명과 암. 바람직한 방향에 대하여	케이팝
10/7/2014	블루스퀘어 블루컨벤션홀	30	뉴미디어 시대에서의 콘텐츠 진화	콘텐츠
10/7/2014	블루스퀘어 블루컨벤션홀	30	The Tech To Build Your Global Fan-Base (글로벌 팬층 확보를 위한 기술)	기술
10/7/2014	블루스퀘어 블루컨벤션홀	30	인터렉티브 뮤직비디오	기술
10/7/2014	블루스퀘어 블루컨벤션홀	30	한국락의 K-Pop 시장 생존법	케이팝
10/7/2014	블루스퀘어 블루컨벤션홀	30	Producing Records (음반 프로듀싱)	사람
10/7/2014	블루스퀘어 블루컨벤션홀	50	MU:CON Connection	사람
10/7/2014	블루스퀘어 블루컨벤션홀	40	버클리와 서울재즈아카데미(SJA) 사례를 통한 음악교육 콘텐츠 개발의 이해	콘텐츠
10/7/2014	블루스퀘어 블루컨벤션홀	30	Artist Promotion In The Digital Age (디지털 세계의 아티스트 프로모션)	기술
10/7/2014	블루스퀘어 블루컨벤션홀	30	문화콘텐츠 생산자와 소비자가 함께 만족하는 합리적 플랫폼	콘텐츠
10/7/2014	블루스퀘어 블루컨벤션홀	40	Evolution of Concert Industry - Concert 2.0 (콘서트 산업의 진화 - Concert 2.0)	케이팝

일시	장소	시간	주제	섹션
10/8/2014	블루스퀘어 블루컨벤션홀	30	한국 음악시장의 글로벌산업화	케이팝
10/8/2014	블루스퀘어 블루컨벤션홀	30	The Shifting Balance of Power in the Music Industry (음악산업의 권력 균형의 이동)	사람
10/8/2014	블루스퀘어 블루컨벤션홀	30	전세계 음악레이블과 디지털 음악시장의 방향성	기술
10/8/2014	블루스퀘어 블루컨벤션홀	30	디지털 음악서비스의 새로운 흐름, D2F(Direct to Fan) 플랫폼의 발전가능성	기술
10/8/2014	블루스퀘어 블루컨벤션홀	30	ICT 기술과 음악을 활용한 LBE(Local Based Entertainment) 사업	케이팝
10/8/2014	블루스퀘어 블루컨벤션홀	30	일렉트로닉 라이브 테크놀러지/월드와이드 DJ마켓	기술
10/8/2014	블루스퀘어 블루컨벤션홀	40	Talk with Producer: Inspiration & Creativity (프로듀서와의 토크: 음악적 창작과 영감)	사람
10/8/2014	블루스퀘어 블루컨벤션홀	30	힙합과 아이돌	케이팝
10/8/2014	블루스퀘어 블루컨벤션홀	40	페스티벌 네트워킹을 통한 프로그래밍의 다양성 확보	페스티벌
10/8/2014	블루스퀘어 블루컨벤션홀	30	호주의 뮤직 페스티벌과 음악 산업: 호주 뮤직페스티벌 현황과 지역사회에 끼치는 문화, 경제적 영향	페스티벌
10/8/2014	블루스퀘어 블루컨벤션홀	20	한류 K-Pop 중국 현황 및 진출 방안	콘텐츠

〈표 6. 뮤콘 2014 공식 컨퍼런스 프로그램의 구성〉

(2) 국내 편중, 장르/스타일 및 섭외 지향의 일관성 미흡한 쇼케이스 : 총 42개팀이 3일간 총 4곳의 장소 - 이 중 다수가 전문 공연장 혹은 이에 준하는 공연 인프라를 갖춘 - 에서 개최한 쇼케이스는 컨퍼런스와 함께 뮤콘의 중심 콘텐츠였다. 그러나 이 중 5개 내외의 팀을 제외하면 다수의 아티스트는 국내의 팀들로 꾸려져 글로벌 비즈니스 음악마켓의 지향과 상이한 경향을 보였다. 또한, 국내 섭외 및 지원 확정된 팀 중 일부는 에이팜의 전/현 아티스트 풀과 중복되는 모습을 보이기도 했는데(잠비나이, 숨, 이디오테잎 등), 향후 두 행사가 장르/스타일별로 선택과 집중을 통해 양립을 도모하기 위해서는 이러한 중복된 소개에 대한 상호 사전 조율 또한 필요할 것으로 사료된다.

일시	장소	시간	아티스트	국적
10/6/2014	삼성전자홀 스카이가든	40	잠비나이	한국
10/6/2014	삼성전자홀 스카이가든	40	글렌체크	한국
10/6/2014	삼성카드홀	30	웁스나이스	한국
10/6/2014	삼성카드홀	30	트램폴린	한국
10/6/2014	삼성카드홀	30	고래야	한국
10/6/2014	삼성카드홀	30	숨	한국
10/6/2014	삼성카드홀	30	야야	한국
10/6/2014	삼성카드홀	30	이디오테잎	한국
10/6/2014	삼성카드홀	30	크레용팝	한국

일시	장소	시간	아티스트	국적
10/6/2014	삼성카드홀	30	일리네어레코즈(도끼, 더콰이엇, 빈지노)	한국
10/6/2014	클럽에어	30	롤스파이크	한국
10/6/2014	클럽에어	60	Demi Louise	호주
10/6/2014	클럽에어	30	로큰롤라디오	한국
10/6/2014	클럽에어	30	써드스톤	한국
10/6/2014	클럽에어	30	크라잉넛	한국
10/6/2014	클럽에어	30	로다운 30	한국
10/7/2014	클럽에어	30	제이통	한국
10/7/2014	클럽에어	30	제리케이	한국
10/7/2014	클럽에어	30	비스메이저	한국
10/7/2014	클럽에어	30	MC메타	한국
10/7/2014	클럽에어	30	술탄 오브 더 디스코	한국
10/7/2014	클럽에어	30	TarO & JirO	일본
10/7/2014	올댓재즈	30	어느새	한국
10/7/2014	올댓재즈	30	The Bollands	네덜란드
10/7/2014	올댓재즈	30	신현필 & Suhail (IND) 프로젝트 밴드	다국적
10/7/2014	올댓재즈	30	바버렛츠	한국
10/7/2014	올댓재즈	30	사람또사람	한국
10/7/2014	올댓재즈	30	요조	한국
10/7/2014	올댓재즈	30	십센치	한국
10/8/2014	삼성카드홀	30	사우스카니발	한국
10/8/2014	삼성카드홀	30	단편선과 선원들	한국
10/8/2014	삼성카드홀	30	로로스	한국
10/8/2014	삼성카드홀	30	산이	한국
10/8/2014	삼성카드홀	30	림지훈 & 펑카프릭	한국
10/8/2014	삼성카드홀	30	Mumiy Troll	러시아
10/8/2014	삼성카드홀	30	빅스	한국
10/8/2014	삼성카드홀	30	자우림	한국
10/8/2014	클럽에어	30	버벌진트	한국
10/8/2014	클럽에어	30	EE	한국
10/8/2014	클럽에어	30	이스턴 사이드킥	한국
10/8/2014	클럽에어	30	아시안체어샷	한국
10/8/2014	클럽에어	30	솔루션스	한국

〈표 7. 뮤콘 2014 공식 쇼케이스 프로그램의 구성〉

(3) 성과 계측 및 지원 방향의 편중 : 가장 큰 규모와 다양한 콘텐츠 구성을 지향한 뮤콘 역시 일부 참가자에 대한 유료 참가비를 제외하면 대부분의 행사가 주최/주관 측의 지원금을 통해 운영되었다. 정부 주도의 행사에서 내부 수익성 확보만이 정답은 아닐 것이고, 보다 중장기적인 성과를 창출할 수 있다면 이는 다른 기준에서 평가되어야 할 것이다. 그러나, 현재 뮤콘이 집중하고, 또한 사후 홍보하는 대부분의 성과는 미팅 성사의

건수나 단발적인 아티스트 해외 소개의 기회 마련 등 수출형 성과, 단발성/단기 성과에 편중되어 있는 점 또한 사실이다.

D. 발전 방향성 제언

(1) 선택과 집중 : 뮤콘은 국내의 타 음악마켓 사례와 비교하면 가장 큰 규모의 행사지만, 역으로 글로벌 시장에서 이미 자리잡은 유명 음악마켓 사례와 비교하면 여전히 성장/확대의 기회를 도모해야 하는 행사이기도 하다. 2014년을 기준으로 뮤콘은 음악마켓의 모든 기능을 포괄하지만, 후발주자로서 뮤콘이 글로벌 음악마켓 경쟁 안에서 독자적인 정체성을 정립하기 위해서는 다섯 개의 깊이와 영역이 상이한 주제 하에 꾸려진 뮤콘의 컨퍼런스나 국내 아티스트의 소개에 편중된 쇼케이스 콘텐츠의 선택과 집중이 필요하다. 컨퍼런스의 경우에는 단순 강연회 및 일방향의 지식 전달을 넘어, 음악마켓 컨퍼런스의 본질적 기능인 산업 경향의 공유 및 유의미한 시사점/메시지 도출에 이르기 위한 주제의 선택과 집중 및 장소/시간 인프라의 확대 등 외연과 내실을 동시에 도모하는 방향으로의 변화가 요구된다. 쇼케이스의 경우 또한 국내 아티스트의 소개 및 해외 진출 기회 확대 외에 국내/외 교류 및 해외 아티스트 소개 기능의 확대, 참가자 외 다양한 언론/일반인의 관심을 끌 수 있는 프로그램의 다각화 등의 노력을 통해 국내외 아티스트 모두가 각자 뮤콘의 쇼케이스를 '기회'로서, 그 효익을 체감할 수 있도록 기획 및 운영되어야 할 것이다.

(2) 타 음악마켓과의 구분 : 글로벌 음악마켓 시장에서의 자리매김뿐 아니라, 뮤콘은 국내 음악마켓 안에서도 타 행사와 중복되지 않는 정체성의 조율을 도모해야 한다. 우선적으로는 동시 창립된 에이팜과의 역할 구분이 요구되는데, 장르 간 크로스오버가 활발해지면서 장르/스타일만으로 아티스트를 구분짓는 데에 한계가 있는 바, 장르에 따른 지향 외에 에이팜과 뮤콘이 각각의 정체성을 구분할 수 있는 추가적인 기준이 마련되어야 할 것이다. 또한, 2014년 에이팜과 뮤콘은 모두 유사한 시기에 개최되고 있는데, 단기적으로는 양 행사가 일부 아티스트/연사 및 콘텐츠를 공유하는 효과를 누릴 수 있겠으나 장기적으로 두 행사 모두 양립하기 위해서는 양자가 보다 독립적인 시기에 운영되는 것 또한 대안으로서 고려해 볼 수 있을 것이다.

(3) 중장기 성과 창출을 위한 목표 마련/실행 확대 : 2014년 뮤콘의 주요 성과는 아티스트 몇 팀을 진출시켰는지, 몇 건의 미팅을 성사시켰는지 등 행사 당시의 단기적, 단발적인

계량 성과에 집중되어 있다. 단기 성과의 지속적인 도출 또한 중요하겠으나, 뮤콘이 산
업 전반에 보다 온전히 기여하기 위해서는 단기 성과에 편중된 현재의 목표 수립/실행
국내외 음악 산업 전반의 이슈에 대한 고민과 시사점 도출, 산업 관계자 전반을 아우르
는 네트워크 풀의 구성/관리 및 활용 지원, 쇼케이스 외 다양한 아티스트-레이블-유
통사 및 투자자를 연계하는 체계화된 기회 창출 프로그램의 구성 등 보다 중장기적인,
산업 전반의 지속적인 성장 기반 마련에 기여하는 성과와 단기적 성과 간의 균형 잡힌
지향점 마련 및 실행이 요구된다.

4. 서울아트마켓 (PAMS, Performing Arts Market in Seoul)

서울아트마켓은 2005년부터 개최
된, 본문의 4개 사례 중 가장 긴 연혁
을 지닌 행사다. 장소 인프라를 제공
하는 국립중앙극장이 주관에 참여하
고 있으며, 음악 외에 공연예술 전반
을 다루는 '아트마켓' 행사인 점이 다
른 음악 전문화된 행사들과의 주요한
차이점이다.

A. 운영 현황

총 6일(전야제 포함)에 걸쳐 '공연예
술의 국내외 유통 체계화'와 '공연예
술 해외 네트워크 구축을 통한 한국
공연예술의 해외 인지도 제고 및 경쟁
력 강화'를 목표로 총 84조의 홍보 부
스, 57개 작품에 대한 공식 쇼케이스,
1,500여명의 국내 개인/300여 명의
해외 개인 참가자 공연-학술행사-네
트워킹 및 부대 행사를 진행했다. 권
역 포커스의 일환으로 주빈국은 중국

으로 선정되어 해외 쇼케이스, 학술행사의 포커스세션, 해외쇼케이스의 별도 프로그램 마련 등을 진행했다.

B. 서울아트마켓의 특징

(1) 항목별 세분화된 프로그램 운영 : 오랜 연혁에 맞춰 프로그램은 그 종류가 확대 및 조율되어 왔는데, 2014년 서울아트마켓의 경우 1주일 여의 운영 기간 동안 세분화된 쇼케이스–학술행사–네트워킹 프로그램이 중심이 되어 10주년 기념 행사와 상설 부스, 사전 및 부대행사 등이 연계되는 형태로 운영되고 있다.

분류	타이틀	내용
권역포커스	주빈국	중국 선정, 특별 프로그램 기획/운영
개최 10주년 특별 행사	팸스나이트	주관 측인 예술경영지원센터가 주최하는 행사 전야 네트워킹 파티
	개막공연	공식 개막 기념 공연
개최 10주년 특별 행사	축하공연 (팸스오픈스테이지)	국립극장 야외무대에서 개최, 등록자와 일반 관람객 모두 관람 가능한 프로그램, 총 4일(10/7~10/10) 간 8개팀 참여
	기념전시	서울아트마켓 10주년 기념 전시, 해오름극장 로비 활용
쇼케이스	팸스링크	자유 참가 쇼케이스, 한국 공연 컨텐츠, 총 57개 작품
	팸스초이스	한국 현대공연예술 대표하는 공식 선정 작품, 총 10개 작품
	해외쇼케이스	중국 및 유관기관 쇼케이스, 총 2개 작품
학술행사	포커스세션	중국공연예술의 현황과 국제 협업 비전을 주제로 발제 & 자유 토론으로 구성
	라운드테이블	직군별, 관심별 소규모 심화토론
네트워킹	팸스마스터와 하루	국내 참가자 대상 멘토링 프로그램, 서울아트마켓의 활용 방안 안내 중심
	팸스버디	첫 참가자, 해외 참가자 대상 지원 프로그램
	스피드데이팅	국내외 축제/공연장 관계자와의 1:1 네트워킹 프로그램
	팸스나이트	자유로운 네트워킹 조성하는 파티
부스	부스 전시	국내외 공연관계자 대상, 총 72개 단체, 84조 참여
	팸스나이트	형식/장르 제한 없는 부스 전시/공연 쇼케이스
부대행사	개막 리셉션	10주년 기념 주제
	폐막식, 리셉션	공식 폐막 선언 등 포함
기타 (사전 프로그램)	사전워크숍	9/25일 개최, 서울아트마켓 활용 방안에 대한 단계별 안내
	기자간담회	9/30일 개최, 언론 대상 공식 소개/안내

〈표 8. 서울아트마켓 2014 공식 프로그램 구성〉

(2) 공연예술 콘텐츠의 일부로 음악 콘텐츠 기획/구성 : 행사의 추진 배경/목적에서부터 서울아트마켓은 '공연예술'을 그 주제로 하고 있으며, 음악을 그 일부로 포함하고 있다. 이

에 각 행사별로 음악은 다른 공연 예술과 함께 일부로 포함되거나(공연/무용의 실연자 참여 등), 독립적인 공연 콘텐츠로 소개되는 방식 모두를 취하고 있다. 각 프로그램별로 포함되는 음악 콘텐츠는 하기 표 9와 같다. 특히, 개막 축하공연인 팸스오픈스테이지에서 기존 월드뮤직, 실험적 공연예술가 외에 팝/락 뮤지션 등의 섭외를 확대한 부분이 두드러진다.

(3) 선정작에 대한 쇼케이스-부스-지원 연계 프로그램 운영 : 서울아트마켓은 총 10편의 팸스초이스 작품을 선정, 이에 대해 1) 서울아트마켓 내 별도 쇼케이스 기회 제공, 2) 별도 홍보 부스 제공 및 3) 1년 간 해외 초청 공연 시 1회에 한해 항공료 및 화물운송료 전체 혹은 일부를 지원하는 종합적인 지원 프로그램을 운영하고 있다. 2013년의 경우 총 16개 작품이 선정, 4억여 원이 지원되었으며, 2014년의 경우 총 10개 팀이 선정되었다.

분류	타이틀	내용
개최 10주년 특별 행사	축하공연 (팸스 오픈 스테이지)	총 4일(10/7~10/10) 간 8개 뮤지션 무대, 매일 90분씩 총 360분 - 해어화(팸스링크 선정), 월드뮤직그룹 세움, 김마스타, 고고스타, 데드버튼즈, 전국비둘기연합, 로다운30, 아시안체어샷
쇼케이스	팸스초이스	선정작 10개 작품 중 총 6개 음악 연관 콘텐츠 포함 - 국악/크로스오버: 블랙스트링, 바리abandoned, 박우재 거문고 더하기 - 공연 연계 음악 콘텐츠: 판소리햄릿프로젝트, 오더메이드레퍼토리 '雜(잡)', 인간의 리듬
	팸스링크	전체 57편 중 16편의 음악 직/간접적 관여 콘텐츠 포함 - 6편의 음악 중심 콘텐츠 참여 - 10개 다원 콘텐츠에 음악 부분적 포함
	해외쇼케이스	중국(루오닝 재즈 트리오) 및 캐나다 (다니엘 레베이예) 등 음악 중심 2개팀 참여
학술행사	포커스세션	중국 사운드오브더시티 페스티벌 국제협력 커미셔너 가오 웨이 참석 등 포커스세션 중 파트 2 중심. 중국 및 미국 음악 연관 패널 참석
네트워킹	스피드데이팅	국내외 축제/공연장 관계자와의 1:1 네트워킹 프로그램
	팸스나이트	자유로운 네트워킹 조성하는 파티
	팝업스테이지	팸스초이스 팀의 팝업스테이지 마련

〈표 9. 서울아트마켓 2014 내 음악 연관 프로그램 구성〉

C. 주요 이슈/발전 방향성 제언

(※ 서울아트마켓의 경우 음악만을 다루는 것이 아니고 '공연예술' 중심이라는 뚜렷한 별도의 지향이 존재하는 바, 여타 3개 사례와 같이 온전한 '음악마켓'의 여부에 따라 이를 평가하기에는 어려움이 있다. 이에 본문에서는 현재 서울아트마켓이 운영하고 있는 음악 연관 프로그램과 기타 음악마켓 사례 간 비교에 한해 이슈를 언급하고자 한다.)

(1) 타 음악마켓과의 콘텐츠 중복 : 타 사례와 다르게, 서울아트마켓은 음악만을 대상으로 하지 않고 음악을 '공연예술'의 일부로 취급하는 종합 아트마켓을 지향하고 있다. 이에 다루는 음악 콘텐츠의 범위 또한 공연과 연계된 콘텐츠로 구성되는데, 국악/월드뮤직 중심의 선정이나 이 중 일부는 전—현 에이팜/뮤콘의 선정작과 중복되는 경우를 보이고 있다. (숨, 잠비나이 등) 한국의 음악마켓이 '좋은 국내 음악 콘텐츠를 해외에 소개하는' 성과 목표를 공유하는 바, 보다 많은 음악에 기회가 돌아갈 수 있도록 각 행사 당사자 간 선정작에 대한 사전 조율 등을 통해 불필요한 중복 선정을 최소화하면서, 동시에 선정작에 대한 지원의 지속성 강화를 위한 상호 협업 방안의 마련이 요구된다.

(2) 팸스 오픈 스테이지와의 연계 : 전통 공연예술 및 이와 연계된 음악 콘텐츠, 국악/크로스오버 등의 장르 방향성을 보이는 본 행사의 프로그램과 별개로, 10주년 기념 행사 중 하나였던 팸스 오픈 스테이지는 8개 참여 아티스트 중 6개팀이 국악/크로스오버가 아닌 팝/락 등 이질적인 장르의 팀으로 구성되었다. 이는 서울아트마켓의 음악 섹션이 그

동안 다뤄왔던 음악의 지향에 비추어볼 때 다소 이질적이나, 이러한 선정이 팸스 오픈 스테이지 외 다른 프로그램으로 확대되지는 않았다. 상술한 '타 음악마켓과의 중복'을 방지하는 한도 내에서, 현 시점에서 가장 긴 연혁과 꾸준한 수요 기반을 보유한 서울아 트마켓이 보다 넓은 폭의 음악 콘텐츠를 소개하는 자리를 확대해 나간다면 이 또한 아 티스트 및 음악 산업 관계자들에게는 새로운 기회의 장이 될 수 있을 것이다.

마치며

상술한 음악마켓의 사례들은, 서울아트마켓을 제외하면 5년 미만의 짧은 운영 연혁 을 지니고 있는, 초기 단계의 음악마켓들이다. 이들을 현 시점에서 글로벌 유수의 음악 마켓과 직접적으로 비교하는 것보다는, 이들이 처한 현황을 토대로 보다 발전적인 방향 으로 이들이 성장해 갈 수 있도록 하기의 세 가지 방향에서의 제언을 정리하며 본문을 마치고자 한다.

저마다 아시아, 글로벌 시장에서의 포지셔닝을 지향하고 있지만, 우선적으로는 본 행 사들이 후발주자의 위치에 있음을 인정하고, 선 개최되고 있는 해외 행사들로부터 어떤 목표/콘텐츠/프로그램으로 스스로를 차별화할 수 있을 것인지를 명확히 하는 절차가 선행되어야 할 것이다. 이 중 모든 사례가 공통적으로 주지하고 있는 '아시아' 음악마켓 의 경우만 해도 뮤직 매터스라는, 오랜 역사와 안정적인 수요, 다양한 콘텐츠를 포괄하 는 종합적인 음악마켓이 이미 존재하고 있는 상황이다. 단기에 이와 상응하는 규모 및 브랜드 가치를 정립하기 위한 직접 경쟁을 도모하는 것보다는, 선택과 집중으로 '잘 할 수 있는' 영역에 집중하고자 하는 노력이 요구된다. 중장기적으로는 이러한 차별화 요소 를 중심으로, 규모와 다루는 영역의 질적 확대를 병행해 가며 글로벌 음악마켓으로의 성장을 도모해야 할 것이다.

둘째, 국내 음악마켓 간 불필요한 중복/경쟁 요소를 최소화하려는 상호 간의 조율 노 력이 요구된다. 현재 운영되는 국내 음악마켓들은 1) 콘텐츠/프로그램 주제 선정 및 구 성, 2) 운영 일시, 3) 섭외 아티스트/연사/패널 구성 등에서 정도의 차이는 있지만 일정 부분 중복되는 경향을 보이고 있다. 상술했듯 후발주자로서 차별화된 포지셔닝이 필요 한 시점에서, 여러 음악마켓의 공생을 위해서는 각 행사가 우선 상술한 요소의 중복은 최소화하면서, 상호 유치/확보한 성과를 공유할 수 있는 공동의 협의 프로세스를 마련해야 한다.

셋째, 각 행사의 지속 가능성을 강화할 수 있는 보다 적극적인 방안 마련이 필요하다. 이는 행사의 예산 등 재정적인 부분에서의 안정성 강화와, 행사의 양적/질적인 지속적 성장 모두를 총괄한다. 본문에서 언급한 음악마켓 사례들은 대부분의 운영 예산을 정부 및 유관기관의 지원금에 의존하고 있는데, 이의 유불리를 떠나 재정적 안정성 확보를 위해 예산 확보 방안을 다각화하는 노력은 음악마켓의 지속적 운영을 위해 우선적으로 요구되는 사항이다. 이를 위해서는 실제 영향력 있는 단체/기업들로부터의 스폰서십 유치를 위한 프로그램/패키지 개발과, 자체적으로 수익 창출 가능한 프로그램의 운영이 병행되어야 할 것이다.

또한, 재정적 기반 위에서 음악마켓이 양적/질적으로 성장하기 위해서는 1) 참여자 그룹 각각에 대한 자발적인 동기 부여의 지속/강화와 함께 2) 관계자 외의 지속적인 주목을 끌 수 있는 대외 홍보/성과 공유의 프로세스화가 필요하다. 1)을 위해서는 현재 산업 일선의 음악 기획/제작 업체의 보다 적극적인 참여를 독려할 수 있는 다양한 장치 마련이 필요하다. 이는 현재 운영되고 있는 지원 프로그램의 양적 확대 외에도 해당 업체의 기획/제작/홍보/유통 등에 실제적으로 도움을 줄 수 있는 맞춤형 프로그램의 사전 공동 기획 등의 방향으로 구체화될 수 있을 것이다. 2)를 위해서는 보다 심화된 학술행사-컨퍼런스 등을 통해 도출된 화두 및 시사점을 언론 및 유관 업체와 공유할 수 있는 정례화된 홍보/커뮤니케이션 프로세스의 구축-운영과 더불어, 일반인의 참여 확대를 위한 공개 프로그램의 확대가 병행되어야 할 것이다. SOUND

■ **Reference**

– 2014 서울 아트마켓 프리뷰, 서울아트마켓 추진위원회 (2014)

– 2014 서울 아트마켓 홈페이지, 서울아트마켓 추진위원회 (2014)

– 2014 아트마켓 가이드 증보판, 문화체육관광부/예술경영지원센터 (2014)

– [피플] 이정헌 울산월드뮤직페스티벌 & 에이팜 총감독 인터뷰 '음악도시 울산'을 자랑스러워 할 그날까지, theApro.kr (2013)

– 처용문화제 '처용' 중심으로 가자, 울산매일 (2014)

– 한지붕 두가족 한계… 각각 고유의 축제로 키워야, 울산매일 (2013)

– 울산 처용문화제 '예산횡령 의혹', 국민일보 (2014)

– 광주, 월드뮤직 메카를 꿈꾸다 7) 울산처용월드뮤직페스티벌, 무등일보 (2010)

– 2014 처용문화제 홈페이지, 처용문화제 추진위원회 (2014)

– 인천펜타포트음악축제 홈페이지, 인천도시공사/인천시 (2014)

– 인천펜타포트음악축제 아시아뮤직스팟 개최, 인천도시공사 (2014)

– 인천도시공사 홈페이지 내 뮤직스팟 소개자료, 인천도시공사 (2014)

– 에이팜에서 아시안 음악마켓의 '허브'를 봤다, 텐아시아 (2014)

– K-Pop, 세계 최대 음악마켓 '미뎀'을 유혹하다, 한국콘텐츠진흥원 (2014)

– 이제 월드뮤직… '문디알 몬트리올 음악마켓' 주목 이유, 중앙일보 (2014)

– K팝 축제, 북미 최대 음악 축제 SXSW 장식, 코리아해럴드 (2013)

3 해외 음악관계자 인터뷰

음악산업을 진흥시키고, 뮤지션들의 해외진출을 도와줄
'음악마켓'을 어떻게 만들 수 있을 것인가?

■ 울산 에이팜 초청 해외 음악관계자 인터뷰
1) 제롬 윌리엄스(Jerome Williams) | Netherlands | Agent – Earth Beat
2) 패트릭 드 그루트(Patrick De Groote) | Belgium | Artistic Director – Sfinks
   Mixed Festival / EFWMF
3) 워렌 스미스(Warren Smith) | USA | Producer/Founder – Epiphany Artists /
   Sierra Nevada World Music Festival
4) 말콤 헤인즈(Malcolm Haynes) | UK | Programmer & Coordinator of Silver
   Hayes – Glastonbury Festivals Ltd.

권석정
텐아시아 기자

김재범
성균관대학교
경영대학/예술대학 교수

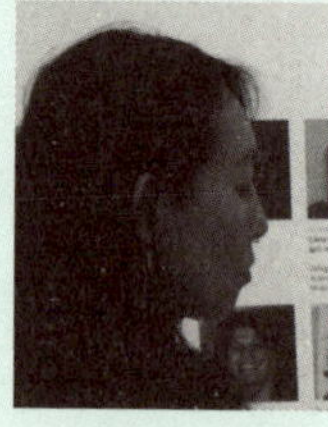

양은영
포항공과대학교
인문사회학부 교수

조대곤
포항공과대학교
산업경영공학과 교수

얼스비트 대표

제롬 윌리엄스(Jerome Williams) 인터뷰

일시 2014년 10월 3일(금) 오후 4시
장소 울산문화예술회관
정리, 글 권석정(텐아시아 기자)
통역 김나영(Judy Kim)
배석, 사진 박준흠(대중음악SOUND연구소장)

제롬 윌리엄스(Jerome Williams) | Netherlands | Agent – Earth Beat

제롬 윌리엄스는 2002년 2명의 파트너와 함께 얼스비트를 설립하였으며, 사운드엔지니어와 투어매니저로서 10년 이상의 경력을 가지고 세계 다양한 아티스트들과 함께 일하고 있다. 얼스비트 베네룩스에서 '비서양음악'을 위한 사업분야를 확장하여 국제적인 에이전시와 기획자로서 성장하였다. 제롬은 주로 아시아와 태평양에서 활동하는 아티스트들을 중심으로 중국의 항가이 밴드, 솔로몬제도의 나라시라토, 한국의 숨(SU:M), 잠비나이, 일본의 아사쿠사 진타, 중국의 롱센다오 등과 함께 해외투어를 진행중이다. www.earthbeat.nl

최근 국내 뮤지션들 사이에서 '해외 진출'은 최대 관심사 중 하나다. 아이돌 그룹이 중심이 소위 '케이팝' 군의 뮤지션들 사이의 전유물로 여겨진 해외 진출이 록밴드들을 비롯해 인디 신의 뮤지션들에게로 확대된 지 오래다. 최근 케이팝 이외 인디, 월드뮤직 계열의 뮤지션들 사이에서도 해외 진출에 대한 열망이 커지면서 '에이팝' '뮤콘'과 같은 국제음악박람회에 대한 관심도 크다. 이를 통해 '글래스톤베리' 등 세계 최대 페스티벌에 한국 팀들이 진출했고, 적극적인 해외 투어도 이루어지고 있다.

이처럼 요 몇 년 간 해외 진출에 대한 열망이 있어왔지만 아이돌그룹을 제외하고 비즈니스 적으로 성과를 거둔 경우는 미국 워너뮤직그룹 산하에 있는 사이어 레코드와 계약을 맺은 노브레인과 최근 유럽투어를 성황리에 마친 잠비나이 정도를 꼽을 수 있을 것이다. 제롬 윌리엄스의 이름을 처음 접하게 된 것은 잠비나이의 유럽투어 소식을 통해서였다.

음악공연 전문 회사인 얼스 비트(Earth Beat)의 대표이자 전문 에이전트인 제롬 윌리엄스는 잠비나이의 첫 해외 공연인 '월드 빌리지 페스티벌'에 다리를 놓은 것을 시작으로 올여름 14개국 26회의 유럽투어에 대한 에이전시를 맡았다. 잠비나이의

음악을 제대로 파악한 제롬 윌리엄스는 그에 맞는 페스티벌을 소개했고, 결과적으로 성공적인 투어를 가능하게 했다. 국악과 록을 환상적으로 조화시킨 이들의 음악은 단박에 그들을 사로잡았다. 지금은 해외 페스티벌 관계자들 사이에서 '넥스트 빅 씽(Next Big Thing)'으로 호평 받으며 내후년 공연 스케줄까지 의뢰가 오고 있는 상황이다. 제롬 윌리엄스는 잠비나이 외에 한국 팀인 '숨'과도 계약을 하면서 해외 진출을 돕고 있다. 10월 2~4일 울산문화예술회관에서 열린 '에이팜' 현장에서 제롬 윌리엄스를 만나 한국 뮤지션의 해외 진출에 대해 물었다.

권석정 한국 방문은 몇 번째인가?
제롬 이번이 여섯 번째 방문이다.

권석정 한국에는 어떻게 처음 방문하게 됐나?
제롬 처음 온 것은 2009~2010년쯤이었던 것 같다. '울산 월드뮤직 페스티벌'에 섭외된 중국 밴드 항가이(Hanggai)를 데리고 함께 들어왔다

권석정 한국 방문 전에 한국음악에 대해 얼마나 알고 있었나?
제롬 한국에 오기 전에는 월드뮤직 박람회 '워맥스(WOMAX)'를 통해 소개된 한국의 전통음악(국악)을 접한 적이 있다. 그 외에 한국의 대중음악

은 잘 알지 못했다. 이후 여러 음악 컨퍼런스를 통해 한국의 다양한 음악을 접하게 됐다. 나 스스로가 아시아 음악에 대해 관심이 많았기 때문에 관심을 갖고 지켜봤다.

권석정 자신의 회사 얼스비트(Earth Beat)에 대한 소개 부탁드린다.

제롬 전 직장에서 함께 일하던 동료 두 명과 함께 2002년에 네덜란드에 설립했다. 처음에는 네덜란드와 벨기에서 공연 사업을 하기 위해 설립했다. 점점 회사가 커지고 인원이 충원되면서 연극 부서와 음악 부서가 생겨났고, 2012년에 연극 부서는 분리됐다. 지금은 한 명의 파트너와 함께 공동으로 얼스비트를 운영하고 있다. 지금은 해외 뮤지션 8팀, 네덜란드와 벨기에 뮤지션 40여 팀과 계약을 했고 1년에 약 300개의 공연(페스티벌 포함)에 참여한다. 공연은 해외에서 180개, 국내(네덜란드, 벨기에)에서 120개 정도를 소화한다. 처음에는 지역 프로모터로 일을 시작했다가 항가이를 통해 국제적으로 활동을 하게 됐다.

권석정 얼스비트는 주로 아시아권 뮤지션들과 계약을 하고 있다. 아시아 뮤지션들과 일을 하는 이유는?

제롬 처음에는 중국 전통음악에 관심이 많아서 아시아권 뮤지션들과 함께 일을 하게 됐다. 중국의 항가이와 함께 일을 하게 되면서 울산을 비롯해 전 세계 페스티벌과 함께 일을 하게 됐다. 유럽의 음악은 이미 세계적으로 알려졌기 때문에 내게는 더 이상 특별하게 다가오지 않았다. 내게는 아시아권 음악들이 훨씬 유니크하고 재미있다. 물

론 그것을 유럽 등 다른 나라에 소개하는데 까지는 대단한 열정이 필요하다. 다행히 내게는 그런 열정이 있다.(웃음)

권석정 얼스비트가 계약을 하는 나름의 기준이 있다면?

제롬 한국의 잠비나이와 숨, 중국의 항가이, 롱센다오, 솔로몬제도의 나라시라토, 일본의 아사쿠사 진타, 스페인의 데페드로 등 여러 나라의 뮤지션들과 계약을 한 상태다. 기준은 당연히 좋은 음악이다. 하지만 음악만 좋은 것으로는 충분치 않다. 그 뮤지션만이 가진 독특한 매력이 있어야 한다. 그 매력을 가지고 관객을 설득할 줄도 알아야 한다. 그렇지 않고서는 처음 보는 관객들에게 그것을 전달할 수 없다. 나라시라토의 경우 대나무로만 이루어진 악기를 연주하는데 그것이 독특하기도 하지만, 그 음악을 가지고 록, 댄스뮤직 등 다양한 장르를 표현한다. 잠비나이와 숨 역시 독특한 음악을 하지만 그것으로 음악이 가진 다양한 미학, 어법을 표현할 줄 안다. 그런 점이 매우 멋지다.

권석정 한국 뮤지션인 잠비나이와 숨과 계약을 하게 된 이유는?

제롬 그들의 음악은 정말 독특하다. 먼저 잠비나이를 말하자면, 국악기와 서양악기가 함께 하는 이들의 악기와 구성은 어디에서도 들어보지 못한 것이었다. 이들이 음악으로 만들어내는 특유의 분위기(vibe)는 말로 표현하기 힘들 정도다. 잠비나이를 보면서 이들의 음악은 분명히 누군가가 듣고 싶어 할 것이고, 관심을 가질 거라는 확신이

들었다. 숨은 잠비나이와 달리 완전히 한국의 전통악기로만 구성된 팀인데 음악은 현대음악을 한다. 이들은 단지 전통음악과 현대음악을 믹스하는 크로스오버를 넘어서서 전혀 새로운 제3의 음악을 만들어낸다. 숨을 처음 봤을 때가 떠오른다. 그들의 음악을 들으며 난 별 사이를 날아다니는 감흥을 받았다. 그것은 마법과 같았다. 깜짝 놀라서 어서 이 음악을 많은 사람들에게 들려줘야 한다는 확신이 섰다.

권석정 잠비나이와 숨의 음악은 서양인들에게 낯설지 않나?

제롬 분명히 이들의 음악은 서양의 팝, 록과는 다르다. 하지만 자신들이 느낀 감정을 관객에게 이해시킬 수 있다면 국적이나 언어는 아무 상관없다.

박준흠 세계 사람들이 유니크한 음악에 주목을 한다고 했는데, 이미 전세계 음악시장에서는 영미 권의 팝, 록을 하는 뮤지션들이 주류를 이루고 있다. 그렇다면 영미 권의 팝, 록을 하는 아시아권의 뮤지션들은 해외 음악시장에 나가는 것이 힘든 것인가?

제롬 당연히 어렵다. 왜냐면 그런 뮤지션은 너무나 많기 때문이다. 미국에만 해도 엄청나게 많은 록밴드가 있는데 거기서 경쟁을 해서 성공하려면 잘하는 것을 넘어서 뭔가 돋보이는 것이 있어야 한다. 잠비나이와 숨은 일단 어떤 장르로 분류해야 할지부터 애매한 팀들이다. 잠비나이의 경우 전통음악의 요소도 있고 록의 요소도 있다. 때문에 월드뮤직 페스티벌부터 록페스티벌에 이르기까지 다

양한 곳에서 공연이 가능하다. 흔한 음악을 하는 것보다는 장르를 벗어난 독특한 음악을 하는 것이 더 가능성이 크다.

권석정 잠비나이가 지난 5~7월 유럽을 도는 투어를 진행했다. 여기에 대해 에이전시를 맡은 것으로 알고 있는데, 투어는 어떻게 짰나?

제롬 잠비나이의 유럽투어는 작년 '에이팜' 때부터 기획을 시작했다. 보통 매년 10월 '워맥스'에 가서 전 세계 페스티벌 관계자들을 만나며 이야기를 나누며 공연 스케줄을 잡아간다. 가장 중요한 것은 대형 페스티벌의 날짜를 확보하는 것이다. 키(key) 페스티벌을 먼저 잡고 그 사이에 여러 작은 페스티벌 및 행사들을 집어넣는다. 잠비나이의 경우 첫 유럽투어 치고 긴 투어였다. 그 이유는 예상보다 잠비나이를 원하는 페스티벌이 많았기 때문이다. 대형 페스티벌 중간에 여러 작은 공연을 많이 잡는 이유 중 하나는 투어의 비용을

최소화하기 위해서다. 정해진 날짜 안에 많은 공연을 해야 돈을 더 벌 수 있기 때문이다. 에이전트의 역할은 정해진 기간에 뮤지션을 효과적으로 소개하는 것인데, 그와 동시에 경비 절감을 위해 최대한 많은 공연을 잡는 것도 중요하다.

권석정 잠비나이 공연 반응이 매우 성공적이었다고 들었다. 제롬이 느끼기에는 어땠나?

제롬 정말 성공적이었고 관계자들에게 받은 피드백들도 무척 좋았다. 관객들 역시 잠비나이의 음악을 정말 좋아했다. 공연 전에 잠비나이의 공연 영상을 여러 사이트, 페이스북을 통해 알렸다. 덴마크에서 열린 '로스킬데'에서는 잠비나이의 〈소멸의 시간〉 인트로만 듣고 환호성을 질러댔다. 그들은 분명히 잠비나이의 음악을 알고 있었다. 한 번은 60~70대의 노인들이 많이 온 페스티벌 무대에 올랐는데 관객들이 공연을 보다가 도망가지 않을까 걱정을 했다. 하지만 그들이 제일 먼저 잠비나이의 음반을 사려고 줄을 서는 것을 봤다.

권석정 세르비아 '엑시트 페스티벌'에서는 헤비메탈 밴드들과 같은 무대에 섰다고 들었다.

제롬 맞다. 잠비나이과 헤비메탈 뮤지션들과 함께 드레싱 룸을 썼다. 가죽잠바와 쇠사슬을 멘 덩치 큰 메탈 뮤지션들 사이에 동양의 한국 여성들이 국악기를 들고 서 있는 모습을 상상해보라. 메탈 뮤지션들은 황당했을 것이다. 그런데 잠비나이의 공연이 시작되고 강력한 음악이 나오자 관객들과 메탈 뮤지션들은 깜짝 놀란 것이다. 공연을 마치고 난 후에는 함께 사진도 찍고 친해졌다.

권석정 해외 무대에서 성공하기 위한 방법이 있을까? 한국 뮤지션들이 가진 경쟁력은 어떤가?

제롬 어려운 질문이다. 특별히 한국음악을 예로 들기보다는 세계 여러 나라의 음악이 다 똑같은 고민을 갖고 있다. 이번 '에이팜' 컨퍼런스에서도 그렇고 많은 아티스트들이 나에게 "해외 무대에서 성공하기 위한 방법을 알려 달라"고 질문을 한다. 거기에 답을 하자면, 결국 중요한 것은 음악인 자신이 무엇을 느꼈느냐가 중요하다. 자세히 설명하자면 본인이 어떤 음악을 표현하고 싶은지, 관객과 어떤 감정을 공유를 하고 싶은지를 알아야 하는 것이다. 그런 감정의 공유가 없으면 절대로 말이 통하지 않는 관객에게 다가갈 수 없다. 자심의 감정을 100% 표현하는 것, 다 드러내는 것은 부끄러운 것일 수도 있다. 하지만 그렇게 해도 될까 말까다.

권석정 잠비나이는 내후년 투어까지 의뢰가 들어오고 있다고 들었다.

제롬 그렇다. 내년에는 3월에 호주의 '워매드(WOMAD)'를 가고 5월 말 러시아를 시작으로 8월까지 유럽을 돌 예정이다. 10월에는 미국, 캐나다 등 북미권을 갈 예정이다. 12월에는 인도에도 가볼 생각이다.

권석정 서양인들이 잠비나이의 음악을 매력적이라고 여기는 이유는 뭘까?

제롬 좋은 음악이니까.

권석정 더 설명을 한다면?

제롬 새롭다. 신선하고 강력하다. 무엇보다도 페

스티벌에 적합한 음악이다.

권석정 좋은 공연 에이전트란?

제롬 각각의 페스티벌 관계자들과 좋은 관계를 맺기 위해서는 신뢰가 바탕이 돼야 한다. 신뢰는 좋은 아티스트를 많이 소개했을 때 비로소 형성된다. 내가 데려온 아티스트가 그들을 만족시키면 신뢰가 커지고, 그러면서 더 많은 아티스트를 소개할 수 있게 되는 것이다. 이제 나 같은 경우는 잠비나이와 같이 알려지지 않은 신인이라고 해도 페스티벌 관계자들에게 음악적으로 보증을 해줄 수 입장이다. 또 에이전트로서 중요한 것은 이 뮤지션이 어떤 페스티벌에 알맞은지 파악하는 것이

다. 그 기회를 만들기 위해서는 에이전트가 아티스트를 제대로 파악을 하고, 어떤 무대에 잘 어울릴지 제대로 판단해야 한다. 무조건 많은 돈을 벌게 해주는 것이 에이전트의 덕목은 아니다. 우리 역할은 정말 적절한 관객을 만나게 해주는 것이다. 각각의 페스티벌마다 음악, 그리고 관객의 특성이 있다. 페스티벌로 이름을 알린 후에는 현지의 로컬 프로모터들과 연결해서 앨범을 발표하며 이름을 알리는 것이 중요하다. 항가이의 경우 이제 단독공연을 열면 유료 티켓이 400~600장정도 팔리는 수준까지 됐다. 지금은 잠비나이를 해외에 소개하는 단계지만 추후에는 현지 프로모터를 연결해서 단독공연을 하는 수준까지 가야 한다.

권석정 최근 한국 뮤지션들이 해외 진출에 큰 관심을 갖고 있다. 한편으로는 제대로 된 정보 없이 우왕좌왕하는 경우도 있다. 이들에게 조언을 해준다면?

제롬 우선은 돋보여야 한다. 많은 팀들 속에서 튈 수 있는 독특함이 필요하다. 쇼케이스에 최대한 많이 참가하도록 하라. 최근에는 페이스북 등 SNS를 통한 홍보도 중요하다. 대신 영어로 해야 한다. 가끔 한국 뮤지션의 페이스북에 들어가 보는데 거의 한국어로 포스팅이 돼 있다. 영어로 글을 올린다면 나처럼 잠재적으로 팬이 될 가능성이 있는 사람들에게 어필할 수 있을 것이다. 해외 진출을 생각한다면 영어는 필수다. 그리고 해외 공연을 하게 되면 그 기회를 최대한 이용하도록 하라. 가령 어떤 페스티벌에 초청을 받았다면, 공연만 하지 말고 프로모션 기회를 최대한 마련해라. 지역신문, 방송국에 직접 연락을 해서 인터뷰를 잡아보는 것도 방법이다. 그러기 위해서 출발 전에 좋은 포트폴리오를 만드는 것이 좋다. 사진도 중요하다. '숨'의 경우 사진을 정말 예쁘게 찍어서 그것을 페스티벌 홍보 포스터에 사용하기도 했다. 가능하다면 소개 영상을 만들고 바이오그래피를 영어로 멋지게 소개하라. 할 수 있는 방법을 최대한 동원하라.

박준흠 음악이 유니크하지 않아도 해외에서 성공할 가능성이 있을까? 가령, 음악은 영국이나 미국 스타일인데 아주 아름다운 멜로디와 훌륭한 가사로 음악을 하는 뮤지션이라면 성공 가능성이 있는가?

제롬 아름다운 멜로디는 당연히 모두가 좋아한다. 하지만 가사는 알아듣기 힘들다. 언어가 다르기 때문에 그 뜻에 큰 의미를 부여하지는 않는다.

박준흠 영어 잘 못하는 한국 뮤지션이 어설프게 노래하면 어떻게 받아들일 것 같은가?

제롬 글쎄, 귀엽다고 볼 수도 있고 짜증을 낼 수도 있을 것이다. 가사에 집중하다보면 멜로디의 매력을 반감시킬 수 있다. 중요한 것은 음악 자체로 감정을 전달하는 것이다. 그것이 꼭 가사에 국한된 것은 아니라고 생각한다. 음악이 가사를 압도해야 한다. 가장 좋은 것은 음악이 너무 좋아서 가사를 해석해보게끔 하는 단계까지 데리고 가는 것이다. 항가이의 경우 아름다운 자장가가 한 곡 있는데 관객들이 음악에 매혹돼 가사가 궁금하다는 질문을 한 적이 있다.

박준흠 한국에서는 정부에서 뮤지션의 해외 진출을 지원하는 움직임도 있다. 특정 뮤지션 투어경비 일부를 지원하면 그 음악 자체가 독특함이 떨어져도 투어가 가능할까?

제롬 그런 프로젝트에는 흥미가 있다. 음악이 유니크하지 않다면 프로모션에 큰 신경을 써야 할 것이다. 지원을 한다면 단순히 여행경비를 대주는 것에서 더 나아가 현지 프로모션에 대한 적극적인 지원을 해주는 것이 필요하다. 각 지역의 프로모터들을 고용해 그 곳의 시장을 뚫을 수 있도록 도와주는 것이 필요하다. 뮤지션 혼자서는 어떻게 해볼 도리가 없다. 프로모션에 대한 추가적 비용이 충당이 된다면 그것이 가장 좋은 시나리오가 될 것이다. **SOUND**

유럽월드뮤직축제포럼(EFWMF) 디렉터

패트릭 드 그루트(Patrick De Groote) 인터뷰

일시 2014년 10월 3일(금) 오후 9시
장소 울산문화예술회관
정리, 글 김재범(성균관대학교 경영대학/예술대학 교수), 양은영(포항공과대학교 인문사회학부 교수)
사진 박준흠(대중음악SOUND연구소장)

패트릭 드 그루트(Patrick De Groote) | Belgium | Artistic Director – Sfinks Mixed Festival / EFWMF

패트릭 드 그루트는 현재 유럽월드뮤직축제포럼 및 벨기에 스핑스 믹스드 페스티벌의 디렉터이다. 패트릭은 2008년 이후 지속적으로 움프와 서울아트마켓에 참가하여 유럽권역에 한국음악을 적극 소개하고 있으며, 벨기에 스핑스 믹스드 페스티벌에도 들소리, 채수정, 곽수은 & 가야금앙상블 라온G, 고래야, 광대를 초청한 바 있다. (유럽월드뮤직축제포럼은 유럽에서 진행되는 주요한 페스티벌 연합회로, 매년 정기적인 포럼과 미팅 등을 진행하고, 워멕스 등에서 유럽월드뮤직축제포럼 부스를 마련하기도 하고, 서로 좋은 아티스트 라인업등을 공유하기도 하며, 한국에서의 연례회의를 추진하고 있기도 하다.) www.efwmf.org / www.sfinks.be

유럽을 감동시킨 한국 음악의 놀라움

김재범 안녕하세요. 오늘 인터뷰를 진행을 맡은 성균관대학교 김재범 입니다. 저는 에이팜 관계자는 아니지만 초기부터 이 행사에 깊은 관심을 가지고 있었습니다. 저와 같이 인터뷰를 진행할 포스텍 인문사회학부 양은영 교수입니다.

양은영 반갑습니다. 저는 음악을 전공했습니다. 먼 길 오시느라 고생하셨습니다.

패트릭 두 분을 만나게 돼 기쁩니다.

김재범 당신의 첫 한국 방문의 목적은 무엇이었습니까?

패트릭 판소리를 들으러 왔었습니다.

김재범 아 그럼 판소리에 대한 첫인상은 어떠셨나요?

패트릭 흥미로웠습니다. 특히 판소리가 가진 스토리텔링이 좋았습니다. 그래서 언젠가는 제 페스티벌에도 초청할 계획입니다.

김재범 네, 당신은 800,000명 이상이 방문하는 규

모가 큰 페스티벌의 감독을 맡고 계시죠. 지난 몇 년간 유럽 시장에 잠비나이를 비롯한 여러 한국 음악가들을 소개하고 계시지 않습니까? 당신이 느끼는 현지에서의 한국 음악에 대한 반응은 어떤가요?

패트릭 잠비나이는 최근 유럽 시장에서 상당한 주목을 받고 있어요.

김재범 유럽 관객들이 그토록 잠비나이의 공연에 열광하는 데는 어떤 특별한 이유가 있나요?

패트릭 '놀라움(surprise)'입니다. 잠비나이의 한국 전통음악과 결합된 메탈 사운가 관객을 사로잡는 것 같아요. 곽수은 앙상블도 유럽에서 좋은 반응

을 얻고 있습니다.

고등교육을 받은 유럽인들에게 한국 문화를 자주 노출하라.

김재범 유럽인들이 잠비나이나 곽수은의 음악을 처음 접했을 때 '놀라움' 때문에 관심을 보였던 거라면, 과연 유럽에서의 그들의 지속적인 활동은 가능할까요?

패트릭 네, 물론 가능합니다. '놀라움'이라는 것은 반드시 처음 한번만 느낄 수 있는 것이 아니거든요. 그것은 마치 우리가 스포츠 경기를 관람할 할

때 느끼는 경험과 같습니다. 한 번 놀라움을 경험한 사람은 언제나 바로 그 순간을 기다리게 되고 그 경험은 하면 할수록 계속 그 순간 속으로 깊게 빠져들 수 있어요. '놀라움'뿐 아니라 '익숙함'도 관객을 끌어 모으는 요소입니다. 다행히 몇 년 전부터 한국 음악가들이 유럽에서는 콘서트 투어를 하고 있어서 한국 음악이 관객들에게 점점 익숙해져 가고 있습니다. 그 덕분에 한국 음악 고유의 아름다움인 한국의 전통 리듬이나 사운드에 대해서 유럽 관객들이 조금씩 알아가고 있습니다. 한국음악 팬들도 생기기 시작했고요.

김재범 그렇군요. 그런데, 기본적으로 벨기에나 프랑스 사람들은 한국 사람들에 비해 상대적으로 외국 문화에 대해 개방적인 것 같은데 어떻습니까?

패트릭 다 그런 것은 아니고, 유럽인 중에서도 이런 색다른 문화에 관심을 가지는 소수의 사람들이 따로 있습니다. 물론 제가 주최하는 페스티벌을 찾는 관객만도 800,000명이 넘으니 그 숫자가 아주 적은 것은 아니죠. 하지만 대다수의 유럽인은 대중적인 팝을 선호합니다. 잠비나이 보다는 K-pop에 열광하는 사람들이 훨씬 많아요.

김재범 그렇다면 그 소수의 관객들은 과연 어떤 사람들이며, 왜 이런 이국적인 문화에 관심을 가지게 되었습니까?

패트릭 그들은 대부분 다문화와 개인적인 관련이 있어요. 아시다시피 벨기에의 경우만 해도 다문화 국가가 된지 아주 오래 됐어요. 그렇다 보니 이주민들이 자신의 문화, 즉 라틴 아메리카나 아프리카 문화에 관심을 가지는 것은 매우 자연스러운 현상이겠죠. 그리고 이런 이국적 문화에 관심을 가지는 사람들은 새로운 곳으로 해외여행을 떠나는 것을 즐기고, 새로운 음식을 맛보는 것에도 흥미를 느끼는 호기심 많은 부류의 사람들이기도 합니다. 그냥 모든 새로운 것에 호기심이 많은 교육을 많이 받은 그런 사람들이죠. 하지만 이들은 유럽인들 중에서도 극히 일부 소수에 지나지 않습니다. 유럽인들 중에도 매년 똑 같은 곳에서 휴가를 보내는 사람들도 꽤 있습니다.

김재범 그것 참 흥미롭군요.

패트릭 그러니까 말하자면 곽수은 앙상블 같은 음악에 관심을 갖는 사람들도 이런 소수의 사람들에 속하겠죠.

김재범 곽수은 가야금 앙상블 얘기가 나오니 궁금해지는데, 한국 전통 음악이 유럽 사람들에게 생소하지 않게 느껴지는 것이 혹시 일본음악이 유럽에 먼저 소개되어 동양음악이 친숙하기 때문은 아닌가요?

패트릭 그렇지 않을 수도 있습니다. 유럽인들은 일본음악과 한국 음악을 잘 구분할 수가 없어요. 물론 저는 일본, 한국, 중국 음악을 확실히 구분할 수 있지만요. 하지만, 유럽인들에게 비빔밥 보다는 초밥이 더 익숙한 것은 사실일겁니다. 벨기에에 일본음식점이 많아서 대부분이 일본 문화에는 익숙하죠.

김재범 벨기에에 한국 음식점은 아직 많이 없나 보군요? 그렇다면 유럽에서 한국 영화에 대한 반응은 어떻습니까? 특히 프랑스에 한국 영화가 진출해서 좋은 성과를 올리고 있다고 하던데요.

패트릭 역시 고등 교육을 받고 새로운 문화에 관심을 기울이는 유럽 관객이 한국 영화에도 관심을 가지겠죠. 좋은 소식을 하나 말씀 드리자면, 얼마 전에 브뤼셀에 한국 문화원이 생겨서 영화뿐 아니라 한국의 음식, 종이공예, 디자인 등을 선보이기 시작 했다고 합니다. 점점 벨기에 국민들이 한국 문화의 정체성을 알아 가리라 기대됩니다.

특별함은 한국음악의 정체성에서 나온다.

김재범 그것 참 고무적이네요. 당신께서는 조금 전에 한국, 일본, 중국 음악을 어느 정도 구분할 수 있다고 하셨는데요, 그럼 한국 음악이 다른 동양음악과 다른 점은 무엇입니까?

패트릭 제 생각에는 관객 들 이 중

국이나 일본, 타이 음악보다는 한국 음악에 친근함을 더 느끼는 것 같습니다. 아마도 한국 음악의 리듬구조와 선율구조가 유럽인들이 선호하는 틀에 더 잘 맞는 것 같습니다.

김재범 음악 전문가이신 양은영 교수의 의견은 어떠십니까?

양은영 지금 유럽에서 주목을 받고 있는 곽수은이나 잠비나이는 한국 전통음악이 아니라 서양 음악적 요소가 가미된 서양 악기를 사용하기도 한 음악이지 않습니까? 패트릭 당신께서는 외국인들에게 쉽게 다가가기 위해서 한국 전통음악만을 고집하는 것보다 서양 음악적 요소를 한국음악에 접목시키는 것이 유리하다고 보십니까? 이런 퓨전 음악에 대한 의견을 말씀해 주십시오.

패트릭 전 사실 퓨전 음악을 그리 좋아하지는 않습니다. 개인적으로는 전통 판소리도 좋아합니다. 하지만 한국의 전통음악을 외국인에게 선보일 때는 관객의 입장을 고려해야 그들이 한국 음악을 이해할 수 있습니다. 예를 들어 외국인을 대상으로 판소리를 공연한다면 60분 정도로 적당히 공연 시간을 조절해야 하고, 관객의 이해를 돕기 위한 가사 번역은 필수적으로 제공해야만 합니다.

양은영 네, 당연히 기획 초기 단계부터 그런 부분에 신경을 써야겠죠. 그럼 퓨전 음악을 하고 있는 곽수은이나 잠비나이의 해외 진출 성공의 음악적 요인은 무엇이었다고 생각하십니까?

패트릭 그들이 유럽에서 성공할 수 있었던 것은 뚜렷한 정체성 표출에 있습니다. 한국적 특성을 잘 유지하고 있기 때문이죠. 그들이 좋은 평가를 받고 있는 또 다른 이유는 전통음악(Korean traditional music)과 현대음악(contemporary music)의 적절한 균형 때문입니다.

양은영 정체성과 균형의 중요성에 대해서는 저도 동감합니다.

패트릭 네 그렇지만 이 세상 어디에도 한 가지 정답은 없습니다. 판소리를 아름다운 전통 한옥에서 공연 할 때가 있는가 하면 유럽의 극장에서 공연해야 할 때도 있을 텐데, 어떤 상황이 주어지던 기획자들은 상황에 맞게 최선의 공연을 연출해 내야 합니다. 그것이 공연 기획자가 고민해야 할 몫입니다.

김재범 혹시 국악인 이자람에 대해서는 들어 보셨습니까?

패트릭 네, 잘 알고 있습니다.

김재범 이자람은 특이한 아티스트죠. 브레히트 원작의 창작 판소리 '사천가'를 미국과 유럽에서 공연하는가 하면, 밴드를 조직해서 재니스 죠플린의 곡을 부르곤 하는 다재다능한 소리꾼이지 않습니까?

양은영 브레히트와 판소리라니 새로운 시도이긴 하네요.

패트릭 물론 그녀는 굉장히 신선한 매력적인 목소리의 소유자이고 감정 표현도 훌륭합니다. 하지만, 브레히트 대본에 곡을 붙인 그녀의 판소리 공연을 절대로 제 페스티벌 무대에 올리지는 않겠습니다.

김재범 네, 잘 알겠습니다. 그럼 한국 음악가들이 유럽에서 더 많은 관객층을 끌어 모으려면 어떤 점을 향상시켜야 할지 조언을 해주십시오.

패트릭 잠비나이는 현재에 만족할 것이 아니라 계속 특별한 것을 창조해 내야 합니다. 단, 그들 고유의 색깔을 유지하는 것을 잊어서는 안됩니다. 잠비나이가 지금은 베이스 리듬 악기로 드럼을 쓰고 있는데 아직까지는 한국음악의 특성이 살아 있어요. 하지만 앞으로 새로운 시도를 해보려고 '전자기타도 하나 넣어볼까?' 하고 하나 추가하고 '기타 하나 더 넣어볼까?' 이런 식으로 자꾸 가다 보면 자칫하면 고유함을 잃게 됩니다.

김재범 그럼, 세계적으로 인기를 끌고 있는 싸이에 대해서는 어떻게 생각하시는지요? 싸이가 그렇게 성공한 데는 어떤 이유가 있을까요? 음악이 좋아서 일까요? 하지만 〈강남 스타일〉이 아주 수준 높은 음악은 아니지 않습니까?

패트릭 물론 싸이의 음악이 아주 수준 높은 좋은 음악은 아닙니다. 나쁜 음악이라고 할 수도 없죠. 하지만 적어도 '다른 음악'입니다. 사람들이 한 번 들으면 기억하게 되고 춤도 따라 추고 싶어지는 그런 음악이죠. 흥행을 하려면 이렇게 다른 음악과 차별화 되는 것이 중요합니다.

국내 지역 관객층 확대를 통한 자생력 제고가 에이팜 도약의 과제

김재범 네, 조언 고맙습니다. 이제 에이팜에 관해 얘기를 좀 나눠보죠. 이번 페스티벌 대한 기대는

무엇인지 말씀해 주십시오.

패트릭 역시 어떤 '놀라움'을 기대합니다. 아시아에서 열리는 페스티벌에 왔으니 당연히 라틴 아메리카의 음악이나 아프리카의 음악보다는 아시아의 음악을 경험해 보고 싶습니다.

김재범 물론 그러시겠죠. 한국인들이 좋아하는 한국 음악과 유럽인들이 좋아하는 한국음악은 좀 다를 것 같은데, 유럽 관객의 취향이 궁금하군요.

패트릭 우리는 한국에서 자라지 않았기 때문에 한국 음악을 잘 모릅니다. 그러니 당연히 한국에서 자란 사람들이 좋아하는 한국 음악과 유럽 관객들이 좋아하는 한국 음악은 다를 수 밖에요.

외국인들은 한국 사람들이 좋아하는 섬세하고 부드러운 음악에 쉽게 감동 받을 수 가 없습니다. 아쉽지만 가사의 깊은 이해를 필요로 하는 음악은 언어의 장벽 때문에 이해하기가 어려워요. 예를 들어 '배뱅잇굿'이나 '승무'의 예술적 깊이를 외국인이 잘 이해할 수가 없죠. 따라서 이런 공연을 할 때는 외국인 관객을 위해서 다른 관람 포인트를 제공해야 합니다. 저도 그것이 무엇인지는 당장 말하기 어렵지만, 해설이나 가사 번역은 기본이고 그 외의 무엇인가가 더 필요하겠죠.

김재범 그럼 앞으로 에이팜이 보완해야 할 점이 있다면 말씀 해주십시오.

패트릭 페스티벌을 주최할 때 언제나 간과해서는 안 될 점이 있다면, 지역 팬을 개발하고 관객층을 넓히는 일에 힘쓰는 것입니다. 지역 관객 개발은 해외에 한국 음악을 알리는 것 못지않게 중요합니다. 이를 위해 지역 내부에서부터 전통 예술에 대한 이해를 높이고 커뮤니티를 형성해 나가야 합니다. 제가 듣기로는 한국 정부가 이런 페스티벌 개최를 위한 재정지원을 상당히 하는 받은 것으로 알고 있는데, 물론 그것은 매우 잘된 일이지만, 더 바람직한 것은 자연스럽게 내부로부터 자생력을 키우는 것입니다.

한국문화의 고유함을 잃지 말아야.

김재범 좋은 지적이십니다. 그럼 유럽에서는 문화 발전을 위한 재정지원을 어떻게 하고 있습니까? 또, 한국이 유럽의 예술행정에서 배울 점이 있다면 무엇이 있을까요?

패트릭 참 어려운 질문입니다. 유럽도 동유럽, 서유럽, 러시아 제각기 상황이 다릅니다. 프랑스, 독일, 그리고 벨기에도 마찬가지고 주로 음악 분야에서는 정부가 클래식 음악에 가장 많은 재정 지원을 하고 있습니다. 인디밴드 같은 경우는 상업 예술로 분류하고 직접적인 지원은 잘 안 하는 편이죠. 가끔 투자펀드를 조성해서 간접적으로 지원을 하긴 합니다. 예술행정을 잘 하고 있는 지역이라면, 웨일즈나 스코틀랜드 정도를 꼽을 수 있겠네요. 두 지방 행정부가 문화적인 면과 산업적인 면을 균형적으로 고려한 문화행정을 하고 있는 모범 사례가 되겠네요.

양은영 한국 정부의 예술 지원 사업과 관련해서 한 가지 여쭤보고 싶은 것이 있습니다. 좀 전에 당신께서는 한국적이지 않은 퓨전 한국음악을 별로 좋아하지 않는다고 하셨는데요, 한국 정부는 여전히 전통음악을 해외에 알리기 위해 서양음악을 접목한 전통음악 창작에 전폭적인 재정적 지원을 하고 있는데 이점에 대해서는 어떤 의견이 있으신가요?

패트릭 제가 처음 한국에 방문했을 때, 그러니까 8년쯤 전이죠. 그때는 지금보다 더 퓨전 음악을 자주 듣게 되었어요. 그런 음악은 제 귀에 아주 이상했습니다. 그런 음악은 제가 한국에서 들을 거라고 예상하고 있던 한국 음악과는 완전히 달랐으니까요. 저는 왜 한국 사람들은 충분히 좋은 음악을 만들 재주와 전통을 가지고 있는데 자꾸 서양 스타일을 흉내 내려고 하는지 이해가 안 됩니다. 그 뿐 아니라, 한국 민족은 예술적 재능도 매우 뛰어납니다. 유럽의 발레단에나 오케스트라에 수석 무용수나 수석 연주자 자리를 차지하고 있는 한국 사람을 찾는 것이 그리 어렵지 않은 것만 봐도 알 수 있지 않습니까?

양은영 네, 한국의 재능 있는 여러 예술가들이 해외에서 이름을 떨치는 것은 자랑스러운 일이죠.

김재범 그래서 제가 생각하기에는 한국의 음악과 벨기에의 음악을 잘 접목시키면 좋은 음악이 나올 것 같은데 혹시 이 프로젝트를 위한 유럽연방의 재정적 지원을 기대해 보아도 좋을까요?

패트릭 안타깝게도 유럽연합에서 유럽 고유의 문화를 보전하는 일에는 재정적 지원을 하겠지만 그 외의 사업에 대한 지원을 기대하기는 어려울 겁니다. 그리고 말씀 드렸듯이 벨기에에는 오래 전부터 수많은 나라의 이민자들이 들어와서 고유한 문화라는 것을 찾기가 쉽지 않습니다. 언어만 해도 프랑스어, 네덜란드어, 독일어, 영어를 모두 쓰고 있는걸요. 하지만 저도 한국과 벨기에가 만나 새로운 예술을 창조하면 아주 좋은 결과가 나오리라는 것은 믿어 의심치 않습니다. 언제나 두 예술이 만나는 접점에서 새로운 예술이 탄생하게 되니까요.

유럽에서 월드뮤직은 용어 정의가 나라마다 제각각, 젊은 세대에겐 흘러간 음악

양은영 마지막 질문 하나 드리겠습니다. 월드뮤직의 정의에 관한 질문입니다. 당신의 페스티벌을 European Forum Of Worldwide Music Festival 이라고 이름 지으셨는데, 혹시 World Music 대신 'Worldwide Music' 이라고 하신 특별한 이유가 있습니까?

패트릭 좋은 질문입니다. 월드뮤직은 1980년대에 레이블을 위해 만든 명칭입니다. 그런데 유럽에서는 각 나라마다 월드뮤직에 대한 정의가 달라서 이 용어를 쓰면 혼돈을 초래할 수 있습니다.

양은영 월드뮤직이 상업적 의미의 민족 음악을 뜻하기 때문인가요?

패트릭 네, 프랑스에서는 상업적인 음악을 뜻합니다. 스페인에서는 라틴아메리카 음악을, 벨기에서는 전통음악과 포크음악을 제외한 모든 세계의 음악을 월드 뮤직이라고 부릅니다.

김재범 아 그래서 월드와이드 뮤직이라고 정하셨군요.

패트릭 그 뿐 아니라 월드뮤직이라고 하면 젊은이들은 그들의 부모 세대가 즐겨 듣던 한물간 음악이라는 인상을 가지고 있어서 그 명칭은 쓰지 않기로 했습니다.

양은영 그렇군요.

김재범, 양은영 긴 시간 인터뷰에 응해주셔서 진심으로 감사드립니다.

패트릭 만나게 되어서 기쁩니다. **SOUND**

워렌 스미스(Warren Smith) 인터뷰

일시 2014년 10월 4일(토) 오전 11시
장소 울산문화예술회관
정리, 글 조대곤(포항공과대학교 산업경영공학과 교수)
사진 박준흠(대중음악SOUND연구소장)

워렌 스미스(Warren Smith) | USA | Producer/Founder – Epiphany Artists / Sierra Nevada World Music Festival

워렌 스미스는 3일간의 음악캠프 및 월드뮤직과 레게를 중심으로 한 문화축제 '시에라네바다월드뮤직페스티벌'을 기획하고 있다. 매해 6월 마지막 주 주말에 걸쳐 캘리포니아에서 열리는 이 페스티벌은 레게를 중심으로 다양한 월드뮤직 아티스트들이 대거 참가하며, 밤에는 DJ공연과 파티가 함께 열린다. www.snwmf.com

조대곤 우선 '울산월드뮤직페스티벌'과 '에이팜(APaMM)'에 와서 가진 첫 느낌을 물어보는 것으로 시작하고 싶다.

워렌 올해가 벌써 세 번째로 이곳에 참가하는 것이다. 이곳에서 한국 뮤지션과 음악 관계자뿐만 아니라 전세계 다양한 음악관계자를 만날 수 있다는 것은 큰 도움이 된다. 내가 기획하고 있는 '시에라네바다월드뮤직페스티벌(Sierra Nevada World Music Festival)'은 레게를 중심으로 하고 있지만 아프리카, 남아메리카 등 월드뮤직을 모두 포함하고 있고, 최근에는 아시아까지 영역을 확장해온 것은 매우 성공적이었다고 생각한다. 특히, 페스티벌에 참가하는 관객 중 캘리포니아주에서 오는 아시아인들이 점차 늘어나고 있다. 음악은 음식 레시피의 양념과 같이 다양한 사람들을 하나의 커뮤니티로 묶어주는 재료이다. 작년에 한국의 레게밴드 윈디시티를 우리 페스티벌에 초청했었는데 사람들이 너무 좋아했고 큰 인기가 끌었던 기억이 나고 공연 후에도 관객들이 윈디시티를 많이 언급하기도 했다.

조대곤 방금 얘기한대로 사람들 사이에 회자되는 구전효과(Word-of-mouth)는 음악의 퍼지는데 아주 중요한 듯 하다.

워렌 물론이다. 모든 가수를 직접 광고로만 알리는 데에는 한계가 있다. 올해 시에라네바다월드뮤

직페스티벌에 참가한 '잠비나이' 역시 사람들의 많은 관심을 받았고 여러 사람들이 이야기하고 다니는 것을 봤다. 정말 성공적인 공연이었다.

조대곤 당신이 기획하고 있는 시에라네바다월드뮤직페스티벌에 대해 좀 더 깊은 얘기를 해보자. 어떻게 페스티벌 기획자의 길로 들어섰는지, 그리고 페스티벌의 역사와 전통은 어떠한지.

워렌 음악이 내 삶과 함께 한 것은 대학시절인 1960년대로 거슬러 올라간다. 당시 내 전공은 경제학이었지만, 음악이 좋아 대학 졸업 후 음반회사에 취직하고 자메이카 음악에 빠져들었다. 그렇지만, 나만큼 내 아내는 내가 음악업계에 종사하는 것을 좋아하지 않았던 듯 하다 (웃음). 그래서 1980년대 중반 다시 무역회사로 옮겨 주식 활황기에 하이테크기업의 기업공개도 돕고 주식투자설명회를 다니기도 했다. 그런데 7년 정도 근무했을 무렵, 일본 음악관계자로부터 함께 일해보자는 요청을 받고 다시 주저 없이 음악산업으로 돌아왔고 레게를 선택했다. 레게를 선택한 이유는 여러 가지가 있지만 일단 직접 주류 팝음악을 다루는 대형음반사와 경쟁하는 것이 싫었던 것이 하나이다. 당시 레게가 그렇게 인기가 있었던 것은 아니었지만, 어쨌든 1993년에 첫 번째 페스티벌을 기획했다. 이 페스티벌은 도심에서는 떨어진 곳에서 3일 동안 캠핑하면서 진행하는 것으로 기획했는데, 초기에는 경제적인 부분을 포함해 여러 가지 어려움을 겪었던 것이 사실이다. 그러나

몇 년 지나면서 페스티벌 규모는 날로 확장되었고 이 페스티벌은 내 삶의 한 부분이 되었다.

조대곤 아무 것도 없는 상태에서 초기 어려움을 극복하고 21년간이나 지속적으로 유지해온 것이 놀랍다. 페스티벌에는 몇 명의 관객이 참석하고 관객은 주로 어떤 유형인지?

워렌 약 6000~7000명이 온다. 우리는 이 페스티벌 규모가 더 이상 커지는 것은 바라지 않고 지금 규모가 적당하다고 생각한다. 한 때는 더 큰 공연장에서 더 많은 사람들이 모이는 것을 추구한 적이 있지만 이렇게 진행할수록 가장 중요한 핵심 관객들이 흥미를 잃고 떠난다는 경험을 한 바 있다. 관객들은 주로 진보적이고 활기찬 젊은 사람들이 주를 이루지만 연령, 인종에 관계없이 정말 다양한 사람들이 모인다. 음악을 좋아하는 사람

은 브라질, 유럽 어디에서든 티켓을 구매하고 있다. 우리 페스티벌에서는 다양한 사람들이 한자리에 모여 새로운 문화를 만들고 서로를 이해하고 소통한다. 이러한 의미에서 긍정적인 메세지와 즐거움을 주는 가수와 참가자는 언제든 환영한다.

조대곤 앞서 페스티벌을 운영하는데 있어 초기 경제적인 문제를 언급한 바 있다. 재정적인 문제와 상황은 어떠한가?

워렌 기본적으로 재정 문제는 대부분 페스티벌에게 상당히 힘든 과제이다. 기본적으로 우리 페스티벌에 정부 지원은 하나도 없고, 오히려 정부는 페스티벌과 가수들의 수익을 세금을 가져가서 별 도움이 안 된다.

조대곤 정부가 세금을 가져가는 건 모든 나라의 문제 아닌가?

워렌 그렇지만 아마 미국이 가장 심하고 가혹하게 가져가는 것 같다.(웃음) 다시 원래 질문으로 돌아와 재정문제는 주로 기업의 후원, 티켓 수익을 충당한다. 주어진 재원을 바탕으로 페스티벌에 오는 관객들이 원하는 알차고 좋은 공연을 충분히 제공하는 것이 가장 중요한 것이라고 생각한다.

조대곤 미국 음악시장과 한국 음악시장을 직접 비교하는 것은 무리가 있긴 하지만, 한국 음악시장은 최근 너무나도 젊은 세대를 대상으로 한 음악만이 인기를 얻고 편중되는 현상이 강하다. 그동안 미국 주류 Pop/Rock 음악이 아닌 레게 음악을 중심으로 페스티벌을 열어온 경험을 바탕으로 다양성 측면에서 음악시장에 대해 얘기해 달라.

워렌 레게는 잘 알다시피 자메이카에서 시작해서 전세계로 퍼져나갔다. 내가 다녀본 여러 곳에서 혹시라도 레게 음악이 없는 곳이 있는지 알아봤지만 레게가 없는 곳은 없었다. 예를 들어 아이슬란드에서는 탑 밴드 중 하나가 레게음악을 하는 뮤지션이었다. 이렇게 다양한 배경과 문화를 바탕으로 한 다양한 음악이 공존하는 것은 중요하다. 우리 페스티벌에는 보통 2개의 스테이지가 있는데 한 곳에서는 레게, 다른 곳에서는 레게를 제외한 재즈, 댄스 등 다양한 월드뮤직이 공연된다.

조대곤 K-Pop이 대세이다. K-Pop에 대한 느낌은 어떠한가?

워렌 Psy(싸이)가 제일 먼저 생각난다.(웃음) 앞서 얘기했지만 다양한 음악이 공존하는 것은 중요하다. 이곳 울산월드뮤직페스티벌에서 그리고 시에라네바다월드뮤직페스티벌에서 나는 한국에도 다양한 음악이 있고 아주 훌륭한 가수들도 많다는 것을 알게 되었다. 이디오테잎, 잠비나이는 전형적인 K-Pop이라고 할 수 없지 않나. 그런데 이 뮤지션들의 음악성과 실력은 아주 인상적이었다. 작년에 중국에 갔더니 중국 음악시장의 성장도 놀랍더라.

조대곤 개인적인 관심사로, 인터넷이 퍼지며 레코딩 음악시장이 어렵다. 즉, 음반이나 음원을 팔아서는 일반적인 가수들의 생계는 어려운데. 이럴수록 정말 가수들이 보다 적극적으로 새로운 시장을 개척하고 더 많이 투어를 하기 위해 세계 시장으로 나가는 것이 필요할 것 같다. 시에라네바다월드뮤직페스티벌과 같은 월드뮤직페스티벌이 중요한 역할을 하는 것 같다.

워렌 정말 맞는 말이다. 가수들이 좀 더 혁신적일 필요가 있다. 과거에는 제작사와 계약하고 음반을 팔면 되었지만, 요즘에는 유튜브로 음악을 홍보하고 인터넷을 통해 음악이 유통된다. 과거와는 정말 달라진 모습이다. 나도 페스티벌을 시작하기 전에는 음반제작사에서 CD를 판매하는 업무를 했다. 커다란 컨테이너에 CD가 가득 채워져 수출되는 시대가 있었다. 지금은 Spotify(스포티파이)가 대체해 언제 어디서나 너무 편하게 음악을 듣는다. 어쨌든 나도 이제 더 이상 CD 판매하는 일은 하지 않고 이렇게 페스티벌을 하고 있지 않나.(웃음) 다시 한번 강조하지만 가수들이 페스티벌에서 더 많은 팬을 만나고 소통하는 것이 중요하다. 물론 이를 활성화시키는 것은 쉬운 일은 아니다. 그래도 음악은 우리 마음의 양식 아닌가. 문화와 환경에 관계없이 사람들은 계속 음악을 들을 것이고 음악은 삶의 중요한 부분이며 사람들을 하나로 묶을 수 있는 도구이다.

조대곤 마지막으로 하고 싶은 말은?

워렌 항상 느끼는 것이지만 이곳 울산세계음악페스티벌과 에이팜은 아주 체계적으로 잘 조직되어 있고, 이곳에서 만나는 한국 사람들도 아주 친절하고 좋은 경험을 준다. 이와 같은 기회를 통해 한국의 좋은 음악뿐만 아니라 세계 다양한 음악을 만날 수 있는 것이 참 좋다. 예를 들어 우크라이나의 '다카브라카'는 너무 훌륭해서 다음 우리 페스티벌에 꼭 초대하고 싶더라. 어쨌든 올해도 울산에서 너무나도 좋은 시간을 보내고 있어 감사한 마음을 전하고 싶다. **SOUND**

글래스톤베리 페스티벌 프로그래머

말콤 헤인즈(Malcolm Haynes) 인터뷰

일시 2014년 10월 4일(토) 오후 6시
장소 울산문화예술회관
정리, 글 조대곤(포항공과대학교 산업경영공학과 교수)
사진 박준흠(대중음악SOUND연구소장)

말콤 헤인즈(Malcolm Haynes) | UK | Programmer & Coordinator of Silver Hayes – Glastonbury Festivals Ltd.

말콤 헤인즈는 유럽 대표 음악축제 글래스톤베리 페스티벌 중 댄스스테이지인 실버 헤이즈의 기획자이다. 2005년부터 말콤은 글래스톤베리에서 댄스빌리지를 기획하였으며, 밴드와 DJ들이 참여해 이 지역의 새로운 축제 중의 축제로 이끌었다. 또한 영국 필름 프리미어에서 프로덕션 매니저를 역임하여, 파트너 샐리 갬플과 함께 2005년 카바레와 칵테일바가 도입된 독특한 형식의 페스티벌인 '푸시 팔러'를 성공적으로 제작하여 가디언, 인디펜던트, 옵저버 등의 유력일간지에서도 극찬을 아끼지 않았다. www.glastonburyfestivals.co.uk

조대곤 우선 '글래스톤베리 페스티벌(Glastonbury Festival)'에 대해 소개해 달라.

말콤 내가 글래스톤베리 페스티벌과 함께 한지 벌써 22년이 되었다. 제일 먼저 작은 재즈스테이지를 기획하는 일에서 시작하여, 1995년부터는 댄스스테이지를 기획하는 일로 확장했다. 당시 전체 페스티벌에서 약 10%를 차지하는 규모로 시작했는데 갈수록 성공적으로 관객이 늘어 2005년부터 규모를 확장해 운영 중이다. 글래스톤베리 페스티벌은 2012년에는 열리지 않았었는데, 이 기간을 새로운 변화를 꾀하는 기회로 삼았고, 2013년부터 댄스스테이지 이름을 '실버헤이즈(Silver Hayes)'로 명명하고 보다 많은 글로벌 아티스트가 참가할 수 있도록 개편했다.

조대곤 '푸쉬 팔러(Pussy Parlure)'가 아주 성공적이고 유명하다고 들었다. 음악과 칵테일바가 결합된 독특한 형식이라고 들었는데 좀 더 설명해줄 수 있는지.

말콤 우선 '푸쉬 팔러' 이름이 참 흥미롭지 않나. 함께 일하는 동료가 이름을 지었는데, 'Parlure'는 사전에 없는 단어이다.

조대곤 안 그래도 푸쉬 팔러를 사전에서 검색해봤는데 나오지 않더라.

말콤 당연하다. 그냥 동료들과 얘기하다 프랑스어 컨셉으로 '팔러~'라고 발음하는 것이 재미있는 것 같아서, 그렇게 브랜드화 하였는데 기존 다른 페스티벌과 확실히 차별화하며 성공적이었다. 모든 참가자는 각자 개성에 맞게 옷을 차려입고 오고 라운지바 스타일의 장소 안에는 커다란 스테이지, 바, 테이블과 의자, 춤을 출 수 있는 다양한 공간들이 있다. 기존에는 주로 영국의 음악 중심이었는데, 최근에 보다 다양한 세계음악으로 라인업과 내용을 확장시켰다.

조대곤 글래스톤베리 페스티벌에 대해 인터넷에서 찾아보니 영국에서 가장 성공적이고 인상적인 페스티벌이라고 나오더라. 혹시 한국의 다른 뮤직

페스티벌에 와본 적이 있는
지, 그렇다면 성공적이고 인
기 있는 뮤직페스티벌 개최
를 위해 해줄 수 있는 조언
은 무엇인지?

말콤 흥미로운 질문이다. 이
번이 한국에 온지 세 번째
이고 작년에는 서울에서 열
린 뮤콘을 가본 적이 있다.
가장 먼저 Psy(싸이)를 볼
때 싸이는 세계 음악시장에
한국 음악의 이정표를 최초
로 찍은 사례로 여겨진다.

물론 싸이가 하는 음악이 한국 음악을 정확히 대
표하는 것은 아닌 것 같지만. 어쨌든 내가 한국
에 간다고 하면 내 지인들은 자연스럽게 싸이를
연상하는 것은 당연한 것 같다. 이런 측면에서 싸
이와 같이 전세계적으로 유명해진 한국 출신 가
수가 등장한 것은 분명 긍정적 의미가 있는 것 같
다. 그런데 이곳 울산월드뮤직페스티벌과 에이팜
에 와보니 한국에도 정말 다양하고 훌륭한 아티
스트들이 많다는 것을 알 수 있었다. 특히 하우
스, 테크노, 락, R&B, 소울, 등 다양한 장르의 가
수들이 모두 공존하는 것이 인상적이다. 따라서
이와 같은 기회를 마련하는 것은 분명 전세계 음
악관계자들에게 한국 음악을 소개하고 널리 알리
며, 또 역량 있는 뮤지션들의 해외진출을 추진하
는 좋은 기회인 것 같다.

예컨대, 작년에 한국 뮤지션 3개팀(술탄오브더디스
코, 최고은, 잠비나이)이 글래스톤베리 페스티벌에
와서 공연한 바 있다. 이들은 너무 훌륭하고 인상

적이었다. 내년에도 좋은 한국 뮤지션들이 우리
페스티벌에 와서 공연했으면 하는 마음이다. 한국
뿐만 아니라 호주, 뉴질랜드, 대만에 있는 아티스
트들도 우리 페스티벌에 참가하기 시작했다. 참고
로 올해 글래스톤베리 페스티벌에 참가하여 공연
한 230여 뮤지션 중 34개 팀이 영국이 아닌 다른
나라에서 참가한 뮤지션들이었다.

조대곤 인터넷이 음악을 만들고 듣는 패턴을 바꾸
고 있다. 인터넷과 소셜미디어 확산은 페스티벌과
콘서트에 어떠한 영향을 주고 있는가?

말콤 이렇게 답하면 도움이 될 것 같다. 페스티벌
에 참가한 뮤지션 중 70%는 그 뮤지션의 소속사
나 에이전시를 통해 접촉하고, 나머지 30%는 내
가 개인적으로 접촉하고 알게 된 뮤지션들이다.
내가 좋은 뮤지션들을 알게 되는 경로는 이렇게
직접 전세계 곳곳의 페스티벌에 참가해 만나는 경
우도 있지만 인터넷과 소셜미디어 채널을 통해 알

게되는 경우도 많다. 참고로 아직 8개월이나 남은 내년 6월 열릴 예정인 2015 글래스톤베리 페스티벌의 티켓이 영국 시간으로 바로 어제 오전부터 판매되기 시작했는데 불과 25분만에 준비된 135,000장 티켓이 모두 매진되었다. 이것도 역시 인터넷의 도움 아닌가. 20년 전 인터넷이 없던 시절에는 어떻게 이런 것이 가능했겠는가. 공연이 가까워지면 수백개의 중요한 업무 이메일을 받게 되는데, 이 모든 것을 팩스와 전화로 처리한다고 생각하면 막막하다. 정보통신기술의 발전은 분명 음악산업에 긍정적인 요소가 더 크다고 생각한다.

조대곤 너무 상투적인 질문이지만, 어떻게 하면 이곳 에이팜과 같은 컨벤션에 당신과 같이 중요한 외국 음악관계자들을 모실 수 있을까?

말콤 상투적이지 않다. 좋은 질문이다. 기본적으로 내 생각에 아시아의 어떤 나라든 유럽이나 미국의 음악관계자를 자연스럽게 모시기는 어려운 것 같다. 가장 큰 문제는 역시 언어가 다르다는 점인 것 같다. 그런데, 내 생각에 음악은 분명 다르다. 나는 음악을 들을 때 우선 음악 그 자체에 먼저 집중하고 그다음 가사를 본다. 그래서 언젠가는 노래 한곡을 듣고 이 음악 정말 좋은데 느끼고, 그다음 가사를 번역해서 보니 전혀 예상치 못한 좋지 못한 내용의 가사라 깜짝 놀란 적도 있다.(웃음)
한국의 뮤지션들을 더욱 적극적으로 초청하고 싶어도 주저하게 되는 것은 역시 가사 전달이나 언어 장벽이 여전히 문제가 되기는 했었다. 그런데 내가 예전에 이곳에 와서 술탄오브더디스코를 처음 봤을 때, 너무 인상 깊고 감명 깊어 이들의 앨범에 수록된 곡을 다 들어본 적이 있다. 가사는 한국어로 되어 있어서 이해할 수는 없었지만, 음악 자체는 1970년대 오리지널 디스코 음악으로 모두 공감할 수 있다는 확신이 있었고 나중에 가사를 번역해서 알게 되었을 때는 더욱 좋았다. 작년에 술탄오브더디스코는 글래스톤베리 페스티벌에서 1200명이 넘는 관객을 앞에 두고 공연했는데, 결과는 아주 성공적이었다. 사람들은 가사를 이해하는 것과 관계없이 모두 즐거워했고 앵콜이 계속 들어와 두곡이나 더 불렀다.
다시 원래 질문으로 돌아와 생각해보면 당연한 말일 수 있지만 뮤콘이나 에이팜 같은 기회를 보다 많이 만들고 지속하는 것은 중요하며, 이를 통해 한국의 뮤지션들을 더 많이 소개하는 기회를 갖는 것은 정말 의미가 있다. 또 한국에 와서 한국 뮤지션뿐만 아니라 다른 나라 뮤지션들도 함께 볼 수 있다는 것은 더욱 이곳에 오는 동기를 부여하는 것 같다.

조대곤 오늘 밤 계획은 무엇인가? 그리고 마지막으로 하고 싶은 말은?

말콤 오늘밤도 어제처럼 다양한 밴드의 노래들을 계속 즐기고, 오늘밤에는 내가 직접 디제잉을 하며 음악을 틀고 함께 즐길 예정이다. 한국에 오면 정말 좋은 두 가지가 친절하고 예의바른 한국 사람들, 그리고 한국 음식이다. 특히 한국식 바베큐는 너무 맛있다. `SOUND`

에이팜(APaMM) 특별 세션
with 대중음악SOUND연구소

한국에서는 이상적인 '음악마켓'을 어떻게 만들 것인가?

2014년 10월 4일(토) 오후 1시 30분 울산문화예술회관에서는 울산 '에이팜' 컨퍼런스의 마지막 세션으로 대중음악SOUND연구소가 주관하는 특별 세션이 열렸다. 세션 주제는 "한국에서는 이상적인 '음악마켓'을 어떻게 만들 것인가?"이었는데, 현실적인 이슈로 국내외 참석자들의 많은 관심을 이끌어 냈다. 본 세션에서 오간 이야기들을 풀어내본다.

※ 이 글 마지막 부분에 수록된 세션 녹취록은, 울산 에이팜 측의 도움으로 『Asia Pacific Music Meeting 2014 에이팜 자료집』에 수록된 내용을 게재합니다. 에이팜 측에 감사드립니다.

박준흠 | 대중음악SOUND연구소장 www.ksoundlab.com

대중음악SOUND 발행인, SOUND FESTIVAL 총감독, 가슴네트워크 대표, 서울종합예술학교 공연제작학부 교수, 한국음악산업학회 부회장(기획), 서브(1997~1999), 쌈넷/쌈지사운드페스티벌(2000~2001), 광명음악밸리축제(2005~2006), 광주청소년음악페스티벌(2008), 인천펜타포트페스티벌(2010), 한국대중음악라이브홀릭(2011) 등을 기획했다. 저서로는 『이 땅에서 음악을 한다는 것은』『대한인디만세』『축제기획의 실제』『한국 음악창작자의 역사』『한국 대중음악 100대 명반』 등 여러권이 있다. 현재 음악산업정책과 대중음악사 연구, 음악산업진흥을 위한 다양한 기획에 매진하고 있다.

■ 세션 개요

- 주제 : "한국에서는 이상적인 '음악마켓'을 어떻게 만들 것인가?"
- 일시 : 10월 4일(토), 13:30 ~ 15:30
- 장소 : 울산문화예술회관
- 주최 : 울산월드뮤직페스티벌/에이팜
- 주관 : 대중음악SOUND연구소
- 후원 : 한국음악산업학회
- 행사 코디네이터 : 박준흠(대중음악SOUND연구소장)
- 사회 : 김재범(성균관대학교 경영대학/예술대학 교수)
- 국내 패널 : 권석정(텐아시아 기자), 이수정(SOUND연구원), 조대곤(포항공과대학교 산업경영공학과 교수)
- 해외 패널 : Carla Bakker(Australia, Delegate Manager – Australasian Worldwide Music Expo), Patrick De Groote(Belgium, Artistic Director – Sfinks Mixed Festival / EFWMF), Alberto Guijarro(Spain, Director – Primavera Sound, SL)

■ 음악마켓과 관련한 한국 음악시장의 현실

1) 현재 한국의 해외 팝음악시장(국내에서 유통되는 해외음악의 시장)은 매우 작음

– 이 때문에 해외 음악관계자들이 국내 음악시장에 관심을 갖기 어려움. 왜? 당연히 그들의 음악상품을 팔 시장의 규모가 너무 작기 때문임. 영화의 경우 헐리우드 영화 신작들이 나왔을 때 영화배우, 영화감독들이 한국에 자주 오는 이유는 아시아에서 매우 큰 영화시장을 갖고 있기 때문임.(천만관객이 드는 영화시장 등) 이 때문에 부산영화제가 아시아를 대표하는 국제영화제로 성장하는 것이 가능했음.

2) 반면 한국의 음악시장 규모는 전세계 11위 수준이기는 하나 아이돌음악 중심으로 시장이 형성되어 있어 영미권 음악관계자들이 관심을 갖기 어려움

– 한국 음악시장은 록음악이 주류인 해외 팝음악시장과 성향이 다를뿐만 아니라 해외 팝음악의 국내 음악시장 점유율이 5~10% 미만일 정도로 극히 부진하기 때문에 한국에서 '국제 음악마켓'을 개최한다고 해도 아직까지는 해외 음악관계자들이 관심을 갖

기 쉽지 않은 형편임.

3) 또한 한국 정부와 기업관계자들이 내심 바라는 **K-POP** 뮤지션(아이돌 중심의 **K-POP** 뮤지션)의 해외진출은 아시아 권역을 제외하면 현재로서는 기대하기 어려움

– 왜냐하면 현재 K-POP의 주류인 아이돌음악은 전통적인 영미권 음악시장에서 쉽게 수용될 수 있는 음악제작 방식이 아니기 때문임.(영미권 음악시장에서 보이/걸그룹 형태의 음악이 차지하는 비중은 미미함.) 그리고 영미권 음악시장은 기본적으로 '아티스트'(음반제작에서 음악선택권을 음반사 사장이 갖는 것이 아니라 뮤지션이 갖는 유형. 아이돌의 경우 음악선택권을 거의 음반사 사장이 가짐)와 '작품'(앨범 제작) 중심으로 유통되는 구조라서 현재 K-POP 아이돌 음악과는 근본적으로 다름

4) 단, 2006년 인천펜타포트락페스티벌 이후 '음악페스티벌 시장'이 형성되어가고 있기 때문에 '공연 시장'에 대한 해외 음악관계자들의 관심이 있을 수는 있음

■ **대중음악SOUND연구소 특별세션 요지**

1) **"국내외 음악관계자들이 음악마켓에서 정말로 얻기를 원하는 것은 무엇인가?"**
– 음악마켓 주최 측이 반드시 염두에 둘 점은 무엇인가?

2) **"해외 음악관계자들이 적극적으로 한국의 음악마켓에 오게 하려면 어떤 준비를 해야 할까?"**
– 음악마켓의 콘텐츠적인 측면 : 음악관계자들이 관심 있게 볼 수 있는 쇼케이스, 컨퍼런스, 비즈니스 미팅 등
– 음악마켓의 행사운영 측면 : 음악관계자들이 원활하게 비즈니스를 할 수 있게 지원
– 음악마켓의 엔터테인먼트 측면 : 음악관계자들이 즐기다 갈 수 있는 여흥거리 등

3) **"한국 뮤지션들의 해외진출을 도와주는 음악마켓은 어떻게 만들 수 있을 것인가?"**
– K-POP(한국 대중음악) 해외진출–영미권 음악시장 진출–이 원활하게 진행될 수 있는 방안은?

4) "한국에서 음악산업을 진흥시킬 수 있는 음악마켓은 어떻게 만들 수 있을까?"

- 음악마켓이 한국의 음악산업 전반을 진흥시키는 것이 가능한가?

- 가능하다면 그 방안은 무엇인가?

※ K-POP만으로 규모 있는 음악마켓을 진행할 수 없다면 뭔가 주변 국가와 더불어 '허브' 역할을 할 수 있는 국제적인 음악마켓을 만들어 내야 함. (*아시아 대중음악의 허브 기능 필요)

■ 세션 해외패널 3명 소개

Carla Bakker 칼라 버커 | Australia

Delegate Manager – Australasian Worldwide Music Expo

칼라 버커는 대학에서 커뮤니케이션을 전공하고, 남아프리카공화국, 영국소재의 다양한 조직기관에서 다년간 일하였다. 호주를 기반으로 아프리카음악, 레게음악 등 다양한 장르를 다루고 있는 주요 국내외 투어그룹의 마케팅과 홍보를 지원하는 음악산업 분야에서 일한 경험을 바탕으로, 2008년부터 멜버른에서 열리는 호주월드뮤직엑스포 AWME(Australasian Worldwide Music Expo)에서 해외 초청자 관련 및 전반적인 이벤트와 행정을 담당하고 있다. www.awme.com.au

Patrick De Groote 패트릭 드 그루트 | Belgium

Artistic Director – Sfinks Mixed Festival / EFWMF

패트릭 드 그루트는 현재 유럽월드뮤직축제포럼 및 벨기에 스핑스 믹스드 페스티벌의 디렉터이다. 패트릭은 2008년 이후 지속적으로 움프와 서울아트마켓에 참가하여 유럽 권역에 한국음악을 적극 소개하고 있으며, 벨기에 스핑스 믹스드 페스티벌에도 들소리, 채수정, 곽수은 & 가야금앙상블 라온G, 고래야, 광대를 초청한 바 있다. www.efwmf. org / www.sfinks.be

Alberto Guijarro 알베르토 기하로 | Spain

Director – Primavera Sound, SL

알베르토 기하로는 바르셀로나의 프리마베라 사운드 페스티벌과, 동시에 개최되는 음악 전문가들의 미팅 플랫폼인 프리마베라프로의 창시자이자 감독이다. 카탈란 지역의 약 52개 공연장이 연합하여 상호유대관계를 형성하는 카탈란 음악 공연장 협회(ASACC,

Catalan Music Venue Association)를 설립한 대표이기도 하다. 199년에 공연기획사 아니마다스 프로덕션(Producciones Animadas)을 설립해 디제이와 밴드들을 섭외하여 스페인에 클럽문화를 소개하고1995년부터 스페인에 가장 유명한 살라 아폴로 클럽을 운영하고 있다. www.primaverasound.com

※ 프리마베라 사운드(Primavera Sound)는 페스티벌은 물론 뮤직마켓이 동시에 진행되는 유럽 대표 축제 중에 하나입니다. 또한 바르셀로나에서 대표 라이브클럽을 운영하기도 하시고, 최근 잠비나이 유럽 투어에서 이 클럽에서 공연을 진행하기도 했었습니다.

※ 프리마베라 프로(PrimaveraPro)는 스페인 바르셀로나에서 열리는 프리마베라 사운드 페스티벌과 연계하여 전략적으로 유럽 타지역, 북.남미를 중심으로 음악업계 전문가들과의 문화 교류 및 협력관계를 도모하기 위해 개최되는 행사이다. 특별히 국내외 아티스트 공연 에이전시, 콘서트 프로모터, 페스티벌 이벤트 관계자, 인디뮤직관련 음반사, 유통사, 소매상, 무역박람회, 공연장, 홍보와 마케팅, IT와 멀티 미디어, 공공문화 기관, 국제교류 기관들 간의 긴밀한 네트워킹을 위해 기획된 프로그램으로, 특정 국가를 선정하여 특별 쇼케이스 프로그램을 운영한다.

■ 한국에서 이상적인 음악마켓을 어떻게 만들 것인가?

How should we establish an ideal MUSIC MARKET in Korea?

에이팜 특별 세션 – 대중음악 사운드 연구소

APaMM Special session with SOUND Lab.

에이팜 특별 세션에서는 대중음악SOUND연구소와 함께 뮤직마켓에 참가하는 음악 관계자들의 목적, 뮤직마켓의 기능과 역할, 뮤직마켓 성공 사례, 한국 뮤직마켓의 현황, 한국 뮤지션의 해외 진출을 돕고 음악산업을 진흥 시킬 수 있는 이상적인 음악마켓의 모델을 제시해 본다.

주관 : 대중음악SOUND연구소 | 후원 : 한국음악산업학회

*번역/정리 : 에이팜

In this special session, the following topics will be reviewed with SOUND Lab about the purpose of participating in music markets, functions and roles, case studies, and Korean music markets' current conditions to guide Korean artists' in the international circuit and to propose an ideal music market that improves the music industry.

Host : SOUND Lab | Sponsor : Korean Association of Music Industry

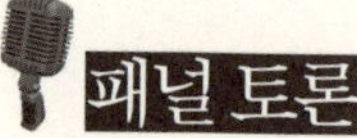
패널 토론

김재범 이번 세션은 이번 에이팜의 컨퍼런스로서
는 마지막 세션이고요, 사실 우리가 많은 컨퍼런
스를 가다보면 보통 마지막 세션은 텅텅 비게 되
어있는데, 이렇게 꽉 채워주신 분들을 보니 굉장
히 기쁩니다. 세션을 시작하기 전에 김민경 감독
님께서 이 세션의 취지에 대해 조금 소개해주시고
시작하는 것으로 하겠습니다.

김민경 오늘 에이팜 두 번째 세션이자 마지막 세
션을 특별 세션으로 '대중음악SOUND연구소'와
함께 진행하게 되었습니다. 대중음악SOUND연
구소와 에이팜, 처음으로 협력 프로젝트를 진행하
게 된 셈인데요, 저희 뮤직마켓을 통해서 이 특별
세션을 마련해주심과 동시에 좋은 의견들을 많이
나눌 수 있지 않을까라는 기대를 많이 하고 있습
니다. 주제는 보시다시피 "한국에서는 어떻게 이
상적인 음악 마켓을 만들 것인가?"에 대한 이야기

를 나누게 될 것 입니다. 진행을 맡아주실 김재범
교수님을 소개하고 마치겠습니다.

김재범 안녕하세요. 사회를 맡은 성균관 대학교
의 김재범이라고 합니다. 가능한 사회는 짧게 하
는 것이 미덕이기 때문에 오늘 참석하신 분들 간
단하게 소개드리고 바로 세션을 시작하도록 하겠
습니다. 오늘은 훌륭하고 유명한, 귀하신 여섯 분
을 모셨는데요, 한 분 한 분 제가 아주 간략하게
소개를 드리겠습니다. 제가 간략하게 소개 한다
고 해서 이분들을 소개할 내용이 적다는 것이 아
니라 시간 관계상 조금 짧게 한다는 점 이해해주
시면 좋겠습니다. 제 옆에 있는 분은 우리나라, 특
히 대중음악 쪽의 저널리스트로서는 가장 유명
하신 두 분 중에 한 분이라고 생각을 합니다. 텐
아시아의 권석정 기자님이십니다. 그 옆에는 포항
공대의 조대곤 교수님인데요, 조 교수님의 박사
학위는 경영정보, MIS라고 하죠. Management
Information System을 하셨는데 박사학위 때부
터 지속적으로 음악산업에 관심을 가지고 그쪽
분야의 논문을 쓰고 계십니다. 그리고 그 옆에는
내년 1월 출범하게 되는 한국음악산업학회가 있
습니다. 기존의 학회나 협회들과는 조금 다른 차
원에서 우리나라의 음악산업을 진행시키겠다는
목적으로 이번에 설립이 되는데요, 한국음악산업
학회의 이수정 씨입니다. 그리고 세 분의 외국 분
이 계신데요, 그 분들을 제가 또 간단히 소개해
드리겠습니다. 마찬가지로 이분들을 소개하자면
한없이 길어질 것 같아 시간 관계상 짧게 소개해
드리기로 하겠습니다. 이수정 씨 옆에 계신 분이
알베르토 기하로 씨 입니다. 프리마베라 사운드

의 디렉터이자 크레이터이기도 하십니다. 그 옆에 계신 분은 어제 저와 인터뷰를 조금 하셨는데, 유럽 쪽에 뮤직 페스티벌이 많이 있습니다. 그런 것들을 거의 총괄한다고 볼 수 있는 곳이죠. 유럽월드뮤직축제포럼의 창립 멤버이시고 또 디렉터이신 패트릭 드 그루트입니다. 그리고 보통 영어로 표현 할 때, last but not least라는 표현을 하는데요, 마지막으로 소개드릴 분은 호주에 베이스를 두고 계시고 오스트레일리시안 월드와이드 엑스포의 매니저이신 칼라 버커 씨입니다. 여러분들이 가지고 계신 브로슈어를 보시면 제일 뒤쪽쯤에 오스트레일리시안 월드와이드 뮤직 엑스포가 금년 11월 13일부터 16일까지 멜버른에서 개최되는 광고가 나와 있으니 관심 있으신 분들은 가보시면 좋을 것 같습니다.

그러면 이제 세션을 본격적으로 시작하도록 하겠습니다. 진행 순서는 먼저 세분의 한국 패널들에게 우리나라의 음악시장에 대한 이슈들에 대해

보다 일반적인 이야기를 들어보고, 그리고 나서 세분의 외국 분들에게 그분들이 느낀 한국 음악시장에 대한 것들을 질문해보는 순서로 진행 하도록 하겠습니다. 앉은 순서대로 해도 그렇고 가나다 순서로 해도 그렇고, 제 옆에 있는 권석정 기자님께 권기자님이 지난 10여년 간 한국의 음악시장을 취재하면서 느끼신 것들, 특히 한국의 음악시장을 어떻게 만들 것인가에 대한 이야기를 먼저 들어보도록 하겠습니다.

권석정 저희 세션 제목이 '한국에서 이상적인 음악마켓'인데요, 이름이 좀 무겁죠. 그런데 우리나라에서 이상적인 음악마켓을 논한다는 것은 약간 좀 이른 게 아닌가 합니다. 왜냐하면 한국에서는 음악마켓이라는 것이 생긴 지 불과 3년 정도밖에 되지 않았어요. 지금 한국에 있는 음악마켓은 세 가지 정도로 볼 수 있을 것 같은데요, 정부에서 하고 있는 뮤콘과 정부 지원으로 운영되는 에이팜이 있고, 그리고 민간에서 진행하는 잔다리 페스타. 이 세 가지가 시작된 지 3회 정도 되었어요. 그런데 보통 하나의 행사가 어느 정도 이상적인 것을 논하려면 철학이 생겨야 하는데, 10년 정도는 지속적으로 가야 뭐가 이상적인지 이야기를 할 수 있지 않을까 하는 생각이 먼저 조금 듭니다. 여기서는 이상적인 무거운 이야기 보다는 지금 한국에서 행해지고 있는 음악마켓이 어떤 식으로 차이가 나고, 또 이것을 우리가 이상을 논할 수 있게끔, 무언가 철학이 생길 수 있게끔 오랫동안 지속적으로 발전하기 위해서는 어떤 방법들이 있을지에 대해서 저희 의견뿐만 아니라 모이신 외국의 관계자 분들과 같이 얘기를 허심탄회하게 해봤으면 좋겠습니다. 제가 먼저 우리나라 음

악마켓의 현황에 대해 말씀을 드리겠습니다. 외국 분들이 K-Pop이라는 것을 많이 들어 보셨을 텐데, K-Pop이 해외에 진출 한다는 뉴스 보도들이 굉장히 많죠. 그런데 그 이전에 우리나라가 한국 가요를 외국의 마켓에 내놓은 역사가 굉장히 짧습니다. 제가 알기로도 1990년대 후반, 2000년대 초가 되어서야 뮤직매터스나 미뎀 같은 곳에 한국의 가요를 부스에 소개하기 시작했습니다. 김대중 정부 때부터 시작이 된 것인데. 우리나라가 SXSW에 가게 된 것도 2000년이 넘어서이니 불과 얼마 되지 않았습니다. 일단 우리나라에서는 한국 가요를 외국에 마켓을 통해 소개한다는 것 자체가 굉장히 낯선 개념이었어요. 그러다가 에이팜이 생기고 뮤콘이 생기고 잔다리페스타, 이렇게 세 개가 생겼는데요, 이것들이 약간의 종류, 층위가 다릅니다. 그 다른 것만 설명을 하고 다른 패널 분께 넘기겠습니다.

먼저 뮤콘을 소개해 드릴게요. 뮤콘은 굉장히 많

은 음악을 소개합니다. 대중음악, 그러니까 록음악, 댄스음악, 메인스트림에서 인기를 얻고 있는 음악부터 월드뮤직까지 모든 음악을 소개하는 통로로 쓰이고 있고, 에이팜 같은 경우는 여러분들이 아시다시피 음악이 조금 집중도가 있죠. 월드뮤직과 인디음악 종목에 집중하는 편이고, 잔다리페스타 같은 경우는 홍대 인디씬이라는 곳에 있습니다. 한국의 홍익대학교 근처에 수십 개의 라이브 클럽들이 산재되어있는 곳인데, 그곳이 일종의 한국 인디 음악이 중심을 두고 있는 위치예요. 에이팜에 대해서 더 말씀을 드리자면 에이팜은 제가 이번에 처음 왔습니다. 처음 와서 느낀 점을 이야기하면, 어제 굉장히 즐거운 공연도 보고 해외 관계자들하고 이야기도 나누고 술도 마시고 했는데, 어제 말콤이 돌아가는 버스 안에서 마이크를 잡고 프랭크 시나트라의 〈summer time〉을 잠깐 부르려다 말았죠. 저는 그런 것을 보면서 왜 에이팜이 3회가 되었는데 성과를 내고 있는가를 보았습니다. 여기서 성과라 함은 앞선 세션에서 많이 이야기 하셨을 겁니다. 잠비나이라는 팀이 제롬 윌리엄스라는 에이전시와 소개가 되었는데요, 잠비나이라는 팀은 퓨전 국악 팀인데 우리나라에서는 전혀 인지도가 없었어요. 우리는 잠비나이가 잘하는 팀인가도 몰랐고, 외국에 나가서 과연 이 팀이 공연을 하면 반응이 있을까라는 생각조차 못했습니다. 어느 날 잠비나이가 평론가들에게 굉장히 좋은 평가를 받으면서 해외에 나가게 되었죠. 거기서 에이팜이 굉장히 좋은 역할을 했습니다. 그것은 에이팜이 집중도가 있다는 것입니다. 제가 보기엔 에이팜이 굉장히 화려하거나 번쩍번쩍한 행사는 아니에요. 세션이 많은 것

도 아니고 뮤지션을 많이 데려오지도 않는데, 하나의 장르, 특정 장르에 대한 집중도가 있습니다. 제가 어제 느꼈던 해외 프로모터나 에이전시들, 페스티벌 관계자들과의 돈독한 관계, 유대관계들이 어디서 오겠느냐를 보면 음악적인 공감대와 공유하는 생각들이 같음으로 인해서 이루어지는 것이거든요. 저는 에이팜이 역사가 짧음에도 불구하고 그렇게 성과들이 드러나고 서로의 음악을 교류하면서 자리를 가질 수 있다는 것이 굉장히 짜임새 있는 진행들의 집중도에서 온다고 생각합니다. 그래서 이번에 에이팜을 보면서 강한 인상을 받았고, 거기에 대해서 다른 패널들의 말씀을 들어봤으면 좋겠습니다.

김재범 권기자님께서 세 가지 조금 다른, 하지만 서로 보완적일 수 있는 마켓에 대한 이야기를 해주셨습니다. 다음은 이수정 씨에게 물어보는 것이 좋을 것 같은데요, 어제 알베르토 선생님과 인터뷰를 하셨기 때문에 그런 내용들을 포함해서 느끼신 걸 이야기 해주시면 좋을 것 같습니다.

이수정 전반적으로 음악시장을 소개하는데 대해서는 저 같은 연구자보다 현장에 계신 분들이 훨씬 더 소개를 잘 해주셨을 테니까 저는 이번 주제에 대해 좀 더 심층적인 질문을 던져보고 싶습니다. 첫 번째로 저희가 이상적인 음악마켓을 생각했을 때, 지금의 현실에 대한 진단이 조금 필요할 텐데, 어제 인터뷰와 지금까지 저희가 연구와 의논을 해보면서 생각해본 결과 지금 현재 음악마켓에 대한 몇 가지 질문을 던져보고 싶었어요. 첫 번째는, 지금 한국의 음악마켓이 가지고 있는 문제점이라고나 할까? 그런 것들은 다른 지역, 다른 세계의 작은 음악마켓에서도 나타나는 문제일 테지만 자국의 음악, 자신의 지역 음악만을 팔고 싶어 하는, 팔기 위해서 하는 음악마켓을 진행하

이수정

게 되면 사람들을 자비로 초대하게 되고, 그렇게 되면 바이어와 셀러로서의 만남, 그 외에는 이루어지지 않는다는 문제점이 있는 것 같습니다. 그래서 여기 오시는 분들은 네트워킹을 통해서 내가 보여 줄 수 있는 것은 보여주고, 내가 사고 싶은 것은 사고, 이렇게 되는 유기적인 상호적인 판매가 이루어져야 하는데 그런 부분이 조금 부족하다는 문제점이 있고요. 두 번째는, 에이팜에서도 이 부분에 대해 크게 생각하고 계시는 것 같은데, 이 전 세션에서도 다양성에 대한 문제를 제기해주셨어요. 그래서 에이팜에서도 그것을 보완하기 위해서 전통음악부터 시작해서 현대음악, 현대 대중음악까지 여러 가지를 보여주고 계시지만 거기에서도 조금 더 다양한, 지금 음악계에 있는 한국 사람들이 놓치고 있는 부분들도 좀 있지 않나 생각이 듭니다. 예를 들어서 뮤콘 같은 경우도 K-Pop과 한국 음악, 이런 식으로 보여주고 있고 여기에서도 전통음악부터, 사실 양 끝 지점에 있는 것은 현대 대중음악이지만 인디밴드 음악을 중심으로 하고 있습니다. 예를 들어 저는 일렉트로니카를 굉장히 좋아하는데요, 여기에서는 일렉트로니카를 볼 수 있는 것이 이디오테잎 밖에 없는데, 해외마켓, 특히 제가 알기로 유럽에서는 일렉트로니카 마켓이 워낙 크기 때문에 그 부분에 있어서도 한국에서 프로듀서나 DJ들을 열심히 보여주고 그 사람들과 공유를 할 수 있는 부분이 있다고 생각합니다. 그 다음으로 그냥 밴드음악 뿐만이 아니라 조금 키치한 음악들, 트로트 같은 지금은 한국 사람들이 예술성과 상업성이 전혀 없다고 생각하는 음악들도 다시 우리가 찾아서 발굴을 해서 분명히 보여줄 수 있는 지점이 있다고

봅니다. 그런 면에서 다양성에 대한 발굴이 조금 더 필요하다고 생각합니다. 저는 이 두 가지 정도의 문제점에 있어서 질문을 제기하고 다른 분들과 얘기를 해봤으면 좋겠습니다.

김재범 네 고맙습니다. 그 동안 여러 번 참가하면서 느끼신 점들, 특히 몇 가지 문제점들을 지적해 주셨는데요. 한 가지 포인트는 우리는 그 동안 너무 우리 것을 보여주는데 급급하지 않았나, 좀 더 상대방의 것을 보려고 하는 시도가 없었다라는 굉장히 중요한 의견을 주셨고. 또 한 가지 포인트는 다양성에 대한 언급이었죠. 그래서 조금 더 다양하면 좋겠다, 중요한 발전이나 이런 것들은 결국 다양성에 기반을 해서 나오는 것이기 때문에 그런 것이 있으면 좋겠다라는 두 가지 의견 주셨습니다. 이어서 포항공대 조대곤 교수님께서 받아서 얘기를 해주시면 좋을 것 같습니다.

조대곤 저는 뮤직마켓에 대한 깊은 전문성 보다는 경영학, 경제학을 기반으로 해서 음악산업을 바라보는 입장에서 일반적인 얘기를 할 수 밖에 없을 것 같은데요. 이런 뮤직마켓을 먼저 보면 뮤직마켓은 일종의 플랫폼이라고 볼 수 있을 것 같아요. 넓은 의미의 플랫폼을 봤을 때, 이 장의 어떤 제품과 서비스를 통해서 서로 다른 두 그룹이 모여서 소통하고, 여기서부터 가치를 창출해 내는 이 과정을 플랫폼에서 하는 역할이라고 하면, 지금 여기 이 자리에 모이신 분들이 대부분 스스로의 인센티브에 따라 왔을 것이고, 서로 교류를 통해서 얻어가는 부분이 있을 것이라고 생각합니다. 그렇다면 이 플랫폼을 주관하는 플랫폼 주최는 사람들이 오게끔 하는, 집객 효과를 누리고

조대곤

자 하는 게 제일 중요한데요. 그런 의미에서 잘 되는 뮤직마켓은 아마도 사람들이 자발적으로 오는 힘을 줄 것이고, 그 힘은 같은 그룹에서도 나올 수 있겠지만 내가 만나고자 하는 다른 그룹에서 얼마나 많은 사람들이 오고, 그 많은 사람 중에 가치가 있는 사람들이 참가를 하느냐, 이런 부분이 아주 일반적으로 이야기 하고 있는 뮤직마켓의 큰 흐름일 것 같습니다. 저는 이것에서 한발짝 떨어져서, 제가 주로 연구해왔던 부분이 인터넷이나 인포메이션 테크놀로지, 새로운 기술이 음악산업에 미친 영향을 봐왔는데, 여기 계신 모든 분들이 공감하고 계신 부분일 테지만 2000년까지 CD로 정점을 찍은 시장이 15년 사이에 급격히 줄어들고, 최근에 다시 약간 반등하는 추세를 보이는 모습 속에서 인터넷의 발전이나IT나 소셜미디어가 지금까지 음악산업에 미쳤던 부정적인 영향만을 볼 것이냐, 아니면 그것을 잘 활용해서 더 좋은 방향으로 나아갈 수 있는 방향을 볼 것이냐.

이게 제가 가지고 있는 가장 큰 관심사 입니다. 그런 부분에서 뮤직마켓이 역할 할 수 있는 부분이 다양성이라는 것을 보여주는 것입니다. 다양성을 보여주고 싶지만 문제점이 있고, 가지고 있는 부분을 알리고 홍보하고 하는 데에 많은 비용이 그동안 들었잖아요. 그런데 이제 소셜미디어나 인터넷을 통해서 거래비용이 많이 줄어들고 또 줄어든 비용만큼 사람들이 모여서 더 깊은 이야기를 나눌 수 있습니다. 이런 부분이 뮤직마켓의 역할이라고 하면 제 생각에는 과거의 불법 다운로드로 인해 기존의 레코드 뮤직마켓이 엄청나게 축소된 모습, 이 부분만 볼 것이 아니고, 이런 새로운 플랫폼을 통해, 기술을 잘 활용해서 다양성을 좀 더 낮은 비용으로 창출해야 한다고 봅니다. 새로운 뮤지션들에게 기회를 주고, 받아들이는 사람들도 정보를 얻는 데에 있어서 옛날보다 훨씬 더 낮은 검색비용을 바탕으로 더 많은 것을 접하는 기회를 마련해주는 측면에서 아주 원론적이 얘기지만 뮤직마켓의 모습을 이런 관점에서 한번 조망 해보고 싶습니다.

김재범 네 고맙습니다. IT의 발달에 따른 음악산업의 변화, 또 영향에 대한 이야기를 간략하게 해주셨고요. 세 분 한국 분의 이야기는 간략하게 들었습니다. 물론 한국 분들께 더 심층적인 이야기를 부탁드려도 좋겠지만, 그 전에 여기에 계신 세 분의 외국에서 오신 귀중한 패널리스트 분들께 지금까지 한국 패널리스트가 한 얘기를 들으시면서 느꼈던 점, 또 그 동안 에이팜나 뮤콘, 팝스 같은 데에 오시면서 느꼈던 점들과 관련해서 간략한 이야기를 부탁드리겠습니다. 먼저 알베르토께

부탁을 드릴까요?

알베르토 기하로 네, 에이팜에서 한국음악을 경험하고 동일 업계 분들을 만날 수 있었습니다. 또 해외 지역 및 대륙의 마켓 관계자들을 만날 수 있어 흥미로운 것 같습니다. 그래서 저희는 항공료와 숙박을 부담하면서까지 업계 전문가들을 만나기 위해 마켓을 가게 됩니다. 그러나 해외 시장을 알기 위해 초청된 경우는 다른 것 같습니다. 보통 관심이 있지 않는 이상 자부담으로 방문하기 쉽지 않습니다. 한걸음 물러서서 드리고 싶은 말씀은 음악산업은 하나의 조직체입니다. 첫 단계로는 페스티벌, 공연장, 음반사, 프로모터의 박람회를 지원할 수 있는 협회가 마련돼야 합니다. 국내 단체가 정부를 적극적으로 설득하여 나라의 음악과 예술이 소개될 수 있는 첫 단계가 마련되어야 한다고 생각합니다. 자국의 마켓이 형성되면 해외 박람회를 방문하게 됩니다. 현재 유럽 같은 경우 거의 모든 국가는 자국의 아티스트를 소개하기

위해 마켓을 운영하고 있지만 전문가들이 자비를 들여 찾는 주요한 마켓은 정해져 있습니다. 나머지 뮤직 마켓들은 자국의 아티스트를 소개하기 위해 프로모터들이 초청합니다. 보통 20~25명을 초청하게 됩니다. 그러나 주목 받거나 주요한 마켓 또는 페스티벌로 성장하면 전문가들은 자부담으로 방문하게 됩니다. 그리고 행정부는 해외 전문가들을 국내시장으로 초청하면 수십 개의 팀을 소개할 수 있는데 왜 굳이 해외에 나가서 2-3팀만 소개하려 나가는지 이해 못할 수 있습니다. 그러나 지역 마켓과 대륙별 마켓을 방문 하는 건 매우 중요합니다. 지역과 대륙 음악의 특색이 다르기 때문입니다. 미국 국제 박람회 사우스바이사우스웨스트는 매우 좋습니다. 유럽 같은 경우 유로소닉 마켓은 유럽인들을 위한 곳입니다. 항공료를 지원해주지 않지만 다양한 프로그램과 프로그래머들을 만나게 돼서 방문합니다. 협회도 매우 중요합니다. 15년 전까지만 해도 국가별 협회를 설립했지만 불과 5년 전 유럽페스티벌과 같은 유럽 대륙의 협회를 운영하기 시작했습니다. 대륙마다 박람회 뒤에 탄탄한 협회들이 뒷받침 해주면 더할 나위 없이 좋아집니다. 업계 관계자들의 모임장소로 자리매김 됩니다. 앞으로 에이팜은 아시아, 호주 및 오세아니아 문화 사이에 중심을 두면 저 같은 사람들이 이 대륙의 아티스트를 찾기 위해 방문할 것입니다. 에이팜에 방문하면 한국음악만이 아닌 각 국가를 방문하지 않아도 국가별 아티스트를 찾을 수 있기 때문입니다. 정말 흥미로울 것 같습니다.

김재범 여러 가지 중요한 얘기를 해주셨는데요,

그것들을 제가 일일이 다 요약해 드리는 건 조금 그렇고, 제가 개인적으로 인상적이었던 것은 결국 어떤 산업이나 마찬가지지만 음악산업, 음악계라고 하는 것도 하나의 에코 시스템, 또 제도거든요. 그래서 그 제도에 대한 이해를 하는 것이 굉장히 중요하고, 특히 여기에 와있는 많은 관계자 분들, 특히 한국에서 오신 관계자 분들이 유럽 음악산업 혹은 유럽 음악축제, 음악계라는 것들에 관심을 가지고 있다면 그 제도가 어떻게 작동하고 있는지에 대해서 이해하는 것은 굉장히 중요하다고 생각합니다. 이어서 옆에 계시는 패트릭 드 그루트에게 부탁을 드릴까요?

패트릭 드 그루트 저는 국제 마켓 환경에 초점을 맞춰 말씀 드리겠습니다. 많은 분들이 해외 진출을 하기 위해 저희와 의논하는데 왜 그러는지 매번 이해되지는 않습니다. 해외 진출하기 위해서는 국내 시장을 떠나야 하는 매우 타당한 이유가 있어야 합니다. 이미 확보된 팬 층이나, 알고 있는 클럽, 인맥을 두고 해외로 나가는 것은 모험적일 수 있지만 보이지 않는 요소들도 존재합니다. 문화, 언어, 지리적 장벽이 많기 때문에 해외시장을 구축하고 싶으면 준비가 잘되어 있어야 합니다. 많은 고민을 고쳐 계획한 것은 장기적으로 살아남을 수 있는 확률이 높이고 미지의 위험을 피할 수 있습니다. 그리고 마켓은 굉장히 단순한 것 같습니다. 제가 사과가 필요하면 좋은 사과를 합리적인 가격에 살 수 있는 시장을 찾아가게 됩니다. 그런데 적절한 바이어(Buyer)[1]와 셀러(Seller)[2]를 만

---

1 페스티벌 디렉터, 프로그래머, 프리젠터, 에이전시 등 구매자를 통칭함
2 아티스트, 에이전트, 프로모터, 음반사 등 판매자를 통칭함

패트릭 드 그루트

나게 하는 걸 잊어버릴 때가 있습니다. 셀러는 어떤 물건을 어디서 누구에게 판매하고 싶은지 정의해야 합니다. 그러기 위해서는 대화가 필요하다고 생각합니다. 마켓에 방문하면 저는 항상 듣기만합니다. 말도 하고 싶은데 말이죠. 사과 영업사원이 사과가 얼마나 좋은지에 대해 설명할 때, 제가 찾는 사과는 붉은 사과가 아니고 파란 사과라고 말할 수 있는 기회가 필요합니다. 셀러가 바이어를 잘 파악하고 바이어는 셀러에게 구매하고 싶은 것과 아닌 것을 이야기 할 기회가 있어야 된다고 생각합니다. 그럼 일단은 좋은 마켓이 될 것 같습니다.

김재범 짧지만 중요한 얘길 해주신 것 같고요. 역시 마찬가지로 약간 해석을 해보자면, 결국 시장이 무엇인가에 대한 이야기부터 시작해주셨어요. 시장이라고 하는 게 적절한 바이어가 있고 적절한 셀러가 있습니다. 그들을 만나게 해주는 것

이 이상적인 시장이라는 의견이신 것 같고요. 제가 조금만 더 보태자면 항상 가장 중요한 것은 적절한 바이어를 만나는 것입니다. 그 바이어는 여기 온 프로그램의 디렉터 일수도 있고 에이전트 일수도 있고, 최종적으로 음악을 구매하고 소비하는 그런 분들 일수도 있어요. 그렇다면 어떻게 적절한 바이어를 만나는가에 대해서 제가 한 가지만 더 추가를 해보면, 적절한 바이어를 만나는 첫 번째 길은 여러분들이 그에 걸맞은 셀러가 되어야 한다고 생각합니다. 여러분들이 걸맞은 셀러가 되지 않으면 여러분이 적절한 바이어를 만나기는 굉장히 힘듭니다. 제가 왜 이 이야기를 하냐면 제가 어제 오후 세션에 각각의 아티스트들이 그들 자신, 혹은 매니저나 에이전트가 각각의 밴드나 그룹을 소개하는 것을 들어봤어요. 제가 제일 안타까웠던 것이 무엇인가 하면 그 귀중한 자리에서 너무 아마추어같이 자신의 밴드나 음악을 소개 하는 것입니다. 그 귀중한 시간에 말입니다. 이게 왜 중요하냐 하면 그들이 소개를 잘한다면 그들의 음악에 관심이 없었고 들어보지도 않으려고 했던 여기 오신 많은 디렉터들이 '어 그래? 그렇다면 쟤네 음악 한번 가서 들어 볼까?' 했을 것이고, 설사 여러분이 공연을 마친 후라고 할지라도 여러분의 음악적인 견해나 배경에 대해서 적절하게 설명 하신다면 그래서 애들이 이런 표현을 했었구나 하고 다시 평가를 할 수 있는 것이거든요. 근데 왜 그런 중요한 기회를 놓치고 있는가? 그런 부분들은 조금 더 반성해 보시면 좋지 않을까 하는 느낌이 들었습니다. 마지막으로 칼라 버커 씨에게 의견을 들어보도록 하겠습니다.

칼라 버커 이번 패널은 매우 중요한 것 같습니다.

글로벌 규모로 직면하는 문제를 다루고 있고 저희가 믿는 음악을 효과적으로 홍보할 수 있는 방법에 대해 문제 제기를 해주셨습니다. 에이팜은 한국뿐만 아닌 이 지역과 세계에서 중대한 역할을 맡고 있습니다. 얼마나 중요한 일인지 인정받아야 된다고 생각합니다. 에이팜에서 쇼케이스 되는 음악이 전 세계에 소개되기 위해 많은 노력으로 지난 3~4년 만에 엄청난 성장을 하고 박람회나 컨퍼런스, 비즈니스 미팅들이 이루어지면서 특정 지역 음악을 소개하기 위해 전념했던 것 같습니다. 한국의 소리가 퍼질 수 있는 글로벌 모범 사례입니다. 5~10년 전과는 달리 더 많은 사람이 과거에 생소했던 한국의 소리에 친숙하다고 말 할 수 있습니다. 그렇기 때문에 박람회나 뮤직마켓은 매우 큰 역할을 하고 있습니다.

김재범 그러면 다른 분들께 기회를 드리기 전에 다시 한 번 칼라 버커 씨에게 한 가지만 제가 질문을 드리고 전체적으로 다시 의견을 구하겠습니다. 오스트레일리안 뮤직 엑스포에서 에이팜이나 뮤콘 같은 곳이 배울만한 게 있다면 어떤 것들이 있다고 생각하시는지 조금 들어보고 싶습니다.

칼라 버커 저희 마켓이 완벽한 사례가 아니라서 매우 어려운 질문 같습니다. 매년 새롭게 시작하고 배우게 되는데 한 해가 끝나면 모든 관계자들에게 발전하기 위한 피드백을 얻으려고 합니다. 조금 전에 셀러와 바이어 매칭에 대해 말씀하신 거에 덧붙이자면 저희 프로그램에는 아티스트들의 신청절차가 있습니다. 그래서 매년 몇 개월 동안 전 세계적으로 600팀의 신청서를 받습니다. 지구 모서리에 있는 곳에서도 받습니다. 선정 가능한 팀의 비율이 낮기 때문에, 저희는 누군가가 이 아티스트에 관심을 가질까를 고려하게 됩니다. 이 소리에 관심을 갖고 좋아할 분들이 있을지 하고 어떤 페스티벌에 적합한지, 스페인일지 미국일지 캐나다 일지, 이런 부분을 염두에 두었다가 프로그래머들에게 이 팀의 공연을 꼭 보라고 알려줍니다. 항상 100% 걸맞지 않을 수 있지만 지금까지 이런 방법으로 아티스트를 해외 진출시키는데 있어 성공적이었습니다.

김재범 네 감사합니다. 그럼 이렇게 세 분의 외국 패널들의 얘기를 듣고 한국의 패널들은 어떤 생각을 했는지, 먼저 권 기자님에게 의견을 묻겠습니다.

권석정 굉장히 좋은 말씀들을 많이 해주셨는데요, 앞서서 페스티벌이 지속적으로 되어야 한다는 말씀도 해주셨고, 목적이 확실해야 된다, 비즈매칭, 그러니까 뮤지션과 바이어의 만남이 확실해야

한다, 이런 말씀을 많이 해주셨는데, 그것과 관련해서 에이팜에 바라는 점을 얘기 해 볼게요. 좋은 셀러와 좋은 뮤지션이 만난다는 것은 목적이 확실해야 된다고 생각합니다. 의도가 확실하고 목적이, 가령 그런 거죠. 에이팜에 가면 어떤 성격의 뮤지션을 만날 수 있다, 라는 게 바이어들 머릿속에 꽂히게 되면 에이팜 같은 경우, 잠비나이가 마음에 드는데 또 다른 그런 스타일의 뮤지션을 만나려면 에이팜에 가봐라, 그러면 거기에 그런 뮤지션들이 있다, 라고 그렇게 성격이 확실하게 확정이 되고, 그게 소문이 퍼지면 굉장히 효과적인 비즈매칭이 이루어 질 수 있다고 생각합니다. 마켓이라는 게 무조건 많은 바이어와 많은 뮤지션을 만나게 할 필요는 없다고 생각해요. 너무 많이 모이면, 예를 들어 어떤 마켓에 굉장히 많은 장르의 뮤지션이 모이고 또 거기에 프로듀서, 기타리스트, 엔지니어, A&R 등 너무 많은 사람들이 만나면 우리가 뭘 해야 될지 헷갈릴 수가 있어요. 하지만 에이팜처럼 월드뮤직, 그리고 페스티벌 관계자, 에이전시 그렇게 성격이나 의도가 압축적으로 확실한 사람들이 만나게 되면 거기에서 보다 효과적인 만남이 이루어 질 수 있을 거라고 생각합니다. 한마디만 더 하자면, 서두에 말씀 드렸듯이 한국의 뮤직마켓의 역사가 굉장히 짧은데, 에이팜 같은 성격이 확실한 행사들이 좋은 모델이 되어주면 그러니까 월드뮤직의 좋은 마켓이 있다, 라고 하면 헤비메탈의 또 다른 마켓이 다른 지역에 생길 수도 있고, 아까 말씀하신 트로트 외 굉장히 다양한, 그러면서 성격이 확실한 마켓이 생겨야 더 효과적인 비즈매칭이 생기지 않을까 라고 생각합니다.

이수정 저도 어제부터 다른 분들이 이야기 하는 걸 들으면서 한 가지 조금 안타까운 점을 생각하게 되었는데요. 지금 말씀하신 것처럼 시장이라는 것이, 보통 물건을 파는 시장을 생각해 봤을 때, 시장에 들어갔을 때는 굉장히 많은 제품들이 있는데, 제품들이 너무 많으면 금방 말씀하신 것처럼 어떤 제품이 좋은 제품인지, 나는 전문가이더라도 어쨌든 생산자가 이것도 좋은 거야, 라고 말해주기 전까지는 놓치는 부분도 있습니다. 그런데 그런 부분을 마켓 안에서 한국인 에이전트들의 역할이 있어야 된다고 생각합니다. 좋은 음악을 좀 더 가려서 소개를 해주고, 이 에이전트가 한국 내에 오는 사람들과의 교류를 넘어서 이 사람도 외국에 나가서 지속적으로 여러 바이어 분들과 교류를 할 수 있는 그런 사람이 성장을 해야지 한국에 왔을 때도 좋은 음악들, 시장에 나와 있는 여러 가지 음악들을 그냥 보여줘서 마음에 드는 걸 골라가라 가 아니라 조금 더 좋은 방법으로 소개를 해줄 수 있다고 생각을 하고요.

두 번째는 아까 알베르토 씨가 이야기 한 것처럼, 한국의 음악만을 소개시켜 주는 것이 아니라 좀 더 대륙 간의 교류가 되어야 하는 것이 옳다, 라고 저희가 다 같이 생각을 하는 것으로 이해를 했습니다만, 그렇게 하기 위해서는 한국 시장에서 팔 수 있는 것 뿐 만이 아니라, 한국 주변 국가들과의 교류가 훨씬 더 활발하게 이루어져야 된다고 생각합니다. 특히 외국인 바이어들이 말씀하신 것처럼 한국에 와서 에이팜 처럼 다른 아시아

권의 음악들을 함께 보는 것에 굉장한 관심들을 보여주고 있습니다. 만약 제가 한국의 에이전트라면 그런 부분에 대해서는 조금 간과하고 있는 부분이 많다고 생각을 해요. 아시아 지역에 있는 에이전트들과 같이 연대를 해서 외국에서 오는 뮤지션들을 아시아 전역에서 공연이 가능하도록 하는 것이 굉장히 중요하다고 생각을 하고, 아시아에 있는 음악가들, 그리고 관계자들을 한국으로 함께 불러서 한국이 중개자로서의 역할을 하는 것이 저는 굉장히 중요하다고 생각합니다. 그 이유는 한국 사람들끼리 하는 얘기는 한국 팝 시장이 너무나 작기 때문에 한국에서 소화 할 수 있는, 한국에서 사갈 수 있는 음악이 굉장히 작다고 생각을 하는데, 이것을 해결하지 않으면 쌍방향의 사고 파는 기회가 줄어들기 때문입니다. 그런데 그런 부분을 한국 안에서 아시아의 음악을 팔고, 아시아가 아닌 국가들의 음악을 사오는 그런 중간 교류의 장으로 이루어 질 수 있다면 좀 더 좋은 한국만의 마켓을 만들 수 있지 않을까 하는 생각을 하고 있습니다. 그런 부분에서 어제 알베르토 씨와 이야기 했을 때 인상적이었던 부분이 알베르토 씨가 하고 있는 프리마베라 프로라는 마켓에서는 유럽 안에 있는 음악뿐만 아니라 유럽과 라틴 아메리카를 크로스해서 아우르는 마켓을 지향 하고 것이었습니다. 그런 부분에서 저희가 배울 점이 있을 것도 같고요. 그래서 알베르토 씨에게도 질문을 드려보고 싶었는데요, 프리마베라 프로에서는 유럽과 라틴아메리카를 잇기 위해서 어떤 식으로 음악마켓을 운영하고 계신지요?

알베르토 기하로 저희에게는 매우 중요한 부분인데, 프리마베라의 중요한 역할은 스페인과 라틴

아메리카와 유럽 대륙의 커넥션이고 이윤창출이 프리마베라의 가장 중요한 주제이기도 합니다. 매년 라틴 아메리카 국가들이 방문해서 유럽 프로모터와 페스티벌 디렉터를 만나러 옵니다. 작년에는 브라질, 콜럼비아, 칠레, 아르헨티나, 멕시코 등 주요 국가들이 유럽 음악시장에 문을 두드릴 수 있었습니다. 그리고 유럽 전문가들과 음반사는 매우 빠른 성장을 보이는 다른 국가들과 커넥션을 형성하는 게 굉장히 중요하다고 생각합니다. 지금 자메이카에서는 많은 페스티벌들이 개최되고 과거에는 어려웠던 라틴 아메리카 투어가 만들어 지고 있습니다. 유럽의 음반사, 에이전시와 프로모터에게 프리마베라는 라틴 아메리카의 페스터벌과 프로모터들을 만날 수 있는 장소입니다. 셀러와 바이어가 한 지점에서 만나는 문을 확장하고 효과적인 네트워킹을 할 수 있도록 노력하고 있습니다.

플로어 토론

김재범 네 고맙습니다. 보통 이전의 세션들을 보면 대부분 패널에 있는 분들이 얘기를 하고 마지막에 잠깐 플로어에서 질문을 받는데, 저는 오히려 좀 더 많은 시간을 플로어에 있는 분들께 드려서 여기 한 분 한 분 귀중한 외국에서 오신 분들이 앉아계시고, 국내에서도 정말 귀중한 시간 내주신 분들이 와계시니까 그 분들께서 하고 싶은 얘기들이 있으실 겁니다. 쭉 들으시면서. 그래서 혹시 괜찮으시다면 외국에서 오신 디렉터 분들 중에서 지금 이 패널 분에게 들으시면서 느꼈던 점을 얘기해 주실 분이 계시면 간략하게 본인 얘기를 해주시면 좋겠다고 생각합니다.

소냐 마줌다르 저는 인도에서 익스체인지라는 마켓을 운영하고 있습니다. 에이팜과 파트너십을 맺어 영광입니다. 에이팜은 너무 좋은 행사이고 이 지역의 마켓 리더가 될 수 있는 기반과 잠재성을 모두 갖추었다고 생각합니다. 때문에 앞으로 에이팜은 아시아 권역이 활발히 참여할 수 있는 역할로 이끌었으면 좋겠습니다. 많은 국가들이 엄청난 재능을 보유하고 있지만 자원이 부족한 경우가 많습니다. 재정적인 문제뿐만 아닌 마켓에 대한 전문성도 부족합니다. 이수정씨가 이런 커넥션을 실제로 만들고 협업해서 투어를 만드는 게 가능하다고 생각합니다.

에머리 와노 안녕하세요 뉴질랜드에서 온 에머리 와노입니다. 뉴질랜드에서 작은 마켓을 운영하고 있어 어려움들이 많습니다. 저는 영국 워매드와 호주 워매들레이드와 자매 페스티벌을 맺고 있는 뉴질랜드 워매드를 프로그램 합니다. 저희는 오미와 파트너십을 구축해서 더 넓은 시장에 접근하고 있습니다. 부족한 자원 때문에 뉴질랜드 아티스트들이 칼라 씨의 마켓 책자에 소개되면서 저희가 초청하지 못했던 많은 디렉터들에게 소개할 수 있습니다. 그래도 작은 지역 마켓을 운영하는 이유는 커넥션이 만들어지면 뉴질랜드의 음악을 접할 수 있게 되면서 저희는 셀러와 바이어를 매칭 시키고 프로그래머, 디렉터, 공연장 관계자들께 직접 초청장을 드립니다. 그리고 뉴질랜드를 방문했을 때 저희 마켓뿐만 아닌 동시에 개최되는 페스티벌에도 참석할 수 있게 하여 투자수익이 극대화할 수 있습니다.

알노 코코스키 데포쇼 저는 네덜란드에서 온 알노

코코스키입니다. 앞서 패트릭 씨의 사과 시장 비유에 덧붙이고 싶습니다. 이번에 처음으로 한국에 방문했는데 저는 KFC를 먹지 않고 김치를 먹은 것처럼 이곳에 오면 아시아와 태평양의 음악을 경험하고 싶습니다. 한국 음악을 봤는데 너무 좋았습니다. 이상입니다.

소냐 마줌다르 바이어와 셀러의 개념에 조금 덧붙이고 이상적인 뮤직마켓에 대한 주제에 대해 다시 돌아오고 싶습니다. 판매와 구매를 너머서 대화가 매우 중요한 것 같습니다. 특히 개발되는 시장인 경우, 박람회에 가면 저는 가장 먼저 대화를 합니다. 칼라씨도 어제 패널에서 언급한 부분도 전적으로 동의합니다. 왜냐하면 가끔 인도에서 마켓을 운영할 때 큰 문제들이 있습니다. 작은 목

표를 성취하기 위해 진이 빠지게 됩니다. 근데 이런 음악 마켓에 와서 다른 마켓과 권역의 전문가들을 만나면 영감을 받을 수 있습니다. 앞으로 해야 될 일을 계속할 수 있도록 재충전시켜줍니다. 따라서 판매와 구매만큼 대화가 매우 중요하다고 생각합니다.

알노 코코스키 데포쇼 추가로 덧붙이고 싶습니다. 저희는 언론이 매우 중요합니다. 예를 들어 헤이그에서 개최되는 통통 페스티벌은 인도네시아 아티스트를 많이 다룹니다. 인도네시아 기자 분들이 네덜란드 페스티벌에 대한 보도를 해주는 것이 중요합니다. 그리고 울산에서 이루어지는 일을 저희 정부가 알고 싶어 하는 것 같습니다. 네덜란드든, 미국이든, 독일이든 요즘 글로벌 사회가 중

요하기 때문에 방문해야 됐습니다. 그래서 어찌 보면 아티스트들은 자국의 대사이기도 합니다.

김재범 네 고맙습니다. 혹시 또 외국에서 오신 디렉터 분 중에 의견을 주실 분이 안계신가요?

워렌 스미스 마켓에 대해 포괄적으로 논의된 것 같습니다. 시장에 대한 이해나 저희의 역할에 대해 많은 대화가 이루어졌다고 생각합니다. 저는 에이팜을 방문할 때 바이어이기 때문에 저희 페스티벌에 적합한 팀을 찾고 있습니다. 처음 방문했을 때 제가 원하는 것을 찾을 수 있는 확률이 낮다고만 생각했지만 잘못 생각했습니다. 이런 문이 열리게 되면 예상치도 못했던 놀라운 결과를 얻을 수 있습니다. 특히 저 같은 경우는 이런 마켓에 열심히 참가하게 되는 계기가 되었습니다. 저희 사업에 더욱 효과적이고 지속될 수 있도록 도와줍니다. 그래서 에이팜 관계자들께 감사하다고 말씀 드리고 싶습니다. 에이팜 같은 마켓이 있기에 세계 시장이 더 멀리 나아갈 수 있다고 생각합니다.

마티아스 뮬러 제 이름은 마티아스 뮬러입니다. 크래이지 플레닛 레코즈라는 음반사와 독일의 프리스타일러스 그룹의 대표입니다. 저는 이제 셀러와 바이어의 입장입니다. 에이팜에 두 번째 방문했는데 델리게이트들과 동료들과 좋은 시간을 보내고 음악을 교환하는데 의미 있다고 생각합니다. 이 마켓은 한 방향이 아닌 교류가 가능한 장소입니다. 한국 아티스트들이 유럽에 소개되기 시작하고 한 공연만 하지 않고 투어를 하고 있습니다. 그리고 유럽 팀을 해외에서 공연하게 만들려면 패트릭 씨나 칼라 씨 같은 페스티벌 관계자와 연락해야 됩니다. 이번 월드뮤직페스티벌에 독일 밴드인

애비(Abby)가 공연을 했는데요, 아시아 시장에 투어하고 싶은 관심이 많습니다. 그리고 저희는 뉴질랜드에 사무실이 있습니다. 뉴질랜드 아티스트와 지난 14년 동안 일했는데 뉴질랜드에서 밴드를 데려오는 것은 매우 복잡합니다. 유럽까지 오랜 시간이 걸리고 비용도 만만치 않습니다. 어제 패널에서도 언급됐듯이 뉴질랜드의 밴드 인원이 6-10명 정도인데 모두 이동하는데 비용이 많이 듭니다. 그래서 오랫동안 유럽 중간 지점에서 같이 협업할 파트너를 찾고 있었습니다. 지금은 자리 잡고 밴드를 뉴질랜드에서 호주까지 오는데 도움을 받을 수 있게 되었습니다. 예를 들면 칼라씨도 뉴질랜드 밴드를 지원하고 있습니다. 멜버른의 행사가 끝나고 한국에 방문을 하고 싱가포르에도 방문해서 공연이나 비즈니스 하게 돼서 각 국가의 지원을 받을 수 있으면 좋습니다. 이런 중간 도시들을 거쳐서 유럽에 도착하면 수 있도록 협업하고 마지막으로 유럽에 도착해서도 투어를 할 수 있기 때문에 이런 행사는 저희에게 매우 중요합니다. 초청해주셔서 다시 한번 감사 말씀 드리고 싶습니다. 감사합니다.

단카 밴 도드왈드 안녕하세요, 네덜란드에서 방문한 단카입니다. 다른 나라들과 협력하는 장점에 대해 한 가지 말씀 드리고 싶습니다. 네덜란드에서도 에이팜과 같은 미팅을 운영한 적이 있었는데 유감스럽게도 예산이 부족해서 없어졌습니다. 그러나 매년 새로운 아티스트를 쇼케이스 하게 되면 작은 국가들은 음악을 수출할 수 있는 만큼의 전문성이나 높은 수준을 유지하는 게 어려워 질 수 있습니다. 따라서 다른 국가와 협력하는 방안을 추천 드리고 싶습니다.

이수정 금방 하셨던 얘기에 잠깐 첨언을 하고 싶은데요. 말씀하셨던 것처럼 한국에서 아시안 커넥션을 만드는 것이 굉장히 중요한 게, 그냥 대륙 간의 교류 문제가 아니라 경제적인 문제에서도 굉장히 좋은 효과를 낼 수 있다고 말씀 하신 것입니다. 그래서 사실 에이팜 같은 마켓에서 뉴질랜드 같은 작은 마켓뿐만 아니라, 주위에 있는 동남아시아 예를 들어 독일에 있는 뮤지션이 왔을 때, 한국에 가면 태국, 싱가폴, 홍콩, 인도네시아, 말레이시아, 필리핀, 그리고 뉴질랜드, 오스트레일리아, 네팔, 인도, 파키스탄, 미얀마까지 모두 아우를 수 있는 뮤지션들뿐만 아니라 음악 관계자들을 함께 모으는 것이 굉장히 중요하다고 생각합니다. 그런 부분은 비아시아권에 있는 바이어들이 셀러로서의 포지션을 가졌을 때 한국이 가지고 있는 음악마켓에 굉장한 메리트를 느낄 것이고 그것이야 말로 나중에 자비로라도 돈을 내서 여기에 오고 싶은 음악 마켓이 될 수 있는 길이라고 생각을 합니다.

김재범 네 고맙습니다. 그러면 혹시 한국에서 참가하신 다양한 이해관계자들 계신데요, 혹시 오늘 얘기 들으시면서 본인 의견을 얘기하고 싶은 분이 계시면 기회를 드리도록 하겠습니다. 없으신가요? 그렇다면 이번 세션을 공동으로 기획하신 대중음악SOUND연구소의 박준흠 소장께 잠시 의견을 듣도록 하겠습니다.

박준흠 대중음악SOUND연구소장 박준흠이라고 합니다. 패트릭 드 그루트 씨에게 물어보고 싶은 게 있는데요. 음악마켓을 성공적으로 기획하기 위해서 '유니크한' 음악마켓을 만들려고 할 때, 현재 전세계 음악마켓에서 다루고 있지 않은 콘텐츠나 운영방식 같은 게 혹시 있을까요? 이것은 기획자 측면에서의 질문입니다.

패트릭 드 그루트 억만 불짜리 질문입니다. 정답이 있었다면 전 세계에 음악 마켓이 불쑥불쑥 나타나고 프로그램도 모두 같게 돼서 매우 지루해 질 것 같습니다. 특별함이라는 단어는 정말 특별한 것 같습니다. 저희 동료들이 찾고 있는 것 중 하나이기도 합니다. 특별함을 정의할 수 없기에 더 아름다운 것 같습니다. 저에게는 놀라운 것을 발견하는데 연결된 거 같습니다. 워렌 씨의 말씀처럼 처음 방문해서 문을 열고 보니 기대하지도 않았던 음식이 맛있고 사람들과 교류를 하게 됩니다. 그 순간 이 곳에 있다는 것을 깨닫고 감동을 안고 집으로 돌아갑니다. 이런 것들을 우리가 진정으로 찾고 있는 것 같습니다. 하나의 마켓이나 하나의 음악도 아니고 하나의 가이드가 없습니다. 단 하나의 셀러가 있지 않고 단 하나의 바이어가 있는 것도 아닙니다. 세계 시장은 매우 다양하고 한국이 정말 특별한 이유는 한국 음악을 하기 때문입니다. 다른 국가를 방문해도 한국만큼 한국음악을 하는 곳이 없었습니다. 뮤지션들이 사실을 잘 알지 못하는 거 같습니다. 해외 시장에서 한국 음악의 영향력은 한국만의 특유한 방법으로 보편적인 접근법을 찾아야 되는 것 같습니다. 이미 음악에 내제되었다고 생각합니다만 정답은 없습니다.

박준흠 추가적인 질문이 하나 더 있습니다. 어제 플로어에 계신 제롬 윌리엄스 씨에게도 질문 했던 내용인데, 한국 뮤지션이 해외에 진출을 하려고

할 때 어떤 음악을 해야 성공 할 수 있는 가능성이 높겠냐고 물었더니, 역시 '유니크한' 음악을 해야 성공할 가능성이 높다고 했어요. 그런데 잘 아시다시피 이미 미국과 영국이 전세계 음악시장을 절반이상 차지하고 있고, 영국이나 미국의 록, 팝, 포크 음악들이 주류 음악이 되었습니다. 현재 한국의 인디음악도 제가 알기로는 영미권 음악 스타일과 크게 다르지 않습니다. 잠비나이와 같은 유니크한 음악을 한국 내에서도 찾기 쉽지 않거든요. 그렇다면 한국의 대다수 뮤지션들 같은 경우 해외진출 하는 것을 사실상 포기할 수 밖에 없는 것인지, 아니면 어떤 다른 방법이 있는 것인지 추가 질문을 하겠습니다.

패트릭 드 그루트 선택인 것 같습니다. 그러나 주류인 팝이나 R&B를 선택한 경우 경쟁이 매우 치열합니다. 리한나 보다 잘하고 더 좋은 레이블과 지원이 있다면 더 많이 팔 수 있습니다. 그러나 해외 음악 시장에서 R&B, 팝, 레게의 경쟁은 굉장히 높기 때문에 한국에서 최고가 아닌 세계 최고여야 합니다. 그래서 선택을 해야 됩니다. 정말로 하고 싶은 것과 할 수 있는 것 그리고 다른 사람들이 하라고 하는 것의 균형의 차이가 있습니다. 그리고 음악 환경에 자신이 어떤 위치에 있는지 정의하기란 힘듭니다.

박준흠 마지막 질문입니다. 알베르토 기하로 씨에게 질문이 하나 있는데요, 이수정 씨가 아까 제안했던 내용 중 하나가 아시아 음악 관계자들을 모을 필요가 있고, 그것이 한국에서 음악마켓을 성공적으로 기획하는 방법 중에 하나라는 이야기를 했습니다. 그런데 과연 아시아 음악 관계자를 에이팜이나 한국에 있는 다른 음악 마켓에서 모을 수 있다면 전 세계 음악 관계자들이 실제로 자비를 들여서 올 수 있을지 물어보고 싶습니다.

알베르토 기하로 네, 물론입니다. 유럽과 미국 사람들이 중요하다고 생각하면 사비를 들여서라도 한국을 방문하게 될 겁니다. 아시아 태평양 시장도 중요하다고 생각합니다. 교역을 하기 위해 전문가들과 아티스트 그리고 페스티벌 관계자들을 만날 수 있는 장소가 필요합니다. 몇 년 후 이 마켓은 더 많은 관심을 끌어들여서 업계 관계자들은 자기 부담으로 방문할 것 같습니다. 이런 현상이 이상하지 않습니다. 더욱 강력한 에이팜이 되고 업계 관계자들이 서로 만날 수 있는 좋은 플랫폼이 될 수 있다고 생각합니다.

김재범 네, 고맙습니다.

까를레스 살라 바르셀로나에서 온 까를레스 살라입니다. 바르셀로나 뮤직마켓인 MMVV(Mercat de Musica Viva de Vic)에 재직 중이었을 때 유럽 국가에서 정보와 홍보수단이 어떻게 움직이고 다른 국가에서도 어떻게 이루어지는지 연구했습니다. 한 가지 확실한 것은 열린 마켓 현장에서 더 많은 음악이 팔립니다. 프로그래머나 페스티벌 디

렉터 사이에서만 정보교환이 이루어지지 않고 아티스트들 사이에서도 이루어집니다. 또 다른 하나는 자비를 들여서 아티스트를 만나는 마켓도, 에이팜과 같은 작은 마켓도 유용하다고 생각합니다. 방문할 곳을 현명하게 골라야 합니다. 저희 셀러만이 아닙니다. 물론 음악을 사기도 하지만 저희가 자국으로 돌아갔을 때 입 소문을 낼 수 있는 영향력 있는 관계자들을 초청해야 합니다. "들어보세요. 지금 한국에서 놀라운 음악과 뮤지션들이 있고 새로운 현상이 벌어지고 있습니다."라고 전달하는 사람이 있어야 한다고 생각합니다. 마지막으로 뮤지션들에게 말하고 싶습니다. 저희가 어떤 음악에 관심이 있고 원하는지 신경 쓰지 않고 소신껏 음악을 하셨으면 좋겠습니다. 분명 관심을 끄는 음악이 따로 있을 수 있지만 하고 싶은 음악을 만든 뒤 저희가 관심을 보이면 좋은 것 같습니다. 때로는 저희 사고방식을 고려한 음악을 만드시는데, 대부분 좋은 결과를 기대할 수 없게 됩니다.

공윤영 여러 가지 생각이 많이 교차가 되는 게, 인디팬던트가 되었건 비주류가 되었건 거기서 음악을 하고 페스티벌을 진행한다는 것은 본인 의지, 그리고 그 나라가 되었건 도시가 되었건 지금 필요한데 없는 것들을 하고 계신 분들인 것 같아요. 여기 계신 해외 관계자나 한국에서 오신 분들, 저 같은 경우는 잔다리를 3년 전에 만들어놓고 정부 행사나 예산이 많은 행사를 이용 했어요. 또 에이팜의 경우도 뮤콘과 팜스를 일부러 전략적으로 날짜를 붙였어요. 왜냐하면 저희는 해외 관계자들을 초대할 예산이 없거든요. 그래서 에이팜이나 팜스, 뮤콘 쪽에 요청을 한 것은 혹시 시간이

되면 잔다리를 와서 한국 밴드들을 경험 할 수 있는 시간을 할애를 해줬으면 좋겠다고 양해를 구해서 많이 도와주고 계신 상황이고요. 한국 밴드들이 10년을 해도 한 달에 자기가 벌 수 있는 돈은 변하지 않는다고 어떻게 하면 돈을 더 많이 벌수 있냐고 저한테 물어보더라고요. 그래서 돈을 벌고 싶으면 남이 원하는 걸 하고 그 사람한테 대가를 받으라고 얘기해주었지요. 다른 사람들은 하기 싫은 일을 하면서 돈을 많이 버는데 너는 하고 싶은 일을 하면서 돈을 많이 벌길 바라는 건 아닌 것 같다고요. 그런데 조금 전에 말씀하신 것처럼 요새 정부나 기업의 지원이 많아지면서 그 지원에 뽑혀서 해외에 나가고 싶은 밴드들이 많아지고 있는데, 중요한 건 그들의 음악 성향이 변하고 것입니다. 그래서 안 좋은 상황이 오고 있구나, 라는 우려가 많았어요. 결국은 지원 해주는 사람 성향에 맞춰 자신의 성향을 바꾸더라고요. 그래서 콘텐츠를 생산하고 창작 작업을 하는 그들이 그 작품 자체에 좀 더 도움이 될 수 있는 지원이나 행사 아니면 관계자들과의 교류 이런 것들이 더 필요하지 않을까 라는 생각을 하게 되었습니다. 아까랑 똑같이 하고 싶은 얘긴 했는데 결론이 뭔지 잘 모르겠네요.

브라힘 엘 마즈네드 안녕하세요. 지금까지 미국 또는 유럽시장에 대해 많은 이야기를 다루었습니다만, 아프리카, 중동 또는 남미 지역도 있습니다. 모로코 같은 경우 100개 이상의 페스티벌이 있습니다. 에이팜에 여러 번 방문하고 한국 팀을 초청한 바 있습니다. 대중들과 굉장히 잘 어울리고 해외에서 오는 모든 것들은 월드뮤직이라고 생각합니다. 그래서 그 동안 월드뮤직 페스티벌에 소개

하는데 초점을 맞췄습니다. 그러나 저희 같은 경우는 월드뮤직 페스티벌과 다른 페스티벌을 분류하지 않기 때문에 음악 페스티벌만 있습니다. 따라서 앞으로 더 많은 기회가 생길 수 있어서 세계 다른 곳에도 주목해야 될 것 같습니다.

소냐 마줌다르 델리게이트 초청에 관한 항공료와 지원금에 답변 드리고 싶습니다. 익스체인지 행사

는 올해 3회째를 맞이합니다. 모두 민간 자금으로 운영되고 정부나 시의 후원을 받지 않습니다. 저희 스폰서를 의지하고 저도 개인 자금을 투자하기 때문에 매년 불안정합니다. 비록 저희 행사에 항공지원이 안되지만 국제사회로부터 훌륭한 반응을 보였습니다. 개인 경비나 단체의 지원으로 방문하던 간에 인도 지역에서 비즈니스를 진행하고 싶은 의향 때문에 반응이 좋습니다. 인도를 기반으로 인도양 국가와 아시아의 네트워크를 형성하고 노력하고 있습니다. 이 업계에 오래 있었기 때문에 신뢰도 쌓이고 비즈니스 관계가 구축되는 게 가능했던 것 같습니다. 정말 이 지역과 일하고 싶은 분들은 찾아 올 것 같습니다.

에머리 와노 저도 백만 불짜리 아이디어는 아니지

만 일 달러짜리의 아이디어가 마켓들과 신뢰관계를 수립하는 것 같습니다. 몇 년이 안 된 행사들은 어렵습니다. 그런데 삼성과 현대 그룹을 보면 한국은 정말 일을 잘하는 것 같다고 생각합니다. 만약 한국 음악이 삼성차 또는 현대차에 무료로 실리게 하는 방법도 있는 것 같습니다. 왜냐하면 전 세계로 수출되는 믿을 수 있는 브랜드입니다. 너무 멀리 간 것 같습니다만 디지털로 음악을 무료로 이용할 수 있는 힘을 이야기하고 싶었습니다.

 경제학적인 측면에서 굉장히 흥미로운 논의였습니다. 저도 경제학을 공부했었습니다. 마켓에 대해 이야기할 때 바이어와 셀러가 포함 되었는데요, 저 같은 경우에는 아티스트 외그 누구에게도 후원을 받지 않습니다. 그래서 위험을 감수하면서 결정을 내리게 됩니다. 공연을 살 때 위험을 감수하지 않으면 보상도 없습니다. 21년 동안 음악을 소개하면서 배운 것은 도전하고 위험을 무릅쓰지 않으면 시작조차 못하게 됩니다. 셀러도 마찬가지인 것 같습니다. 누구의 음악을 팔지만 실제로 가능성 없어 보입니다. 그럼에도 불구하고 도전했습니다. 그래서 이 마켓에서 일하는 모든 사람들은 그들만의 위험을 감수하고 나가야 됩니다. 제가 잠비나이를 레게 페스티벌에 초청했을 때 모든 관객들이 걷고 있었습니다. 제마음속 한편은 제가 선택한 일이었고 결과는 긍정적이었습니다. 관객들도 너무 좋아했고 아무도 기대하지 못했던 것에 대한 위험을 감수하길 잘했다고 생각합니다. 가끔 실수도 하지만 앞으로 나아가기 위해서는 도전해야 된다고 생각합니다.

 카이샤 존슨입니다. 뉴욕에서 왔습니다. 역동적인 컨퍼런스가 이루어지고 있는데 오늘 도착해서 대단히 죄송합니다. 경제적인 측면을 보았을 때 아티스트와 프로그래머들이 시간, 돈, 자원을 드리고 참가하면서까지 서로 얻을 수 있는 가치가 무엇인지 고민해야 됩니다. 많은 뮤직마켓들이 이렇게 균형 잡힌 플랫폼을 만들 수 있는 방법을 찾고 있습니다. 제가 에이팜을 방문한 이유는 한국 전통에 뿌리를 두고 있는 한국음악에 관심 있기 때문입니다. 이 마켓이 차별화되는 독특성이 아닐까 싶습니다. 그러나 다른 뮤직마켓들은 어떤 아티스트를 소개하고 누가 관심을 가질지에 대한 생각과 협력하고 싶은 본질 때문에 정체성의 혼란을 느끼는 거 같습니다. 그리고 프로그래머와 마켓 관계자들께 장기 비전이 무엇인지 여쭤보고 싶습니다. 장기적인 비전을 세우고 유지하면 결국 이 페스티벌과 컨퍼런스에 참석할 의향이 있는 사람들은 그 가치를 알아보고 투자하면서 방문하게 될 것입니다.

🎙 마무리 토론

 네 고맙습니다. 자 그러면 이제 어느 정도 정리 할 때가 된 것 같습니다. 우선 김민경 감독께서 얘기를 쭉 들으시면서 느꼈던 부분, 또 코멘트하고 싶으신 것들을 얘기 해 주시고요, 그 다음에 계속 하겠습니다.

 네 제가 오늘 이 자리에서 얘기를 듣다 보니까 저희 월드뮤직페스티벌이 처음 기획되었을 때 생각이 많이 나는데요. 저희 페스티벌이 시작되었을 때부터 페스티벌이 엔터테인먼트나 문화교류 차원으로 그칠 것이 아니라 시장의 기능을 함께 해야 된다, 라는 비전을 가지고 있었어요. 그래서 저희가 해외 네트워킹 확장에 굉장히 오랫동안 노력을 해왔고요. 그래서 꾸준히 2007년부터 워멕스를 참가하고 있고, 그렇게 해서 만난 분들입니다. 패트릭도 그렇고 제럴드 셀리그먼이 올해 참석은 못하셨지만 그런 분들이 그때부터 저희와 네트워킹을 해오신 겁니다. 송라인즈 미디어도 2008년에 축제를 찾아주시면서 해외 미디어에도 노출이 되는 등 그런 것들에 대해 꾸준히 노력해온 결과가 에이팜이 개최되는 데 밑거름이 되었다고 생각 합니다.

처음에 아티스트들을 섭외하고 또 해외 패널들을 섭외하려고 했을 때, 어려운 점도 많았습니다. 해외 아티스트들을 초청해서 그 프로그램을 가지고 해외 분들을 초청하면 이미 웬만한 아티스트들은 이미 보았다, 우리나라에서도 충분히 볼 수 있다, 그런데 한국 음악은 난 아직 잘 모르겠고 내가 거기까지 가서 봐야 할 목표의식을 찾지 못하겠다는 반응을 보였습니다. 그래서 해외 분들을 초청하는 데에도 초기에는 상당한 어려움을 겪었거든요. 그런데 저희가 꾸준히 워멕스와 호주 워멕스에 참가를 하면서 지속적인 네트워킹에 할애를 한 것이 오늘날 네트워킹을 확장하는 데에 기반이 되었고요. 두 번째로 드리고 싶었던 말씀이 월드뮤직페스티벌 초창기에 이미 아시안 네트워킹을 확립하려고 노력을 많이 기울였었어요. 이름은 좀 그렇지만 아시아 뮤직 협회 구성을 위해서 일본의 '스키야끼 미츠 더 월드'라는 페스티벌과 말레이시아의 레인 포레스트와 MOU를 맺기 위해서 꾸준히 노력을 해왔는데, 행정적인 어려움을 겪으면서 좌초 되었습니다. 그 뒤로 레인 포레스트는 자체적인 '보르네오 뮤직 엑스포' 뮤직마

켓을 지난해부터 시작을 했습니다. 그 행사는 엑스포와 페스티벌이 동시다발적으로 이루어지지는 않는 것으로 알고 있거든요. 그런데 울산월드뮤직페스티벌과 에이팜은 같은 기간에 개최가 됩니다. 그 이유는 해외에서 오신 분들이 저희가 초청한 해외 아티스트들과 국내 쇼케이스에 선정된 팀들을 선별해서 보실 수 있는 기회를 동시에 제공하는 것인데, 그것이 한국 아티스트들이 해외 아티스트들과 한국에서 경쟁력을 키우는 데에 일조할 수 있다고 생각했기 때문에 전략적으로 만든 프로그램이거든요. 그래서 앞으로 한국 아티스트들이 반드시 해외에 나가야만 해외 아티스트들과 경쟁 할 수 있는 것이 아니라 울산월드뮤직페스티벌에 참가 하면서도 더 발전적인, 그리고 생각을 많이 할 기회를 제공할 수 있지 않았나 라는 생각이 들었어요.

마지막으로는 저희가 지난해에도 아시아와 퍼시픽 네트워킹을 확립하는 데에 상당히 많은 공감대를 형성하고 있었기 때문에 그것에 할애한 주제를 가지고 세션을 진행했었습니다. 거기에서 제럴드 셀리그먼 씨가 제안을 해주신 내용이 기억에 남습니다. 저희가 델리게이트들만의 참가와 공유뿐만 아니라 아티스트 공유도 굉장히 중요한데, 서로간의 아티스트들을 진출시키기 위해서 드는 비용적인 문제를 무시할 수가 없죠. 그럴 때 한국은 지금은 다행히도 정부의 지원 사업이 잘 진행되고 있기 때문에 혜택을 받을 수 있지만 그렇지 않은 국가들간에 어떻게 이것을 유기적으로 만들 수 있을까를 고민 했습니다. 그 때 당시 들었던 이야기가 우리들만의 펀딩을 만드는 것이 어떨까? 하는 것이었습니다. 그래서 어떤 시스템을 구

축하하는 것이 하나만이 아니라 에이팜, 오미, 인디어스 익스체인지, 사운드 오브 더 시티 등 지역권 내에 있는 여러 행사들이 한꺼번에 통합적인 홍보의 툴을 만들어서 그것을 통한 펀딩 구성이나 기부금을 활성화 하는 방법, 아티스트 공유 까지 할 수 있다면, 해외 진출을 서로 더 전략적으로 이루어 나갈 수 있는 방법론이 될 수 있지 않을까 라는 생각을 하게 됐었습니다.

김재범 그러면 이제 마무리 할 때가 됐는데요, 이번에는 거꾸로 한 번 해보겠습니다. 외국 패널들께서 먼저 이번 세션 들으시면서 느끼신 점들을 간단히 얘기해 주시고, 그 뒤에 한국 패널들의 이야기를 간단하게 듣도록 하겠습니다. 먼저 칼라 버커 씨부터 정리하는 시간을 가지겠습니다.

칼라 버커 매우 유익한 주제와 이슈를 다룬 것 같습니다. 하루 일과를 마칠 때 항상 기억해야 하는 중요한 것이 있습니다. 이 모든 것은 무엇을 위한 것일까요? 모든 박람회는 아티스트와 음악을 위한 것이라고 생각합니다. 저희가 추구하는 아티스트의 음악을 소개하는 것이 핵심인 거죠. 그러기 위해서는 기억해야 될 것이 있습니다. 음악 수출과 해외진출을 추구하고 강조하는 것만큼 글로벌 한 관점과 이해를 넓히고 뚜렷한 목표의식이 필요합니다. 박람회와 음악미팅의 내부를 발전시키는 것만큼 현지 산업과 네트워크를 형성하고 발전시키는 게 중요합니다. 해외 관계자가 에이팜에 방문해서 진행하고 싶었던 프로젝트와 의견이 맞는 사람을 발견해서 협업할 수 있습니다. 그만큼 국내외 관계자들이 같은 목표를 바탕으로 경쟁하기 보다는 동반 성장해서 얻을 수 있는 혜택이 있

다는 점을 잊지 않았으면 합니다. 그리고 4일 동안 에이팜에서 관계를 만들고 유지하는 중요성에 대해 이번 패널에서는 언급되지 않았던 것 같습니다. 한국에서 맺은 네트워크가 여기서 끝나지 않습니다. 제가 호주로 돌아가면 호주 프로모터가 한국에 관심이 있는데 누구와 어떻게 연락해야 될지 모르면, 한국에 이 관계자와 연락하라는 가이드를 줄 수 있게 됩니다. 이런 네트워크는 바로 여기서 경험하는 것만큼 더욱 가치 있다고 생각합니다. 이런 주요 환경을 만든 에이팜, 축하드립니다.

김재범 네 고맙습니다. 지속 가능한 관계라는 말, 굉장히 의미 있는 것 같고요. 다음은 패트릭 씨의 이야기를 들어보겠습니다.

패트릭 드 그루트 네 맞습니다. 마켓을 구축하고 지속 가능하게 믿드는 방법은 에이팜 행사가 진행되는 며칠 사이에 모두 다뤘다고 생각합니다. 저희가 공유한 정보와 약속했던 모든 것이 집에 돌아가서 잊지 않고 지키는 것이 중요한 것 같습니다. 자국에 돌아가면 에이팜에 참여해서 열어보지 못했던 이메일과 맞서게 되고, 에이팜에서 형성됐던 아름다웠던 유대관계가 갑자기 멀어지게 느껴집니다. 관계를 유지하면 서로에게 많은 도움이 될 수 있습니다. 그런데 에이팜은 활발한 네트워크를 유지하는데 매우 성공적이었다고 생각합니다. 비공식적이지만 페이스북 같은 경우를 보면 에이팜 참가자들은 유대관계를 유지합니다. 페이스북에 올라오는 재미있는 사진들만 좋아하지 않고, 서로 존재한다고 알리며 이메일도 주고받으면서 또 다시 만나서 반갑다고 연락하게 됩니다. 그러다 보면 비즈니스도 같이 할 수 있게 됩니다. 이

모든 것은 정부의 지원이 없고 돈이 들어가지 않아도 가능합니다. 저는 페스티벌들을 위한 네트워크를 운영하고 있는데 굉장히 운이 좋다고 생각합니다. 틈새시장이고 정치적인 관심을 받지 못해 정부지원이 없지만 네트워크에 속해있는 사람은 이 네트워크가 존재하기를 원하고 필요로 하기 때문에 지난 20년 간 운영될 수 있었습니다. 결론은 한국을 잊지 말자는 말을 하고 싶었습니다.

알베르토 기하로 제가 이 자리에 계신 분들로부터 드릴 수 있는 것 보다 더 많은 것을 배워간다고 생각합니다. 정말 흥미로운 컨퍼런스이고 에이팜은 독특한 플랫폼인 것 같습니다. 아시아는 굉장히 광범위합니다. 그리고 아시아 태평양 지역으로 정의한 게 현명한 것 같습니다. 왜냐하면 하나의 아시아 마켓은 아직까지는 어려울 수 있을 것 같습니다. 유럽과도 매우 다릅니다. 그리고 패트릭 씨가 언급한 사과 예시는 정말 중요한 것 같습니다. 가끔 아티스트들이 CD를 건네주는데, 저희 페스티벌의 특성과 맞지 않다고 생각합니다. CD를 주기 전에 저희 페스티벌에 어떤 음악이 소개되는지 사전에 공부했으면 합니다. 돈과 시간을 낭비하게 되거든요. 박람회도 마찬가지 입니다. 제가 박람회를 방문하는 경우 저희 페스티벌에 어울리는 아티스트를 찾고자 하는 마음으로 옵니다. 잠비나이 사례가 많이 나왔었는데, 잠비나이는 월드뮤직페스티벌에 많이 소개되었는데 월드뮤직보다는 메탈 밴드인 것 같습니다. 그리고 월드뮤직 마켓 보다는 인디 마켓에 더 적합하다고 생각합니다. 왜냐하면 잠비나이 음악이 시작되면 월드뮤직 시장 사람들이 듣지 않을 것이라 생각했습니다. 그러나 인디 음악의 성격은 다릅니다. 본

인 손안에 무엇이 있는지 파악하는 게 중요합니다. 그리고 또 다른 이야기지만, 어제 이수정 씨와 세계적인 K-Pop 현상에 대해 대화를 나눴습니다. 제가 모르는 K-Pop 음악에 대해 많은 것을 듣게 되었습니다. K-Pop의 방식들을 다른 아티스트들에게도 활용할 수 있지 않을까 싶습니다. 잠비나이를 바르셀로나에서 소개를 할 때 바르셀로나에 있는 K-Pop 협회에 연락을 했습니다. 한국팀이어서 많은 분들이 관심을 갖고 좋아했는데 바르셀로나에서는 한국 팀인 것을 모르고 있습니다. 그들에게 한국 음악은 K-Pop뿐이었던 것 같습니다. 그리고 K-Pop의 마케팅 전략은 굉장히 재미있는 것 같습니다. 물론 그분들이 좋아하는 음악만 소개하고 홍보하겠지만 또 하나의 방법인 것 같습니다. K-Pop의 홍보방법을 대중음악뿐만 아닌 모든 음악에 접목할 수 있다고 생각합니다.

김재범 네 고맙습니다. 이제 세 분의 한국 패널들이 있는데요, 말씀 부탁드리겠습니다.

이수정 저는 한국 음악 관계자 분들께 아시아의 셀러, 그리고 바이어로서의 중요성을 한번 더 말씀 드리고 싶습니다. 예를 들어서 우리가 룩셈부르크에 있는 음악마켓에 초대를 받았을 때 우리가 기대하는 것은 룩셈부르크의 음악입니까? 그게 아니라 유럽의 음악일 것입니다. 그 정도로 저희도 유럽이나 다른 비아시아 권에 있는 음악을 대륙으로 바라본다는 점을 역으로 생각하면 그들도 저희를 봤을 때 한국 음악뿐만이 아니라 아시아에 대한 시장성을 굉장히 크게 생각하고 기대하고 있다는 것을 한 번 더 강조 하고 싶어요. 그런 면에서 조직적인 측면이 아니라 개인적인 측면

으로도 내가 좋아하는 한국의 음악뿐만이 아니라 이 주변 국가에서, 주변 국가가 큰 시장을 가지고 있든 작은 시장을 가지고 있든 주변 국가에서 일어나고 있는 페스티벌이나 아티스트나 방송처럼 음악 산업 전반에 대해서도 관심을 가지고 관계를 개인적으로 이뤄 나가려는 노력이 있었으면 좋겠습니다.

조대곤 저도 좋은 얘기를 너무 많이 들었는데요, 경제학 전공하셨다는 워렌 스미스 씨께서 리스크 테이킹이라는 부분 말씀하셨는데, 저는 페스티벌 하나의 목적이 서로간의 리스크 테이킹을 줄여 주는 것 같습니다. 예전에 제가 연구했던 부분이 생각나는 게, 미국에서 가장 큰 방송통신 견본시, NATP인가요? 그곳에서 주최 측에서 제공하는 프로그램 중에 네비게이터라고 하면서 호텔에 컨시아즈 프로그램처럼 참여자들의 니즈를 알아서 스케줄을 짜주고 연결해주는 그런 부분이 있다고 합니다. 여기에서 지속 가능한 연결, 지속 가능한 커뮤니케이션 이런 부분에 있어서 아마 그런 장치들이 들어가면 굉장히 좋을 것 같다는 생각이 들었습니다. 그 다음으로 저희 얘기의 기본이 어떻게 보면 좋은 음악, 유니크한 음악은 각 지역에서 항상 지속적으로 공급 된다는 가정이 들어가 있는 것 같은데, 제가 음악 산업을 연구하면서 느낀 것은 다른 산업과 다르게 음악 산업은 단순히 돈을 벌고자 하는 목적으로 아티스트들이 생겨나는 게 아니라는 것입니다. 콘서트나 투어도 내가 돈을 더 많이 벌기 위한 것도 있겠지만 그보다 어떤 호흡을 하고, 재미를 느끼는 부분이 있다는 측면에서 그런 것을 계속 장려해주는 문화가 있어야 될 것 같습니다. 마지막으로 연구자 입장에서 봤을 때 이런 산업에서의 고민이 있다는 것을 조금은 듣고 책으로 봤지만 이렇게 생생하게 들으니까 훨씬 더 마음에 와 닿았습니다. 지금 봤을 때 여러 나라간의 협력이 있어야 할 때 어려움이 많이 있는 것 같습니다. 이런 고민을 해결하기 위해 연구자나 정책입안자, 협회관계자 그리고 여기 계신 모든 분들의 역할이 모두 중요할 것이란 생각이 듭니다.

권석정 짧게 마무리 하겠습니다. 요새 한국 뮤지션들이 해외에 나가려는 움직임이 많은데 저는 반대로 해외 뮤지션들의 음악을 한국 사람들이 구입 할 필요도 있다고 생각을 해요. 어제 독일 밴드 애비가 공연을 했는데 저는 굉장히 감동적이었습니다. 애비의 공연을 처음 보는 한국 관객들의 반응이 굉장히 좋았어요. 에이팜을 통해서 들어온 뮤지션들이 한국 시장에서 한국의 어떤 에이전시를 만나서 한국 투어를 돌 수도 있고, 한국에서 앨범을 낼 수도 있는 거죠. 우리도 그들의 음악을 사야지 계속 팔기만 하면 얌체잖아요? 그런 교류가 일어나야 에이팜을 비롯한 마켓이 꾸준히 이어질 수 있다고 생각합니다. 감사합니다.

김재범 오늘 긴 시간 같이 해주셨는데요, 가능한 한 제가 시간 내 끝내려고 했는데 조금 오버가 됐습니다. 양해 부탁드리고요, 제가 한 가지 정도만 얘기를 드리고 끝내려고 합니다. 여기 오신 많은 귀중하신 분 들이 저희들에게 좋은 숙제거리를 많이 주신 것 같아요. 우리가 받은 숙제 안에서 한국의 뮤직 마켓에 대해서 그 동안 많이 고민해왔고 앞으로 고민하실 분들이 모여 토론을 하는 자리들이 필요하다고 생각 합니다. 지금 잠시 자리를 비우셨지만 잔다리의 공윤영 대표가 있으시고, 에이팜을 오랫동안 감독하신 김민경 감독이 있고, 또 뮤콘 같은 경우는 제가 처음에 200 페이지 분량의 보고서를 제출하고, 1년 동안 기획해 시작을 하게 됐습니다. 물론 지금은 뮤콘은 많이 변해서 아빠인 제가 보기에도 낯설 정도입니다만 그런 부분들에서 한 번 고민해 볼 필요가 있다고 봅니다. 아마도 내년에 이분들이 다시 오셨을 때, 이 사람들이 숙제를 잘 했구나, 라고 느낄 수 있는 변화가 있었으면 좋겠다고 생각합니다. 끝까지 자리를 지켜주신 모든 분들께 감사를 드리고요, 이것으로 마지막 세션을 마치도록 하겠습니다. 고맙습니다. **SOUND**

기획

1 한국음악산업학회 창립이 갖는 의미

음악산업, 음악정책, 음악사 연구의 본격적인 시작

한국음악산업학회는 국내에서 처음으로 대중음악을 '산업, 정책' 영역에서 다루는 학회가 될 것이다. 한국음악산업학회의 출발은 기존 실용음악뿐만 아니라 예술경영, 문화예술, 문화콘텐츠, 경영학, 경제학 등 음악산업 유관 학과 교수, 학생들 그리고 현재 음악산업계에 종사하고 있는 실무자들, 아울러 산업적인 관점으로 대중음악을 바라보는 데 흥미를 느끼는 모든 연구자들이 관련 논문을 발표할 수 있는 장이 마련됨을 의미한다. 이로 인해 본 학회는 한국 음악산업의 근본적인 발전에 힘을 보태는 역할을 할 것이다. 또한 해외의 사례와 달리 아직 국내 대학에 '음악산업 학제'(영미권의 music industry, music business, music management 학제)는 없지만 역시 그 단계로 나아가는 첫 번째 발걸음이 될 것이다. 이는 음악산업 전문인력 양성과 음악산업정책의 지속적인 연구를 위해 꼭 필요한 일이고, 진정으로 음악산업 인프라를 만드는 것에 일조함을 의미한다.

박준흠 | 대중음악SOUND연구소장 www.ksoundlab.com

대중음악SOUND 발행인, SOUND FESTIVAL 총감독, 가슴네트워크 대표, 서울종합예술학교 공연제작학부 교수, 한국음악산업학회 부회장(기획). 서브(1997~1999), 쌈넷/쌈지사운드페스티벌(2000~2001), 광명음악밸리축제(2005~2006), 광주청소년음악페스티벌(2008), 인천펜타포트페스티벌(2010), 한국대중음악라이브홀릭(2011) 등을 기획했다. 저서로는 『이 땅에서 음악을 한다는 것은』, 『대한인디만세』, 『축제기획의 실제』, 『한국 음악창작자의 역사』, 『한국 대중음악 100대 명반』 등 여러권이 있다. 현재 음악산업정책과 대중음악사 연구, 음악산업진흥을 위한 다양한 기획에 매진하고 있다.

I. 한국음악산업학회 개요

1. 학회 명칭

– 한국음악산업학회 (KAMI : Korean Association Of Music Industry)

2. 홈페이지, SNS, 이메일

– 홈페이지 : http://www.korami.org
– 페이스북 : https://www.facebook.com/koramiorg
– 이메일 : sound@korami.org
– 개발&관리 : 대중음악SOUND연구소(http://www.ksoundlab.com)

3. 설립취지

한국음악산업학회는 국내에서 처음으로 대중음악을 '산업, 정책' 영역에서 다루는 학회가 될 것이다. 한국음악산업학회의 출발은 기존 실용음악뿐만 아니라 예술경영, 문화예술, 문화콘텐츠, 경영학, 경제학 등 음악산업 유관 학과 교수, 학생들 그리고 현재 음악산업계에 종사하고 있는 실무자들, 아울러 산업적인 관점으로 대중음악을 바라보는 데 흥미를 느끼는 모든 연구자들이 관련 논문을 발표할 수 있는 장이 마련됨을 의미한다. 이로 인해 본 학회는 한국 음악산업의 근본적인 발전에 힘을 보태는 역할을 할 것이다.

또한 해외의 사례와 달리 아직 국내 대학에 '음악산업 학제'(영미권의 music industry, music business, music management 학제)는 없지만 역시 그 단계로 나아가는 첫 번째 발걸음이 될 것이다. 이는 음악산업 전문인력 양성과 음악산업정책의 지속적인 연구를 위해 꼭 필요한 일이고, 진정으로 음악산업 인프라

를 만드는 것에 일조함을 의미한다.

4. 연혁

- 2014년 3월 : 창립준비 모임 발족
  ※ 학회 공동창립준비위원장 : 김재범(성균관대 예술대학/경영대학 교수), 박준흠(대중음악SOUND연구
    소장, 서울종합예술학교 공연제작학부 교수)
- 5월 1일 : 학회 홈페이지 오픈
- 6월 : 임원진(부회장, 고문, 감사, 상임이사, 이사) 1차 위촉, 회원 모집
- 7월 17일 : 학회창립준비포럼 개최. "음악산업 진흥을 위한 글로벌마케팅, 대중음
  악자료원, 음악산업학제 연구" _ SOUND FESTIVAL 2014 사전행사 (오후 2시, 마포
  아트센터 플레이맥)
- 2015년 1월 27일 : 창립총회 & 1차 학술대회 (오후 2시, 국회 도서관 대강당)

5. 목적

- 음악산업, 음악정책, 음악경영, 대중음악사 연구
- 음악산업 연구/교육기반 마련
- 음악산업에 대한 실증적인 연구방법론 개발을 통한 음악산업 진흥
- 음악산업계 네트워크
- 문화부, 국회와의 정책적인 파트너쉽 유지

6. 비전

- 창조경제의 중추적인 동력으로 음악콘텐츠산업을 성장시킴
- 대학/대학원에 음악산업학제(음악산업학과, 뮤직비지니스학과) 신설
- 향후 사단법인화, 등재지 발간 학회 지향

7. 연구범위

- 음악산업 전반
    - ※ 공연산업 : 대중음악, 뮤지컬, 국악, 클래식 등
    - ※ 대중음악사 연구 포함

8. 가입대상

- 음악산업 종사자
- 실용음악 대학 교수, 학생
- 예술경영, 문화예술, 문화콘텐츠, 경영학, 경제학 등 음악산업 유관 대학 교수, 학생
- 중앙/지역 문화정책, 행정 분야 관계자들
- 산업적인 관점으로 대중음악을 바라보는 데 흥미를 느끼는 모든 연구자들
- 음악산업계로 진출하고자 하는 학부/대학원 졸업생

9. 학회 방향성에 관한 고려점

- 현재 없는 '대중음악진흥위원회'에서 지원사업을 제외한 나머지 기능 담당
- 음악산업(대중음악) 담론 생산을 통한 음악산업 진흥
- 음악산업정책 공론화와 결과물 문화부 제안
- 음악산업 진흥을 위한 '콘트롤타워' 필요성 공론화
    - ※ 현재는 음악산업계의 현안을 신속하고 지속적으로 처리해주는 체제가 없음. 음악산업 진흥과 대중
    음악계 지원 관한 근본적인 정책안을 수립하는데 한계에 봉착

II. 한국음악산업학회 사업

1. 정기사업

(1) 학술제 개최
- 일정 : 매년 4월, 10월

(2) 학회지 발간
- 발간일정 : 매년 6월, 12월
- 편집위원장 : 회장, 부회장(학술)
- 편집위원 : 부회장(기획, 대외협력, 국제교류) 등 6~9명

▶ **1호 학회지 발간 계획**
- 학회지 이름 : "음악산업 연구"(가칭)
- 논문투고 2015년 4월 마감, 2015년 6월 학회지 발간
- 배포처 : 음악산업 유관 기관/기업/협회, 회원 등

2. 기타 사업

(1) 음악산업 포럼
- 형태 : 비정기 포럼
- 주제 : 음악산업 현안
- 추진사항 : 현안 분석 후 대안 마련, 정부정책화, 입법화 시도

(2) 대외협력 관련 사업안
- 향후 음악기업이 후원하는 '음악산업 논문상' 신설 예정

III. 한국음악산업학회 임원진
※ 2015년 1월 7일 현재 총 113명

1. 회장단

(1) 회장
- 구문모(한라대학교 미디어콘텐츠학과 교수)

(2) 부회장
- 기획 : 박준흠(대중음악SOUND연구소장, 서울종합예술학교 공연제작학부 교수)
- 학술 : 김재범(성균관대학교 경영대학/예술대학 교수)
- 대외협력 : 김보성(성남문화재단 문화진흥국장), 이우창(경희대학교 포스트모던학과 교수, 한국실용음악학회 회장), 최영호(용인대학교 교수)
- 국제교류 : 이수희(영국 Kent대학교 교수)

(3) 총무이사
- 양승규(경기콘텐츠진흥원 책임연구원)

2. 고문

(1) 학계
- 김창남(한국대중음악학회 회장, 성공회대학교 신문방송학과 교수)
- 손원익(전 한국문화경제학회 회장)
- 이승엽(한국예술경영학회 회장, 한국예술종합학교 교수)
- 이정선(동덕여자대학교 실용음악과 교수)
- 이흥재(한국문화경제학회 회장, 추계예술대학교 교수/대학원장)
- 최승수(한국게임법학회 회장, 법무법인 지평 변호사)

- 이선철(용인대학교 교수)
- 이찬도(중부대학교 교수, 한국이벤트학회 수석부회장)
- 조현진(국민대학교 미래기획단장 겸 특임교수)
- 한경훈(경희대학교 포스트모던음악과 교수)

(2) 기관

- 김진규(한국콘텐츠진흥원 심사평가단 단장)
- 박정수(산업연구원 연구위원)

(3) 협회

- 김동현(한국음악저작권협회 사업본부장)
- 김원찬(대한가수협회 사무총장)
- 유재진(함께하는음악저작인협회 전략기획팀장)
- 정훈(한국음악실연자연합회 사업국장)
- 최광호(한국음악콘텐츠산업협회 사무국장)
- 최희선(한국레코딩뮤지션협회 회장)
- 함춘호(한국연주자협회 회장)

(4) 기업

- 김종선(예기온엔터테인먼트 대표, 한국만화영상진흥원 전문위원)
- 류형규(maniadb.com 대표)
- 하종욱(메이드바이 대표)

(5) 언론

- 서병기(헤럴드경제 대중문화선임기자)
- 양성희(중앙일보 논설위원)

(6) 음악평론가

- 최규성(대중문화평론가)

5. 이사

(1) 학계

- 권오경(백제예술대학교 실용음악과 교수)
- 김시범(안동대학교 문화대학원 교수)
- 김영수(전 동아방송예술대 실용음악학부 교수, 미국 피츠버그대학교 Faculty)
- 김윤철(동아방송예술대학교 음향제작과 교수)
- 김창현(단국대학교 실용음악과 교수)
- 김현태(세종대학교 실용음악과 교수)
- 나훈주(한국연예사관직업전문학교 실용음악학과장)
- 민원정(칠레 카톨릭대학교 교수)
- 박기영(홍익대학교 공연예술대학원 교수)
- 박애경(연세대학교 국문과 교수)
- 서영덕(추계예술대학교 교수)
- 서영도(한양대학교 실용음악과 교수)
- 송준호(서강대학교 미래기술연구원 교수)
- 안성아(추계예술대학교 교수)
- 오종대(동아방송예술대학교 실용음악학부 교수)
- 이무용(전남대학교 문화전문대학원 교수)
- 장유정(단국대학교 교수)
- 조대곤(포항공과대학교 산업경영공학과 교수)
- 최명환(한국외국어대학교 교수, 한국공연문화학회 총무이사)

(2) 국회, 문화부

- 류지영(전 문화분야 국회보좌관)
- 서정환(새정치민주연합 유기홍 국회의원 비서)

(3) 기관

- 김병규(광주광역시 사무관)
- 박성현(한국문화산업교류재단 팀장)
- 서민수(삼성경제연구소 수석연구원)

- 채지영(한국문화관광연구원 박사)
- 최도인(메타기획컨설팅 Knowledge본부장)
- 하나(대중음악SOUND 기획위원)
- 홍정택(대중음악SOUND 기획위원)

(4) 협회

- 김좌현(한국저작권단체연합회 조사홍보팀장)
- 이문재(한국음악실연자연합회 회원관리팀장)
- 추종균(한국콘서트제작자협회 이사)

(5) 기업

- 김민경(소닉아일랜즈 대표)
- 김형수(매직스트로베리사운드 대표)
- 김홍기(다음카카오뮤직 팀장)
- 남유진(광주 클럽 네버마인드 대표)
- 신상규(KT뮤직 컨텐츠사업본부 컨텐츠사업실장)
- 신원규(플럭서스뮤직 음악감독)
- 오길주(스튜디오 사운드시티 대표)
- 우승현(프레인 AX부문 대표)
- 유지연((주)프라이빗 커브 기획실장)
- 윤석준(빅히트엔터테인먼트 전략기획/음악제작 이사)
- 이규영(루비레코드 대표, 한국음악레이블산업협회 부회장)
- 이상환(CJ E&M Recruiting)
- 이세환(소니뮤직 차장)
- 이수정(뮤직&피플 대표)
- 이승환(컴퍼니F 대표)
- 이용원(올드레코드 대표)
- 이웅민(파스텔뮤직 대표)
- 이정헌(울산 에이팜 총감독)
- 이창희(미러볼뮤직 대표)
- 진영준(메이드바이 대표)

- 최정훈(오디오가이레코드 대표)
- 허성혁(푸른곰팡이 대표)
- 홍세존(에반스뮤직 대표)

(6) 언론
- 권석정(텐아시아 기자)
- 김광현(재즈피플 편집장)
- 서정민(한겨레신문 기자)
- 이재훈(뉴시스 문화부 기자)
- 정일서(KBS 라디오 PD)
- 정호재(동아일보 기자)

(7) 음악평론가
- 김경진(대중음악평론가)
- 배순탁(대중음악평론가)
- 성우진(대중음악평론가, 경인방송 PDJ)
- 최규용(대중음악평론가, Radio KISS)

(8) 뮤지션
- 윤병주(로다운30)

한국음악산업학회
창립총회 (14:00)
1차 학술대회 (14:30)
"음악산업진흥을 위한
정책연구 시스템과
실용음악대학의 교육 방향성"
세션 1 _ 음악산업 진흥을 위한 정책연구 시스템의 필요성
축하공연 _ 최고은
세션 2 _ 음악산업 전문인력 양성을 고려한 실용음악대학/대학원의 교육 방향성
일시 : 2015년 1월 27일(화) 오후 2시
장소 : 국회 도서관 대강당
주최 KAMI 한국음악산업학회   유기홍 국회의원실   주관 대중음악SOUND연구소
후원 문화체육관광부   한국콘텐츠진흥원   한국음악실연자연합회   오픈하우스   score

IV. 한국음악산업학회 창립총회, 1차 학술대회

1. 행사 개요

- 제목 : 한국음악산업학회 창립총회, 1차 학술대회
- 일시 : 2015년 1월 27일(화) 오후 2시
- 장소 : 국회 도서관 대강당
- 주최 : 한국음악산업학회, 유기홍 국회의원실
- 주관 : 대중음악SOUND연구소
- 후원 : 문화체육관광부, 한국콘텐츠진흥원, 한국음악실연자연합회, 오픈하우스/
  스코어

2. 창립총회 〈14:00~14:30〉

- 사회 : 최영호(용인대학교 교수)
- 개회사 : 구문모(한라대학교 미디어콘텐츠학과 교수, 학회장)
- 환영사 : 유기홍 국회의원(새정치민주연합 수석대변인)
- 축사 : 박창식 국회의원(새누리당 원내부대표, 한국드라마제작사협회장)
- 내빈 소개
- 총회 진행
  ※ 정관 확정, 임원진 공식 확정, 사업(정기 학술제/비정기 포럼) 공지 등
  ※ 논문 투고/학술지 발간 계획, 편집위원회 소개(위원장, 위원 확정)

3. 1차 학술대회 〈14:30~17:10〉

■ 타이틀 : 한국음악산업학회 1차 학술대회 _
"음악산업진흥을 위한 정책연구 시스템과 실용음악대학의 교육 방향성"

(1) 개회 〈14:30〉
– 사회 : 김재범(성균관대학교 경영대학/예술대학 교수)

(2) 기조발제 〈14:35〉
– 박광무(한국문화관광연구원장)

(3) 세션1 〈14:50〉 *60분
– 주제 : "음악산업진흥을 위한 정책연구 시스템의 필요성"

▶ 세션 기획취지
– 사실 한국에서 대중음악은 '대중예술' 쪽에서도 '음악산업' 쪽에서도 진지하게 고민
된 적이 별로 없고, 무엇보다도 '체계적으로' 논의된 바가 거의 없다는 것이 맹점이
다. 일반적으로 대중음악을 대중예술 영역이 아닌 엔터테인먼트 영역에서만 바라
보는 뿌리 깊은 습성이 아직까지도 존재하고 있고, 음악산업에 대한 심도 깊은 연
구보고서는 문화관광연구원을 비롯한 기업연구소, 음악산업 유관협회에서도 거
의 찾아보기가 어렵다. 정부의 음악산업정책은 2003년부터 5년에 한번씩 '음악산
업진흥 5개년 계획'으로 발표되는 수준이고(2015년에 3차 진흥계획이 발표될 예정임),
2005년부터 한국콘텐츠진흥원에서 음악산업의 기초적인 현황을 담은 '음악산업백
서'를 매년 발간하는 것이 거의 전부라고 얘기할 수 있다.
그러다보니 2000년까지 음악산업이 음반시장 중심으로 급성장할 때에는 '음악산업
정책 연구' 미비 부분이 별로 문제가 되지 않았지만, 2001년부터 음반시장 붕괴로
음악산업이 악화일로를 걷기 시작하면서부터는 그 중요성이 드러나고 있다. 현황
파악과 원인 분석도 제대로 되지 않는 상황이라 정확한 '정책대안'을 내놓지도 못하
고 있는 현실이란 점이다. 즉, 체계적인 '음악산업정책 연구'가 부재한 상황에서는
현실 진단이나 미래 전망이 미흡해서 온전한 정책기획을 할 수가 없다. 이런 상황
이다 보니 2000년대 들어 음악시장이 속수무책으로 침체되는 지경에서도 대안을

내놓지 못했고, 음악시장이 거대 IT통신업체의 하부 구조로 편입되는 상황을 방치만 하고 있었다. 이는 국가적인 차원에서, 창조경제의 문화콘텐츠산업 측면에서 보면 매우 치명적인 결과를 초래하고 있다.

▶ 세션에서 논의점
- 음악산업진흥 방법론으로서의 음악산업정책 연구
- 음악산업진흥을 위한 음악산업정책 수립 공론화와 결과물 문화부 제안
- 음악산업진흥을 위한 '콘트롤타워' 필요성 공론화(가칭 '음악산업지원센터')
  ※ 현재는 음악산업계의 현안을 신속하고 지속적으로 처리해주는 체제가 없음. 음악산업 진흥과 대중
    음악계 지원 관한 근본적인 정책안을 수립하는데 한계에 봉착
- 음악산업(대중음악) 담론 생산을 통한 음악산업 진흥 방안 모색

▶ 패널
- 사회 : 김재범(성균관대학교 경영대학/예술대학 교수)
- 발제 : "음악산업진흥정책 현황과 제언" _ 양승규(경기콘텐츠진흥원 책임연구원)
- 토론 : 김병찬(한국음악레이블산업협회 회장, 플럭서스뮤직 대표), 서병기(헤럴드경제 대
    중문화선임기자), 정훈(한국음악실연자연합회 사업국장)

(4) break time 〈15:50〉
- 축하공연 : 최고은

(5) 세션2 〈16:10〉 *60분
- 주제 : "음악산업 전문인력 양성을 고려한 실용음악대학/대학원의 교육 방향성"

▶ 세션 기획취지
- 실용음악 대학/대학원의 교육 방향성 이슈는 앞으로 중요하게 제기될 문제로 생각
  한다. 한국 실용음악대학들은 미국 버클리대학 학제에서 주로 '퍼포밍' 부분만 가
  져와서 운영되고 있는 현실인데, 앞으로 뮤직비지니스, 뮤직테라피, 뮤직에듀케이
  션 등의 도입이 필요하다. 한편으로는 음악산업 쪽의 전문인력 양성을 실용음악대
  학에서 고민해야할 필요가 있어 보인다.("음악산업 쪽의 청년일자리 창출 거점")
  여태까지는 '음악산업 인프라'를 얘기하면서도 실제적으로 음악산업 진흥을 위해서

중장기적으로 가장 필요한 '음악산업 전문인력 양성'을 위한 대학학제 시스템 문제는 논의조차 제대로 된 적이 없다는 것이 문제다. 그래서 현실적으로 지금 당장 미국이나 유럽의 '음악산업학과'나 '뮤직비지니스학과'와 같은 학제가 신설되기 어렵다면 대안으로서 실용음악 대학/대학원의 교육 안에서 해결하는 방안도 모색해 볼만하다.

▶ **세션에서 논의점**

– 현재 실용음악대학/대학원 교육의 확장 가능성 연구; 다양한 전공의 도입 필요성
– 현재 실용음악대학/대학원 교육에 음악산업현장 전문인력 양성 관점 부여 방안 고려
– 음악산업 전문인력 양성 방안으로 '실용음악 교육 – 음악산업 현장 연계' 고려
– '실용음악전문대학원' 설립 가능성 모색(기존 예술대학원에서 분리되어 2~3개의 관련 학과를 갖는 전문대학원. 실용음악–뮤직비지니스–대중음악공연기획–대중음악사연구 등)

▶ **패널**

– 사회 : 한경훈(경희대 포스트모던음악과 교수)
– 발제 : 김현태(세종대 실용음악과 교수)
– 토론 : 김보성(성남문화재단 문화진흥국장), 이세환(소니뮤직 차장), 최도인(메타기획컨설팅 Knowledge본부장)

(6) 폐회 〈17:10〉

– 사회 : 한경훈(경희대 포스트모던음악과 교수)
– 폐회사 : 구문모(한라대학교 미디어콘텐츠학과 교수, 학회장) SOUND

한국음악산업학회 학회지 '음악산업연구' 투고 안내

■ 1권 1호 학회지 발간 계획

– 논문 투고 마감 : 2015년 4월 30일

– 발간 : 2015년 6월 중

– 배포처 : 회원, 음악산업 관련 기관/기업/협회, 언론 등

※ 논문 투고 메일 : sound@korami.org

■ 『음악산업연구』 투고 요령 (※제정 : 2014년 12월 15일)

1. 본 학술지에 게재할 논문은 '문화 혹은 산업'으로서의 음악에 대한 연구 등 본 학회의 설립목적에 부합하고 학문적 기여도가 높거나 실무적 함의가 높은 연구논문으로 한다. 게재 가능한 논문은 이론적/탐색적 연구, 정성적 연구와 정량적 연구를 포함한 실증적 연구, 사례 연구논문 등을 포함한다.

2. 본 학술지의 게재자는 본 학회의 회원에 한한다. 저자가 다수일 경우 그 중 주저자(제1저자와 교신저자는 회원이어야 하며, 주저자 1인은 정회원의 자격을 가져야 한다.

3. 학회지 게재를 원하는 논문은 연중 수시로 접수하고, 수시로 게재 여부를 심사함을 원칙으로 한다. 그러나 2015년의 경우, 2015년 6월에 발행할 1권 1호에 게재를 희망하는 논문은 2015년 4월 30일까지 투고되어야 하며, 2015년 12월에 발행될 1권 2호에 게재될 논문은 2015년 10월 31일까지 투고되어야 한다.

4. 투고논문은 단행본 또는 다른 학술지에 발표된 연구결과나 다른 학술지에 투고 심사 중인 논문이 아니어야 한다.

5. 모든 논문은 전자우편(E-mail)을 통해 편집위원회에 투고한다.

6. 본 학회의 학술발표회에서 발표한 논문에 대해서는 가산점을 부여한다. 그러나 학술발표회에서 발표한 논문도 논문심사 등의 절차를 거쳐야 한다.

7. 본 학술지에 게재된 논문에 대해서는 필요시 별쇄본을 증정한다. 5만원의 별쇄본 비용에 대하여는 저자가 부담한다.

8. 학회지에 게재승인이 결정된 논문의 게재료는 5만원으로 한다.

9. 본 학술지에 게재된 논문의 복사.전송권은 한국음악산업학회에 귀속된다.

10. 투고 및 기타 문의는 아래의 연락처로 한다.

– 음악산업연구 편집위원회 E-mail : sound@korami.org

■ 『음악산업연구』 원고 작성요령 (※제정 : 2014년 12월 15일)

1. 원고는 국문(또는 국한문 혼용)을 원칙으로 하되 영문으로 쓸 수 있다.

2. 원고 제1면에는 국문으로 논문제목, 투고자의 성명, 소속기관, 직위, 연락처, 휴대폰 전화번호, e-mail 주소 등을 명시하고 원고매수를 표시한다.

3. 투고자가 2인 이상일 경우 소속과 직위 다음에 괄호( )로 제1저자, 공동저자, 교신저자를 표시한다.

4. 원고 제2면부터 본문에 들어가기 앞서 200자 내외의 논문초록과 5개 내외의 핵심주제어, 200단어 내외의 영문초록(Abstract)과 5개 내외의 영문 키워드(Key Words), 투고자 성명과 소속기관, 직책의 영문 표기를 병기한다. 논문 첫머리의 필자 등의 소개를 위한 각주는 *, **, *** 등의 기호를 사용한다.

5. 원고는 '아래아 한글' 또는 'MS Word'로 작성하여야 한다. 그 길이는 아래 형식으로 하여 A4 용지 20매 내외로 한다. 형식은 다음과 같다. ⬛SOUND⬛

---

1. 글꼴: 신명조체

2. 글자크기: 논문제목 15pt(진하게), 절 및 항 제목 12pt(진하게), 본문내용 11pt, 각주 9pt

3. 줄간격: 160%

4. 용지여백: 위쪽 20mm, 아래쪽 13mm, 왼쪽 20mm, 오른쪽 20mm, 머리말 5mm, 문단여백은 왼쪽 0ch, 오른쪽 0ch, 들여쓰기 0ch

5. 논문에 대한 감사의 글이나 연구비의 출처 등을 밝힐 필요가 있을 경우에는 제목 옆에 *를 상첨자로 표시하고 각주

번호 없이 각주로 처리한다.

6. 학술용어는 될 수 있는 한 국문으로 쓰되 번역이 곤란한 경우에 영문으로 쓸 수 있으며, 번역된 용어의 이해를 돕기 위해 영문을 괄호 안에 넣어 덧붙일 수 있다.

7. 모든 표 및 그림은 선명하게 그리며 해당 번호(예: 〈표 1〉, 〈그림 3〉)와 제목 또는 설명을 붙여야 한다.

8. 각주(크기 9)는 최소화하되 꼭 필요한 경우에만 작성한다. 각주는 어구의 오른편 상단에 일련번호를 붙여 표시하되 그 내용은 각 면 아래 부분에 작성한다.

9. 본문의 구분은 절, 항, 목 순으로 배열한다. 절은 'I., II., III., ……'순으로, 항은 '1., 2., 3., ……'의 순으로, 목은 '(1), (2), (3), ……'의 순으로 번호를 매긴 후, 제목을 표기한다. 가능하면 세분화를 지양하되 불가피한 경우 세분화된 제목은 '①, ②, ③, ……', 'ⅰ), ⅱ), ⅲ), ……'을 따른다.

10. 참고문헌은 본문의 마지막에 장을 달리하여 기재한다. 참고문헌의 기재순서는 한글문헌, 기타 동양문헌, 기타 서양 문헌의 순서로 배치하며, 배열의 순서는 동양문헌은 가나다순으로, 서양문헌은 알파벳순으로 하고, 배열순서대로 일련번호를 매기되 구체적인 페이지를 밝히는 것을 원칙으로 한다. 본문 중 문헌인용의 경우 이름과 발표연도를 표기한다. 또한 특정 부분을 인용한 경우에는 페이지도 함께 기재한다. 페이지 표시는 p.(pp.)로 하고 "쪽"이나 "면" 표시는 지양한다.
(예) (○○○, 1988), (○○○, 1993, pp. 1-2)

11. 같은 저자의 여러 문헌은 연도순으로 배치하며 같은 해에 발행된 문헌이 둘 이상인 경우에는 글에서 언급된 순서에 따라 발행연도 뒤에 a, b, c 등을 첨가하여 구분한다. 단, 동일 저자의 저작물이 여러 편일 경우 두 번째부터는 '_____'로 인명을 대체하되 연도순으로 나열한다.

12. 참고문헌은 아래에 제시된 형식에 따라 작성한다.
1) 국문도서 : 저자명, 연도, 도서명, 출판회수(2판이상), 출판사명 순으로 적을 것. 도서명은 『 』표로 묶고, 연도는 괄호로 묶을 것.
   예: 송경일·안재억 (2006).『SPSS for Windows를 위한 생존분석』, 2판, SPSS아카데미.

2) 국문학술지 : 저자명, 연도, 논문제목, 잡지명, 권호, 쪽번호 순으로 적을 것. 학술지명은 볼드 이탤릭(blod italic)으로, 연도는 괄호로 묶을 것.
   예: 구문모 (2006). 한국 창조인력정책의 문제점과 개선방향. 음악산업연구, 13(1), 171-197.

3) 영문도서 : 저자명(대표저자 성, initial, 공동저자 성, initial), 연도, 도서명(이탤릭체), 출판사, 출판지 순으로 적을 것. 연도는 괄호로 묶을 것.
   예: Taylor, L. D. (1994). Telecommunications demand in theory and practice. Kluwer Academic Publishers, Dordrecht/Boston/London.

4) 영문학술지 : 저자명(영문도서와 같은 형식), 연도, 논문제목, 학술지명(볼드 이탤릭체), Vol(No)(이탤릭체), 쪽번호 순으로 적을 것. 연도는 괄호로 묶을 것.

　예: Marshall, C., Prusak, I., & Shpiberg, D. (1996). Financial risk and the need of superior knowledge management. California Management Review, 38(3), 77–101.

5) 영문 Book Chapter : 저자명, 연도, 논문제목, 편집자명, 도서명(이탤릭체), 쪽번호, 출판사, 출판지순으로 적을 것.

　예: Berger, C. R. (1987). Communicating under uncertainty. In M. E. Roloff & G. R. Miller (Eds.), Interpersonal processes: New directions in communication research (pp. 39∼62). Newbury Park, CA: Sage.

6) 국문 Book Chapter : 저자명, 연도, 논문제목, 편집자명, 도서명(*도서명「」안에 표로 묶을 것), 쪽번호, 출판지, 출판사 순으로 적을 것(* 출판지:출판사로 표기).

　예: 이인재. (1998). 사회복지정책의 평가와 과제. 한국사회과학연구소 사회복지연구실 편.「한국 사회복지의 현황과 쟁점」(pp. 14∼45). 서울: 인간과 복지.

7) URL주소 : 저자명, 연도, 제목, URL을 접근한 날짜, URL주소 순으로 적을 것.

　예: Kollock, P., & Smith, M. (1994). Managing the virtual commons: Cooperation and conflict in computer communities. Retrieved May 15, 2006, http://www.sscnet.ucla.edu/soc/csoc/vcommons.htm.

8) 신문이나 잡지 기사

　예: 안병영 (1990. 6. 28). 관료부패는 고질병인가.「한국일보」, 5면. (저자를 알 때)

　언론개혁을 말한다. (2001. 9. 1).「한국매일신문」, 1면. (* 저자를 알 수 없을 때)

　Gardner, H. (1981, September). Do babies sing?. Psychology, 70–76. (잡지 기사일 때)

　Study finds free care used more. (1982, April 15). The Times, 14. (신문기사일 때).

9) 연구보고서

　예: 홍길동 (1999).「한국의 언론인」(조사분석 99–03). 서울 : 한국언론재단. National Institute of Mental Health. (1982). Television and behavior: Ten years of scientific progress and implications for the eighties (DHHS Publication No. ADM 82–1195). Washington, DC : U. S. Government Printing Office.

10) 학위논문

　예: 홍길동 (1994).「한국 방송정책 연구의 동향」, 한국대학교 대학원 박사학위 논문.

　Ryerson, J. F. (1983). Effective management trainging : Two models. Unpublished master's thesis, Clarke College of Technology, Potsdam, NY.

11) 시청각 자료

　예: Harrison, J. (Producer), & Schmiechen, R. (Director). (1992). Changing our minds : The story of Evelyn Hooker [Film]. (New York : Changing Our Minds). (영화일 때).

　Crystal, L. (Executive Producer). (1993, October 11). The MacNeil/ Leher news hour. New York and Washington, DC : Public Broadcasting Service. (TV 프로그램일 때).

한국예술인복지재단 소개

■ 한국예술인복지재단 : http://www.kawf.kr

한국예술인복지재단은 「예술인 복지법」시행에 따라 모든 예술인이 안정적 기반 위에서 예술 활동에 전념함으로써 사회의 문화적 발전에 기여할 수 있는 환경 조성을 목표로 설립된 공공재단입니다. (2012년 11월 19일 출범)

* 예술인 복지지원

한국예술인복지재단은 예술인을 위한 특화된 복지 프로그램을 개발하고 실행하며 예술의 사회적 가치와 예술인의 역할과 기여에 대한 국민적 인식과 공감대를 넓혀나가고자 합니다. 예술 활동의 취약한 경제활동구조와 미흡한 보상체계를 보완할 수 있는 특화된 예술 복지프로그램을 도입하여, 예술 창작의 안전망을 구축하고 예술인의 삶의 질을 향상하여, 예술인이 안정적이고 지속적으로 예술 활동을 수행할 수 있도록 지원합니다. 지속적인 복지프로그램 연구와 재원 조성을 통해 창작 준비금 지원, 원로 예술인, 장애인 예술인 등 취약계층 예술인에 대한 생활안정 사업을 장기적으로 준비해 나갑니다.

* 예술인 직업안정

예술인이 직업인으로서 안정적이고 지속적으로 활동할 수 있는 환경을 조성하기 위하여 예술 활동과 관련된 계약과 노무에 대한 상담서비스를 제공합니다. 지속적으로 직업능력을 키워나갈 수 있도록 직업역량강화를 위한 재교육 프로그램과 무용수 등 비교적 직업 수명이 비교적 짧은 직군을 대상으로 한 직업 전환 프로그램을 개발하고 운영합니다. 또한 프로젝트 중심 활동으로 분절화 되기 쉬운 예술인의 경력을 종합적으로 관리하는 '예술인경력정보시스템'을 개발하여 지원합니다.

* 조사, 연구, 교류

예술인의 사회보장 및 복지 정책을 개발하기 위하여 체계적인 조사와 연구를 선행하고자 합니다. 한국예술인복지재단은 예술인이 가진 직업적 특수성을 고려한 체계적인 예술인 복지 및 직업 실태 조사를 시행해 나갑니다. 또한 국내외 예술인 복지 정책에 대한 사례 연구를 통해 우리나라에 맞는 예술인 복지 정책을 개발해 나갑니다. 이를 통해 예술인 복지 프로그램의 합리적인 실행 방안을 마련하기 위한 재단 사업 및 운영방안을 만들어가고자 합니다.

* 예술분야 표준계약서 보급

표준계약서는 특정 분야 또는 직군의 빈번한 계약 관계 수립을 위한 표준양식이며, 불공정한 계약이 발생하지 않도록 예방하는 일종의 준거로서의 기준을 제시하는 규범적 성격을 갖습니다. 무계약 또는 구두계약 관행, 계약 관련 전문 지식의 부족 등으로 인하여 계약서 작성이 보편화되어 있지 않은 현실 속에서 예술분야의 표준계약서를 개발하고 보급함으로써 사회구성원이자 직업인으로서 예술인의 권익을 보호하고자 합니다. 표준 계약 매뉴얼 보급 및 계약 관련 컨설팅을 통해 계약서 작성의 편리성을 제공하고, 계약관계의 이해도를 제고하여 계약서 작성을 활성화합니다. 또한 계약내용의 합리적인 기준을 제시함으로서 공정한 예술 계약의 준거를 마련해 나가고자 합니다.

당신의 꿈이 좌절하지 않도록
한국예술인복지재단이 함께합니다

예술인이 예술로 빛나게! 「한국예술인복지재단」이 예술인의 권익보호와
안정적인 창작기반 조성을 위해 다양한 복지혜택과 시스템을 제공하고 있습니다.

AA/ **한국예술인복지재단**
Korean
Artists Welfare
Foundation

한국예술인복지재단은 「예술인 복지법」시행에 따라 모든 예술인이 안정적 기반 위에서 예술활동에
전념함으로써 사회, 경제, 문화적 발전에 기여할 수 있는 환경 조성을 목표로 설립된 공공기관입니다.

생활안정	예술창작 강화지원	예술 환경 개선
− 예술인 긴급복지지원	− 예술인 파견 지원	− 예술인 신문고 운영
− 예술인 의료비 지원	− 예술인 학습공동체 지원	(법률상담/중재/소송지원)
− 예술인 산재보험료 지원	− 예술인 교육이용권 지원	− 예술인 심리상담
− 공연예술인 시간제 보육지원		− 표준계약서 체결
		예술인 사회보험료 지원

※ 사업문의 : 한국예술인복지재단 예술인복지지원센터 TEL. 02) 3668-0200 FAX. 02) 3668-0299 E-mail : kawf@kawf.kr   ※ 자세한 내용은 한국예술인복지재단 홈페이지 **www.kawf.kr**을 참조하세요.

〈대중음악SOUND〉는
대중음악SOUND연구소/가슴네트워크와 오픈하우스/SCORE가 공동으로 발행하는 국내 유일의 대중음악 전문 무크지입니다.

all around music 대중음악
SOUND

vol.10 | 지역 음악씬의 현황과 전망

편집 및 발행인 박준흠
편집위원 김규항, 김보성, 김창남, 최규성
기획위원 권석정, 하나, 하종욱, 홍정택
제작진행 이정은
필진 권석정, 김미소, 김재범, 김혜린, 남유진, 박준흠, 양은영, 조대곤, 홍정택
사진 박준흠, 최명진 외
컨트리뷰터 구문모, 김건우, 김민경, 김병규, 김종군, 김현태, 노호성, 류의남, 박일남, 서정환, 송순기, 오길주, 오영묵, 유기홍, 윤장현,
　　　　　　이수정, 이우창, 이정헌, 정세일, 정훈, 조덕진, 최명진, 최영호, 한경훈, Alberto Guijarro, Carla Bakker, Jerome Williams,
　　　　　　Malcolm Haynes, Patrick De Groote, Vitor Belho, Warren Smith
기획 대중음악SOUND연구소/가슴네트워크
후원 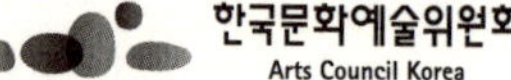 한국문화예술위원회
　　　　　Arts Council Korea

대중음악SOUND연구소
연구소장 : 박준흠
연구원 : 김다래, 김미소, 김연미, 김혜린, 양인화, 이수정, 장연이, 최지연
전화 : 031-946-2339
이메일 : sound@ksoundlab.com
페이스북 : https://www.facebook.com/junheum
대중음악SOUND연구소 : http://www.ksoundlab.com
SOUND FESTIVAL 2014 : http://www.soundfestival.kr
한국음악산업학회 : http://www.korami.org

발행인 최우진
편집 조나단
디자인 이장규
영업 현석호
관리 김정숙
발행처 ㈜스코어 (대표 정상우)
등록 2012년 6월 7일 제313-2012-196호
ISBN 979-11-5780-001-8 (14670)
주소 서울시 마포구 동교로 13길 34 (121-896)
전화 02)333-3705
팩스 02)333-3745
판매원 오픈하우스 www.allmusicscore.com | www.openhousebooks.com